JACQUES POHIER

DIEU fractures

ÉDITIONS DU SEUIL
27, rue Jacob, Paris VIe

ISBN 2-02-008641-7.

A toutes celles et à tous ceux
qui m'ont écrit ces dernières années

et à qui je n'ai pas eu la force de répondre
malgré l'irremplaçable réconfort
que m'apportaient leurs lettres

je dédie ce livre

qui ne suffit pas à faire excuser mon silence
mais qui peut sans doute l'expliquer
et en tout cas l'interrompt.

Avertissement

Près de trois ans se seront écoulés entre le moment où j'ai entrepris la rédaction de ce livre et celui où je la termine. Je dois donc avertir le lecteur qu'il ne m'y trouvera pas occupant à la fin exactement les mêmes positions qu'au début. Ce livre n'est pas le journal d'un itinéraire : il n'en a ni la forme ni le fond. Il est néanmoins très dépendant des événements intérieurs qui ont marqué ces trois années. Ces événements m'ont personnellement modifié. Ils ont aussi modifié mes positions sur des points de grande importance intellectuelle ou pratique. Dans certains cas, ces modifications vont jusqu'à me faire adopter des positions apparemment diamétralement opposées à celles qui étaient miennes au début.

Je n'ai pas pensé qu'il fallait pour autant réduire ces apparentes contradictions. J'éprouve, en effet, le sentiment qu'il s'agit moins de contradictions que de points de vue différents et sans doute complémentaires, comme le sont les différentes perspectives d'un paysage, les traits d'un visage, les formes d'un corps, selon les points d'où on les regarde et à mesure qu'on se déplace d'un de ces points vers l'autre. Je n'ai pas non plus l'impression d'une véritable rupture, mais plutôt celle de la continuité d'un processus de maturation, même si ce processus comporte des arrachements, des mues, même s'il comporte des fractures dont certaines (mais peut-on vraiment les isoler?) ont leur origine à l'extérieur de moi et d'autres à l'intérieur.

Une de ces fractures dont l'origine m'est extérieure doit être brièvement mentionnée dans cet avertissement, parce que ses effets intérieurs furent décisifs pour le présent ouvrage. J'avais publié en 1977 aux éditions du Seuil un livre intitulé *Quand je dis Dieu*. Au printemps 1979, le Vatican a rendu publique une condamnation doctrinale de cet écrit, immédiatement assortie en privé de sanctions disciplinaires : frère prêcheur, prêtre, théologien, je me voyais interdire de prêcher, de présider l'Eucharistie et d'enseigner la théologie. Ces sanctions sont toujours en vigueur, et tout, dans l'évolution de la conjoncture ecclésiale générale comme dans le traitement de mon cas particulier, oblige à considérer qu'elles sont définitives.

Il me faut, à ce sujet, préciser que je ne prétends nullement dans le présent ouvrage parler au nom d'une quelconque institution ni être délégué ou couvert par quelque autorité. Je ne parle qu'en mon nom, ne représente que moi-même, et ne m'autorise que de moi-même. Chacun pourra donc se sentir aussi libre dans sa lecture que je me suis efforcé de l'être dans mon écriture.

Puisque le déroulement du temps a dans ce livre l'importance que j'ai dite, je devais préciser la chronologie de ses différentes parties. Plutôt que d'énumérer ici une série de dates que le lecteur oubliera au fil des pages, je crois plus efficace d'indiquer en son lieu propre la période où fut rédigée chaque section.

J'achève le présent avertissement mi-avril 1984, en signalant que les notes, puisqu'elles ont moins le caractère de notes de bas de page ou de références que celui d'excursus ou de remarques, sont regroupées en fin de volume : on verra que leur nécessité a disparu au fil de la rédaction. Sur ce point, comme sur d'autres de plus grande importance, l'écriture de ce livre m'a imposé un rythme et mené sur des chemins que j'étais loin d'avoir prévus. J'ose espérer que le lecteur y trouvera, comme moi-même, plus d'avantages que si je m'étais dérobé à ces fractures.

I

DÉCOMPOSITION

Les trois chapitres de cette première partie
ont été rédigés en juillet-août 1981
à Parc-Trihorn

Émergence d'un mot.

Le mot déplaît et fait qu'on recule ou se détourne. Maintes forces se sont donc longtemps liguées en moi pour l'empêcher d'apparaître dans mon discours intérieur, comme ces bulles qui viennent parfois crever la surface d'un étang et dire sans bruit que les bas-fonds recèlent quelque chose d'inconnu et de vaguement inquiétant.

Mais le mot insistait. Il a fini par frayer son chemin. Rarement d'abord, puis avec plus de fréquence. Ses apparitions répétées ne provoquaient pas de bouillonnement à la surface de l'eau : on aurait plutôt dit que le point éphémère où avait crevé la première bulle rejoignait des points toujours plus éloignés les uns des autres, comme si ce qui venait ainsi au jour n'était pas localisable mais s'étendait à presque tout ce que recouvrait l'étang.

Aujourd'hui, je suis vaincu. Je ne peux plus me protéger, comme j'ai tenté de le faire jusqu'à présent – avec calme ou désespoir selon les jours – en m'isolant dans les zones encore non perturbées : il n'y en a plus.

Je ne me suis pas, à proprement parler, décidé à écrire ces pages : elles ne sont pas le fruit d'une volonté d'écrire. Elles sont la trace de ce qui monte de l'étang. Elles ont vaincu mes derniers obstacles. Elles m'envahissent. Saurai-je au moins lire ce qui s'écrit en elles? Auront-elles même un sens, contiendront-elles un message, un appel ? Je n'ai pas d'autre moyen pour déchiffrer ces écritures que de les laisser s'écrire. Mais, interprétables ou non, je n'ai pas la possibilité de les empêcher de s'écrire : cette dernière protection m'est retirée. Vais-je être submergé, noyé?

Ou me sentir enfin délivré, que ce soit d'un mort-né ou d'un vivant?

Décomposition. Lorsque le mot s'est imposé de façon plus fréquente, il m'est devenu impossible de le cantonner à mon discours intérieur : je n'ai pu éviter, à moins de m'emmurer en moi-même, de le hasarder auprès de mes plus proches. Il les a peinés, et leur a fait peur. Ma peine et ma peur s'en trouvaient redoublées. Pour nous protéger, je prenais la précaution de préciser : non pas au sens biologique de pourriture, mais comme il faut désassembler les divers éléments d'une marqueterie pour les réassembler selon un ordre nouveau, car l'ancien monde s'en est allé. Il s'agissait d'un processus « propre », marquant le passage d'un ordre à un autre ordre, le désordre intermédiaire acquérant ainsi le double mérite d'être provisoire et de préparer l'engendrement d'un nouvel ordre. Il ne fallait donc pas avoir peur : j'étais encore vivant, je n'étais pas perdu. A peine égaré.

J'ai bien fait, pour moi-même et pour mes proches, de prendre ces précautions. Sinon, nous aurions eu trop peur. Nous aurions tout fait pour étouffer ce qui se dit en moi, en nous, autour de nous, ce qui gémit, ce qui crie que cet ordre ancien est devenu un ordre de mort et qu'il faut y mourir pour ne pas en mourir. Et nous serions sans doute parvenus, vaille que vaille, à étendre le manteau de Noé et à prétendre que cette décomposition n'était pas pourriture.

Aujourd'hui, je n'ai plus la force de prendre cette précaution, ou plutôt la force que j'y mettais ne suffit plus. L'autre force l'emporte. Je suis condamné à la regarder en face. Décomposition vers la mort ou décomposition vers la vie? Pour l'instant je ne puis le savoir : je sais seulement que cette force est plus forte que moi.

Au point qu'aujourd'hui elle est peut-être même ma vie. Elle est moi. Je ne peux plus ne pas la dire, ne pas l'écrire. J'ai tout fait pour ne pas en être réduit à dire, à écrire cela. Mais aujourd'hui, je suis vaincu. Je dois écrire cette décomposition. Pour en finir de mal survivre si elle conduit à la mort. Pour en finir de trop mal vivre si elle contient la vie.

Je t'écris donc : décomposition.

Décomposition 1

Donc, je n'avais plus le droit de prêcher, ni de présider publiquement l'Eucharistie, ni d'enseigner quelque matière touchant à la foi. Pendant plus d'un an, je m'étais battu, et d'autres plus et mieux que moi, pour éviter une telle issue. En vain. Les mois qui suivirent furent occupés par l'agitation qui, en moi et chez les autres, résulta de ces mesures; certains protestèrent et intervinrent pour qu'elles soient reportées ou amendées. En vain. Je m'apprêtais à m'engager dans une voie illustrée par de glorieux aînés, dont quelques-uns habitaient avec moi, et dont certains – après avoir été mes maîtres – étaient devenus des compagnons et des amis me témoignant estime et encouragement : il fallait tenir, en attendant que se retire le flux et que le relief submergé réapparaisse intact, tel qu'il était avant d'avoir été recouvert par la tempête. Un jour, de nouveau, je prêcherais comme j'aimais tant le faire et comme d'autres aimaient que je le fasse; un jour, de nouveau, je présiderais publiquement l'Eucharistie comme j'aimais tant le faire et comme d'autres aimaient que je le fasse; un jour, de nouveau, j'enseignerais... La voie était difficile, mais elle était tracée, et j'avais la chance que beaucoup soient prêts à m'y accompagner et à m'y assister. Il n'était pas question dans tout cela de décomposition : de difficultés et de souffrances, sans doute, de découragements, de détours et de reculs, sans doute. Mais rien n'avait à changer : au contraire, il fallait surtout que rien ne change.

J'eus la surprise qu'il en aille différemment, et si différemment que la surprise se changea en inquiétude, puis en effroi. Ce qui me surprit, puis m'inquiéta et m'effraya, ce fut la souffrance. Non sa quantité, mais sa nature. A ses débuts ou dans ses phases les plus vives, la souffrance ne laisse aucun recul, aucune possibilité de s'interroger : on souffre, et c'est tout. Mais d'une part, si bizarre que cela puisse paraître, on finit par s'habituer; d'autre part, il y a des répits; enfin, pourquoi le cacher, certains bonheurs venant d'ailleurs ne me furent pas ménagés. Je pus donc parfois prendre quelque distance; vint y éclore cette question imprévue : pourquoi souffrais-je tant, ou plutôt pourquoi souffrais-je de cette façon-là?

Ne plus pouvoir prêcher...

Par exemple, j'entendais prêcher. Si le sermon était mauvais, j'enrageais à l'idée que j'étais empêché de mieux faire (ce qui, à croire ce que d'autres que moi pensaient de mes prédications, n'était pas toujours illusoire). Si le sermon était bon, s'il n'y avait pas ce gaspillage si fréquent de la parole de Dieu et de l'aptitude insoupçonnée qu'ont les gens à l'entendre et à y trouver bonheur, alors, tout en me réjouissant de la parole que j'avais reçue, du Dieu qui m'avait été dit et du bonheur de l'assemblée le célébrant, je me sentais comme blessé à mort de ne plus pouvoir faire cela moi-même. Mon couvent dispose d'un parking souterrain construit immédiatement sous l'église : à la sortie d'une messe du dimanche, je me suis enfui dans son obscurité et son isolement pour y pleurer, pour y crier, oui, pour y crier : « Mais enfin pourquoi, pourquoi?... Ils sont fous! »

Avait prêché ce jour-là un homme qui fut de longues années mon père-maître (responsable spirituel de la formation des religieux), puis mon conseiller spirituel, puis un ami; quelques jours avant son sermon, cet homme – un des deux ou trois auxquels je dois le meilleur de ce que j'ai compris de Dieu et de l'Évangile – m'avait demandé conseil pour son sermon en me disant : « Qu'est-ce que tu dirais, toi? » Il prit des notes comme j'en avais pris trente ans plus tôt pendant ses conférences spirituelles : cela m'avait bouleversé, car cette confiance mettait le monde à l'envers, renversant les rapports de maître à disciple. Le dimanche venu, il fit à sa façon (chacun a la sienne) un sermon remarquable où, à côté d'autres, mes idées reparaissaient transfigurées; un moment, il dit même : « J'en parlais ces jours-ci avec un frère de ce couvent, et je reprends d'autant plus volontiers ce qu'il m'en a dit qu'il n'a plus la possibilité de s'exprimer en public. » Et pendant qu'à la sortie de la messe certains habitués échangeaient, comme chaque dimanche, leur plaisir avec les moins farouches des religieux (dont le prédicateur, bien sûr), j'étais là, dans ce parking sentant le mazout et la poussière, à sangloter : « Mais enfin pourquoi? Ils sont fous de m'empêcher de prêcher, ils devraient pourtant savoir que je ne fais pas de mal à Dieu, que je ne fais pas de mal aux croyants, que je leur fais plutôt du bien et leur donne envie de croire, que je leur donne du plaisir à croire, du plaisir à Dieu. Ils sont fous, ce n'est pas possible. » Et cela, « ce n'est pas possible », je l'ai crié.

Il y a peut-être quelque ridicule ou quelque hystérie dans ce pathétique, mais on peut le comprendre. D'autres peuvent le comprendre. Je le comprenais donc moi-même, et il n'y avait à première vue rien d'autre à comprendre. Pourtant, c'est à cette occasion que s'instaura la distance où vint éclore une question imprévue : non « pourquoi souffrais-je tant? » mais « pourquoi souffrais-je de cette façon-là? ». Quelque chose n'allait pas, moins dans la violence de cette souffrance que dans sa nature et ses raisons. Ma « vocation » de frère prêcheur, ma passion – il n'y a pas d'autre mot – de prêcher, mon don réel en la matière, étaient de bonnes explications de cette souffrance, mais ces raisons étaient de trop bonnes excuses pour n'être pas suspectes.

La question qui naquit alors en moi était si imprévue et me touchait si radicalement que je me désintéressai assez vite des combats d'arrière-garde où une partie de moi-même suivait encore ceux de mes frères qui s'y obstinaient amicalement pour obtenir que je puisse de nouveau prêcher. J'avais – si bizarre que cela me paraisse à moi-même – un problème plus important et plus urgent à résoudre : que cachait donc la nature de la souffrance que j'éprouvais à ne plus pouvoir prêcher? Qu'avais-je investi dans la prédication, qu'en avais-je fait pour que sa privation me blessât de cette façon? Répondre à cette question était plus important que de pouvoir à nouveau et le plus vite possible prêcher. Encore fallait-il que, pour y répondre, la question en vienne à mieux apparaître. Sa difficile apparition, son onéreuse et laborieuse apparition, fut favorisée par l'assonance qu'éveillèrent en elle les vicissitudes d'une autre privation qui me frappait.

Ne plus pouvoir présider l'Eucharistie...

Je n'avais plus le droit, en effet, de présider publiquement l'Eucharistie. On m'avait concédé, après bien des hésitations, le droit de participer à des concélébrations lorsque ma présence parmi les concélébrants ne risquait pas de choquer d'autres participants, prêtres ou laïcs, de la célébration. Je pouvais célébrer « en privé » autant que je le voulais. Or, j'aimais beaucoup présider une célébration eucharistique : comme à propos de la prédication, je reste émerveillé de l'aptitude qu'ont les croyants à « célébrer » et – si j'ose dire – de l'aptitude qu'a Dieu à être célébré, de l'aptitude que Jésus s'est acquise à ce qu'il soit fait mémoire de lui et que l'Esprit nous le rende présent. Présider une Eucharistie était toujours pour moi une fête où il s'agissait de partager le plaisir que Dieu nous est dit éprouver à se partager, plaisir qui n'empêche pas mais au contraire favorise une adoration et une recherche silencieuse de cette réalité connue-inconnue qu'est aussi ce Dieu ici partagé. « *Rühmen* », « célébrer » : l'écho du premier mot d'un sonnet de Rilke ne s'est jamais éteint en moi depuis quarante ans, même aux moments les plus sombres ou dans les assemblées les moins enthousiastes. J'ai eu souvent la chance et le bonheur de pouvoir constater que j'avais permis à bien d'autres dont je présidais la célébration d'y trouver le même plaisir : plaisir à Dieu et plaisir les uns aux autres.

Voilà qui m'était également retiré. Je me contentai donc de participer parfois à des concélébrations, avec des réticences dont j'expliquerai les raisons plus loin parce qu'elles ne concernent pas ce dont je veux parler tout de suite. Il n'était pas question de célébrer « la messe privée » : je l'avais pourtant fait quotidiennement avec bonheur et profit pendant les dix premières années de mon sacerdoce. Cependant les maîtres qui m'avaient formé et le renouveau liturgique auquel ils avaient contribué avaient déplacé l'accent principal de l'Eucharistie, qui ne pouvait plus être pour moi la dévotion personnelle du prêtre mais la célébration d'une communauté. Quand je ne concélébrais pas, j'allais donc à la messe en « laïc », comme un « simple fidèle ». Chacun sait comme les messes sont parfois ennuyeuses, et qu'il faut avoir la prière chevillée au corps ou être vraiment en état de grave malnutrition pour trouver à s'y nourrir : il faut lutter contre le contenu et la forme de la célébration pour y parvenir, le combat étant parfois sans espoir. Là encore, comme pour la prédication, j'enrageais d'être privé de pouvoir faire mieux (ce qui, je le sais après vingt-cinq ans de pratique de la célébration, n'était pas pure vanité de ma part). Là aussi, quand la célébration était efficace et heureuse, je m'en réjouissais mais ne pouvais m'empêcher de me dire : « Pourquoi pas moi? »

C'est à ce propos qu'un jour s'ouvrit une brèche dans le monolithe de la souffrance, non point tant pour l'alléger que pour m'amener à m'interroger sur ses arrière-plans. J'avais été en « laïc » à une messe dont les célébrants, prêtre président et membres de l'assemblée, avaient su faire une fête, modeste mais réelle, pour Dieu et pour nous tous, une vraie « fête-Dieu » (cette expression m'avait jailli des lèvres, un Jeudi Saint où je présidais et prêchais, devant la table jonchée de fleurs, de pain et de vin, préparée par des amis du couvent). A la sortie, alors que revenait l'inévitable « pourquoi pas moi? », je m'avisai subitement que si explicable ou excusable que puisse être cette question, elle était en contradiction radicale avec la théologie de l'Eucharistie et des ministères que je professais depuis quelques années.

Je ne suis pas un spécialiste de ces matières, mais j'ai la chance de vivre avec de tels spécialistes, et surtout je suis pris dans le courant qui pousse tant de communautés chrétiennes, formelles ou informelles, à se réapproprier l'Eucharistie qui est leur bien. J'en suis donc venu à considérer que le ministère du prêtre en matière d'Eucharistie, pour être irremplaçable, est très limité : le prêtre est, à mon avis, celui qui est désigné (« ordonné », si l'on préfère) par l'évêque, principe et témoin de l'unité de l'Église locale avec l'ensemble de l'Église, pour témoigner par sa présence et sa présidence que l'Eucharistie célébrée par cette communauté l'est en union avec toute l'Église : elle peut donc être reconnue et authentifiée par toute la communion des croyants [1]. Mais, sous la présidence du prêtre et en union avec tout ce qu'il est délégué à représenter, c'est la communauté qui célèbre, et par conséquent consacre (si l'on tient absolument à ce vocabulaire assez inadéquat). Le ministère du prêtre est un ministère de présidence et d'authentification par le lien avec l'Église, mais c'est la communauté qui est l'agent de la célébration.

Ce qui est en cause pour le moment n'est pas le bien-fondé de cette théologie (Rome la déteste, bien qu'elle soit celle de l'Église primitive et de nombreux théologiens actuels) mais la question suivante : alors que je professais une telle théologie de l'Eucharistie et des ministères, et que par conséquent j'aurais dû estimer avoir l'essentiel et la plénitude de l'Eucharistie en participant comme « laïc » à une célébration réussie, pourquoi persistais-je néanmoins à souffrir de ne pas présider? Sur quoi portait ma souffrance? L'Eucharistie était là, plénière. Rien n'y manquait : Dieu, le Christ suscité par l'Esprit, un prêtre ordonné et présidant, une communauté célébrante. Non, rien n'y manquait et j'aurais dû être pleinement heureux. Que me manquait-il donc?

A la différence de ce qui se passait pour mon interdiction de prêcher, la contradiction entre ma souffrance à ne pas présider et ma théologie de l'Eucharistie et des ministères rendait plus facile que s'instaurât entre ma souffrance et moi une distance où pouvaient peut-être apparaître les vraies questions. Grâce à cette contradiction, il me devenait plus facile de repousser au second plan non seulement le fait de ma souffrance mais aussi la nécessité de récupérer au plus vite la possibilité de célébrer. Il devenait plus important, et donc plus urgent, de comprendre ce qui s'était investi en moi dans le fait de présider, et de saisir pourquoi et comment j'avais perverti le sens que ma théologie me faisait attribuer au ministère de présidence de l'Eucharistie.

Me poser ces questions, c'était tout de suite comprendre qu'il n'allait pas être facile d'y répondre et que la réponse me coûterait beaucoup de temps et d'efforts (je ne parlais pas encore en termes de décomposition, encore moins de recomposition). La solution était certes à chercher d'abord dans les déterminations singulières de ma propre personnalité et de mon histoire, qui m'avaient fait m'investir dans la fonction de présidence et la pervertir par rapport à ce qu'en disait ma théologie. Mais cet investissement et cette perversion ne s'étaient pas faits en vase clos : ils ressemblaient étonnamment à l'investissement et à la perversion du ministère presbytéral que je pouvais constater autour de moi dans le système ecclésiastique et chez les « laïcs » que ce système avait façonnés à son idée, et non sans la complicité de leurs besoins et désirs. Devaient donc se mélanger en moi les raisons personnelles et les raisons ecclésiales – pour ne pas dire ecclésiastiques – de cet investissement et de cette perversion. Je devais avoir « mon problème » en la matière, mais il devait aussi y avoir « un problème » tout à fait indépendant de moi (même s'il devait m'infiltrer et me contaminer). Le problème devenait donc à la fois plus difficile et plus important que s'il s'était agi seulement de moi. Il méritait même à mes propres yeux mais *a fortiori* à ceux d'autrui, plus d'attention que s'il s'était agi seulement de mon propre problème. Plus tard, quand j'allais commencer de penser décomposition, et bien avant de penser recomposition, il allait s'agir non seulement de la décomposition de ce qui en moi s'était investi dans la fonction de présidence, mais de la décomposition de ce que le système ecclésial chrétien y avait investi. Décidément, la question de savoir si et quand je pourrais de nouveau présider se trouvait reportée *sine die.*

Ne plus pouvoir enseigner la théologie...

La troisième mesure qui me frappa, l'interdiction d'enseigner, me faisait beaucoup moins souffrir, s'il s'agissait de l'enseignement académique officiel. D'une part, il y avait déjà cinq ans qu'avait dû être fermée – faute d'un nombre suffisant d'étudiants – la faculté de théologie du Saulchoir où je fus étudiant, puis professeur, puis doyen (son dernier doyen). D'autre part, il n'était plus question que les autres institutions théologiques françaises, dont j'avais dû décliner les offres d'emploi tant que je me devais au Saulchoir, recourent à mes services depuis que j'avais déplu à Rome (bien avant les interdictions dont je parle ici) par mes actions et mes écrits, notamment en matière d'avortement. Enfin, et cela était plus décisif, j'étais devenu de plus en plus allergique au style universitaire, académique et « scientifique » de l'enseignement de la théologie. J'en ai connu les mérites, pour avoir reçu ce type d'enseignement et pour l'avoir exercé. J'en ai connu les longs et obscurs labeurs, et il n'est pas exclu qu'un peu de paresse soit une des raisons de mon allergie.

Mais la théologie scientifique est comme l'armure des chevaliers de la bataille d'Azincourt : elle est si lourde qu'elle écrase la plupart de ses pratiquants, et que seuls des êtres exceptionnellement forts peuvent rester debout et marcher une fois qu'ils ont revêtu cette armure. En outre, le poids de la théologie scientifique et les objectifs qu'elle se donne pour paraître telle à ses yeux (ce qu'elle est vraiment seule à croire dans toute la république des esprits) font qu'elle parle beaucoup *sur* Dieu (ou plutôt sur ce que les autres ont dit sur Dieu) mais rarement *de* Dieu. Or, il me semble que tout appelle de nos jours une théologie confessante, une théologie qui soit confession de la foi par sa façon même de rechercher l'intelligence de la foi.

Enfin, la prétention de la théologie académique à être systématique et exhaustive me semble contraire à tout ce que cherche, entreprend et réussit l'esprit humain en cette fin du XXe siècle. J'aurai plus loin l'occasion de dire pourquoi, à mon avis, tout discours parlant de Dieu ou sur Dieu, y compris le discours théologique, ne peut être que fragmentaire, non seulement à cause de l'état présent de l'esprit, mais plus radicalement dans la mesure même où il s'agit de ce Dieu qu'aucune théorie ou théologie ne peut circonscrire de façon systématique (même si les appareils ecclésiastiques cherchent à nous circonvenir en se prétendant les dépositaires et les tenants autorisés d'une telle parole sur Dieu). Pour le moment, je me contente de mentionner ce thème parce qu'il contribue à expliquer ce qui m'éloignait déjà, depuis un certain temps, de la théologie académique et scientifique, expliquant du même coup pourquoi j'étais moins blessé par l'interdiction de l'enseigner.

Mais cet enseignement n'était pas le seul à m'être interdit : je ne pouvais davantage faire de sessions, de conférences publiques, etc., où j'aurais « enseigné » quelque réalité touchant à la foi. Cette interdiction m'atteignait beaucoup plus. D'une part, j'aime enseigner, si l'on entend par là communiquer ses idées et se battre pour les faire partager. D'autre part, cette volonté de communication et de conviction a été longtemps pour moi le meilleur instrument de la naissance de mes propres idées et de leur mise au point. Je ne suis pas de la race des créateurs. Il faut les circonstances exceptionnelles où je me trouve pour que quelque chose puisse sortir de moi par la seule force d'une pression intérieure; habituellement, c'est la demande ou la rencontre d'autrui qui me fait naître à ma propre pensée. Enfin, lorsqu'il s'agit de Dieu, de Jésus-Christ et de leur Esprit, il est plus vrai encore que pour toute autre réalité que ce qu'on peut en connaître se cherche, se découvre et se vérifie dans un partage entre croyants (et entre incroyants), ce partage étant aussi bien celui du silence, du doute ou de l'oubli, que celui de la célébration, de la parole, de la prière, des idées... et de la théologie. En m'interdisant même les formes non académiques d'enseignement, on me retirait ce qui est le meilleur instrument de vitalité et de vérification de ma propre intelligence de la foi.

Je souffrais de cette dernière interdiction bien plus que de ne pouvoir accéder à une chaire de théologie. Mais cela ne rompait pas tout lien pour moi avec la théologie scientifique. J'avais été longtemps sensible à ses vertus et j'avais longtemps servi ses institutions, et même ses modestes ou glorieux instruments de travail; elle faisait partie pour moi d'un passé révolu, mais sa mémoire était encore vivante en moi, et même si j'ai d'autres raisons de ne pas la répudier [2], je ne pouvais renier ce qui aura été une période importante et heureuse de ma vie. D'autre part, et surtout, j'avais pratiqué les autres formes d'enseignement d'une façon qui ne pouvait manquer d'être marquée par la position « magistrale » que j'avais occupée. C'est pourquoi, comme à propos de la présidence de l'Eucharistie et plus qu'à propos de la prédication, se manifesta à propos de l'enseignement une contradiction dont l'apparition fut plus facile parce que la souffrance était moindre. Je n'acceptais plus les différents types de position magistrale que confère et requiert l'exercice de la théologie académique et scientifique. Mais pourquoi souffrais-je tant de ne plus pouvoir pratiquer les autres formes d'enseignement, alors que ces circonstances exceptionnelles – si dures qu'elles puissent être – me fournissaient l'occasion de rentrer dans le rang (dans la mesure où cela est possible à quelqu'un qui a longtemps été hors du rang)?

Ma théologie me faisait professer un certain type de rapport entre ministère et communauté, ma pratique de la présidence en supposait sans doute un tout autre. Ma théologie de la fonction théologique me faisait professer un certain type de rapport entre théologie et communauté, mais quel était réellement le type de rapport entre théologie et communauté que supposait ma pratique? Pourquoi m'en tenais-je à la souffrance que me causait la perte de ce rapport et à l'espoir de pouvoir le retrouver, comme si j'allais mourir d'en être privé, au lieu de travailler à découvrir que ce type de pratique était peut-être une œuvre de mort et qu'il fallait mourir à ce rapport lui-même? L'occasion était peut-être bonne pour laisser naître, sans savoir d'où ni comment, de nouveaux types de rapports qui me seraient proposés et imposés bien plus par autrui que par moi-même, et bien plus par des groupes plus ou moins informels et des individus que par les institutions académiques ou ecclésiastiques? Décidément, là encore, il y avait plus important et plus urgent à faire que de récupérer ce qui m'avait été retiré. La question de savoir quand et comment le récupérer devenait proprement in-sensée, en tout cas secondaire et à reporter *sine die,* tant que n'apparaîtraient pas plus clairement (car il n'était pas question de vouloir les résoudre avant qu'elles n'aient eu le temps d'apparaître) ces autres questions qu'occultaient la souffrance de l'état présent et l'espoir du retour à l'état antérieur.

Vers un problème qui ne m'est pas propre.

Ces autres questions, je pressentais déjà qu'elles se poseraient certes d'abord à l'individu que j'étais et à la manière dont ma personnalité s'était investie dans les différentes fonctions de prédication, de présidence et d'enseignement, mais qu'elles se poseraient également aux diverses institutions qui promeuvent ces fonctions ou sont promues par elles. Les poser ne pouvait donc être seulement une affaire personnelle et dépendre uniquement des réussites et des échecs de ma destinée personnelle, c'était nécessairement aussi une affaire collective, c'est-à-dire en ce cas ecclésiale. Avant d'en venir à cet aspect institutionnel, je dois insister sur l'aspect individuel. Je dis bien : individuel, plutôt que : personnel. Il me semble, en effet, que la plupart des individus qui se sont investis personnellement dans ces fonctions de prédication, de présidence et d'enseignement ont en commun le type de difficultés dont je veux parler ici, quelles que soient les variables considérables que peuvent y introduire les différences entre leurs personnalités.

Il me semble que tous les hommes de mon âge (cinquante-cinq ans lorsque je rédige ces lignes) qui se sont engagés dans le sacerdoce ou dans une vie religieuse de type apostolique l'ont fait avec une extraordinaire intensité que leurs cadets seulement de quelques années comprennent mal et trouvent même quelque peu excessive (ce qui ne vient pas de ce que leur « générosité » serait moindre). Cela tient-il au fait que notre adolescence s'est déroulée pendant la Seconde Guerre mondiale, et que nous avions vingt ans à la Libération quand une extraordinaire vitalité explosa littéralement dans toutes les dimensions de la vie : intellectuelle, artistique, culturelle, politique, syndicale, religieuse? Je n'ai pas été le seul homme de mon âge à m'engager à fond dans tout ce que nous offraient les renouveaux qui bourgeonnèrent à cette époque. A partir de 1949, il s'agissait dans mon cas de ceux que m'offrait la vie dominicaine, qui connut alors une période d'une intensité et d'une fécondité extraordinaires.

Les méthodes traditionnelles de formation des religieux étaient d'une efficacité qui terrifie presque, lorsqu'on y repense après coup, tant elles savaient faire pénétrer en nous les idéaux et les motivations par lesquels se définissait le groupe. Notre personnalité était comme refaçonnée. J'aurai l'occasion de dire quelles complicités nous prêtions parfois à cette transformation et lesquels de nos vœux les plus cachés s'y trouvaient comblés. Pour le moment, je veux signaler seulement que la profondeur de cette transformation fait que, pour les individus de ma génération, ou pour ceux que nous avons ensuite formés selon cette tradition, s'interroger sur la façon dont nous nous sommes investis dans ces idéaux, ces motivations et ces fonctions n'est pas une mince affaire : c'est s'interroger sur ce qui est devenu le cœur de soi-même, la chair de sa chair. L'intériorisation est si poussée, la définition de soi-même par soi-même et par le groupe selon ces lignes de force est si prégnante, qu'on ne dispose pas du recul nécessaire pour les juger « objectivement » : les mettre à distance, ce serait se déchirer soi-même.

Depuis quinze ou vingt ans, nombre d'entre nous ont été obligés de remettre en cause la façon dont ils s'étaient investis dans ces fonctions, soit qu'ils aient eu de bonnes raisons de s'interroger sur la valeur des motivations qui les avaient fait s'y investir, soit que les transformations subies par celles-ci sous le coup des mutations sociales et ecclésiales les aient amenés à répudier les formes selon lesquelles ils s'y étaient antérieurement investis. On sait que de très nombreux prêtres de ma génération ou de la génération suivante ont quitté l'état sacerdotal ou religieux. J'ai accompagné beaucoup de mes amis dominicains dans les diverses étapes de leur départ, et certains sont devenus ou restés de proches amis. Pour plusieurs d'entre eux, c'était la nature même de leur investissement dans ces fonctions et cet état qui le leur rendait désormais impossible et insensé. D'autres s'étaient convaincus, à tort ou à raison, que la rigidité de l'appareil ecclésial et la pesanteur de la communauté croyante rendaient trop improbable l'apparition des formes nouvelles qu'auraient dû revêtir à leurs yeux ces fonctions : ils se retiraient donc, plus ou moins la mort dans l'âme, attachés à ce qu'elles auraient dû être, mais navrés car certains qu'elles ne le deviendraient pas. Pour les uns comme pour les autres, ce furent des transformations de leur existence et de leur personnalité qui les bouleversèrent profondément et ne furent pas sans laisser de cicatrices, même si elles libéraient des énergies qu'avaient immobilisées des investissements devenus à leurs yeux sans issue ni signification.

Si je me sens parfois plus proche de certains de ceux qui sont partis que de certains de ceux qui sont restés, c'est que j'ai moi-même vécu ces deux types d'interrogations. D'une part, j'ai – comme on dit – fait une analyse, et j'ai beau savoir, depuis bientôt vingt ans que j'entends parler mes amis psychanalystes, qu'une analyse peut aller beaucoup plus profond que n'est allée la mienne, je n'ai pas été sans découvrir la nature de quelques-unes des motivations qui m'ont poussé vers ces fonctions et quels vœux très profonds elles exauçaient en moi : plusieurs ne sont pas du meilleur aloi. Aussi, quand un ami psychanalyste, par ailleurs très respectueux de moi, me dit en souriant : « Tu sais très bien que si tu faisais une deuxième analyse, tu quitterais tout cela », ne suis-je pas certain d'avoir grand-chose à lui répondre. D'autre part, la transformation intérieure à la foi (les « renouveaux » biblique, patristique, liturgique, pastoral, missionnaire, catéchétique, conciliaire, etc.) a profondément modifié la conception que je me fais de ces fonctions, au point qu'elle est parfois devenue radicalement contradictoire avec celle à laquelle j'avais identifié ma personne et ma vie lors de la formation de mon « être » dominicain. J'ai travaillé longtemps à la réforme des institutions ecclésiales et des mentalités croyantes : j'en reconnais certains résultats positifs, mais nous sommes encore tellement loin de compte que je ne crois plus guère au réformisme; comme il est encore plus difficile de croire aux révolutions, ou en tout cas à la réalité de leurs effets, je ne suis pas loin d'être enclin à me retirer, moi aussi, plus ou moins la mort dans l'âme.

Pourtant, je reste. D'une part, parce qu'à titre personnel je ne peux faire autrement. J'ai cela vissé à l'âme et au corps. Même si je le conçois, le vis et le pratique tout à fait autrement, même si la prédication, la présidence et l'enseignement sont devenus tout autre chose dans ma vie que ce qu'ils étaient, même si ma vie se définit et se joue désormais aussi ailleurs et autrement, j'ai cela chevillé à l'être. Pour de bonnes ou de mauvaises raisons, je ne sais; sans doute les deux. Mais je serai bientôt à l'âge où l'on prend sa retraite, et je sais que cela ne changera plus. J'en suis le premier étonné, et je comprends qu'on puisse et doive partir s'il en va autrement, mais c'est ainsi. D'autre part, je persiste à penser que les fonctions de prédication, de présidence et d'enseignement sont indispensables à la vie de la communauté des croyants et qu'elles doivent être assumées par certains de ses membres, même si je suis persuadé que les organes remplissant actuellement ces fonctions sont impropres à promouvoir leurs nouvelles formes : la disparition de ces organes est donc la condition *sine qua non* de l'apparition de ces nouvelles formes. Mais je reste aussi passionné par l'apparition de ces nouvelles formes dans la vie de la communauté croyante que je reste passionné par leur pratique dans ma propre vie d'individu.

Cela dit, la position n'est pas très confortable. Ce qui est en cause ébranle les couches les plus profondes et les axes les plus essentiels, non seulement de la personnalité des individus concernés, donc de moi-même, mais également de la communauté des croyants, dont je suis membre. De tels bouleversements, quand ils n'entraînent pas la mort ou quand ils ne paralysent pas dans l'angoisse et ses mécanismes de défense, ne se font pas en une seule fois ni selon un plan préétabli : ici on bouge, sans même parfois s'en apercevoir sinon après coup, et là on reste bloqué; ici on avance : un peu de lumière, de bonheur, de plaisir apparaît, et là on piétine ou se trompe de chemin, et l'on se décourage, on gaspille une énergie qui n'est pas inépuisable. On a beau savoir qu'il y faudra plusieurs générations, on voudrait bien voir se lever un peu d'aube avant de mourir soi-même. Chacun s'aménage, s'engage, se ménage, se défend ou se détourne moins selon ses mérites ou ses vouloirs que selon son tempérament et les hasards plus ou moins heureux de son environnement et de son histoire.

J'en étais là, moi aussi, quand les interdictions dont j'ai parlé vinrent bouleverser ce que je n'oserais guère appeler un équilibre. Au début, il n'y eut guère de problème : d'abord essayer de lutter pour empêcher ces mesures. Puis souffrir, seulement souffrir quand la victoire leur fut acquise et entière. Mais ensuite, je l'ai dit, cela se compliqua. Et de nouveau, mais dans une autre situation et de façon plus pressante, se posait la double question de la nature de mes investissements dans ces fonctions, et de la nature de ces fonctions elles-mêmes. En outre, j'étais privé des modalités essentielles de rapports avec les croyants qui m'auraient permis de chercher et de trouver avec eux des éléments de réponse à cette double question. Il n'y avait aucune issue. Claquer la porte et partir? Cela n'aurait pas été déraisonnable. Mais je ne pouvais pas. Pourquoi? C'est ainsi : je ne me vois pas autrement (même si je vois cela tout autrement). Rester mais renoncer? Les condamnations du modernisme, au début du siècle, ont transformé ainsi en morts-vivants des prêtres qui sont restés – beaucoup partirent – et ont consacré le reste de leur vie à la botanique, à la numismatique ou à l'érudition. Je ne le pouvais pas davantage. Pourquoi? C'est ainsi. D'ailleurs, nombre de gens me demandaient, me suppliaient même de n'en rien faire, comme si quelque chose de leur propre espérance, de leur propre avenir était en jeu. Il est vrai que d'autres me demandaient de partir, pour montrer qu'une parole sur Dieu, qu'une parole à Dieu, qu'une parole de Dieu pouvait être libre : et là aussi, quelque chose de leur propre espérance, de leur avenir à eux, était en jeu.

Bloqué. J'étais bloqué. Aucune issue. Pas de précédents. Pas de mode d'emploi. Pas d'autre prière possible que de répéter, envers et contre tout : « que ton règne arrive, que je n'y sois pas un obstacle, que je n'y sois pas un scandale, que j'y sois utile si ce peut encore être le cas ». Mais je n'y voyais pas plus clair pour autant, et quand le mot « décomposition » est apparu dans mon discours intérieur, je n'y ai d'abord pas pris garde. Quand il a commencé de s'imposer, je me suis dit que je pourrissais sur place. A défaut d'être réjouissant, c'était normal : puisque tout était bloqué et que je persistais quand même à vivre, la vie se transformait en pus, en décomposition. D'ailleurs, du végétal à l'animal et à l'esprit, c'est bien ce qui arrive à la vie quand ses formes anciennes ne lui sont plus possibles et qu'il n'en est pas de nouvelles. C'était ce qui m'arrivait : je commençais à me décomposer.

J'étais si fatigué que cette constatation fut presque un soulagement. A la limite, je me faisais un peu d'humour en me rappelant le fumier des fermes de mon enfance, et je me disais que, pour l'avenir dont j'ignorais tout, ce fumier pourrait servir, car le fumier est très utile pour faire germer et pousser. Je me disais qu'à mon âge beaucoup d'hommes et de femmes ont joué l'essentiel de leur vie : famille, métier, ressources, et que beaucoup d'entre eux n'ont pas eu la chance d'y réussir; or, j'avais eu la chance d'avoir assez bien réussi la vie qui avait été la mienne. Que demander de plus? Peut-être même pourrais-je encore fournir du fumier aux récoltes de demain? Le psaume m'avait appris quelque chose d'analogue : les uns sèment dans les larmes, les autres moissonnent en chantant. N'avais-je pas déjà beaucoup moissonné en chantant? C'était mon tour de pleurer. En semant?

Il est rare que le fait de beaucoup souffrir rende très lucide. Il m'a donc fallu du temps pour découvrir que la décomposition était non seulement la seule issue possible de fait, mais le point de passage obligé. Puisque je ne comprenais pas assez bien ce qui s'était composé en moi autour des fonctions de prédication, de présidence, d'enseignement, il fallait donc que cela se décompose, il fallait que je le laisse se décomposer. Puisque je ne comprenais pas assez bien ce qui se composait dans les fonctions qu'élaboraient l'appareil ecclésial et les désirs latents de ceux qui s'empressaient de se soumettre à lui, il fallait donc que cela se décompose, en moi et autour de moi. Qu'il s'agisse de ma personne en ce qu'avait de singulier mon rapport à ces fonctions ou qu'il s'agisse de la signification sociale de ces fonctions, puisque les forces en cause étaient obscures et puissantes, puisqu'elles échappaient à ma conscience et à mon pouvoir, il fallait donc que je laisse s'affronter en moi, en dehors de ma conscience et de mon pouvoir, ces forces contradictoires, que je laisse ces continents en dérive se heurter et se fissurer. Il fallait que l'ordre ancien se décompose.

Je me crus sur la voie. Je crus qu'il y avait une voie. De fait, je pense que c'était le cas. Mais je me trompai sur les modalités, erreur pour laquelle mon inexpérience me vaudra peut-être l'indulgence. Découvrant que cette décomposition était la seule solution pour que se décompose l'ordre ancien – celui de ma personne et celui de ces fonctions –, je pensai aussitôt que c'était là un processus « propre » puisqu'il était une étape intermédiaire entre deux ordres et le moyen pour qu'un monde nouveau surgisse des ruines de l'ancien. Je pensai donc que les choses allaient pouvoir se passer proprement.

J'avais encore à découvrir qu'il n'y a pas de décomposition sans pourriture. Qu'on ne contrôle pas la décomposition, qu'on ne lui dicte pas ses voies, qu'on les ignore, et que les manifestations qui permettent de les identifier après coup ne sont jamais très ragoûtantes ni rassurantes. Dès lors, il devenait vital de résister le moins possible. De n'avoir pas trop peur, de n'être pas trop dégoûté, de ne pas trop s'inquiéter si les autres s'inquiétaient trop. De ne pas concéder ceci pour mieux garder cela. De ne pas s'accrocher à ceci, bien que c'eût toujours été la source de la vie. Difficile. Impossible même, au-delà d'une certaine limite : on oppose forcément des résistances, on veut forcément garder quelque chose pour soi ou pour les autres. On veut garder sa dignité, on ne peut pas se laisser aller à ce point-là : sois un homme, aie foi en Dieu!

Or, si la décomposition était le salut, il fallait que tout y passe. Et particulièrement tout ce autour de quoi ma personnalité s'était organisée en tant que frère prêcheur, particulièrement cette façon que j'avais de m'être investi dans la prédication, dans la présidence de l'Eucharistie, dans l'enseignement. C'était cela, c'était ce moi-là, c'était moi qui devais me décomposer. Sans savoir rien de plus, sinon quelque part une conviction quasi suicidaire que la vie peut parfois gagner (toutes les moisissures ne font pas de la pénicilline, mais enfin, parfois...). Sinon quelque part une conviction quasi suicidaire que Dieu peut faire resurgir la vie de la mort. Mais cela, c'est tout au fond, tout au large, tout là-haut, à peine aux lisières de la conscience, du vouloir ou du désir. Tout le reste du champ est occupé par la décomposition. En écrivant ces pages, je me demande si le fait de les écrire n'est pas à lui seul une distraction, une résistance, un faux détour, un faux répit; car écrire, même sur la décomposition, c'est quand même composer. Je n'en sais rien. Je ne puis que redire la prière que j'ai apprise, car il m'a fallu inventer cette version du « que votre règne arrive », jusqu'alors insoupçonnée de moi : « Mon Dieu, mes amis, si c'est cela le chemin, aidez-moi à ne pas me dérober à la décomposition, ne m'abandonnez pas à mes résistances et à mes détours. Mon Dieu, aidez-moi à me décomposer : vous voyez bien que nous n'y arriverons jamais autrement. »

Décomposition 2

Même si je trouvais beaucoup de plaisir à prêcher, à présider, à enseigner, je n'avais pas inventé pour et selon mon plaisir ces fonctions ni les modalités de leur exercice. Même si ma personnalité avait trouvé à exaucer quelques-uns de ses vœux les plus profonds et les moins conscients dans la « vocation » dominicaine et si je n'avais été que trop heureux de me faire le complice du système de formation qui m'avait rendu ses idéaux plus intimes à moi-même que moi-même, je n'avais pas inventé pour et selon les besoins de ma cause l'« Ordre » dominicain ni l'ensemble du système ecclésial dans lequel cet Ordre s'inscrit. Or, depuis trente et quelques années que je suis entré dans cet Ordre et, par son intermédiaire, dans ce système, ils ont considérablement évolué. Cette évolution, beaucoup – croyants ou incroyants – la jugent négative. Je la juge également telle, mais en ne donnant aucune signification péjorative à cette qualification de négatif : en lui donnant même – je m'en expliquerai car cela peut sembler trop paradoxal – une signification positive. C'est sans doute la raison pour laquelle j'ai pu en venir à employer à son sujet le mot de décomposition bien plus tôt et moins difficilement qu'à propos de ma situation individuelle.

La situation de mon Ordre en France ces derniers temps.

L'emploi de ce mot n'a cependant été ni facile ni rapide. D'une part ces institutions ont été longtemps – pour s'en tenir aux trente et quelques années en cause – vigoureuses et bénéfiques, même si d'ici un siècle les historiens sauront y déceler les indices de l'évolution qui allait suivre. D'autre part, je m'étais trop identifié à ces institutions pour ne pas me battre d'abord de tout moi-même contre leur altération et pour ne pas travailler vigoureusement aux « réformes » qui leur permettraient un regain de vie. Enfin, en même temps qu'elle atteignait des institutions qui m'étaient si chères, cette évolution atteignait aussi des individus qui étaient mes frères, mes compagnons de prière, de travail, de vie, de combat, et les blessait parfois profondément; on ne peut parler de tout cela sans remuer beaucoup de souffrances, où s'entremêlent les désillusions, les crispations, les accusations d'autrui ou de soi-même, le sentiment d'avoir été trahi ou floué, les rancœurs, les affrontements et les ruptures entre amis, et tout simplement les rêves, les rêves déçus, tant de rêves déçus, même quand ils étaient les plus contradictoires. Comment éviter pourtant de remuer ces souffrances si on veut essayer d'y voir un peu clair?

Je n'ai pas la compétence d'un historien des institutions : aucun d'entre eux n'a d'ailleurs le recul chronologique ni la distance affective requis l'un et l'autre pour y voir clair. Je n'ai pas non plus la compétence d'un psychosociologue apte à faire l'analyse d'une institution; l'aurais-je que je ne pourrais d'ailleurs l'exercer, étant membre moi-même de cette institution. Je ne cherche pas à proposer à tous un diagnostic sur ce qui s'est passé ni un pronostic sur ce qui se passera. Je cherche seulement, d'abord à mon usage et pour mon profit, à comprendre comment cette décomposition dont il me faut maintenant parler est liée à celle dont je viens de parler à mon propre sujet, ainsi qu'à celle dont il me faudra parler ensuite et qui est encore bien plus radicale puisqu'elle concerne Dieu lui-même et la représentation que nous pouvons nous en faire. Ces trois décompositions sont nécessairement liées. Pour le pire, et pour le meilleur, si meilleur il y a. J'y suis trop impliqué pour y voir très clair, et j'en suis moi-même trop affecté pour en avoir une compréhension très cohérente. Mais je dois essayer de comprendre, essayer de parler, essayer de nommer, de dire les choses pour apprendre leur nom. L'espoir est mince d'y parvenir, mais quel autre espoir y a-t-il?

Lorsque je suis arrivé au Saulchoir en 1950 pour y rejoindre, tout frais émoulu de l'année de noviciat, les autres dominicains qui y faisaient leurs sept années de philosophie et de théologie, nous étions une centaine d'hommes entre vingt et trente ans qui se préparaient à rejoindre ensuite les couvents métropolitains ou les maisons de « mission » qui regroupaient alors des hommes dans la force de l'âge et quelques vieillards. Lorsque, vingt-cinq ans plus tard, les responsables – dont j'étais – de la faculté de théologie du Saulchoir furent amenés à suspendre ses activités, il y restait quinze dominicains en formation. Quatre-vingt-cinq pour cent de diminution en un quart de siècle! J'habite aujourd'hui dans un grand couvent de quarante religieux où la moyenne d'âge est de soixante-deux ans, bien que ce soit un des couvents les moins âgés de l'Ordre en France : à cinquante-cinq ans, je m'y fais moi-même souvent traiter de jeune, et c'est hélas le cas. Non seulement il n'y a plus d'hommes vraiment jeunes qui nous rejoindraient en quantité significative, mais – je l'ai dit – beaucoup d'hommes de ma génération et des générations suivantes nous ont quittés. En un quart de siècle, la pyramide des âges s'est complètement renversée : elle reposait alors sur une large base et sa pointe était effilée; large du haut, elle repose maintenant sur une pointe. Les couvents se dépeuplent et vieillissent (le mien devient une maison du troisième âge, et même un peu du quatrième...), on ferme des postes, les activités s'étiolent et se survivent pour très peu de temps, faute de se voir assigner de nouveaux collaborateurs.

Or, il s'agissait de groupes et d'activités qui avaient à leur actif de très remarquables réussites, dont la qualité aurait dû garantir la permanence et attirer les énergies. J'ai eu la chance de vivre dans l'Ordre à une époque où nos aînés entreprenaient et réussissaient des œuvres qui resteront leur gloire et sont des acquis définitifs : depuis les prêtres ouvriers jusqu'à la Bible de Jérusalem puis la Traduction Œcuménique de la Bible, en passant par le Centre de Pastorale Liturgique, la pastorale missionnaire en France, l'œcuménisme, l'implantation dans les autres cultures et civilisations, l'édition des « Sources chrétiennes », les émissions religieuses à la télévision et à la radio, le Rosaire (qui touche des gens que nos autres activités négligent presque complètement), etc. J'en passe, car je n'ai pas le souci d'être exhaustif. Certes, les dominicains n'étaient pas les seuls à y travailler et à y réussir : nous le faisions avec d'autres ordres et avec le clergé séculier; mais précisément, cela marchait à fond partout, avec un dynamisme qui renversait ou en tout cas abaissait les barrières traditionnelles entre les divers corps ecclésiastiques. Au moment où l'on aurait pu commencer à percevoir les signes d'inadéquation ou d'essoufflement, il y eut le concile, avec la formidable bouffée d'air frais et l'espoir presque insensé de renouveau qu'il suscita : nous étions en plein dedans, ceux de nos aînés qui avaient été brimés et ignominieusement bafoués par Rome y étaient promus experts et y travaillaient d'arrache-pied; à certaines phases du concile, une dizaine de professeurs ou d'anciens professeurs du Saulchoir (pour la petite vingtaine d'enseignants que nous étions) y étaient experts.

Quinze ans plus tard, la situation est telle que mon diagnostic peut être discuté mais qu'il n'est pas invraisemblable, même s'il est trop sombre pour être admis par beaucoup : nous survivons en état de coma dépassé. Tel organe fonctionne encore, tel autre n'est pas encore complètement arrêté, des individus font mieux que survivre et produisent encore (comme le font aussi des cellules et des organes lorsque le patient est en coma dépassé), mais l'organisme en tant qu'entité peut être considéré comme mort. Le temps, le simple écoulement du temps, suffira à rendre inutiles les machines à survie. Que s'est-il donc passé? Nous sommes tous trop impliqués dans la situation pour y voir clair. Des hommes si gravement blessés dans leurs œuvres vives ne peuvent éviter – surtout lorsque beaucoup d'entre eux sont des intellectuels et que tous réfléchissent – d'esquisser des explications; ils souffrent trop pour ne pas avoir les réflexes que déclenche la souffrance à tous les échelons de la vie.

A qui la faute?

La première voie dans laquelle s'engouffrent explications aussi bien que réflexes, c'est celle de l'accusation. Accusation de soi-même, comme il convient à de bons religieux : « Nous avons été infidèles, nous n'avons pas été assez saints, nous avons trahi l'esprit de notre bienheureux père saint Dominique, nous n'avons pas été assez ouverts à l'inspiration de l'Esprit; ressaisissons-nous, soyons plus fidèles, revenons à nos origines, et la vie va renaître. » Certes, on n'est jamais assez fidèle ni assez saint, et l'on ne peut guère se tromper en s'en accusant. Mais, puisqu'une décomposition analogue frappe beaucoup d'autres ordres religieux à vie « apostolique » et le clergé séculier (je reviendrai sur les exceptions que constituent la réelle vitalité de certains ordres contemplatifs, le succès de quelques groupes intégristes et la force d'une Église de l'Est européen), il faudrait supposer que d'un seul coup, et pour une raison mystérieuse, tous les religieux de ces divers ordres et tous les prêtres de différents pays sont devenus si peu saints et fidèles qu'un tel effondrement ait pu en résulter. De plus, il faudrait nier les faits : j'ai connu ces hommes, j'ai vécu avec eux. Ils n'étaient pas tous des saints, mais leur valeur moyenne et la valeur des groupes qu'ils constituaient étaient remarquables, d'où précisément la qualité de leurs entreprises et de leurs réussites; fait plus significatif encore, leur valeur n'était pas assez inférieure à celle de leurs prédécesseurs pour expliquer qu'ils aient échoué à développer la vitalité de l'Ordre là où leurs prédécesseurs avaient réussi. J'éprouve toujours de la peine à voir ces hommes, qui pour la plupart furent de qualité, s'accuser ainsi eux-mêmes et s'imputer la responsabilité d'une décomposition dont ils ne sont guère fautifs. Certes, je sais quel bénéfice procure cette auto-accusation : j'en reparlerai car il est fallacieux et détourne de la vérité. Mais c'est déjà bien assez que ces hommes doivent passer leur vieillesse à être témoins de la décomposition d'une institution qu'ils ont tant aimée : ils pourraient au moins vieillir et mourir en jouissant de la satisfaction méritée de l'avoir bien servie [3].

S'accuser soi-même peut sembler nécessaire mais n'empêche pas pour autant de devoir éventuellement accuser autrui. Les responsables sont faciles à trouver : puisque leur fonction leur confère d'être « responsables », ce sont les supérieurs de toutes sortes. Le processus – en soi très simple – d'accusation des supérieurs est chez nous compliqué par le fait que tous nos supérieurs, à quelque degré de la hiérarchie que ce soit, sont élus par nous, au premier ou au second degré selon les cas. Nos supérieurs sont nos délégués et nos reflets, puisque nous les élisons. Dès lors, il devient difficile de nous en prendre à eux sans nous en prendre à nous-mêmes. Mais puisque nous les élisons, nous avons une véritable responsabilité sur eux : nos institutions – qui sont un modèle de démocratie reconnu et étudié comme tel par les historiens du droit institutionnel – prévoient d'ailleurs les modalités d'un contrôle périodique de l'activité des supérieurs durant leur mandat par ceux qui les ont élus. Il y a donc chez nous un devoir de contrôle et de correction des supérieurs, qui fournit une base et une couverture idéales pour quiconque veut les considérer comme les principaux responsables des maux dont nous souffrons. On voit donc chez nous certains esprits – par ailleurs éminents – s'en prendre régulièrement aux supérieurs ou aux formateurs pour expliquer par les défauts de leur gouvernement ou de leur formation la dégradation qui nous affecte.

Certes, les supérieurs et les formateurs entre 1950 et 1968, et aussi dans les années qui suivirent, eurent certainement des défauts et commirent certainement des erreurs. Mais le mécanisme qui fait accuser les supérieurs doit procurer des bénéfices considérables à ceux qui y recourent pour qu'ils le fassent sans pouvoir s'aviser de ce dont tout le monde autour d'eux s'aperçoit. D'une part, cette accusation perd toute sa valeur (mais révèle sa nature) par sa stéréotypie : il y a des dominicains fort connus que j'entends depuis trente ans porter exactement les mêmes accusations contre des supérieurs dont les politiques, les qualités et les défauts furent diamétralement opposés; la seule chose qui change dans leurs accusations est le nom propre de celui qu'ils accusent. Celui qui fut jadis vilipendé quand il était supérieur devient souvent à leurs yeux quelqu'un de valeur lorsqu'il ne l'est plus. Celui qu'ils appelaient de leurs vœux et de leurs votes pour remplacer l'indigne devient à son tour indigne peu de temps après qu'il exerce la charge à laquelle ils l'ont élu. D'autre part, comment expliquer que subitement, entre 1950 et 1968, la majorité des supérieurs et des formateurs de tous les ordres apostoliques et de tous les diocèses ou presque d'Occident aient été de mauvais supérieurs? Et surtout, comment expliquer qu'ils aient été tous ensemble tellement inférieurs à leurs prédécesseurs, la qualité de ces derniers expliquant pourquoi l'Ordre marchait si bien à la période bénie où ces accusateurs étaient de jeunes religieux, les défauts de ceux-là expliquant pourquoi l'Ordre s'est mis à marcher si mal quand ces mêmes accusateurs étaient devenus des adultes confirmés? Le mécanisme en cause, qui empêche d'éminents esprits de voir ce qu'il a d'infantile, est trop lié à la souffrance qu'ils éprouvent et trop utile à leur en épargner une plus vive pour qu'on ait la cruauté de vouloir les en priver : chacun souffre comme il peut. Ce mécanisme n'en acquiert pas pour autant une valeur explicative. On souhaiterait que des hommes qui ont tant et si bien fait pour la vie de l'Ordre s'épargnent ces souffrances inutiles, vieillissent et meurent avec la satisfaction du devoir somme toute assez bien accompli. De même souhaiterait-on que les supérieurs et responsables d'hier et d'aujourd'hui ne voient pas leurs tâches, et les nombreuses plaies et bosses qu'elles leur valent, aggravées par des accusations dont la violence est hélas inversement proportionnelle à leur valeur explicative : les supérieurs et les responsables devraient avoir, eux aussi, le droit de vieillir et de mourir en paix, avec la satisfaction du devoir somme toute assez bien accompli. Il est déjà assez dur pour eux de voir s'effriter ce à quoi ils ont tant œuvré.

Si s'accuser soi-même ou accuser les supérieurs ne suffit pas, il faut accuser des individus, des groupes ou des forces extérieurs à l'Ordre. On peut s'en prendre à l'Église et à son gouvernement : je connais quelques vocations rentrées de Bernard de Clairvaux ou de Savonarole qui n'ont pas osé comme eux adresser aux papes les philippiques (elles aussi stéréotypées) qu'ils leur consacraient devant des petits cercles ou qu'ils ruminaient en eux-mêmes. On peut s'en prendre aux jeunes d'aujourd'hui, on peut s'en prendre au « monde », quelques faux sens ou contresens dans l'usage des textes de l'évangile de Jean étant ici bien utiles. On peut s'en prendre à la sécularisation, à la société de consommation, à l'invasion de l'érotisme ou de la politique, à la perte du sens de l'obéissance, du sens de la transcendance, du sens de Dieu, ou plus récemment au manque de courage devant le radicalisme des exigences évangéliques. On peut cumuler tout cela pour vouer aux gémonies ses contemporains et la génération qui vient, et se retirer dans le culte d'un âge d'or nécessairement révolu qui est censé revenir à plus ou moins court terme et dont on guette le moindre signe annonciateur.

Comment peut-on si obstinément méconnaître que rien n'est plus stéréotypé que ce processus d'accusation de la civilisation d'aujourd'hui, d'exaltation de celle d'hier et de projection aventureuse sur celle de demain? Les écrits des moralistes religieux ou laïcs, païens ou chrétiens, ceux des réalistes, des sceptiques, des cyniques ou des satiriques, les exhortations des prédicateurs, sont remplis depuis deux mille cinq cents ans d'accusations sensiblement identiques à travers les siècles, que l'accusé soit la jeunesse d'aujourd'hui, l'érotisme, l'enlisement dans les biens matériels, la perte du sens de la générosité, de l'obéissance, de la transcendance, etc. Il n'est pas question de nier que tout cela puisse jouer un grand rôle à toutes les époques. Mais précisément, ce rôle est à peu près le même à toutes les époques : et quand une époque donnée – la nôtre ou une autre – l'allègue pour expliquer ce qu'elle a de spécifique par rapport à ce qui la précède ou à ce qui la suivra, elle s'égare nécessairement. La société française n'était ni meilleure ni pire entre 1950 et 1968 qu'entre 1940 et 1950 ou 1920 et 1930 (pour la comparer à deux périodes où l'Ordre dominicain a attiré beaucoup de vocations).

Il est vrai que cette société voyait alors éclore des changements considérables dont les premiers linéaments étaient déjà à l'œuvre, même s'ils ne devinrent manifestes après coup que dans la convergence ultérieure de forces jusqu'alors éparses. La constatation de ce qu'eut alors d'original l'évolution de la société (par rapport aux évolutions précédentes, car la société a toujours évolué) permettrait de mieux comprendre la dégradation dont je parle ici. Mais c'est la nouveauté spécifique de ladite évolution qui est en cause, non le fait que cette société soit meilleure ou pire. S'en aviser permettrait ici encore de vieillir et de mourir plus heureux, sans se brouiller avec le monde qui est le sien (ou qui devrait l'être), ce qui ne signifie pas qu'on l'approuve en tout ou qu'on se fasse le complice de ses graves défauts, mais ce qui permet de vivre au présent plutôt que de s'enfermer dans un passé mythiquement reconstruit ou d'imaginer un avenir projeté à partir de ses rêves déçus ou de ses réussites d'autrefois. Est-on obligé, pour être fidèle à soi-même, de se brouiller avec ce qui aurait changé d'hier à aujourd'hui ? Ah, mes vieux frères, comme vous vous faites du mal, et comme vous nous privez du meilleur de ce que vous pourriez devenir, en vous enfermant dans le meilleur de ce que vous avez été...

Comment se protéger d'une blessure si grave?

Si s'accuser soi-même, accuser les supérieurs ou accuser le monde d'aujourd'hui constitue une procédure qui a tant de succès auprès d'hommes si intelligents alors qu'elle les fait tant souffrir tout en fournissant de si piètres explications, c'est que cette procédure a un avantage qui doit être bien grand pour l'emporter sur tous ses inconvénients et obliger des personnalités aussi fortes à y souscrire aveuglément. Si blessante qu'elle soit, elle protège d'une blessure bien plus grave et dont tout semble indiquer qu'il faut se l'épargner à n'importe quel prix. Même si sa prise de conscience est le fruit d'une lente et douloureuse élaboration, la vérité qui provoque cette blessure bien plus grave est simple à formuler : la vie religieuse en général, et la vie dominicaine en particulier, telle que nous l'avons connue, reposaient sur une certaine conception de Dieu, une certaine conception de l'homme et une certaine conception de leurs rapports. Or, ces trois ensembles de conceptions sont périmés, sont morts, même si tel ou tel élément en survit encore. Par conséquent, la forme de vie religieuse – et de vie dominicaine – qui reposait sur elles est périmée, elle est morte, même si tel ou tel élément en survit encore.

Elle est d'autant plus morte et périmée qu'elle était remarquablement adaptée à ces conceptions. Y aurait-elle été moins bien adaptée qu'elle aurait peut-être pu leur survivre, encore que j'en doute, tant est profonde la transformation des conceptions sur lesquelles elle reposait : si grande qu'elle soit, l'adaptabilité d'un organisme vivant a des limites, qui se trouvent ici restreintes par le poids des institutions et par celui des réussites passées. Si la vie dominicaine se décompose, ce n'est point parce que son idéal était faux ou illusoire : il était remarquable, et saint Dominique fut non seulement un grand saint mais un fondateur de génie, dans l'inspiration comme dans les institutions. Si la vie dominicaine se décompose, ce n'est point parce que ses adeptes auraient trop mal vécu leur idéal et l'auraient corrompu : pour s'en tenir au XXe siècle et à la France, les dominicains – pour les hommes ordinaires qu'ils étaient – ont assez remarquablement réalisé l'idéal qui était le leur. Si la vie dominicaine se décompose, c'est parce que se décomposent la représentation de Dieu, la représentation de l'homme et de son monde et la représentation de leurs rapports avec Dieu sur lesquelles elle était fondée et qu'elle cherchait en retour à fonder.

C'est là ce qu'il peut y avoir de plus mortifère pour des hommes qui se sont identifiés aux idéaux du groupe au point de se définir eux-mêmes par le groupe et ses valeurs. La remarquable efficacité de la formation se retourne ici contre ceux qu'elle a formés, car elle ne leur laisse aucune possibilité de survivre à des valeurs qu'elle leur a si radicalement inculquées. C'est pourquoi la plupart de ces hommes sont prêts à toutes les procédures, y compris les plus infantiles et les plus désespérées – comme les accusations que j'ai évoquées –, pour éviter d'avoir à reconnaître la mort de ce à quoi ils avaient identifié leur vie.

La décomposition de la vie dominicaine s'avère n'être qu'un cas particulier d'un processus beaucoup plus large. Pour ceux qui ne sont pas dominicains, cette décomposition de la vie dominicaine n'a d'intérêt que dans la mesure où elle est un cas particulier d'un phénomène qui, lui, concerne tout homme et toute femme de notre monde occidental, croyants et croyantes ou incroyants et incroyantes, car il concerne la conception que nous pouvons nous faire aujourd'hui de Dieu, de l'homme et de leurs rapports.

Si bizarre que cela puisse paraître, peut-être y a-t-il là de quoi fonder une espérance? Si une certaine conception de la vie religieuse est morte parce qu'elle reposait sur une certaine conception de Dieu, de l'homme et de leurs rapports, qui d'entre nous peut savoir ce qui naîtra ou ne naîtra pas d'une nouvelle conception de Dieu, d'une nouvelle conception de l'homme et d'une nouvelle conception de leurs rapports? Encore faudrait-il, évidemment, que ces conceptions nouvelles commencent d'émerger. C'est parce que nous n'en sommes pas encore là, c'est parce que nous sommes entre cette mort qui n'en finit pas de mourir et cette vie qui ne commence pas encore à naître, que nous sommes dans le temps de la décomposition.

La vie religieuse à la recherche de sa spécificité.

Un des points où apparaît le mieux cette situation d'entre-deux est la façon dont la vie religieuse s'efforce depuis une quinzaine d'années de penser sa spécificité par rapport à la vie laïque. Il apparaît du même coup que cette situation ne concerne pas seulement les religieux ou les religieuses, mais tout un chacun, puisque c'est la représentation de la vie laïque qui est également en cause. Pendant des siècles, la vie religieuse n'a eu aucune peine à définir sa spécificité : elle était le plus parfait des états de vie. Une telle conviction de sa propre valeur remonte fort loin : saint Augustin a dû utiliser toute la deuxième moitié de son traité sur la virginité consacrée à prémunir ces « vierges » contre le principal danger qui les guette. Or, ce danger n'est pas à ses yeux – comme ce le serait pour un théologien ou un évêque plus récent – l'impudicité ou l'impureté, mais l'orgueil. A lire les éloges dithyrambiques qu'il fait, dans la première moitié de son traité, de cet état de vie, on comprend qu'il ait cru devoir vigoureusement combattre la vanité et l'orgueil presque inévitablement suscités par une telle admiration. Cette conviction de vivre l'état de vie le plus parfait s'articule en deux affirmations coordonnées : d'une part la vie religieuse est celle qui plaît le plus à Dieu et qui permet à Dieu d'être honoré, aimé et servi au mieux de ce qu'il mérite; d'autre part et par conséquent, la vie religieuse est celle qui convient le mieux à la nature humaine et qui permet aux plus nobles énergies des êtres humains de déployer leurs plus riches virtualités. La vie religieuse a donc la prétention d'être la plus parfaite non seulement par rapport à Dieu mais d'un point de vue strictement anthropologique.

Cette double conviction n'a pas varié dans son fond durant des siècles, mais elle a pris des colorations et des formulations diverses selon les époques. Les hommes et les femmes de ma génération se sont fait dire, dans les collèges libres ou les mouvements d'Action catholique qu'ils – ou elles – fréquentaient entre 1935 et 1945, que la vie religieuse ou le sacerdoce étaient le plus haut service, auquel il valait mieux se consacrer lorsqu'on avait eu la chance de recevoir de Dieu des qualités risquant d'être gaspillées dans une autre forme de vie. Lorsque j'avais à peine seize ans et que j'envisageais de préparer une grande école pour me diriger vers un éminent service public assez mal rétribué mais qui me paraissait un véritable *service* de la société et des êtres humains, un prêtre joua un rôle non négligeable – pour s'en tenir au plan conscient – dans les ébauches de ma vocation ultérieure, en me disant : « Vous voulez donc passer votre vie à gagner de l'argent? » L'anecdote n'aurait guère de portée si ce prêtre n'avait été un homme fort intelligent et même « avancé ».

Cette période de 1935 à 1945 était aussi celle où, en particulier par le biais de l'Action catholique, les laïcs commencèrent d'acquérir un certain statut dans l'Église. Ce statut était encore bien modeste et ne leur valait que des fonctions ou des pouvoirs bien limités. Mais, comme l'avait prédit sans aucun regret un cardinal-archevêque de Paris avant la Seconde Guerre mondiale, une fois ce mouvement commencé, il n'y aurait plus moyen de l'arrêter. Or, commencer de conférer un certain statut aux laïcs, c'était aussi commencer d'accorder une certaine valeur à la vie laïque. Dès lors allait s'amorcer un processus qui est toujours en cours : à mesure que la pratique et la réflexion chrétiennes accordaient de la valeur à la « vie laïque », aux « réalités terrestres », etc., il devenait de plus en plus difficile à la vie religieuse de se définir elle-même comme l'état de vie le plus parfait et de se réserver le monopole de la perfection chrétienne.

On redécouvrait – car c'était là une conception antique mais négligée – que c'était le baptême qui vouait le chrétien à ce qu'on appelait encore la perfection chrétienne, et non pas le choix de tel ou tel état de vie. On redécouvrait – et là encore c'était une conception antique mais négligée – que c'était la pratique de la vie en Jésus-Christ inaugurée par le baptême, c'est-à-dire la pratique de la foi, de l'espérance et de la charité, qui réalisait la perfection de la vie chrétienne, et non pas le choix de tel ou tel état de vie. Le meilleur de l'Action catholique a consisté à montrer aux laïcs (car il fallait encore que ce soient des clercs qui le leur montrent) que leur vie professionnelle, culturelle, politique, syndicale, amoureuse, familiale, pouvait être le terrain de cette pratique de la foi, de l'espérance et de la charité, et donc de leur perfection chrétienne, cette perfection pouvant être plénière et atteindre ce qu'on appelait la sainteté.

L'idée que la vie religieuse peut se faire d'elle-même n'aurait nullement souffert d'une telle évolution, si elle n'avait pas comporté la conviction – plus ou moins avouée – d'un monopole en matière de perfection, en tout cas d'une indiscutable supériorité aussi bien quant à Dieu que quant à la vocation de l'être humain. Or, l'idée que la vie religieuse peut se faire d'elle-même a beaucoup souffert de cette évolution, ce qui confirme la place qu'y tenait la conscience de ce monopole ou de cette supériorité. Depuis plus de vingt ans, la théologie (et la pratique?) de la vie religieuse s'empêtre dans ce dilemme : comment cesser de prétendre (car ce serait mépriser la « vocation » laïque) que la vie religieuse est le meilleur des états de vie, le plus conforme à l'Évangile et à ses conseils, le plus en harmonie avec l'avenir eschatologique de l'humanité, tout en continuant de préserver à la vie religieuse une spécificité qu'on n'arrive pas à préciser sans que réapparaisse par un biais ou par l'autre une idée de supériorité? Le texte du deuxième concile du Vatican sur la vie religieuse, promulgué en 1965, est sans doute le plus bel exemple, en tout cas le plus officiel, de cet embarras. Il est le résultat d'un compromis entre deux courants opposés : le traditionnel, qui voulait définir la supériorité de la vie religieuse à la façon classique, et l'autre courant qui voulait replacer la vie religieuse dans le cadre plus large de la vocation baptismale à la vie chrétienne et à la pratique des conseils évangéliques. Lorsqu'on lit la littérature consacrée à la spécificité de la vie religieuse depuis vingt ans, on a l'impression d'une succession d'engouements pour des pistes qui s'avérèrent ensuite chaque fois être fausses. On a essayé tous les schémas possibles de rapports entre la vie religieuse et la vie laïque. On pensait chaque fois avoir enfin trouvé celui qui respectait la spécificité des deux états, et chaque fois l'un des deux états concernés se découvrait lésé dans l'affaire. On a fini par dire que chaque état avait un type de perfection à lui, irremplaçable par l'autre et inaccessible à l'autre, chacun réalisant des perfections humaines et évangéliques différentes, que l'autre ne peut pas réaliser.

On en est pour l'instant à utiliser ce schéma de « complémentarité » qui semble satisfaire la plupart des esprits, ou en tout cas leur procurer quelque répit. Mais il y a déjà un certain temps qu'on s'est avisé des pièges du schéma de complémentarité dans d'autres domaines où l'on cherche également aujourd'hui à redéfinir des statuts respectifs, notamment celui de l'homme et de la femme; on doit aux mouvements féministes d'avoir définitivement montré ce que ce schéma de complémentarité avait de trompeur et de réducteur des différences. La réduction s'opère en effet toujours dans le même sens : comme par hasard, c'est toujours la partie auparavant la plus digne qui élabore le schéma de complémentarité pour définir la nouvelle dignité de l'autre partie.

Pendant que les états-majors des ordres religieux masculins ou féminins et les théologiens ou les évêques concernés s'acharnent à définir la spécificité de la vie religieuse, les hommes et les femmes de la troupe (parfois même des membres des états-majors) se retirent sur la pointe des pieds ou avec éclat, les jeunes ne viennent plus ou s'en vont, les maisons se vident ou se transforment en maisons du troisième âge : on n'a jamais eu de théologie aussi finement équilibrée de la vie religieuse, mais on n'a jamais eu aussi peu de religieux ou de religieuses (encore une fois, j'excepte les cas – fort différents – de certains ordres contemplatifs et de certains groupes intégristes, sur lesquels je reviendrai). Faut-il en conclure que ce qui était socialement opérationnel et efficace sur les individus, c'était bel et bien le schéma de la supériorité de la vie religieuse comme état ayant l'exclusivité, ou en tout cas la primeur, de la perfection? Faut-il en conclure que, lorsqu'on abandonne à tort ou à raison ce schéma, la vie religieuse disparaît nécessairement parce qu'elle perd son intérêt principal, avoué ou non? Je ne suis pas loin de le croire, mais il me semble que ce n'est pas l'aspect le plus important du problème.

Car, à s'en tenir à cet aspect, on réduit la crise de la vie religieuse à une crise d'identité, qui frapperait d'ailleurs moins ceux qui la vivent que ceux qui cherchent à la définir. C'est effectivement ce qu'on lit et entend partout, depuis le Vatican jusqu'au moindre groupuscule religieux informel. A mon sens, la crise en question est bien plus profonde qu'une crise d'identité, et elle frappe d'abord ceux qui la vivent. Il ne s'agit pas de savoir comment se définir par rapport à des repères qui, eux, resteraient parfaitement inchangés ou superficiellement rhabillés à la manière du jour. Il s'agit de la transformation de ces repères eux-mêmes, et d'une transformation si radicale que leur fonction de repère ne peut même plus jouer, ou qu'ils balisent une route entièrement différente, quand ils ne semblent pas barrer toute route ou condamner à l'errance. Ce n'est pas l'identité de la vie religieuse qui est en crise, c'est la représentation de Dieu, celle de l'homme et celle de leur rapport. On ne pourra reposer la question de la vie religieuse comme état de vie (je ne parle pas de ce que des individus ou des petits groupes peuvent entreprendre selon leurs besoins et leur plaisir, bien que ce soit le plus intéressant et le plus important!) que lorsque se seront dégagées de nouvelles représentations de Dieu, de l'homme et de leur rapport. En attendant, il est normal que se décompose le type de vie religieuse qui était si radicalement attaché à des conceptions et à des expériences périmées en ces trois domaines. Je suis d'ailleurs personnellement convaincu que la vie religieuse traditionnelle était beaucoup trop structurellement liée – consciemment ou non – à la conviction qu'elle détenait le monopole – ou en tout cas la primeur – de la perfection chrétienne, pour qu'elle puisse facilement survivre à la moindre contestation de ce monopole ou de cette primeur. Or, cette contestation, outre qu'elle est un fait incontestable, est une tâche indispensable : il y va de l'honneur de Dieu et de l'honneur de l'être humain.

Que peuvent « signifier » les vœux?

Que l'un et l'autre honneurs soient en cause ne vient évidemment pas du fait que la vie religieuse traditionnelle aurait été, dans son esprit, ses institutions et ses pratiques, ignominieuse pour Dieu et pour l'être humain. Elle fit au contraire grand honneur à l'un et à l'autre, et ses réussites individuelles et collectives ont été innombrables, même si ses échecs sont aussi nombreux qu'il est normal dans les entreprises humaines. Mais la transformation des représentations de Dieu et de l'homme aboutit à ce que ces mêmes institutions et ces mêmes pratiques de la vie religieuse traditionnelle, au lieu de signifier (au sens fort de : faire signe) Dieu et la condition humaine de façon qui leur faisait jadis honneur, s'avèrent aujourd'hui rendre insignifiants ou absurdes le Dieu et la condition humaine qu'elles désignent, ou s'avèrent radicalement inaptes à signifier Dieu et la condition humaine tels qu'ils nous apparaissent maintenant. Il en résulte que ces institutions et pratiques deviennent le contre-signe de ce dont elles ont pourtant été longtemps des signes remarquablement adéquats, et qu'elles risquent de déformer le visage de ce Dieu et de cette condition humaine dont elles ont voulu témoigner [4]. J'emploie à dessein le mot « signifier », car il est utilisé depuis longtemps, et davantage encore ces dernières années, pour désigner la fonction de la vie religieuse, qui serait de manifester et de réaliser de façon particulièrement « significative » les réalités essentielles de la vie chrétienne. Ce sont traditionnellement les trois vœux qui sont les signes les plus spécifiques de cette fonction de la vie religieuse. Or, pour chacun de ces trois vœux, la transformation des réalités qu'ils concernent rend très problématique leur possibilité de signifier encore à propos de Dieu et de l'être humain ce qu'ils ont naguère voulu et pu signifier.

Je n'ai pas l'intention de m'engager ici dans une critique – constructive ou destructive – de l'essence des vœux religieux, ni de prouver qu'ils étaient aptes ou inaptes à signifier ce qu'ils voulaient signifier : je les ai pratiqués avec grande conviction sinon avec grande perfection. Je n'ai pas davantage l'intention de faire un bilan de la façon dont ils étaient pratiqués; certes, après trente ans de confidences ou de responsabilités, j'en sais un peu en la matière, mais comment juger, et pourquoi? Je veux dire seulement ceci : la signification de la sexualité et de l'amour humain, celle de la possession des biens et celle de l'autonomie ont si profondément changé depuis un ou deux siècles que le sens et la portée des vœux qui étaient attachés aux significations antérieures de ces réalités anthropologiques s'en trouvent profondément altérés. Ici encore, c'est dans la mesure où ils étaient remarquablement adaptés à ces significations antérieures que les vœux de chasteté, de pauvreté et d'obéissance pouvaient prétendre être signifiants. Cette remarquable adéquation est précisément ce qui les condamne désormais à une moindre signifiance, pour ne pas dire à l'insignifiance, dans un contexte anthropologique différent.

Quel rapport y a-t-il entre la signification de la possession des biens dans la société féodale ou postféodale, et dans la société urbaine industrielle de la fin du XXe siècle en Occident? Qu'il s'agisse, en bas de l'échelle, de la généralisation du salariat et de la protection sociale, ou, en haut de l'échelle, de l'internationalisation de la propriété des moyens de production, des instruments de crédit, des matières premières, des capitaux, posséder un bien ou utiliser de l'argent a une signification tellement différente que se priver d'une telle possession ou d'une telle utilisation ne peut avoir qu'une signification totalement différente.

Il n'en va guère différemment pour la sexualité et l'amour humain. Depuis bientôt deux cents ans, notre connaissance de la sexualité, biologique, psychologique, ethnologique, historique, a changé considérablement la représentation que nous pouvions en avoir. L'amour entre l'homme et la femme, entre les parents et les enfants, n'a pas moins changé. De plus, amour et sexualité ont vu se transformer profondément les relations et institutions qui en sont les lieux privilégiés : la famille, le couple, le statut respectif de la femme et de l'homme ont changé du point de vue démographique, économique, affectif, institutionnel. Les historiens de la famille, du couple, de l'amour ou de la sexualité, nous donnent sur le XIIe, sur le XVIe ou sur le XVIIIe siècle des aperçus qui, bien que fragmentaires, suffisent à nous prouver que nos amours et nos parentés se passent sur une autre planète que celle où évoluaient nos ancêtres. Quant à la sexualité elle-même, il nous est devenu impossible de croire qu'elle concerne seulement les relations sexuelles au sens le plus étroit du mot : nous savons qu'elle est à l'œuvre – et non point de façon pathologique (encore que ce puisse être le cas) mais de façon structurelle – non seulement dans toutes les relations « affectives », y compris avec Dieu, mais dans toutes les activités humaines, y compris celles de la foi. Je reviendrai plus longuement dans une autre partie de ce livre sur le problème que posent au christianisme ces nouvelles significations de l'amour et de la sexualité, car ce qui concerne le vœu de chasteté doit nécessairement être situé dans ce cadre plus large. Pour le moment, puisqu'il s'agit ici de la transformation des conditions dans lesquelles les vœux religieux peuvent avoir valeur de signe, je me contente de souligner que se priver de ce que représentent l'amour humain et la sexualité à la fin du XXe siècle ne peut pas avoir la même signification que de se priver de ce qu'ils représentaient au XIIIe siècle, et risque fort de dire sur Dieu et sur la condition humaine tout à fait autre chose que ce qu'on voudrait ou croirait signifier par un tel renoncement.

Il pourrait sembler que des transformations aussi profondes n'ont pas touché ce qui concerne le vœu d'obéissance, par lequel on renonce à la libre disposition de soi-même sur soi-même pour l'organisation de son existence qu'on remet à la disposition d'un « Ordre » par l'intermédiaire de ses supérieurs. Or, je crois que, même si elles sont moins apparentes, les transformations en ce domaine ont des conséquences au moins aussi grandes. Leurs effets sont d'autant plus profonds que, d'un point de vue anthropologique, la liberté et l'autonomie, mais aussi la dépendance et la sujétion, sont au moins aussi importantes, sinon plus, que l'amour et la sexualité ou que la possession des biens et l'utilisation de l'argent. Cette importance anthropologique a son équivalent dans le primat que la tradition chrétienne a très longtemps donné au vœu d'obéissance sur les deux autres vœux, considérant que sacrifier sa liberté était sacrifier le plus grand de ses biens, que vouer sa liberté à Dieu était lui vouer ce qu'on avait de plus précieux, et par conséquent apporter à la venue de son Royaume le concours le plus utile.

Si personnaliste qu'on se veuille, on est bien obligé de considérer que la liberté et la servitude, l'indépendance et la dépendance, l'autonomie et la sujétion ne sont pas des réalités qui se définiraient et s'élaboreraient uniquement au sein et en fonction de nos individualités. Ce sont des réalités qui dépendent étroitement des structures sociales dans lesquelles nous sommes insérés et par lesquelles nos individualités sont littéralement tissées. Ces réalités sont elles-mêmes au croisement de forces économiques, politiques, culturelles, de sorte que nos individualités sont déterminées (sinon au sens de déterminisme, encore que ce puisse être le cas, en tout cas au sens de détermination qui délimite le contour et façonne la forme) par tout l'ensemble du corps social, mais de telle sorte aussi que nous sommes en relation vivante et opératoire (même lorsque nous n'en avons pas conscience) avec ce corps social. Avoir insisté sur cette dimension sociale de la liberté, de l'indépendance et de l'autonomie me dispense d'avoir à insister longuement sur le fait que, même si les mots ne changent pas, la réalité collective et individuelle que ces mots recouvrent est considérablement différente selon qu'on les envisage aux IIIe-IVe siècles (époque de la naissance de la vie religieuse), au VIe, au XIIe-XIIIe ou au XIXe (époques de quelques-unes de ses renaissances). Se priver de ce que signifient la liberté, l'indépendance et l'autonomie à la fin du XXe siècle pour dire quelque chose sur Dieu et sur la condition humaine ne peut donc avoir la même signification que de s'en priver au XIIIe, et risque fort de dire sur Dieu et sur la condition humaine tout à fait autre chose que ce qu'on voudrait signifier par un tel renoncement.

La situation à propos de chacun des trois vœux s'avère donc analogue. Le problème n'est pas de savoir si leur propos était insensé ou non : pour ma part, je l'ai déjà dit, je les ai pratiqués avec grande conviction sinon avec grande perfection. Le problème n'est pas davantage de savoir si les religieux et les religieuses ont si mal vécu leurs vœux qu'ils en ont corrompu et ruiné le projet; personnellement, je pense que tel n'est pas le cas. Le problème est celui qui résulte des possibilités de signification des vœux dès lors que se transforme si radicalement la réalité anthropologique qu'ils concernent et qu'ils veulent signifier, mais aussi dès lors que se transforme peut-être aussi – je vais y venir dans un instant – le Dieu qu'ils concernent et veulent signifier. Or, ces significations nouvelles ne peuvent être purement et simplement déduites ou transposées à partir des significations anciennes. Elles doivent au contraire être réinventées inductivement par les générations à venir à partir de la signification qu'auront acquise dans leur culture la possession des biens et l'usage de l'argent, la sexualité et l'amour, la liberté et l'autonomie, et à partir de ce que voudront dire et signifier à leur sujet comme au sujet de Dieu ces nouvelles générations. Sans doute même celles-ci pourront-elles alors, après coup et après coup seulement, situer leur nouveau projet dans la lignée de ce que les chrétiens des générations précédentes avaient voulu réaliser. Mais pour le moment, ces significations nouvelles ne sont pas encore apparues : elles se cherchent en tâtonnant, et non sans être gênées – ou même inconsciemment déformées – par le poids et les résistances des significations anciennes qui ne sont pas encore totalement mortes. Nous sommes donc dans l'entre-deux, les significations anciennes étant suffisamment dégradées pour n'être plus opérationnelles (sinon auprès de minorités trop réduites et hétérogènes pour être représentatives), et les significations nouvelles n'apparaissant pas encore assez nettement pour servir de références à des projets même assez peu définis.

En attendant, les choses vont vaille que vaille, à coups de compromis entre l'ancien pas encore mort et le nouveau pas encore né. Pour m'en tenir au couvent où j'habite, qui n'est ni pire ni meilleur qu'un autre, nous sommes une quarantaine d'hommes dont les trois quarts ont plus de cinquante-cinq ans, et je crois bien qu'à nous tous nous représentons toute la palette des attitudes et comportements possibles en matière de pauvreté, de chasteté et d'obéissance, en excluant les extrêmes du sublime et de l'ignoble. Qui connaîtrait le détail de nos vies à tous dans ces trois domaines éprouverait sans doute à notre égard – s'il était bienveillant – ce mélange de respect et d'inquiétude, d'admiration et de léger recul, que suscite la connaissance approfondie de la vie réelle des humains. Il constaterait un réel amour de Dieu, un réel service de l'Évangile et du prochain; il constaterait sans doute le mélange d'équilibres harmonieux et épanouis, de faux équilibres reposant sur le massacre de tout ou partie de la personnalité, de névroses assez bien compensées et de névroses assez mal compensées, ni plus ni moins qu'ailleurs, même si des conditions originales de vie donnent une certaine spécificité à la nosographie locale. Bref, il trouverait de quoi aimer, de quoi rendre grâce, de quoi prendre pitié, de quoi faire miséricorde, et aussi de quoi pleurer de rage impuissante devant certains gâchis. Oui, on pourrait éprouver tout cela à nous connaître, on éprouve tout cela, j'éprouve tout cela. Mais à qui viendrait l'idée que notre mode de vie, en ce qu'il a de spécifique, est particulièrement significatif de ce qu'est Dieu et de ce qu'est la condition humaine? A qui viendrait l'idée que ce mode de vie dit, *signifie,* ce qu'est à la lumière de l'Évangile la possession des biens et l'usage de l'argent, ce qu'est à la lumière de l'Évangile l'amour humain et la sexualité, ce qu'est à la lumière de l'Évangile la liberté, l'indépendance et l'autonomie? Car c'est bien cela, n'est-ce pas, que les vœux avaient la prétention de dire? A qui viendrait l'idée de dire que tout cela dit, *signifie* ce qu'est, à la lumière de l'Évangile, le Dieu de Jésus-Christ? Car c'est bien cela, n'est-ce pas, que les vœux avaient la prétention de dire? Les faits prouvent que ces idées ne viennent plus à personne, puisque plus personne ou presque ne vient nous y rejoindre. Et encore une fois, cela ne tient ni à nos faiblesses présentes ou passées ni à l'inanité du projet ancien.

Après trente et quelques années de ma vie passées dans l'Ordre dominicain, après avoir tant reçu de lui et avoir tant voulu le servir et le faire fructifier, après y avoir vécu avec des hommes et dans des groupes remarquables qui m'ont fait vivre, après que tout cela me fut entré dans la peau jusqu'à être un élément radical de mon identité, il ne me faut pas moins d'efforts et moins de larmes, moins d'audace et moins de panique, moins d'acharnement et moins de détours ou de reculs, pour oser dire à propos de cette décomposition institutionnelle ce que j'ai osé dire à propos de la décomposition de mon identité personnelle de prêcheur, de président d'Eucharistie et d'enseignant de la théologie, mais en le disant cette fois-ci au pluriel : « Mon Dieu, mes amis, si c'est cela le chemin, aidez-nous à ne pas nous dérober à la décomposition, ne nous abandonnez pas à nos résistances et à nos détours. Mon Dieu, que votre règne arrive... Aidez-nous à nous décomposer, vous voyez bien que vous et nous n'y arriverons jamais autrement. »

et aussi de quoi pleurer de rage impuissante devant certains gâchis. Oui, on peut tout éprouver et tout cela, nous connaissons, on éprouve tout cela. J'éprouve tout cela. Mais à qui viendrait l'idée que notre mode de vie, en ce qu'il a de spécifique, est particulièrement significatif de ce qu'est Dieu et de ce qu'est la condition humaine? A qui viendrait l'idée que ce mode de vie dit, signifie ce qu'est à la lumière de l'Évangile la possession des biens et l'usage de l'argent, ce qu'est à la lumière de l'Évangile l'amour humain et la sexualité, ce qu'est à la lumière de l'Évangile la liberté, l'indépendance et l'autonomie? Car c'est bien cela, n'est-ce pas, que les vœux avaient la prétention de dire? A qui viendrait l'idée de dire que tout cela dit, signifie ce qu'est, à la lumière de l'Évangile, le Dieu de Jésus-Christ? Car c'est bien cela, n'est-ce pas, que les vœux avaient la prétention de dire? Les faits prouvent que ces idées ne viennent plus à personne, puisque plus personne ou presque ne vient nous y rejoindre. Et encore une fois, cela ne tient ni à nos faiblesses présentes ou passées ni à l'inanité du projet ancien.

Après trente et quelques années de vie passées dans l'Ordre dominicain, après avoir tant reçu de lui et avoir tant voulu le servir et le faire fructifier, après y avoir vécu avec des hommes et dans des groupes remarquables qui m'ont fait vivre, après que tout cela m'est entré dans la peau jusqu'à être un élément radical de mon identité, il ne me faut pas moins d'efforts et moins de larmes, moins d'audace et moins de panique, moins d'acharnement et moins de détachement et de recul, pour oser dire à propos de cette décomposition institutionnelle ce que j'ai osé dire à propos de la décomposition de mon identité personnelle de prêcheur, de président d'Eucharistie et d'enseignant de la théologie. Mais en le disant cette fois au pluriel : « Mon Dieu, mon Dieu, si c'est cela le chemin, apprends-nous à ne pas nous dérober à la décomposition, ne nous abandonne pas à nos résistances et à nos défaillances. Pour Dieu, que votre règne arrive! Aidez-nous à nous décomposer, vous voyez bien que seuls nous n'y arriverons jamais autrement. »

Décomposition 3

Prêcher, présider l'Eucharistie, enseigner la théologie, c'est toujours, d'une façon ou de l'autre, dire Dieu. Être dominicain, vivre la vie religieuse, organiser sa vie selon les vœux, c'est encore, d'une façon ou de l'autre, dire Dieu. *Quand je dis Dieu...* Pour ce livre, publié depuis quatre ans au moment où j'écris ces lignes et qui m'a valu les ennuis que j'ai dits, j'avais forgé le titre en m'inspirant d'une phrase de Maître Eckhart : « Dieu devient Dieu quand les créatures disent Dieu. » Devoir laisser se décomposer ce qui s'organisait en moi et dans l'appareil ecclésial autour des fonctions de prédication, de présidence et d'enseignement, devoir laisser se décomposer ce qui s'organisait en moi et dans mon « Ordre » autour de ce que voulait être la vie religieuse, c'était déjà beaucoup, c'était déjà presque plus que ne peut supporter un homme. Mais l'espérance et la foi pouvaient aller jusqu'à me faire croire que ce serait possible, et peut-être même souhaitable, dans la mesure où il s'agissait de laisser se décomposer des façons de dire Dieu parce qu'elles s'avéraient moins aptes à dire Dieu qu'elles ne l'avaient naguère été. Avec l'incertaine certitude que cette décomposition permettrait une recomposition, grâce à laquelle Dieu pourrait être mieux dit, ou plutôt grâce à laquelle Dieu pourrait mieux se dire à travers ce que les hommes et les femmes essaieraient de mieux dire de lui. Si je n'étais plus moi-même assez jeune pour espérer voir de mon vivant fleurir cette recomposition, au moins fleurirait-elle plus tard, que ma décomposition y ait été utile ou non soit en préparant des matériaux, soit en déblayant le terrain et en détruisant ce qui la gênerait peut-être, même si cela avait été jadis le cœur de la maison. Je ne savais pas si j'aurais la force, si je tiendrais.

Mais si je m'écroulais au bord du chemin, cela prouverait seulement que je n'en pouvais plus, et non pas que la route n'était pas la bonne : d'autres iraient plus loin, faisant ou non mémoire de celui qui n'avait pu aller jusqu'au bout.

Or, j'eus à découvrir que la route n'était pas la bonne. Ou plutôt qu'avant de trouver une route, autre chose devait avoir lieu : non pas une autre étape préalable, mais plutôt un autre piétinement, une autre immobilisation, un autre effondrement du sol le plus stable. Une autre décomposition. Celle du fait même de dire Dieu. Celle du fait même de pouvoir dire Dieu. Non pas celle du fait de vouloir le dire. Mais celle du fait que Dieu soit dicible. La décomposition de Dieu en tant qu'il serait dicible. Si, selon Eckhart, Dieu devient Dieu quand les créatures disent Dieu, alors il s'agissait en un certain sens de la décomposition de Dieu.

Cela n'en finirait donc jamais. Il m'avait fallu reporter *sine die* la question de savoir si et quand je pourrais récupérer ce dont j'avais été privé, parce qu'il s'avérait plus urgent et plus important de savoir ce qui se jouait là. Il m'avait fallu reporter *sine die* la question de savoir si et quand je pourrais – et quelques autres avec moi – retrouver (ici ou ailleurs) la vitalité d'un Ordre qui avait été notre façon et notre raison de vivre, parce qu'il s'avérait plus urgent et plus important de savoir ce qui se jouait là. Et voilà qu'il me faudrait reporter *sine die* la question de savoir quand et comment dire Dieu grâce à ces décompositions dont j'essayais d'accepter l'idée et le prix, parce qu'il deviendrait plus urgent et plus important de savoir si Dieu était tout simplement dicible... Il ne s'agissait pas seulement de la coquetterie théologique que j'ai connue et pratiquée, qui consiste à commencer par proclamer que nous ne pouvons pas dire ce qu'est Dieu mais que nous pouvons seulement dire ce qu'il n'est pas, pour écrire ensuite d'énormes sommes théologiques ou des dogmatiques en vingt volumes (encore meurt-on avant d'avoir fini) où l'on dit de façon singulièrement précise ce qu'est Dieu. Non, il semblait s'agir de me demander ce que je faisais quand je disais Dieu, quel sens cela avait de dire Dieu, qu'est-ce que cela pouvait bien vouloir dire, moins encore quant à moi que quant à Dieu. Peut-on dire Dieu ?

Beaucoup trouveront sans doute que je dois être bien stupide pour n'avoir pas commencé par là. Certains penseront même que j'aurais dû commencer par là il y a trente et quelques années. Je sais qu'effectivement la question est classique : c'est même une question de cours. On me l'a enseignée, et je l'ai étudiée dans toutes les disciplines concernées. Les philosophes la posent, et j'en ai étudié quelques-uns, même si je n'ai pas la tête très philosophique. Les théologiens la posent : j'en ai longuement étudié plusieurs, et j'ai la tête un peu théologique. Les mystiques la posent, et j'en ai assidûment médité plusieurs, même si je n'ai pas du tout la tête mystique. Les incroyants la posent, et j'en ai aussi longuement fréquenté plusieurs, qui me faisaient le crédit et l'honneur de s'intéresser à ma démarche parce qu'ils savaient comment j'étais croyant et à quel point je le suis, car j'ai la tête très croyante. Bref, c'est une question que tout le monde pose et dont tout le monde sait qu'elle est la question préalable. Je me la suis donc posée, car je ne suis pas plus bête qu'un autre, et je me la suis posée – ou je croyais me la poser – comme un préalable... ou presque, car même chez Thomas d'Aquin elle n'est que la treizième question de la première partie de sa *Somme théologique* (je pourrai jusqu'à ma mort donner la référence au centième de seconde).

Et pourtant, si j'avais su que ces décompositions dont j'ai parlé jusqu'à présent allaient déboucher sur la décomposition de Dieu comme dicible, si j'avais seulement entrevu ce qu'allait être cette décomposition-là, je suis certain que j'aurais fait demi-tour et me serais enfui à toutes jambes. Ou bien je serais resté bloqué sur place, trouvant n'importe quel moyen (je vois autour de moi qu'il n'en manque pas) de ne pas en entendre plus, de ne pas me laisser entamer davantage, de barricader les portes et les fenêtres et de m'enfermer pour survivre avec quelques provisions, dont il ne m'aurait pas échappé que leur valeur était relativement limitée mais dont j'aurais fort apprécié que leur possession soit peu dérangeante. J'ai eu la chance ou la malchance de ne pas comprendre tout de suite de quoi il allait s'agir, et même de ne pas le deviner du tout. J'avais déjà fort à faire et à défaire par ailleurs. Et puis, Dieu n'était-il pas mon roc? Il y avait au moins cela d'assuré, et c'était la moindre des choses de sa part, s'il était vrai que je devais me laisser défaire, démembrer, décomposer. Car même si je n'avais pas le choix, même si c'était aussi pour moi que je le faisais, pour être moi, c'était quand même bien aussi un peu pour lui. Pour qu'il soit lui. Je songeais même que si je retrouvais la force d'écrire un nouveau livre, je l'intitulerais : « Ce que Dieu est, qu'il le soit! » Donc, je vaquais vaille que vaille aux diverses décompositions dont je viens de parler. Et fort heureusement, c'est lentement, très lentement, presque sournoisement, que leur logique interne a introduit cette nouvelle décomposition. Fort heureusement, c'est sous ses aspects les plus logiques, les plus raisonnables, les plus « propres » qu'elle a commencé de m'apparaître. Elle était ainsi plus recevable. Je la reçus donc. Voici comment.

Dire Dieu?

J'ai dit qu'à l'occasion des mesures m'interdisant d'exercer diverses fonctions, une brèche s'était progressivement ouverte dans la souffrance que j'éprouvais, brèche où s'étaient introduites des questions sur ce que ces fonctions représentaient, pour moi personnellement et pour la communauté des croyants ou son appareil ecclésial, ces deux points de vue étant d'ailleurs inextricablement mêlés. Or, à ces deux types de questions vint progressivement s'en ajouter un troisième : j'en vins à me demander ce que représentait, quant à Dieu lui-même, la conviction commune à ces trois fonctions d'avoir, si j'ose dire, prise sur Dieu. Oh! certes, on m'aurait demandé, avant que je prêche ou que je préside une Eucharistie, si ce que j'allais faire ne présupposait pas que je puisse en quelque sorte avoir prise sur Dieu, j'aurais en toute bonne foi prétendu le contraire, et j'aurais répondu avec beaucoup d'admiration pour Dieu que c'était lui qui s'abaissait vers nous, et non pas nous qui parvenions à nous hausser vers lui.

Rien de tout cela n'est faux; mais il n'est pas faux non plus qu'un prédicateur, qu'un président d'Eucharistie, qu'un professeur de théologie pense quand même pouvoir dire quelque chose de Dieu et même le rendre réellement présent. Je ne remettais pas cela en question : pour moi, le christianisme n'a aucun sens si Dieu ne peut se rendre présent aux humains, et réellement présent puisque c'est réellement que Dieu veut leur être présent; j'avais d'ailleurs consacré le premier quart de ce livre sur Dieu qui m'avait valu ces ennuis à essayer de dire ce que pouvait être cette présence de Dieu, recourant pour cela à la figure juive de la Schekinah. C'est une des parties de ce livre sur laquelle je n'ai aucune raison de revenir : elle reste pour moi, et pour d'autres qui eurent la bonté de me le dire (ce ne me fut pas inutile!), un acquis.

Ce que j'étais progressivement amené à remettre en question, ce n'était pas la possibilité pour Dieu d'être présent aux humains et pour les humains d'être présents à Dieu, c'était plutôt la façon dont, comme prêcheur, comme président d'Eucharistie, comme professeur de théologie, je considérais cette présence comme allant presque de soi, comme étant presque à libre disposition. Je commençais de m'étonner d'avoir si longtemps trouvé tout naturel qu'on puisse prêcher, qu'on puisse présider, qu'on puisse enseigner la théologie. Entendons-nous bien : en un certain sens, je savais bien que ce n'était pas possible sans une démarche de Dieu, sans un don de son Esprit. Au début de ma carrière de professeur de théologie, la discipline religieuse voulait que le professeur récite en latin au début du cours une prière au Saint-Esprit : je suppose qu'aucun de mes étudiants n'aura jamais réalisé que j'ai toujours, chaque fois, dit cette prière du fond du cœur. Avant de dire la messe, seul ou publiquement, j'avais un geste que connaissaient bien mes familiers : je me redressais et passais lentement mes mains sur mon visage, comme pour m'apaiser et m'effacer afin que Dieu veuille bien faire ce qu'il avait à faire. Les heures et les jours qui précédaient une prédication, même si le versant légèrement hystérique de ma personnalité en rajoutait un peu, je m'efforçais d'être vraiment le plus disponible possible aux variations de l'inspiration, donc – si j'ose dire – de l'Esprit : c'est une des raisons pour lesquelles, à la différence de beaucoup de mes collègues prédicateurs, j'étais absolument incapable de fixer par écrit, même dans l'heure qui précédait, *a fortiori* des jours ou des semaines plus tôt, ce que j'allais dire. Il m'est arrivé de commencer une célébration en implorant l'Esprit : « Faites que dans cinq minutes je choisisse bien parmi les deux ou trois thèmes complètement différents que j'ai préparés et entre lesquels j'hésite; inspirez-moi; après tout, c'est votre travail. » J'étais donc bel et bien convaincu du rôle de Dieu et de son Esprit dans tout cela.

Mais la question qui avait du mal à prendre forme en moi était différente : je ne doutais pas que Dieu voulait et pouvait faire sa part dans tout cela, mais je commençais de trouver curieux que nous autres, prédicateurs, présidents de célébration, théologiens, trouvions si naturel, si normal, comme allant de soi, de nous adonner à ces activités et de mettre en acte le type de rapport à Dieu qu'elles présupposent. J'éprouvais le besoin d'instaurer une distance entre ces activités et le Dieu qui en était à la fois la source et l'objet, non en dévaluant ces activités mais plutôt en réévaluant Dieu, et en le réévaluant non pas parce que je le connaîtrais mieux mais au contraire parce que je m'avisais mieux de la façon dont il surplombe, dont il dépasse, dont il est au-delà de toutes ces activités. Je commençais d'avoir besoin non pas tant de prêcher, de présider, d'enseigner, que de laisser s'instaurer cette distance entre Dieu et la prédication, entre Dieu et la célébration, entre Dieu et la théologie, de laisser Dieu prendre du champ, de lui laisser le champ libre. Non que Dieu m'intéresse moins et que je veuille prendre du champ par rapport à lui, mais au contraire pour qu'il puisse être ce qu'il est, pour qu'il puisse être plus vraiment ce qu'il est et que je pressentais de plus en plus, bien que l'appréhendant de moins en moins, comme étant à laisser advenir au-delà de toutes les paroles, célébrations et théories dont nous balisons les chemins de ses venues.

Je ne renonçais pas pour autant, en ce qui me concernait personnellement et surtout en ce qui concernait les communautés croyantes, à ce qu'aient lieu des prédications, des célébrations, des théologies. Mais j'avais besoin qu'elles deviennent plus modestes, plus restreintes si j'ose dire, plus fragmentaires, plus conscientes de ce qu'elles ne peuvent être que des fragments par rapport à leur objet, et non plus les grandioses synthèses théologiques, cultuelles ou oratoires qui semblaient ne pas douter de leur possibilité de rendre compte de la totalité du mystère de

Dieu. J'avais besoin qu'il me devienne personnellement moins naturel, moins immédiat, moins allant de soi, de prêcher, de célébrer, de théologiser. J'avais besoin aussi qu'il devienne moins naturel à la communauté croyante, moins immédiat pour l'institution ecclésiale, moins allant de soi pour la foi chrétienne, de parler, de célébrer, de théologiser. Non point – arriverai-je à le bien faire comprendre? – par dévaluation de ces fonctions, mais par réévaluation de leur objet. J'avais besoin de passer un certain temps à me demander si Dieu était dicible, sans m'empresser d'y donner une réponse, en acceptant s'il le fallait de mourir avant d'avoir pu y répondre, convaincu que, même en ce cas, cette recherche silencieuse pourrait être au moins aussi utile aux autres qu'avaient pu l'être – puisqu'elles le furent parfois – mes présidences de célébration, mes prédications et mes activités théologiques.

1. Dire Jésus-Christ?

Et Jésus-Christ? En lui, au moins, Dieu était dicible. En lui, au moins, Dieu s'était dit : « Le Verbe s'est fait chair, et il a habité parmi nous »; « Dieu, en ces jours qui sont les derniers, nous a parlé par le Fils ». Et cette parole n'a pas passé comme passent les fleurs des champs ou les jours des humains : vingt siècles après, l'Esprit la fait toujours aussi vivante. Cela, je n'ai jamais cessé de le croire, même si l'on m'a calomnieusement imputé le contraire. Donc, en Jésus-Christ au moins Dieu s'avérait dicible. Mais les différentes évolutions dont j'ai parlé jusqu'à présent contribuèrent à donner une orientation nouvelle à une réflexion commencée antérieurement et qui ne m'est pas propre, mais qui vint dès lors s'insérer dans l'ensemble des préoccupations engendrées par la situation nouvelle qu'on m'avait faite.

Comme bien des hommes et des femmes catholiques de ma génération, j'ai vécu longtemps dans une situation de complète immédiateté avec la personne de Jésus-Christ. Oh! certes, j'étais loin d'être toujours en contact avec lui : mais cela tenait à moi, à ma faiblesse d'être humain, à la piètre qualité de ma vie de prière, à mon péché. Aurais-je su surmonter tout cela, comme je m'y efforçais sans grand succès, que j'aurais pu profiter de l'immédiateté de cette présence. Car là était l'essentiel : cette présence était vécue comme pouvant, au moins dans l'idéal, être immédiate. Nous avions l'Eucharistie : Jésus-Christ était là, immédiatement présent. Nous avions l'Écriture : la Parole était là. Nous avions l'Église, ses évêques et son pape : ils nous garantissaient infailliblement la présence de l'Esprit de Dieu et de Jésus-Christ. Nous avions la prière, collective ou individuelle : il était là. Nous avions la vie commune, nous avions la charité : là où deux ou trois sont réunis en son nom, il est là. Où l'on donne à manger à celui qui a faim, où l'on souffre persécution pour la justice, il est là. Nous avions l'histoire : il était là puisqu'il en est le sens, l'alpha et l'oméga.

Bien des hommes et des femmes catholiques de ma génération ont renoncé à l'immédiateté de cette présence; d'autres ont renoncé à ce que Jésus-Christ soit pour eux le signe que Dieu soit dicible et la réalité dans laquelle il s'est dit. Or, l'immédiateté de cette présence tient une telle place dans la façon dont les catholiques comprennent que Jésus-Christ est le Verbe fait chair qu'on confond souvent le questionnement sur une telle immédiateté de cette présence avec la remise en question du fait que Jésus-Christ soit le Verbe de Dieu, et qu'on réagit comme si ce questionnement équivalait à cette remise en question. De fait, s'étant livrés à ce questionnement, bien des croyants ont cru devoir faire cette remise en question; mais cette fausse liaison et sa terrible conséquence sont à imputer essentiellement à la façon dont le système catholique lui-même ne distingue pas assez cette totale immédiateté et le fait que Jésus-Christ soit le Verbe de Dieu et prétend appuyer la vérité de ce fait sur une si totale immédiateté. Il me faut donc expliquer comment j'en suis venu à devoir distinguer les deux. Des chemins fort différents peuvent en cette matière être suivis, selon l'histoire personnelle de chacun, qui donne également une portée différente à ce qui est découvert. Pour moi, tout se conjuguait pour que cette découverte s'insère, là encore, dans l'instauration d'une distance entre Jésus-Christ et la façon dont la communauté croyante pouvait prétendre le connaître, le saisir et le posséder.

Les évangiles, dire de Jésus-Christ ou dire sur Jésus-Christ?

Le chemin fut principalement pour moi celui que traçait la lecture de l'Évangile, sa méditation dans la prière, son annonce dans la liturgie et la prédication, la recherche de son intelligence dans la théologie : itinéraire bien normal, après tout, pour un dominicain. J'avais fait mes études de théologie dans les années 1952-1956, à un moment où le renouveau biblique commençait de porter ses fruits dans l'exégèse catholique, mais où il n'atteignait pas encore le saint des saints qu'était alors la théologie dogmatique, laquelle consistait chez nous, à quatre-vingts et parfois même cent pour cent, en un commentaire de la *Somme théologique* de saint Thomas d'Aquin. Même dans nos cours d'Écriture sainte (puisque tel était le vocable reçu), ce renouveau restait bien modeste et s'en tenait aux acquis les moins hasardeux de la méthode historico-critique telle qu'on l'avait courageusement pratiquée à l'École biblique de Jérusalem depuis le début du siècle. Rien, dans l'enseignement que je reçus, ne pouvait me faire deviner que des exégètes comme von Rad, Jeremias ou Bultmann avaient déjà à l'époque un âge respectable et une œuvre considérable à leur actif.

C'est donc plus tard, et de façon quasi autodidacte, qu'il m'a fallu découvrir leurs ouvrages, dans les petites plages de temps et d'énergie que me laissaient les travaux très différents exigés par mon enseignement et mes recherches (j'étais moraliste et je m'efforçais de ne pas être étranger à la psychanalyse), pour ne pas parler des nombreuses obligations conventuelles et académiques. Ma théologie, mais aussi – j'y insiste – ma prière, ma célébration et ma prédication, donc en un certain sens presque ma personnalité, sont nées, se sont formées et structurées avant et indépendamment des questions naissant des lectures modernes de l'Écriture. Je crois donc être, à ma façon, assez représentatif du choc et des évolutions résultant de ces lectures chez les catholiques de ma génération, et même chez de plus jeunes (ou qui en résulteraient si leur divulgation n'était pas freinée par l'appareil ecclésiastique qui a peur d'y perdre certaines bases de son pouvoir et en limite l'administration à des doses homéopathiques, mais freinée aussi par la peur que certains croyants ont d'y perdre des bases qu'ils croient essentielles à leur foi).

J'apprenais donc que les évangiles n'étaient pas des sténographies faites sur le vif des paroles et des actes de Jésus. J'apprenais qu'ils représentaient la dernière étape de processus rédactionnels très complexes pour lesquels on ne dispose encore actuellement d'aucune théorie globalement satisfaisante, même si certains éléments semblent acquis : des communautés fort diverses, et parfois très divisées, avaient célébré et prêché, chacune à sa façon, ce Jésus de Nazareth, et l'expérience qu'elles faisaient de sa Résurrection et de sa Seigneurie de Christ. Le processus qui avait amené le regroupement de ces éléments divers était si complexe qu'à propos de la moindre parabole on pouvait discerner deux ou trois états différents et successifs du récit, correspondant à des situations et à des intentions différentes des communautés où était né chacun de ces états. Bien sûr, la première réaction était de vouloir décrypter ce rébus, de déblayer ce véritable chantier archéologique pour retrouver à l'origine le véritable Jésus, ses véritables paroles en leur état primitif, ses véritables actes en leur contour primitif. Comment ne pas le tenter? Le besoin d'immédiateté dans la relation à Jésus-Christ est si profondément ancré dans la plupart des formes du christianisme que Bultmann ne put éviter de commettre quelques excès lorsqu'il assena, dans les années 1940, que le Christ de la foi, celui construit par la foi des premiers chrétiens, n'avait pas grand-chose à voir avec le Jésus de l'histoire, et que d'ailleurs ce dernier, outre qu'il était inconnaissable, ne présentait aucun intérêt pour la foi. Après quelques décennies de remous, le problème des rapports entre le Jésus de l'histoire et le Christ de la foi s'est un peu éclairci et apaisé : ils sont revenus, si je puis dire, à de meilleures relations, le Jésus de l'histoire retrouvant de l'importance pour le Christ de la foi et pour la foi des chrétiens. Mais l'important est que le problème capital pour la foi, depuis maintenant plus d'une décennie, ne soit plus exactement celui-là. La foi ne cherche plus sa vérité et son fondement dans la mise à jour des paroles mêmes de Jésus, de ses actes mêmes (les *ipsissima verba*), tout en attachant néanmoins une grande importance à un enracinement réel de ce qu'elle dit du Christ dans l'histoire de Jésus. La foi cherche sa vérité et son fondement dans le processus d'anamnèse et de construction des écrits évangéliques, qui sont l'œuvre de la communauté croyante animée par l'Esprit du Ressuscité. Elle a renoncé à l'impossible immédiateté de la présence historique à Jésus-Christ, non parce qu'elle aurait renoncé à l'historicité de Jésus, mais parce qu'elle a compris que sa vérité et son fondement reposent sur le fait de se construire une mémoire à partir d'événements fondateurs enracinés dans une parole reconnue, immédiatement ou dans l'après-coup, comme originaire.

Dès lors, ce qui était d'abord apparu comme un péril pour la foi, à savoir l'émiettement de cette immédiateté de la vie et des paroles de Jésus-Christ, s'avérait au contraire comme une meilleure compréhension du processus de la foi, mais aussi de ce que pouvait être pour Dieu la façon de se dire à des humains. On renonçait à avoir *une* théologie du Nouveau Testament qui se devait d'être d'autant plus unifiée que le Verbe – unique – s'était fait chair – de façon unique – en Jésus-Christ. On découvrait, avec Käsemann, que la pluralité des évangiles, la pluralité des confessions de foi, la pluralité des communautés et de leurs théologies, était au contraire la condition *sine qua non* pour qu'il s'agisse vraiment de Dieu, et pour que Jésus-Christ puisse être considéré comme le Verbe fait chair, car aucune confession de foi, aucune communauté, aucune théologie, aucun évangile ne peut circonscrire le mystère de Dieu et celui de Jésus-Christ. Encore est-il indispensable qu'il s'agisse d'une véritable pluralité, avec les différences irréductibles que cela implique, et non pas d'une pluralité de façade dont les apparences seraient aisément réunifiables dans une parole synthétisante et globalisante dont un pouvoir unique serait le détenteur et le garant. C'est précisément parce qu'il est le Verbe fait chair que Jésus-Christ échappe au type d'immédiateté dans lequel j'avais été formé et dont je croyais, avec à peu près tout le système catholique, qu'il était le signe indispensable et la conséquence nécessaire du fait que Jésus était le Christ. C'est précisément le fait qu'il soit le

Christ qui introduit entre lui et toute parole, tout évangile, toute confession de foi le concernant, une distance dont l'abolition, loin de préserver son originalité unique de Verbe fait chair, le réduirait à n'être qu'un humain comme les autres.

Je devais m'étendre sur la nature du chemin qui m'a conduit à me questionner sur l'immédiateté que le catholicisme attache trop souvent à sa relation avec le Christ, car si cette question part de l'essentiel, à savoir de l'Écriture et de la Tradition, elle touche de plein fouet des aspects centraux du catholicisme tel qu'il est concrètement vécu. L'immédiateté de la présence de Jésus-Christ dans l'Écriture, dans l'Eucharistie, dans l'Église, dans la prière individuelle ou collective, dans la vie commune et dans la charité, dans l'histoire et dans l'action, toutes ces facettes de l'immédiateté de la présence de Jésus-Christ s'en trouvent modifiées. Non pas la réalité de sa présence, mais l'immédiateté de cette présence. En même temps que j'éprouvais le besoin d'instaurer une certaine distance entre la prédication, la célébration, la théologie et le Dieu qui en est l'objet, parce qu'il me semblait qu'une telle distance était trop négligée (ce qui dévaluait Dieu non sans surévaluer ces fonctions), il était donc normal que j'éprouve le besoin d'instaurer une certaine distance entre Jésus-Christ et tout ce qui, dans le système catholique, fonctionne comme si nous avions une prise directe et immédiate sur lui. Là encore, je ressentais un certain besoin de souffler, de faire silence, de laisser le champ libre à l'Esprit de Jésus-Christ, non point d'abord – arriverai-je à le bien faire comprendre? – pour dévaluer l'Écriture, l'Eucharistie, l'Église, la prière..., ni la libération du pauvre et de l'opprimé, mais pour permettre une réévaluation de Jésus-Christ, lequel, s'il est le Verbe fait chair, n'est réductible à rien de tout cela ni même à la somme de tout cela. Il ne s'agissait pas pour moi de faire silence sur le fait que Jésus-Christ est le Verbe fait chair et que Dieu s'est dit en lui, mais il fallait faire silence pour que la question de savoir comment Jésus-Christ lui-même était dicible puisse prendre toute son ampleur.

La contingence des figures historiques de Jésus-Christ.

Aurais-je douté que cette nécessité s'impose à moi à partir de la façon dont les évangiles nous sont maintenant lisibles, qu'elle me serait apparue à partir de la façon dont le christianisme s'est représenté Jésus-Christ à travers les vingt siècles de son histoire. On a écrit des histoires des doctrines christologiques ou des histoires du sentiment religieux : il nous manque une histoire de la façon dont le christianisme s'est représenté Jésus-Christ. Nous en possédons quelques éléments, et nous voyons bien que le christianisme du XIVe siècle, par exemple, ne s'est pas représenté Jésus-Christ de la même manière que celui du XIIe ou du XIIIe. L'évolution de la statuaire, des vitraux, de la liturgie, des formes populaires ou savantes de piété l'atteste encore mieux que celle de la théologie. Le Christ du jansénisme, celui des missionnaires de la Restauration française ou celui de Thérèse de l'Enfant-Jésus au début ou à la fin du XIXe siècle, le Christ-Roi de Pie XI (1925), celui de l'Action catholique et celui de la théologie de la libération, pour être assez proches les uns des autres dans le temps, n'en sont pas moins assez différents pour que, si l'on aime l'un, on n'aime guère l'autre. A une même époque de l'histoire, la nôtre par exemple, le Christ d'une moitié de l'Amérique latine, celle de la doctrine de la sécurité nationale, et celui de l'autre moitié, celle de la libération des pauvres, sont assez différents pour qu'on doive se combattre parfois jusqu'à la mort selon qu'on se réfère à l'un plutôt qu'à l'autre. Celui de l'Église polonaise, celui de telle Église africaine, et celui de telle ou telle nuance du catholicisme américain ou français sont, eux aussi, fort différents. Les sceptiques pourraient y trouver de quoi douter, les cyniques (qui n'ont pas forcément tort) y voir une preuve de la formidable capacité d'adaptation du christianisme et de ses pouvoirs dirigeants, et les inquiets se demander s'il n'y aurait pas là une source dangereuse d'un relativisme dogmatique inacceptable.

Pour ma part, j'ai souvent succombé à la tentation d'écarter tel ou tel Jésus-Christ, celui de Vincent Ferrier, celui de Bossuet ou le Christ-Roi de Pie XI, parce qu'il me semblait peu conforme à l'Évangile (tel que je le lisais sans être trop conscient des présupposés de ma lecture) et dangereux pour l'expérience qu'il incitait les humains à faire de leur condition. Depuis, j'ai mieux compris que (en exceptant les plus aberrantes de ces figures) chaque époque et chaque circonscription du christianisme s'était construit son Jésus-Christ en fonction d'une expérience spirituelle authentique et d'une situation anthropologique et sociale essentielle. Chaque époque, pour se formuler ce qu'était pour elle Jésus-Christ et son salut, a dû rompre avec la figure de Jésus-Christ qu'avait élaborée précédemment une expérience spirituelle aussi authentique mais différente dans une situation anthropologique et sociale elle aussi essentielle mais différente. Bien entendu, cette nouvelle image devient à son tour périmée lorsqu'une expérience spirituelle nouvelle et une nouvelle situation anthropologique et sociale en appellent une nouvelle. C'est seulement dans l'après-coup qu'apparaît la continuité, alors que sur le moment apparaît plutôt la discontinuité. Mais cette continuité ne doit pas amener à relativiser ces diverses images comme si elles n'avaient pas valeur en elles-mêmes, pas plus d'ailleurs qu'à relativiser les différences entre elles, qui correspondent à des changements profonds de société et d'expérience spirituelle. Lorsqu'on approche ainsi chacune de ces figures historiques contingentes que le christianisme a élaborées depuis vingt siècles, on arrive presque toujours à comprendre quelle expérience de foi en Jésus-Christ et quelle situation anthropologique et sociale ont donné lieu à cette figure. Et l'on doit admirer chacune de ces figures, car des croyants et des croyantes s'y sont engagés de toute leur foi en Jésus-Christ et ont essayé, à sa lumière, de donner sens à la situation anthropologique et sociale qui était la leur.

Cette pluralité à travers le temps et l'espace chrétiens des figures de Jésus-Christ n'est jamais que la transposition à vingt siècles d'histoire de la pluralité qui a présidé à la naissance de la foi en Jésus-Christ à l'aube du Nouveau Testament. Elle a la même nécessité radicale, s'il est vrai qu'en Jésus-Christ c'est le Verbe qui s'est fait chair. Elle ne met nullement en cause la vérité de chacune de ces images, car leur vérité ne tient pas à leur similitude entre elles ou avec un modèle primitif supposé unique (qui n'existe même pas dans le Nouveau Testament), mais tient au fait que la réalité du Christ y est représentée d'une façon qui joue, dans telle expérience de foi et dans telle situation anthropologique et sociale, un rôle *analogue* à celui qui a été proclamé comme celui de Jésus-Christ par les croyants et les croyantes qui ont fondé notre foi dans la situation anthropologique et sociale qui était la leur [5]. Si elle remplit cette condition (capitale il est vrai), et non parce qu'elle ressemblerait à telle ou telle autre figure de Jésus-Christ, toute figure historique contingente de Jésus-Christ est vraie, et il faut se réjouir qu'à travers vingt siècles de christianisme la foi des croyants et des croyantes, animée par l'Esprit, ait su développer ainsi diverses virtualités du mystère du Christ.

Pourtant, chaque époque ou chaque courant du christianisme a bien du mal à reconnaître le caractère contingent de sa propre figuration du Christ. Ici encore, le besoin d'immédiateté, la peur de la démaîtrise, l'erreur qui consiste à croire que la vérité de notre foi tient à la permanence de ses figures, de ses dogmes et de ses institutions au lieu de tenir à la fidélité de Dieu à l'égard des humains, tout se conjugue pour que chaque figure historique contingente de Jésus-Christ soit rendue équivalente à la totalité du mystère du Christ. Si tant de forces se conjuguaient pour m'obliger à introduire une distance entre la prédication, la célébration, la théologie et le Dieu qui en est la source et l'objet, afin d'ouvrir plus librement le champ à Dieu, si ce que m'apprenait la lecture actuelle de l'Écriture me poussait à introduire une distance analogue entre ce que nous disons (et ce que l'Écriture dit) de Jésus-Christ et Jésus-Christ lui-même, afin d'ouvrir davantage le champ à l'Esprit de Jésus-Christ, comment la découverte du caractère nécessairement historique et contingent des figures de Jésus-Christ à travers vingt siècles de christianisme ne m'aurait-elle pas poussé, elle aussi, à introduire la même distance entre ce que l'expérience spirituelle et la situation anthropologique et sociale qui m'avaient façonné disaient de Jésus-Christ et Jésus-Christ lui-même? Comment ne pas éprouver le besoin, après avoir passé tant d'années à prêcher, célébrer, théologiser Jésus-Christ en faisant presque comme s'il allait de soi qu'il était dicible, de souffler un peu et de laisser prendre son ampleur à la question de savoir comment Jésus-Christ lui-même était dicible? Mais comment vivre et ne pas me décomposer quand le dire avait été ce qui composait ma vie?

La résurrection du Christ le fait passer dans la transcendance de Dieu.

Je fus aussi amené à me poser cette question de la distance à instaurer entre Jésus-Christ et ce qui peut en être dit, par un avatar vraiment surprenant des ébranlements qu'avait déclenchés en moi la situation qu'on m'avait faite. Parmi les points qui m'avaient été fournis comme attendus de la condamnation de mon livre, en figuraient deux qui posaient effectivement question, concernant la mort et ce que les divers christianismes ont pensé de la vie après la mort, à propos de Jésus-Christ comme à propos des humains. Je reviendrai longuement plus loin sur les conditions dans lesquelles le christianisme doit aujourd'hui affronter la réalité de la mort, et sur le retentissement que peut avoir sur la foi chrétienne en la résurrection la signification anthropologique de la mort dans notre civilisation occidentale actuelle. Pour le moment, je me contenterai de signaler que, dans le livre incriminé, je m'étais laissé emporter un peu trop loin par une lutte que je crois toujours nécessaire contre les formes fallacieuses de dénégation de la mort qui me semblent jouer un très grand rôle dans la foi chrétienne en la résurrection. Ce rôle me paraissait alors si grand que je n'arrivais plus à trouver de façon de croire à la résurrection qui lui échappât. On comprendra que des chrétiens se soient émus. Peut-être même comprendra-t-on que des autorités aient réagi : aussi n'ai-je moi-même jamais protesté contre le principe d'une telle intervention, même si j'ai dit à qui de droit (mais non en public) ce que je pensais du caractère inique, mensonger, retors et stupide de ses modalités. Cela dit, les condamnations n'ont jamais fait avancer un problème, surtout quand les juges et les censeurs sont plus intéressés à condamner et à affirmer leur pouvoir qu'à se poser la question qu'essayait de poser l'accusé et à entreprendre d'y mieux répondre. Le problème était donc toujours là : y avait-il des façons de croire à la résurrection de Jésus-Christ et à celle des humains qui soient autre chose que des productions – subtiles ou grossières – de la peur de la mort et de sa dénégation?

Au fil des nombreuses rencontres et discussions dont ce livre me procura l'occasion, les données du problème se déplacèrent progressivement pour moi. Après deux ou trois ans, il m'apparut qu'il fallait poser autrement que je l'avais fait la question de la résurrection de Jésus-Christ. On persistait à m'opposer que la résurrection de Jésus-Christ avait été pour les premiers chrétiens la preuve qu'il était vraiment le Messie, l'envoyé de Dieu, et l'acte par lequel Dieu l'avait fait Seigneur à leurs yeux. Je concédais évidemment cela, qui est un fait historique constatable par quiconque, croyant ou incroyant : c'est bel et bien ainsi qu'est née la foi chrétienne. Mais je persistais à penser que pour nous, après vingt siècles de christianisme et d'expérience dans l'Esprit de la vitalité de Jésus, par rapport également à la nouvelle signification anthropologique de la mort, nous ne pouvions purement et simplement répéter la foi primitive sans en dénaturer le sens. On me disait que tout le christianisme s'écroulait si je contestais la résurrection du Christ, qui en serait le fondement et l'attestation. Je rétorquais que pour nous, modernes, la question ne pouvait se poser qu'en termes absolument inverses : c'est parce que nous croyons que Jésus-Christ est l'envoyé de Dieu que nous croyons, par voie de conséquence, qu'il est encore vivant. Sa résurrection est un effet de son statut de Verbe fait chair, et non point la source et la preuve de ce statut.

Le point important, pour le moment, n'est pas de savoir si j'avais tort ou raison, mais de souligner qu'une telle façon de voir m'obligeait à redonner une certaine réalité à la résurrection de Jésus-Christ. Car – et encore une fois contrairement aux accusations calomnieuses portées contre moi –, je crois que Jésus-Christ est le Verbe de Dieu fait chair. Je crois qu'il était un homme dont la relation à Dieu et dont la relation de Dieu à lui font un être qu'on ne peut réduire au commun des mortels. Par conséquent, j'étais amené à croire – et peu importe pour le moment si j'ai tort ou raison – que la mort ne peut avoir sur lui le même type de prise que sur nous, simples mortels, et que s'il meurt, son devenir ne peut être identique au nôtre dans la mesure où il est quelque chose de Dieu que nous ne sommes pas. C'était là, par rapport au livre incriminé, une évolution notable. Mais, alors qu'elle semblait me rapprocher des affirmations classiques de la foi, ce à quoi je ne répugne nullement, elle s'avéra avoir des conséquences tout à fait imprévues et qui venaient singulièrement renforcer la nécessité d'instaurer entre Jésus-Christ et ce qu'on dit de lui la distance dont j'ai parlé.

En effet, si Jésus-Christ est ressuscité, c'est-à-dire si la mort n'a pas sur lui le même type d'effets que sur nous, sa résurrection le fait – si j'ose dire – basculer dans la transcendance de Dieu et sortir de notre monde historique et empirique. C'est la raison même dont procède sa résurrection, à savoir qu'il est quelque chose de Dieu que nous ne sommes pas, qui donnant lieu à sa résurrection, le fait échapper à notre monde historique et empirique. C'est un peu de cette façon que j'avais longtemps interprété l'Ascension comme instaurant l'absence de Jésus-Christ de notre monde empirique, alors qu'à la Pentecôte, l'Esprit instaure un type de présence de Jésus-Christ tout autre qu'une présence historiquement et empiriquement repérable dans notre monde d'un ressuscité ou de ses traces. Mais, à mesure que je retrouvais une signification possible à la résurrection du Christ, c'était paradoxalement cette résurrection qui instaurait, en faisant basculer le Christ dans la transcendance de Dieu [6], une distance entre lui et nous qui n'est pas moindre – puisque c'est la même – que la distance entre Dieu et nous. Il fallait donc se poser dans les mêmes termes les deux questions : peut-on dire Dieu, peut-on dire Jésus-Christ ?

Il suffisait que je me retourne vers les étapes antérieures de ma foi personnelle, ou vers la façon dont est vécue la foi chrétienne en la résurrection du Christ, pour m'apercevoir que le plus souvent les divers christianismes l'entendent d'une tout autre oreille. Au lieu que la résurrection du Christ, parce que Dieu l'y instaure Seigneur, leur apparaisse comme à moi creuser radicalement la distance entre ce qu'est Jésus-Christ et ce qu'on peut dire de lui, elle leur apparaît au contraire comme ce qui garantit de la façon la plus immédiate leurs Écritures, leurs sacrements, leurs institutions et leurs pouvoirs. On en arrive à ce paradoxe stupéfiant qu'une autorité puisse elle-même déclarer infaillible son exercice dans un monde historique, empirique et contingent, en s'autorisant du fait qu'elle succéderait en ligne directe aux témoins de cette résurrection transformée en fait empirique fondant une immédiateté empirique absolue. Ce qui creuse la distance devient ce qui l'abolit. Tout se passe comme si la résurrection du Christ importait surtout dans la mesure où elle est censée nous permettre une prise immédiate et adéquate sur Dieu, donc comme si elle faisait basculer le Ressuscité dans notre monde, au lieu de le faire basculer dans la transcendance de Dieu. En ce qui me concerne, je me trouvais du coup dans une situation vraiment étrange : à mesure que je me rapprochais de la foi chrétienne en la résurrection de Jésus-Christ, j'étais amené à m'interroger – par la raison même qui m'en rapprochait – sur la perversion qui retourne ainsi complètement la signification de la résurrection du Christ, et donc à m'écarter de tout ce qui me semble utiliser à son profit une telle perversion. Non pas à écarter l'Écriture, les sacrements, les institutions, etc., mais à m'écarter de ces instances dans la mesure où une certaine conception de la résurrection du Christ en fait des instruments de possession immédiate de Jésus-Christ.

Cette nouvelle raison de m'interroger sur ce qu'on peut dire de Jésus-Christ et sur la distance à instaurer entre lui et ce qu'on peut dire de lui, venant s'ajouter aux précédentes, me mettait dans une situation que les conditions actuelles de notre culture me semblent imposer à l'ensemble des chrétiens, qu'ils s'y dérobent ou non. Cette situation, pour n'être pas originale, n'en était pas moins difficile, non seulement parce qu'elle ébranlait en moi des aspects jusque-là essentiels à ma foi, mais aussi parce qu'elle me confrontait à des problèmes dont la juste perception et la solution ne peuvent être que le fruit du travail collectif de plusieurs générations de croyants. Elle dépassait donc les limites de mes forces et de ma durée, ce qui ne l'empêchait pas de peser sur moi de tout son poids et de me déposséder de ce qui était aussi profondément ancré dans mon individualité que dans les institutions qui m'avaient façonné et pour lesquelles j'avais œuvré. J'avais donc le sentiment de me retrouver nu et sans forces, et ce du fait même de questions dont j'étais persuadé que ma survie et la survie de la foi exigeaient qu'on les posât; mais j'étais également persuadé qu'il aurait été encore plus mortifère – bien que moins fatigant – de revenir à l'état antérieur des choses.

2. Comment Dieu se dit-il en Jésus-Christ ?

Comme une véritable décomposition ne se contente pas d'affecter tel ou tel organe mais finit par s'étendre à toutes les parties de l'organisme, la décomposition qui affectait diverses façons de dire qui était Jésus-Christ s'étendit à d'autres questions le concernant. Là encore, même si je ne pouvais les éprouver que comme les symptômes un peu terrifiants d'une véritable décomposition, il s'agissait de questions essentielles concernant l'ensemble de la communauté croyante dans son rapport à Jésus-Christ, et dont le contenu était tel qu'il était impossible de les imputer seulement aux avatars de ma personnalité ou des circonstances récentes de mon histoire individuelle. Elles avaient en commun d'aboutir à s'interroger non plus sur la distance qui séparerait Jésus-Christ de tout ce qu'on peut dire de lui, mais sur la distance qu'il conviendrait peut-être d'instaurer entre Jésus-Christ lui-même et Dieu. S'il m'était tout de suite apparu que tel était leur enjeu, j'aurais certainement tout fait pour ne pas les laisser se poser à moi, car, cette fois-ci, pour le chrétien que je suis, le sol semblait bel et bien se dérober sous mes pieds. J'avais déjà dû accepter bien des perturbations pour laisser s'ouvrir en moi une distance entre Jésus-Christ et ce qu'on pouvait dire de lui, et j'aurais été fort heureux que les choses en restent là. Aussi fut-ce sous leur forme la moins déroutante que ces questions se posèrent d'abord à moi; je crus donc pouvoir les accepter, d'autant qu'elles recoupaient des questions plus ou moins disparates et dispersées dans mon environnement. Après cela, il était trop tard : cette forme la moins déroutante, tel un cheval de Troie, introduisit les formes moins rassurantes, qui vinrent elles-mêmes entrer en résonance avec les questions dont j'ai parlé jusqu'à présent, pour aboutir à cette redoutable nécessité de devoir éventuellement introduire une distance entre Jésus-Christ et Dieu lui-même; ou, pour être plus précis (mais ce genre de précision n'apparaît qu'ensuite : au début, l'idée apparaît sous sa forme brutale et inacceptable), une distance entre Jésus-Christ et l'image absolue et divine qu'on a forgée de lui au titre de la manifestation de Dieu en lui et de son unité avec Dieu.

Quelle seigneurie pour le Christ?

Pour les chrétiens et les chrétiennes de ma génération, et sans doute particulièrement pour les prêtres, religieux et religieuses, un thème concernant le Christ a joué une grande importance dans notre prière, notre spiritualité et notre vie apostolique : la perfection de Jésus-Christ, récapitulant en lui toutes les virtualités de la rencontre entre Dieu et les êtres humains, possédant en plénitude toutes les perfections de la vie chrétienne, non seulement parce qu'il était Dieu en personne, mais parce qu'il avait engagé toutes ses virtualités d'homme véritable dans la réalisation du dessein de son Père. Jésus-Christ était donc à la fois l'homme parfait et la perfection de la rencontre des êtres humains avec Dieu. J'ai longtemps vécu de cela, j'ai vu beaucoup d'hommes autour de moi vivre de cela : c'est une grande chose, qui fait faire de grandes choses. Aussi fut-ce seulement de façon très fragmentaire et dispersée que put apparaître en moi une question qui, posée plus brutalement, m'aurait paru trop blasphématoire pour être acceptée.

Je comprenais fort bien, par exemple, pourquoi Paul (ou les auteurs des épîtres de la captivité, si Paul n'en est pas l'auteur) avait éprouvé le besoin de formuler la seigneurie du Christ dans les termes grandioses de récapitulation et de plénitude qui m'ont tant aidé à faire adoration en utilisant les hymnes christologiques incluses dans ces épîtres. J'en vins pourtant à me demander comment la grande figure dressée dans certains écrits du Nouveau Testament et orchestrée plus tard dans la liturgie et l'art chrétiens (comme par exemple le thème du Pantocrator) s'articulait avec ce qu'on pouvait deviner du Jésus historique, particulièrement à travers les évangiles synoptiques. La foi en la seigneurie de Jésus-Christ et en sa résurrection obligeait-elle à une telle transformation du prophète galiléen assassiné, lui qui semblait avoir renoncé à ce type de puissance, non point par modestie, mais pour attester que tel n'était pas le type de puissance du Dieu qu'il venait manifester. Ce que Jésus avait refusé de son vivant non seulement pour lui mais pour le Dieu dont il était l'envoyé, devenait-il, du fait de Pâques, la meilleure façon de dire qui était Jésus-Christ et qui était le Dieu qui s'était manifesté en lui ? Déjà, je ne manquais pas de raisons pour m'interroger sur le type de mégalomanie qui peut être à l'œuvre dans l'instauration de telles figures, et je dirai plus loin pourquoi il me semble nécessaire de refuser, même et surtout s'il s'agit de Dieu, les représentations totalisantes, globalisantes et synthétiques. A cette première question venait s'en ajouter une seconde plus radicale et plus évangélique : je me demandais ce que Jésus de Nazareth aurait pensé d'un certain type d'exaltation de lui-même et de son Dieu, car il m'était dit par les trois évangiles synoptiques, à travers le récit de la tentation, qu'il l'avait refusée pour lui-même et pour son Dieu. Le fait qu'il soit ressuscité d'une mort qui était le signe le plus extraordinaire du refus de ce type de puissance pour Dieu et pour son envoyé autorisait-il à lui restituer ce type de puissance, comme si les conditions postpascales de la foi abolissaient ce qui semble avoir été un point capital de la vie de Jésus et de sa manifestation de Dieu? Que signifiait donc cette exaltation de la toute-puissance du Christ et de sa toute-perfection?

Jésus-Christ récapitule-t-il toute la perfection humaine et chrétienne ?

Une autre réflexion vint nourrir la même interrogation. La perfection du Christ nous était présentée comme étant la réalisation plénière de tout ce qui peut et doit advenir entre Dieu et les êtres humains : notre propre sainteté, nos modestes perfections personnelles n'étaient que des participations à ce qui avait été accompli une fois pour toutes en Jésus-Christ et se dévoilerait à la fin des temps comme l'accomplissement total que nous adorerions pour toujours. Je commençai d'éprouver quelques difficultés avec une telle façon de voir, d'autant qu'à tort ou à raison j'y retrouvais une conception de Dieu que j'avais dû abandonner et combattre : celle d'un Dieu dans lequel, pour qu'il soit vraiment Dieu et que soit parfaitement accompli son dessein, devraient finalement se résorber l'humanité de l'homme et la mondanité du monde. J'avais consacré le deuxième quart du livre incriminé au thème du Dieu Créateur. Il me semblait qu'être créateur ne consistait pas pour Dieu à faire advenir des créatures dont le destin suprême serait de faire retour à lui pour s'y résorber comme le fleuve se dissout dans la mer. Être créateur me semblait consister à faire advenir des créatures dans la différence et la similitude, la création étant d'autant plus parfaite – comme Thomas d'Aquin me l'avait appris – que la créature a consistance par elle-même et vocation d'être soi, ce qui implique certes une relation avec son Créateur, mais non point la dilution dans son origine.

Une certaine façon de concevoir Jésus comme homme parfait me semblait elle aussi diluer et résorber la spécificité et la consistance de la vie chrétienne des humains dans ce que Jésus-Christ était censé être en plénitude une fois pour toutes. Jésus-Christ, sous prétexte qu'il était le Verbe fait chair, avait-il réalisé les virtualités de la perfection chrétienne qu'ont réalisées par exemple un Thomas d'Aquin, un Thomas More ou une Thérèse d'Avila? Certes, il était le Verbe fait chair, mais il n'était que galiléen, et non grec, romain, français ou chinois, il n'était qu'un prophète et non un père de famille, un paysan, un intellectuel, un politique, un artiste, un moine ou un évêque, il était homme et non pas femme. Je m'avisai d'une chose évidente mais qu'on doit avoir de puissantes raisons de se cacher à soi-même ou de réduire à une banalité triviale : Jésus-Christ n'avait pas été à lui seul toute la perfection de la vie humaine; il avait eu les perfections correspondant à sa condition individuelle et à sa vocation, mais il n'avait pas eu les autres. Sa propre perfection ne dévaluait pas les autres et ne les remplaçait pas non plus, mais ne s'en trouvait pas dévaluée pour autant, car elle ne consistait pas à les avoir eues toutes et sa mission n'était pas de tout accomplir. Ce qui était vrai de ses perfections humaines l'était également – si l'on peut ainsi s'exprimer à propos de Jésus-Christ – de ses perfections chrétiennes. Jésus a engagé toute sa personne dans la réalisation de sa vocation et de sa mission, et cela lui vaut de porter le nom qui est au-dessus de tout nom et devant lequel tout genou fléchit. Mais il est le premier-né d'une multitude de frères et de sœurs, et non point une totalité englobante dont chacun de ces frères et sœurs ne serait qu'une partie destinée à se résorber dans le tout. Jésus n'a pas eu toutes les perfections chrétiennes, ce qui ne dévalue pas les autres perfections chrétiennes qui ne furent pas les siennes. Il faut même refuser l'opinion pourtant répandue que les perfections qu'il n'a pas eues sont seulement le développement de virtualités qu'on pourrait trouver dans celles qu'il a eues : ce serait commettre la même erreur qu'à propos du Dieu Créateur. Jésus-Christ est le principe et l'initiateur de la vie chrétienne, il n'en est pas la totalité.

On me dira peut-être que ce sont là des banalités. Je répondrai que ces banalités sont quasi blasphématoires pour une représentation de Jésus-Christ qui a été si prégnante à travers tant de siècles, et que ces banalités décomposent ladite représentation. Lorsque j'eus à les exprimer pour la première fois, je fus intérieurement contraint d'utiliser l'artifice d'un style à la *Charlie-Hebdo,* style que je n'avais jamais utilisé et que je n'ai plus jamais utilisé mais qui s'imposa à moi : une certaine forme de comique satirique est une façon de regarder seulement de biais ce qu'il serait impossible de regarder en face. Ce détour ne doit pas être imputable aux seules vicissitudes de ma personnalité, car certains de mes collègues théologiens habituellement bien disposés à mon égard jugèrent mon texte littéralement blasphématoire. Il faut donc croire que le mécanisme qui nous pousse à prêter à Jésus-Christ des perfections qui ne furent pas siennes et un type de plénitude qui n'est pas sien est un mécanisme puissant. Tout se passe comme si les lui refuser équivalait à nier les perfections et la plénitude qui sont siennes. Est-on donc condamné au « tout ou rien » à propos de Jésus-Christ sous prétexte qu'il fut le Verbe fait chair ? Ce n'est certainement pas dans ce qui est discernable du Jésus historique qu'on pourrait trouver les bases de ce terrorisme si répandu qui fait s'écrier : « Jésus-Christ ou rien! » Quel type de toute-puissance ou de panique trouve donc à s'accomplir dans un tel terrorisme? S'il est si fort, quelle décomposition ne faudra-t-il pas pour en venir à bout, et pour instaurer la distance qui permet de dire que Jésus n'est pas toute la vie chrétienne même s'il est le Verbe fait chair?

Jésus-Christ récapitule-t-il toute révélation de Dieu ?

A vrai dire, cette dernière question ne trouve peut-être tout son poids qu'une fois rapprochée d'une autre, que les chrétiens d'aujourd'hui ne peuvent éviter d'avoir à se poser, sur la distance qu'il y aurait à instaurer, non plus seulement entre Jésus-Christ et la totalité de la vie chrétienne, mais – en un certain sens – entre Jésus-Christ et Dieu. Certains milieux intégristes ont fait preuve d'une grande lucidité lorsque, au cours du deuxième concile du Vatican, ils s'acharnèrent de façon particulièrement obstinée contre le texte conciliaire sur la liberté religieuse. Ce texte, en effet, reconnaissait que les religions chrétiennes autres que la catholique romaine avaient une réelle valeur authentiquement chrétienne; il reconnaissait également que les autres religions monothéistes (judaïsme et islam) avaient une réelle valeur religieuse, et il allait même jusqu'à reconnaître que toutes les religions pouvaient avoir une certaine valeur religieuse. Bien entendu, les auteurs de ce texte ne renonçaient en rien à leur conviction que le catholicisme romain était la forme la plus parfaite de religion, mais ils ne présentaient pas les autres religions comme nulles et non avenues, ou comme des formes dégénérées ou de pâles annonces de la véritable religion catholique romaine. Ce faisant, ils entérinaient une conviction chèrement acquise (parfois même contre l'Église catholique romaine), au cours des deux derniers siècles, par les esprits les plus élevés. Mais ils mettaient la mentalité catholique devant une situation difficile, dont les intégristes perçurent bien qu'elle pouvait être redoutable.

En effet, dès lors que l'on reconnaît une réelle valeur aux

autres religions tout en voulant conserver au catholicisme sa supériorité, on est amené, en un premier temps, à considérer que la part d'authenticité des autres religions leur vient de leur participation plus ou moins consciente et étroite aux qualités de la religion catholique. Or, ce problème concerne directement la conception qu'on se fait de Jésus-Christ et de la façon dont il est le Verbe fait chair. Si Jésus-Christ est, selon certaines formulations dogmatiques reçues, le Fils de Dieu fait homme, il détient – si j'ose dire – le monopole de la rencontre entre Dieu et les êtres humains. Toute autre rencontre entre Dieu et l'humanité, à laquelle on voudrait reconnaître quelque vérité, doit pouvoir être rattachée d'une façon ou de l'autre à la rencontre plénière et unique qu'est Jésus-Christ. C'est d'ailleurs là ce que firent dès les premiers siècles de l'ère chrétienne les Pères de l'Église, soit à l'égard du judaïsme et de l'Ancien Testament, soit à l'égard des philosophes grecs, de Platon par exemple : avec plus de conviction que de sens historique, ils n'hésitèrent pas à montrer que toutes les réussites religieuses antérieures au Christ avaient été des annonces et des anticipations du Christ.

La méthode reste en théorie la même aujourd'hui. Mais plusieurs raisons nous rendent son application plus difficile. D'une part, nous n'avons plus seulement affaire, comme les Pères de l'Église, à des religions ayant précédé le christianisme et ayant existé dans la même aire culturelle que lui. Nous avons affaire à des religions existant dans des aires culturelles complètement différentes de celle où est né le christianisme, ou à des religions postérieures à lui et s'étant constituées parfois contre lui, sans parler de celles qui sont nées de ses propres divisions intérieures. D'autre part, nous avons un sens historique complètement différent de celui des hommes de l'Antiquité ou du Moyen Age. Certes, nous constatons une certaine continuité entre le judaïsme et le christianisme, puisque le christianisme est une hérésie juive qui a réussi ; mais, même si le judaïsme n'existait plus aujourd'hui, il nous serait impossible de réduire son essence à être une annonce du christianisme. Quant à voir dans le bouddhisme, l'hindouisme ou les religions africaines ou amérindiennes des annonces du christianisme, ce serait tout simplement ridicule.

Mais comment reconnaître la valeur religieuse des autres

religions sans dévaluer le rôle unique de Jésus-Christ dans la rencontre entre Dieu et les humains, ou comment insister sur le rôle unique de Jésus-Christ dans cette rencontre sans dévaluer la valeur religieuse réelle des autres religions ? Je pense, pour ma part, que la mentalité chrétienne n'est pas encore équipée pour surmonter ce dilemme, et qu'il lui faudra sans doute attendre plusieurs générations avant de le pouvoir. Actuellement, en effet, elle formule et proclame le rôle absolument unique de Jésus-Christ dans la révélation de Dieu, à travers des catégories qu'elle a héritées des siècles antérieurs : or, ces catégories n'étaient pas élaborées en fonction de ce problème et ne permettent pas de le résoudre. Pour elles, affirmer le rôle spécifique de Jésus-Christ impliquait nécessairement de rattacher à Jésus-Christ la valeur de toute autre religion : c'est bien pourquoi les intégristes protestèrent si violemment contre l'affirmation par le concile d'une liberté religieuse qui reconnaissait une valeur spécifique aux autres religions. Mais pour la plupart d'entre nous, il est impossible de concevoir ainsi la vérité de ces religions. Je ne suis pas un grand expert en ces matières, mais l'un des rares services que je rende encore à une institution académique de théologie est de dépouiller pour les recenser une revue d'histoire des religions ainsi que des archives de sciences sociales des religions. Quand on a l'occasion, même si limitée, d'entrer un peu dans l'univers des différentes religions, on est bien obligé de se dire qu'il y a d'autres recherches de Dieu qui passent par d'autres voies que Jésus-Christ. On est même obligé de se demander s'il n'y a pas d'autres révélations de Dieu qui passent par d'autres voies que par Jésus-Christ. La question n'est pas purement académique : un de mes aînés dominicains, qui fut un éminent spécialiste des religions iraniennes et avoisinantes, disait en plaisantant qu'il était à sa connaissance le seul prêtre de sa génération spécialiste de l'histoire des religions à « n'avoir pas défroqué » *(sic!)*, tant il est vrai que dès que l'on recouvre l'authenticité des autres religions, on en vient à mettre en doute le statut de Jésus-Christ comme révélateur de Dieu.

Sommes-nous ici encore condamnés au « tout ou rien »? Devons-nous pratiquer le terrorisme qui consiste à refuser toute valeur religieuse aux autres religions (sauf d'anticipation ou de participation au christianisme), pour préserver l'originalité du rôle de Jésus-Christ comme révélateur de Dieu? Ou sommes-nous condamnés, pour respecter la valeur religieuse de ces autres religions, à réduire Jésus-Christ à n'être qu'un grand génie religieux de l'humanité? Dans l'état actuel de nos mentalités, il semble bien qu'on ne puisse échapper à ce dilemme. Mais l'absurdité de ce dilemme montre que l'état de nos mentalités doit changer, même si nous ne savons pas encore comment, même si nous pressentons qu'il nous faudra peut-être, en deçà ou au-delà de l'exaltation hyperbolique de Jésus-Christ qu'on trouve dans le christianisme, redécouvrir que le prophète galiléen assassiné en qui le Verbe de Dieu s'est fait chair était peut-être moins prétentieux que ces hyperboles (tout en étant plus décidé et plus engagé pour son Dieu que n'importe quel groupe intégriste ou progressiste). Autrement dit, n'est-ce pas en Jésus-Christ lui-même que nous trouverions les indices les plus efficaces pour instaurer une distance entre Jésus-Christ et une absolutisation inadéquate de Jésus-Christ? N'est-ce pas en Jésus-Christ lui-même que nous trouverions le principe de la coexistence possible entre deux attitudes qui semblent contradictoires en l'état actuel de nos mentalités : d'une part, la proclamation par la foi de la décision radicale et plénière de Jésus-Christ pour Dieu, et de l'engagement radical et plénier de Dieu dans sa révélation en Jésus-Christ, d'autre part le respect de décisions radicales et plénières d'un autre type pour Dieu, et pour l'engagement radical de Dieu dans ces autres révélations qui trouvent à s'effectuer dans ces autres décisions? Le christianisme peut-il trouver sa vérité et celle de Jésus-Christ autrement qu'en s'arrogeant plus ou moins explicitement le monopole de la révélation divine? J'ignore la réponse et, comme je l'ai déjà dit, il faudra sans doute plusieurs générations pour la trouver. En attendant, je constate qu'une telle question, tout inévitable qu'elle soit, est souvent écartée, parce qu'elle apparaît comme érodant le rôle de Jésus-Christ comme Verbe de Dieu fait chair, Seigneur et Sauveur. Parce que le christianisme a le plus souvent jusqu'à présent pensé ce rôle en termes de monopole excluant ou englobant les autres révélations, poser correctement la question a nécessairement pour effet de décomposer le système catholique en un point absolument essentiel, à savoir celui du rapport entre Jésus-Christ et Dieu. L'idée qu'une distance serait peut-être à instaurer entre l'un et l'autre ne peut apparaître au catholicisme que comme une décomposition de ce sur quoi il repose et de ce qu'il veut annoncer (sans parler du pouvoir universel qu'il revendique au nom de ce fondement et de cette mission). Comme j'ai été formé et construit par ce système, une telle idée ne pouvait m'apparaître que comme une décomposition de mon être catholique, et même de mon être chrétien.

3. Comment faire éclore une parole sur Dieu?

Les avatars de la décomposition des discours.

Le caractère théologique des différentes questions que je viens d'évoquer à propos de Jésus-Christ ne devrait pas donner l'impression que le processus de décomposition qu'elles provoquent est purement intellectuel. Le serait-il, d'ailleurs, que ce ne serait déjà pas rien : les idées ne sont pas peu de chose. Mais il ne l'est pas, car je n'étudie pas la théologie du christianisme comme un savant de Paris, de Harvard ou d'Oxford peut étudier la théologie de religions très anciennes qui n'ont pas une influence immédiate sur sa façon personnelle d'exister, dans la mesure où il n'est pas un croyant de ces religions. Je crois au Dieu de Jésus-Christ, et même si ma façon d'y croire a beaucoup évolué depuis mon enfance, le fait d'y croire a pour moi une bien plus grande importance aujourd'hui que lorsque j'étais enfant. En outre, je suis depuis plus de trente ans dominicain, donc voué à parler de Dieu et de Jésus-Christ; depuis vingt-cinq ans, je m'adonne dans le droit fil de cette vocation à la théologie. Même quand cette vocation à parler de Dieu et de Jésus-Christ, à les prier et à les célébrer, a commencé de prendre une place différente dans mon existence, elle n'en a pas moins continué à jouer un rôle fondamental et irremplaçable dans ma vie, et elle continuera sans doute jusqu'à ma mort d'y jouer un tel rôle, quelles que soient les modifications qu'on m'imposerait ou que je déciderais quant à mes conditions de vie.

Ce n'est pas seulement ma personne qui est pétrie et structurée par l'importance qu'a le fait de dire Dieu et Jésus-Christ; ce sont également les institutions auxquelles j'ai choisi d'appartenir et qui m'ont si profondément configuré par l'importance qu'a pour elles le fait de « louer, bénir, prêcher » (c'est une des devises de l'Ordre dominicain) que je ne sais plus très bien ce qui en moi est leur fait plutôt que le mien propre. La décomposition de l'idée de Dieu et de l'idée de Jésus-Christ, ou plutôt – si l'on peut ainsi s'exprimer – la décomposition du Dieu et du Christ qui étaient les miens est donc bien autre chose qu'un processus purement intellectuel : elle m'atteint au plus vif de moi-même, me démembrant et me défaisant. J'ai commencé ici en parlant de la décomposition de moi-même comme prêcheur, président d'Eucharistie et théologien; j'ai poursuivi en parlant de la décomposition de la vie religieuse « apostolique », et je termine par la décomposition du Dieu et du Jésus-Christ qui avaient été si longtemps les miens. Mais, à vrai dire, il est un peu artificiel de distinguer ces trois décompositions tellement elles sont étroitement mêlées. Sans doute étaient-elles déjà plus ou moins à l'œuvre pendant la période où je rédigeais le livre incriminé, mais son titre même *Quand je dis Dieu* et son contenu prouvent bien que je ne me posais pas encore les questions que je me pose ici. Les circonstances qui ont résulté de sa condamnation ont sans doute accéléré le processus, tout en faisant passer au premier plan de mes préoccupations ce qui concernait plus directement les fonctions qui m'étaient interdites.

Mais ces interdictions n'ont finalement qu'une importance secondaire, dans la mesure où les processus de décomposition qui sont en cause ne dépendent pas d'elles et ne dépendent pas même de ma propre personne : ils dépendent d'une situation à la fois interne et externe au catholicisme occidental, dont bien des hommes et des femmes de ma génération, de plus jeunes, voire de plus anciens, peuvent faire l'expérience. Combien d'entre nous ne se demandent-ils pas ce qu'ils peuvent encore dire de Dieu et de Jésus-Christ, combien d'entre nous ne se demandent-ils pas s'il n'est pas nécessaire de marquer une pause pour chercher comment Dieu et Jésus-Christ peuvent être dits? Certains, il est vrai, éprouvent au contraire le besoin de revenir en arrière pour retrouver les certitudes anciennes, d'autres éprouvent le besoin symétrique de sauter par-dessus le gouffre et de retrouver rapidement les certitudes anciennes parées de nouveaux atours. D'autres encore ferment plus ou moins provisoirement boutique pour cause d'inventaire et s'occupent à autre chose, y compris dans le « religieux » (car on peut s'occuper beaucoup dans le « religieux » sans guère se poser de questions à propos de Dieu). Mais nombreux sont ceux et celles qui acceptent de se prêter au dur labeur de l'alchimie qui permettra la décomposition de l'ancien et l'apparition du nouveau. Si j'en juge par mon cas, ce n'est point tant par vertu ou par décision personnelle que par le jeu des circonstances et par une sorte d'impossibilité intérieure de faire autrement : pour être soi, il faut se laisser prendre par ce processus dont on ignore les suites et dont on sait seulement, au moins dans les rares moments où l'on peut se regarder soi-même en face, que ce serait encore pire autrement.

Mon passé et mes choix font que je jouis de conditions qu'il me faut bien qualifier d'assez avantageuses : je n'ai de charges ni familiales ni professionnelles, je n'ai guère de problèmes d'argent ou de logement. Je n'ai, en un certain sens, que cela à faire (et si c'était au contraire un désavantage?). En tout cas, j'y peux consacrer plus de temps et d'énergie que la plupart de mes amis laïcs, hommes ou femmes, et même que la plupart de mes amis religieux, religieuses ou prêtres, puisqu'on m'a mis en chômage technique. J'ai donc la possibilité de me consacrer davantage à cette décomposition qui me semble indispensable. Les mesures prises contre moi créent peut-être même des circonstances plus favorables encore, dans la mesure où – comme on l'apprend en physique et en chimie – des conditions particulières de pression et de température permettent d'obtenir, si le dispositif ne saute pas, des processus impossibles dans les conditions habituelles. Cependant, au fil des jours, des semaines et des mois, au fil des années – puisque voilà maintenant plusieurs années que cela dure –, je ressens péniblement que ces conditions plus favorables de disponibilité, de pression et de température ont leur revers. Je suis plus profondément touché, plus largement envahi, plus intégralement décomposé que si j'avais autre chose à faire : des tâches dont l'intérêt, l'utilité, le dynamisme et le compagnonnage me mobiliseraient, ou tout simplement des tâches dont l'immédiateté, la quotidienneté ou même la banalité me seraient secourables. Ce serait aussi moins dur si les conditions de température et de pression étaient plus bénignes. Mais je n'ai pas le choix. D'ailleurs, combien d'hommes et de femmes de mon âge ont encore le choix, et à propos de quoi? Il faut essayer de ne pas rater les dernières étapes, et puisque l'étape actuelle se présente ainsi, il faut essayer de ne pas rater ma décomposition en la brusquant ou en la freinant, en lui imposant des limites, en lui traçant ses voies. En essayant simplement de tenir, si cela n'est pas contraire à la nature même de la décomposition...

La voie mystique?

Mais comment tenir? J'ai beau n'avoir pas la tête mystique, je pouvais difficilement, en de telles circonstances, ne pas songer à ce que tous les mystiques disent des épreuves qu'ils ont connues dans leur recherche de Dieu, des longues nuits qui les ont envahis sans qu'aucune trace de lumière n'apparaisse pour les aider à croire encore au jour. Peut-être leur expérience pouvait-elle m'être de quelque secours? Enfin des précédents? Enfin des compagnons? Mais ce ne put être le cas, et pour plusieurs raisons (je laisse définitivement de côté ce qui tient à la différence de qualité humaine et croyante entre ces génies et moi). La première est que les mystiques présentent presque toujours les épreuves qu'ils rencontrent comme des étapes marquant leurs progrès successifs dans la voie qu'ils parcourent. Ces épreuves semblent être à la fois la conséquence de leurs avancées antérieures, et la préparation de leurs progrès ultérieurs. Les débutants n'en connaissent pas, les premières épreuves étant précisément le signe qu'ils doivent dépasser la naïveté de la première étape; de même, les plus avancés connaissent les épreuves les plus pénibles qui ouvrent sur les joies les plus sublimes. Ces épreuves sont donc proportionnelles à la qualité du sujet qui les subit et au degré qu'il a déjà atteint : elles sont un signe de perfection avancée en même temps qu'une voie vers une perfection plus grande encore.

Il m'est impossible de me fournir une telle interprétation de ma propre situation. Les catégories de perfection et d'imperfection ou de progrès et de recul me semblent inaptes à situer ce qui m'arrive. Certes, j'ai la foi chevillée au corps et à l'âme, et j'ai le sentiment d'y avoir progressé, du moins d'y avoir évolué de façon positive, même si ces évolutions ont souvent consisté à me séparer de conceptions de Dieu et de conduites le concernant pourtant fort traditionnelles, ce qui a pu apparaître à d'autres comme un recul. Mais comment pourrais-je vivre cela en termes de perfection croissante de ma foi, alors que je ne suis même pas sûr d'avoir raison de croire, et qu'au contraire je suis certain que plusieurs de mes raisons de croire ne sont pas du meilleur aloi?

Par ailleurs, les mystiques ont vécu leurs épreuves dans une grande solitude affective et souvent en butte à une forte hostilité de leur entourage. Or, je ne suis pas dans une grande solitude affective, c'est le moins qu'on puisse en dire. Et si les autorités les plus hautes de l'appareil ecclésiastique catholique romain m'ont quelque peu malmené, ce qui est pour moi la première instance de l'Église, à savoir mon Église locale, a fait plus que me soutenir, même si elle n'approuve pas toutes mes idées et tous mes comportements; dans l'Ordre dominicain, mes supérieurs locaux et nationaux, ainsi que leurs conseils de gouvernement, se sont vigoureusement battus en ma faveur et continuent jusqu'à ce jour de m'être un précieux soutien; dans mon couvent, il y a bien une petite minorité de religieux qui me verraient partir avec soulagement, et tel dominicain éminent et vénérable qui habite à mon étage a longtemps murmuré quand il me rencontrait une litanie de « salaud, salaud, salaud... », mais la plupart me traitent fraternellement, et quelques-uns ont une façon, au détour d'un couloir, de dire un « Bonjour Jacques, ça va? » qui procure à certains jours la petite bouffée d'air sans laquelle on ne saurait plus comment tenir encore. Donc, même si je suis seul à pouvoir défricher mon chemin, je ne suis pas dans la solitude et l'hostilité décrites par les mystiques. D'autant qu'aux divers soutiens dont je viens de parler viennent s'ajouter les amis et amies, croyants et incroyants, individuellement ou en groupe : j'ai la chance de participer à la recherche et au partage de Dieu qui animent plusieurs groupes informels dont je suis membre, j'ai la chance que ma recherche personnelle de Dieu ait de l'importance pour un certain nombre d'hommes et de femmes, et même pour des incroyants dont l'estime et l'amitié me sont aussi précieuses que celles de croyants. J'appartiens donc à une sorte d'Église locale qui m'importe beaucoup, même si elle ne m'éclaire pas toujours sur ce que devrait être ma route.

Une autre raison encore fait que je ne puis m'inspirer de l'expérience des mystiques pour affronter les diverses décompositions que je dois subir. Leur expérience est, en effet, essentiellement une expérience individuelle, alors que la mienne tient à des causes qui n'ont que très peu à voir avec les vicissitudes de ma trajectoire personnelle. En disant que l'expérience des mystiques est essentiellement individuelle, je ne veux évidemment pas dire qu'ils la vivent en vase clos : quand on sait ce que furent les vies d'une Thérèse d'Avila, d'un Jean de la Croix ou d'une Catherine de Sienne, il serait aberrant de les présenter comme vivant leur expérience mystique en vase clos. Il n'en reste pas moins que les vicissitudes de leur itinéraire mystique sont directement liées à leur relation personnelle à Dieu, et que nous les regardons, émerveillés, poursuivre leur dur chemin comme on admire des alpinistes faisant en solitaire des ascensions d'une difficulté exceptionnelle. Le fait que leurs exploits puissent ultérieurement avoir des retombées sur tant de chrétiens et de chrétiennes en recherche de Dieu ne retire rien au caractère d'abord et avant tout personnel de leur aventure. Ce caractère est confirmé par la façon dont on désigne ensuite par leur prénom ou leur surnom une forme de sainteté, une méthode d'oraison, une famille d'expériences : ils ou elles laissent un nom, pas seulement à cause de leur valeur individuelle exceptionnelle, mais à cause du caractère personnel de leur aventure.

Il en va tout autrement dans mon cas. Certes, je suis bien pour quelque chose dans ce qui m'arrive, j'en suis l'agent et le sujet, pour le meilleur et pour le pire. Ma foi – au sens de vertu de foi – y est pour quelque chose; il se peut aussi que l'expérience psychanalytique m'ait appris à ne pas trop aiguiller la peur et l'angoisse sur des voies de garages et à les laisser monter en moi sans trop recourir à la protection des différents mécanismes de défense; il se peut également que les diverses confiances qu'on veut bien me faire me permettent de m'aventurer là où ne le pourrait pas qui serait démuni d'un tel secours. Mais tout cela, qui est certes capital, est pourtant peu de chose à côté du caractère collectif des facteurs des décompositions dont il est question ici. Qu'il s'agisse des fonctions de prédication, de présidence de l'Eucharistie, d'enseignement, qu'il s'agisse des formes de vie religieuse apostolique, qu'il s'agisse de la distance à instaurer entre Dieu ou Jésus-Christ et ce que nous disons d'eux, les facteurs en cause ne me sont nullement propres et concernent tout le système catholique occidental. D'innombrables chrétiens et chrétiennes ont à les affronter comme moi.

Ma façon de le faire m'est certes personnelle, et j'ai eu la chance de recueillir le témoignage que d'autres pouvaient en faire leur profit : elle n'est donc pas strictement individuelle. Mais l'essentiel est qu'il s'agit d'une décomposition de systèmes : systèmes de fonctions religieuses, systèmes de modes de vie religieuse, systèmes de représentations de Dieu et du Christ. Et même s'il faut rassembler toutes ses forces et s'y engager individuellement de tout soi-même à un degré que je n'aurais jamais imaginé, les processus en cause sont avant tout des processus sociaux, où les mutations et les décompositions propres à la société occidentale actuelle et les mutations et les décompositions qui s'imposent au système catholique romain viennent se conjuguer et se multiplier. De ce point de vue, il s'agit de tout autre chose que des itinéraires où les nuits des sens et de l'esprit alternent avec les extases dans la vie des mystiques, d'une façon qui leur est essentiellement personnelle et ne renvoie pas immédiatement, comme dans mon cas, aux structures sociales et à leurs vicissitudes. Je l'ai d'ailleurs regretté à certains jours, car s'il s'était agi d'un itinéraire essentiellement personnel, j'aurais peut-être pu entretenir l'espoir d'en sortir, même si je ne me sens pas très doué pour ce genre d'aventure. A partir du moment où les causes et les solutions des problèmes, et même leur juste perception, dépendent de structures sociales débordant de toutes parts mon cas personnel, il devient presque impossible d'entrevoir une solution à moyen terme (puisque je ne suis plus assez jeune pour assister au long terme). Mais à quelque chose malheur est bon : le caractère collectif des problèmes en cause me permet d'avoir avec d'autres hommes et d'autres femmes un certain compagnonnage, ce qui n'est pas non plus dans la manière des grands mystiques, à qui leur élévation vaut plus de disciples ou de détracteurs que de compagnons.

La dernière raison qui m'empêche de pouvoir m'appuyer sur l'exemple des grands mystiques est plus décisive, car il y va de ce qu'est Dieu et de l'image qu'on s'en fait. Je ne parlerai pas tant ici de la lettre même des textes que nous ont laissés ces grands mystiques, ni de leur expérience personnelle déchiffrée par leurs exégètes dans tous les méandres qui nous en sont accessibles, car je ne me sens la compétence ni pour l'une ni pour l'autre étude. Je me contenterai de l'usage que nous faisons de ces textes et de ces expériences, à un niveau moins élevé mais de façon plus commune, et du rôle que nous leur faisons jouer dans la conception que nous avons de la connaissance de Dieu et des formes les plus parfaites qu'elle peut revêtir. Ce qui me dissuade de suivre l'usage ainsi fait des grands mystiques est la dialectique du « tout ou rien » dans lequel il nous enferme comme si cette dialectique était celle de Dieu lui-même. Tout semble se passer comme si, pour que Dieu puisse être Dieu, la créature devait devenir rien et se considérer comme n'étant rien; mais dès lors qu'elle accepte cet anéantissement, elle peut espérer tout recevoir de Dieu et lui être presque identique en s'étant confondue et abîmée en lui, la force de cette « union mystique » et de cette fusion étant proportionnelle à l'ampleur de l'anéantissement qui les a rendues possibles et les a préparées. On exalte le « Rien, rien, rien » de Jean de la Croix, mais on reste plus discret sur ce qui en est pourtant l'exacte contrepartie, à savoir son poème – d'ailleurs fort beau – : « Tout est à moi, le ciel est à moi, le monde est à moi, Dieu est à moi... » On insiste sur la *petite* voie de Thérèse de l'Enfant-Jésus et l'on ne trouve pas d'adjectif assez minutieux pour dire combien humble et discrète est la petitesse de cette voie, mais l'exacte contrepartie de cette petitesse est moins connue : la *petite* Thérèse est celle qui a dit : « Je ne veux être qu'une reine. » On célèbre la phrase entendue par Catherine de Sienne lorsque le Christ lui est apparu et lui a dit : « Je suis Celui qui est Tout et tu es celle qui n'est rien », et l'on ne voit pas le lien qu'il y a entre cet anéantissement et la toute-puissance qui lui permet de se situer au-dessus des lois de la nature (elle aurait vécu longtemps en se nourrissant seulement d'une hostie par jour), de mener les papes par le bout du nez, et de conduire ses dirigés et dirigées sur les voies du salut avec une poigne qui faisait trembler les plus intrépides.

J'avais déjà de bonnes raisons, d'ordre psychanalytique, de me méfier des stratégies et des stratégèmes de cette dialectique du « tout ou rien » : je sais un peu ce que signifie pour l'inconscient la conviction profonde que celui ou celle qui n'a rien ne peut rien perdre, mais peut, du même coup, être tout, la première assurance n'étant pas moins puissante – ni moins fallacieuse – que la seconde. J'ai acquis en outre des raisons, que je crois chrétiennement et théologiquement sérieuses, de penser que cette dialectique du « tout ou rien » n'est pas la dialectique propre à Dieu vis-à-vis des humains. Dieu ne veut pas être Tout pour l'être humain, son nom n'est pas Tout : son nom est Dieu, c'est Dieu qu'il veut être pour les humains, et il ne l'est pas grâce au fait que les humains se réduiraient à rien pour le transformer en Tout (et s'assurer du coup qu'ils pourront, pauvres mortels, s'unir et se fondre à rien moins qu'au Tout). Dieu est créateur : comme j'y ai tant insisté dans la partie que j'ai consacrée à ce thème dans *Quand je dis Dieu*, la création, loin de trouver son achèvement dans l'anéantissement de la créature, le trouve dans l'instauration de la créature dans la différence. Le fait que Dieu soit créateur signifie à la fois qu'il ne veut pas être Tout et qu'il ne veut pas que les humains soient rien.

Mais du coup – et c'est là que le bât blesse –, la créature ne peut plus espérer, en s'anéantissant devant le Tout, se mettre à l'abri du risque de ne rien perdre et se garantir qu'elle pourra être Tout. Je crois donc qu'on fait doublement injure à Dieu quand on lui impute cette dialectique du « tout ou rien », car on déforme ce qu'il veut être comme Dieu Créateur et l'on déforme aussi ce qu'il souhaite pour sa créature, faisant ainsi injure aux humains et à leur monde autant qu'à Dieu. Une telle façon de concevoir Dieu est définitivement exclue pour moi, et même si certaines assertions ou certaines hypothèses de *Quand je dis Dieu* m'apparaissent maintenant comme des erreurs ou des impasses, je reste fier qu'un psychanalyste suisse protestant m'ait dit que le bon sous-titre pour ce livre eût été « ou la victoire de la foi sur le tout ou rien ». Je l'ai dit et j'y insiste : je ne prétends pas que la lettre et l'esprit des écrits des grands mystiques, ni leur expérience personnelle soigneusement déchiffrée, autorisent à réduire leur message à cette dialectique du « tout ou rien ». Je prétends seulement – et les preuves en surabondent – que c'est ainsi qu'ils sont utilisés. Or, ce n'est pas à eux personnellement que j'avais affaire, même si je les ai lus et médités, mais à la fonction que leur font jouer en les vulgarisant la spiritualité et la mystique catholiques. Et cela, j'avais appris que c'était la mort : le massacre des humains et de leur monde, mais aussi le massacre du Dieu Créateur et de sa création. La voie mystique m'était donc fermée, non point seulement à cause de mon peu d'aptitude pour cette voie, mais à cause de l'impasse qu'elle me semblait le plus souvent constituer.

Pâques 1981.

Mais alors, si même cette voie m'était fermée, que pouvais-je faire? Je ne voyais rien d'autre, et en un sens je ne vois toujours rien d'autre, que de laisser la décomposition faire son œuvre. Toutes les décompositions dont j'ai parlé, et d'autres qui ne se révéleront sans doute que plus tard. Les laisser faire leur travail, ne pas les perturber, laisser opérer cette fermentation, cette alchimie, cette obscure géologie. Ne pas retenir les continents, rompre les amarres qui empêchent leur dérive, ne pas s'inquiéter trop (car je ne suis qu'un humain : je ne peux pas ne pas m'inquiéter un peu, et même beaucoup), ne pas m'inquiéter trop des odeurs, des échauffements, des pourritures. J'avais jadis lu Aristote sur la corruption et la génération. Je trouvai un réconfort dont on s'étonnera peut-être dans ce que Prigogine (*la Nouvelle Alliance,* Paris, Gallimard, 1979) dit des systèmes instables de la thermodynamique non linéaire et du rôle qu'y jouent les « structures dissipatives » (expression apparemment contradictoire mais assez adéquate pour lui avoir valu le prix Nobel) : j'étais pris dans un système instable de la thermodynamique non linéaire et il ne me fallait pas le stabiliser trop tôt, il ne fallait surtout pas vouloir remplacer les structures dissipatives par des structures figées ou figeantes. En un sens, j'en suis toujours là. Je ne sais rien de l'avenir. Je crois – pourquoi le crois-je, comment? –, je crois que Dieu est fidèle. je crois qu'il ne fait pas défaut. Mais comment est-il fidèle, à quoi? Je ne veux pas m'empresser de répondre trop vite, de donner trop vite un contenu à cette fidélité. Non parce qu'elle n'en aurait pas, mais à cause de la distance à introduire entre cette fidélité et les contenus que je lui ai donnés.

Pourtant, une étrange lumière est apparue il y a quelques mois dans cette obscurité : elle y brille toujours faiblement. C'était Pâques, cette année. Le Jeudi Saint, j'étais allé – en « laïc » – à une célébration dans une cathédrale de province où les hasards du dispositif liturgique m'avaient placé derrière l'évêque. Celui-ci me serra la main en toute innocence et avec affabilité au moment où l'on se donne la paix : le pauvre cher homme, qui m'avait rendu il y a plus de dix ans un vrai service avec une grande bonté, ne m'avait évidemment pas reconnu! Je n'avais pas été trop malheureux à cette célébration, et j'y avais davantage fait mémoire de Jésus-Christ que des célébrations et des prédications dont j'avais eu la charge lors de Jeudis Saints antérieurs, ce qui était plutôt bon signe. Le vendredi, dans le calme d'une maison amie où la maîtresse de maison et moi-même étions les seuls croyants, nous lûmes dans ma chambre le texte de la passion de Jésus-Christ selon l'évangile de Jean, puis nous priâmes le psaume 22 : « Mon Dieu, mon Dieu, pourquoi m'as-tu abandonné? » J'étais dans cet état de malaise où me laisse presque toujours le souvenir des Vendredis Saints d'il y a vingt ou trente ans au Saulchoir : les parties de nuit passées en adoration devant le Saint Sacrement, le jeûne quasi intégral tout au long de cette longue journée, le silence total (les cloches aussi se taisaient), la chape noire que nous gardions même à table sur notre robe blanche, et les offices, les admirables offices des Ténèbres et surtout de l'adoration de la Croix, que je savais par cœur pour y avoir participé comme chantre des années durant. J'ai vécu et aimé tout cela, et je ne le regrette point. J'ai vécu depuis et animé d'autres célébrations, j'ai prêché d'autres Vendredis Saints : « C'est beau, un homme qui meurt pour Dieu, c'est beau un Dieu qui meurt pour l'homme... » Je ne le regrette pas davantage. Je sais qu'aujourd'hui il nous faudrait faire autre chose, que nous n'avons pas encore inventé. En attendant, j'étais là, entre deux mondes, entre deux âges, il me restait ce texte et ce psaume, cette célébration à deux réduite à son plus strict minimum, avec ce décor intérieur de décomposition et d'incorrigibles nostalgies. Étrange Vendredi Saint. Le samedi fut encore plus dur : là, rien. Pas de célébration, beaucoup de souvenirs, en surface un épisode assez rocambolesque pour aider mon frère Cardonnel à faire une messe pascale à Plogoff dans le cadre de la campagne contre cette centrale nucléaire, et en profondeur toujours cette certitude qu'il ne faut pas revenir en arrière, cette impossibilité d'aller en avant, et cette insupportable nécessité de rester sur place. J'errai, au moins content que la nature m'ait construit de telle sorte que je n'inflige pas trop à mon entourage – sauf aux très, très intimes – les poids qui parfois m'écrasent.

Et puis, tout d'un coup, une évidence s'imposa, tranquillement, presque bêtement. Inconvenable, inacceptable, révoltante une minute plus tôt, et soudain là, tranquille et apaisante malgré son contenu. Je venais de comprendre une chose : il fallait que je renonce à Dieu. Renoncer à Dieu... Incroyable! D'autant plus incroyable qu'il ne s'agissait pas de ne plus croire à Dieu, de ne plus m'occuper de lui provisoirement ou définitivement. Mais il fallait que je renonce au Dieu sur lequel je croyais avoir prise, dont je croyais pouvoir parler, que je croyais pouvoir célébrer, auquel je m'étais consacré. Il fallait que je lâche Dieu, que je le libère, que je rompe les amarres par lesquelles je voulais le retenir parce que j'avais trop peur, il fallait que je le laisse être lui, que je le laisse partir pour qu'il revienne comme il le voudrait, quand il le voudrait, tel qu'il le voudrait. Il fallait que je renonce à Dieu. On m'aurait dit cela quelques instants plus tôt, je n'aurais même pas compris. Quelques instants après, c'était clair, simple, évident. Reposant aussi, pacifiant. La décomposition devait aller jusqu'à renoncer à Dieu. J'ai su tout de suite que ç'avait été vraiment Pâques. Je ne sais pas très bien ce que sont la mort et la résurrection. Mais je sais que ce fut là une vraie, une bonne Pâque. Un passage. Une délivrance. Elle s'appelait : renoncer à Dieu.

J'essaie.

II

SUR L'AUTRE VERSANT

Intermède.

Six mois se sont écoulés depuis que j'ai rédigé les pages précédentes. Six mois d'un long silence. Certes, leur continuité fut hachée au fil des semaines par les divers stages que je dois faire en province pour gagner ma vie dans un travail « profane » à temps partiel (le seul qui me soit désormais possible si je ne veux pas vivre aux crochets de mon couvent). Certes, bien des heures furent passées avec des groupes se réunissant régulièrement ou non, avec des amis ou avec des inconnus, la recherche et le partage de Dieu étant souvent l'objet de ces rencontres. Mais la longueur de ce silence tient surtout au fait qu'il m'a fallu en quelque sorte rejoindre ce que j'avais écrit.

Les premières semaines qui suivirent cette rédaction avaient été de repos et d'heureuse surprise : j'en revenais à peine d'avoir pu mettre bas cette décomposition qui me travaillait, et si je n'étais pas surpris que cette délivrance m'ait épuisé, j'étais étonné qu'elle me laisse moins vidé que vivant : presque mobile. A mesure que passèrent les semaines, je dus découvrir que j'avais projeté ces pages en avant de moi-même, comme une partie de moi qui se serait aventurée au-delà des avant-postes. Mais le gros de la troupe avait du mal à suivre. La décomposition avait été suffisante pour qu'apparaissent dans mes défenses des brèches permettant de se faufiler vers l'extérieur, mais elle n'avait pas suffisamment érodé le gros de la forteresse.

Je dus, avec une lassitude mêlée d'un peu de répugnance, laisser de nouveau la décomposition régner sur le fil des jours et des semaines et les occuper, le mot étant plus vrai dans le sens militaire d'occupation que dans celui d'une activité déterminée. Ces jours-là sont longs. Et vides. Encore avais-je, par rapport aux périodes antérieures, le léger avantage d'avoir écrit ces pages : l'espoir de pouvoir émerger de nouveau s'appuyait fragilement sur ce viatique. Mais cette espérance, cette foi sont elles aussi « la substance des choses qu'on ne possède pas ». Et le vide, l'inconnu, la quasi-certitude de ne pas en sortir rendaient quelque peu dérisoires des pages qui risquaient de rester sans suite. J'étais parfois effrayé de sentir la force des résistances qui s'opposaient en moi à la victoire de ce que j'étais parvenu cet été à entrevoir suffisamment pour pouvoir l'écrire. Cette force était d'autant plus décourageante que je ne parvenais pas à en identifier les ressorts. Je constatais seulement, avec une impuissance tour à tour triste et rageuse, que je n'arrivais pas à décoller de ce qui m'était pourtant apparu comme le royaume de la mort.

Bizarrement, je sus qu'il ne fallait pas désespérer quand je constatai que la décomposition s'attaquait à une région jusqu'alors relativement stable malgré les ébranlements que j'ai déjà décrits. Je suis décidément soumis à un étrange cycle liturgique : à Pâques, il m'était apparu que je devais renoncer à Dieu. Au Noël qui suivit, il m'apparut qu'il fallait consentir à un autre renoncement, dont je reparlerai. Je n'aurais pourtant pas cru qu'il pouvait encore être question d'un autre renoncement : n'avais-je pas essayé de lâcher l'essentiel? Eh bien non. J'y reviendrai. Mais si une partie de moi-même pouvait de nouveau se faufiler à travers les défenses que j'érigeais, pour s'aventurer dans de nouvelles régions, cela signifiait au moins que les défenses s'étaient déplacées.

Sans doute aurais-je préféré pouvoir souffler un peu, panser quelques blessures, jouir d'une convalescence, voire d'une santé nouvelle. Mais j'avais commencé d'apprendre qu'on ne dicte pas ses voies et ses rythmes à la décomposition, même si on y résiste. L'écriture de cet été n'avait certainement été rendue possible que parce que déjà une partie de moi-même avait pu rejoindre ce qui de moi s'était aventuré dans des régions que seule ladite écriture me permettait d'ailleurs de vraiment découvrir, même s'il avait ensuite fallu bien des semaines et des mois pour qu'une autre partie suive à son tour. Pour ce plus récent mouvement déclenché par ma découverte de Noël, je n'en suis pas encore là. Seuls les éclaireurs sont passés de l'autre côté du mur, et si je m'obligeais à écrire la voie qu'ils ont à peine tracée, j'anticiperais sur ce que peut apporter la jonction encore impossible d'une partie plus importante de mes forces. Certes, l'écriture fait naître à la conscience de ce qui s'y écrit, mais il faut avant cela qu'une alchimie plus ou moins inconsciente ait permis à ce qui va s'écrire de se nourrir d'une partie plus substantielle de soi-même. Je sens que le moment n'est pas encore venu : ce sera sans doute pour la fin de ce livre. A l'anticiper, je commettrais une erreur analogue à celle qui a compromis la dernière partie du livre précédent *(Quand je dis Dieu)*, celle qui porte sur la mort et la résurrection. Je crois, en effet, que si cette dernière partie est insatisfaisante, c'est parce que j'ai voulu trop vite écrire ce qui n'était encore que tâtonnements, détours et pistes brouillées dans une région presque encore vierge. Il me faut donc attendre.

Cette nécessité d'attendre crée un moment favorable pour une autre écriture qui s'impose après la précédente et prépare la suivante. J'ignore encore comment s'appellera cette dernière. J'ai nommé la première : décomposition. J'appelle celle-ci : sur l'autre versant. Je voudrais m'aventurer sur cet autre versant que nous n'avons pas encore assez exploré. Celui que la foi doit habiter davantage avant de pouvoir à nouveau parler de Dieu. Celui que les croyants doivent rejoindre, car c'est là que se passe la vie maintenant, et non plus où nous étions. Celui où il nous faut nous rendre, quittant Ur et le versant de nos pères. Car c'est là-bas que sont les vivants. Et, de Dieu, je sais au moins qu'il est le Dieu des vivants, et non celui des morts. S'il vient aujourd'hui, s'il vient demain, ce sera là-bas.

A dire vrai, plutôt que d'un versant dont nous pourrions avoir une vue d'ensemble, il va plutôt s'agir de régions, dont il est encore trop tôt pour décrire précisément comment elles se situent les unes par rapport aux autres, même s'il est déjà évident qu'elles sont très dépendantes les unes des autres. Non seulement nous n'appréhendons pas le lien qui les unit, mais nous ne saurions dessiner leur contour exact, inventorier leur réalité intérieure.

Chacune de ces régions nous est encore mal connue : il nous faut y séjourner, y habiter, nous laisser habiter par elles avant de pouvoir en dire plus. Ce sera déjà bien beau si je parviens à dire quelque chose de l'air qu'on y respire, des énergies qui s'y déplacent, s'y combattent, s'y détruisent, s'y conjuguent. Nous sommes à un temps de l'expérience humaine, à une époque de l'esprit, où il ne faut pas se hâter de réduire le multiple à l'un, d'organiser le divers, de ramener le pluriel à l'universel. Il faut savoir retarder les synthèses pour ne pas déformer ce que nous commençons seulement d'entrevoir.

Ce sera très difficile, car il s'agit des réalités à la fois les plus vieilles et les plus fréquentées du monde. Comment laisser percer leur nouveauté à travers tout ce qui en a déjà été vécu, dit, théorisé? Ce sera très difficile, car il s'agit des réalités à la fois les plus attirantes et les plus inquiétantes du monde des humains. Si puissantes et si dangereuses que l'on croit devoir se hâter de les maîtriser, au besoin de les écraser, ou au contraire de se laisser emporter par elles sans avoir pris le temps de déchiffrer un peu leur visage.

Il va s'agir, en effet, de la mort. Il va s'agir de la sexualité, de la culpabilité. Peut-être d'autres réalités aussi, dont je ne sais pas encore si j'aurai de quoi en écrire quelque chose, mais dont je sais qu'elles pèsent tout autant sur notre vie : le travail, l'argent, le pouvoir, le rapport entre les riches et les pauvres. De tout cela, on a beaucoup parlé, on parle sans cesse. D'une parole souvent étrangement muette. J'ai moi-même, comme théologien « moraliste » familier de la psychanalyse, beaucoup écrit sur tout cela. D'une écriture dont beaucoup m'apparaît désormais comme rédigé en une langue presque étrangère. Aujourd'hui, sans avoir la prétention – et encore moins la possibilité – d'oublier tout ce que j'en ai su et dit, en essayant d'échapper au besoin de système et de synthèse où nous poussent moins nos tics intellectuels que la puissance inquiétante de ces forces qu'il faut à tout prix contrôler, je voudrais m'efforcer de flairer, de humer ce qu'il y a de nouveau dans l'expérience que nous faisons de la mort, de la sexualité, de la culpabilité. Je voudrais permettre au nouveau rapport que nous avons avec elles d'affleurer à la surface des inépuisables discours et des gigantesques institutions que nous avons édifiés pour nous rendre maîtres de ce qui nous échappe tout en nous gouvernant.

La raison que j'ai d'en parler ici tient à Dieu : à la représentation, à l'échange, au partage, à la recherche que nous pouvons faire aujourd'hui de Dieu. La foi a toujours eu partie liée – et maille à partir – avec la mort, avec la sexualité, avec la culpabilité. Dieu est un Dieu qui vient, et qui vient d'ailleurs que de l'homme : de Dieu. Mais il vient parmi nous, en nous, et ce que nous vivons de lui, ce que nous disons de lui est pris, façonné, conformé, déformé, annexé, humilié, asservi, servi, exalté, magnifié par tout ce qui se joue en nous et entre nous sous le signe de la mort, de la sexualité, de la culpabilité, du pouvoir, des rapports de force entre riches et pauvres. Or, il me semble que l'expérience que nous faisons, dans l'Occident de la fin du XXe siècle, de la mort, de la sexualité, de la culpabilité, est en train de changer. Cela ne se passe plus au même endroit, ce n'est plus la même chose qui s'y passe. Il faut donc aller sur l'autre versant, laisser affleurer cette autre expérience. Il faut que se décomposent les anciennes alliances, la façon dont avaient donné corps à Dieu les anciennes expériences, pour que deviennent possibles les nouvelles alliances, en attendant qu'en un prochain siècle celles-ci doivent à leur tour disparaître.

Je n'ai pas la prétention de pouvoir bien décrire ce que sont ces nouvelles expériences. Qui le pourrait, d'ailleurs, puisqu'elles se cherchent depuis hier seulement et commencent à peine de s'exprimer aujourd'hui? De plus, je ne suis plus tout jeune, et j'appartiens pour beaucoup à l'ancien monde. Enfin, bien des choix, bien des pratiques de mon existence pendant de longues années m'ont peut-être écarté plus que d'autres humains des espaces et des façons de vivre où pourrait apparaître ce qui se cherche. Mais je l'éprouve avec assez de force pour être obligé de le dire : ces anciennes alliances sont maintenant mortifères, et il faut les rompre. Non point d'abord parce qu'elles auraient été en elles-mêmes pernicieuses ou fausses : je n'ai plus le goût ni la force de tels diagnostics. Mais parce que s'en va l'ancien monde. Et qu'il faut décomposer la façon dont il avait lié partie avec Dieu, la façon dont la foi avait tiré parti de lui, si l'on veut que Dieu puisse être Dieu comme il l'entend, c'est-à-dire le même et l'autre, l'éternel et le nouveau dans un monde nouveau parce que devenu autre. Et cela, après bientôt trente années de labeur, je crois pouvoir en parler.

Parce que j'ai eu la chance – oui, c'est finalement une chance quand on n'en meurt pas – que se décomposent en moi ces anciennes alliances entre Dieu et la mort, entre Dieu et la sexualité, entre Dieu et la culpabilité, je veux dire ici comment elles rendent Dieu prisonnier et aliènent les humains, déforment la foi en Dieu, détournent Dieu des humains, détournent les humains de Dieu, d'eux-mêmes et les uns des autres. Je veux détruire ces figures, qui deviennent des idoles de Dieu et des humains, qui transforment Dieu et les humains en idoles. Les détruire pour quel Dieu? Je ne sais. Pour quels humains? Je ne sais. Pour quelles alliances nouvelles? Je ne sais. Mais il faut commencer par quitter le royaume de la mort. Et pour cela, il faut essayer d'identifier le visage des idoles, les nommer par leur nom. Pour pouvoir aller sur l'autre versant. Pour que les humains ne soient pas retenus de s'y rendre et d'y séjourner, puisque c'est là qu'est désormais leur vie. Pour que Dieu puisse y venir, si Dieu il y a et s'il est un Dieu qui vient. Pour qu'alliance nouvelle il y ait, si alliance il y a.

I. La mort *

Une expérience originale de la mort.

De la mort, que sais-je personnellement et de façon pas trop indirecte? Pratiquement rien. Pendant la guerre de 1939-1945, j'ai seulement participé quelques jours à des déblaiements (ruines et cadavres) de bombardements que je n'avais pas même subis. Quelques années plus tard, un accident de voiture a failli me coûter la vie ainsi qu'à mes passagers : mais sur le coup, puisque je conduisais, je fus trop occupé à tenter de maîtriser mon véhicule pour penser à la mort, et aussitôt après, ma blessure s'avérant légère, j'étais d'autant plus préoccupé des autres accidentés, plus grièvement blessés, que tout était de ma faute. Je n'ai jamais eu de maladie grave qui m'aurait fait redouter la mort. Quant à une certaine spiritualité de la mort qui fut jadis très prisée et selon laquelle la mort serait le moment clé de notre destinée et celui où notre conscience peut ressaisir tout entière notre vie, je n'ai jamais été tenté d'y recourir pour penser ma propre mort et pour intégrer cette pensée dans la conscience de ma vie : le peu que je sais de la vie et de la mort me persuade que la mort se présente le plus souvent comme une décomposition de la vie et particulièrement de la conscience, et qu'elle ne saurait donc en être le sommet.

Il est vrai que ce que nous savons de la mort nous est moins inspiré par ce qui concerne notre propre mort que par la mort des autres, surtout par celle de nos proches. Même s'il m'est

* *Ce chapitre sur la mort a été rédigé en février 1982 à Paris et en juillet-août 1982 à Parc-Trihorn.*

arrivé d'accompagner de très près vers leur mort telle ou telle amie, le peu de ministère de type classique que j'ai pu faire ne m'a guère conduit au chevet des malades ou des mourants. Quant à la mort des plus proches, je me suis certes souvent trouvé aux côtés d'amis ou d'amies venant de perdre un enfant, leur compagne ou leur compagnon. Il ne m'était pas facile alors de leur répondre s'ils me faisaient remarquer que moi, prêtre célibataire, je ne pouvais guère comprendre. De toute façon, même si j'ai pu très tardivement commencer d'éprouver ce que pourrait être une telle déchirure, est-ce la douleur qui permet de comprendre la douleur? Comme nous nous comprendrions bien les uns les autres si tel était le cas! Je n'ai pas encore fait cette autre expérience, paraît-il capitale, de la mort de ses parents; j'ai vu les miens hier : ils ont quatre-vingt-cinq et quatre-vingt-quatre ans, bon pied bon œil, amoureux comme il y a plus de soixante ans, récurant de fond en comble leur ancienne maison... Non, décidément, je n'ai guère rencontré l'événement de la mort ni en moi ni autour de moi.

Et pourtant, je crois avoir quelque chose à dire sur la mort. D'une part, parce qu'il m'a bien fallu, comme à quiconque s'engage dans la démarche psychanalytique, affronter la façon dont la mort est tapie, tissée dans mon inconscient comme dans celui de tout être né d'un homme et d'une femme : ce n'est pas peu de chose. D'autre part, il m'a bien fallu, comme théologien œuvrant dans le catholicisme occidental de la seconde moitié du XXe siècle, réfléchir avec d'autres sur ce que signifie désormais la mort et m'engager dans l'étude – et dans la prise de parti – à propos de problèmes comme l'avortement, l'euthanasie, la peine de mort, le suicide (problèmes que je me suis efforcé de travailler au plus près de la pratique : d'un peu trop près même, au gré de certains).

Mais le titre principal auquel je puis parler de la mort est une sorte de rencontre avec elle fort peu commune, me semble-t-il, dont je ne suis pas encore tout à fait remis et dont je voudrais essayer de déchiffrer ici les traces. Pour le dire en une phrase, j'ai reçu – comme on reçoit un plafond sur la tête – la peur que la mort inspire à certains chrétiens et la façon dont ils utilisent leur foi en la résurrection pour dénier la mort et pour domestiquer la peur qu'elle provoque. Depuis plus de quatre ans que j'ai publié ces pages où je disais mes difficultés avec la résurrection, j'ai reçu cette peur de la mort en pleine figure, de plein fouet, au point d'en être assommé, suffoqué, submergé. Cela pouvait prendre les formes les plus diverses, allant jusqu'à la haine. Mais aucune de ces formes n'était tiède ou légère : chacune frappait fort, à l'endroit qui lui convenait, et de toute la force qu'elle revendiquait pour la vie contre la mort. Le flot s'est maintenant apaisé : non qu'il se soit tari, mais il m'a dépassé, sûr de m'avoir balayé, me laissant loin derrière lui comme une épave. J'ai échappé à la noyade, je suis ranimé, et de la mort je peux dire au moins ceci pour l'avoir vue face à face et avoir subi ses fureurs : je sais la peur qu'elle inspire à certains croyants et la façon qu'elle a de déformer leur foi en la résurrection, et plus radicalement leur foi en Dieu.

Je me trouvais, en effet, dans une situation assez particulière. Ce n'était point celle – fort répandue – de l'homme ou de la femme qui, pour avoir mesuré quel rôle la peur de la mort joue dans toute foi religieuse, a choisi de ne plus croire et de négocier autrement les avatars que cette peur suscite inéluctablement dans tout être humain. J'avais mesuré, moi aussi, ce rôle et j'avais, moi aussi, choisi de négocier autrement ces avatars; je n'en étais pas devenu incroyant pour autant. La foi en la résurrection m'avait cependant paru si grevée par cette peur qu'après une étape intermédiaire (que j'avais décrite sous le titre révélateur de : « Un cas de foi postfreudienne en la résurrection? » *in Concilium*, Paris, Beauchesne, n° 105, mai 1975, p. 115-130), j'en vins à une position plus radicale dans *Quand je dis Dieu :* je ne croyais plus à la résurrection, je ne croyais plus à la vie éternelle. Là n'était certes point mon originalité, mais dans le fait que – à tort ou à raison, bien ou mal – je continuais de croire au Dieu de Jésus-Christ et à ce Jésus-Christ lui-même, ainsi qu'en un certain nombre de choses moins importantes mais non sans importance : l'Écriture, l'Eucharistie, l'Église restaient pour moi capitales et je les pratiquais avec bonheur et conviction, sinon toujours – paraît-il – avec orthodoxie. En somme, je croyais à toutes les « vérités essentielles de la foi chrétienne », sauf à la résurrection.

Une évolution ultérieure, je l'ai déjà dit, me fit retrouver sens à la résurrection de Jésus-Christ, même si ce sens n'est sans doute pas exactement identique à celui qui lui est le plus souvent donné par le christianisme. Il est notable que cette évolution, essentielle à mes yeux, n'ait été d'aucun prix auprès de mes censeurs, qui trouvèrent même fort déplacé que je la rende publique par écrit et à la télévision. Je fus, en un premier temps, stupéfait par leur réaction : quoi! je disais que la résurrection de Jésus-Christ avait de nouveau un sens pour moi, et cela ne changeait rien? On met toujours longtemps à dépister ses propres naïvetés : je mis longtemps à comprendre que de fait, pour l'essentiel, cela ne changeait rien et qu'ils avaient raison, car ce que je pensais du Christ et de sa résurrection importait peu; ce qui importait, c'était ce que je pensais de la résurrection des humains, de la mort des humains. La résurrection du Christ importe peu, car ce qui importe c'est la nôtre; ou plutôt, la résurrection du Christ importe énormément, mais en fonction de la nôtre dont elle serait le garant, l'annonce et la réalisation anticipée (ajoutons-y, pour faire bonne mesure, la glorieuse assomption du corps de sa Mère, car, finalement, c'est du côté de la génitrice qu'il faut être rassuré). Peu importait ce que je croyais de Dieu et du Christ; ce qui importait, c'était ce que je disais de la mort. On en arrive ainsi à ce retournement complet de perspective, que d'aucuns ont bien diagnostiqué dans le christianisme (qu'ils abandonnèrent du coup), mais que ses hiérarques les plus autorisés proclament avec autant de vigueur que d'inconscience : c'est bel et bien la mort des humains et la peur qu'elle inspire qui sont le centre de gravité du système, et non pas Dieu ou Jésus-Christ. Galilée avait décidément tort et il fallait le condamner, car ce sont les cieux, leurs anges et leurs divinités qui tournent autour de l'homme, de sa vie et de sa mort, c'est bien l'homme qui est le centre de gravité. Vous pouvez croire en Dieu et en Jésus-Christ tant que vous voudrez : si vous doutez le moins du monde de la résurrection de l'homme, tout cela ne sert de rien, vous mettez même tout en péril puisque c'est le centre de gravité que vous affaiblissez.

C'est bien parce que j'affirmais ma foi en Dieu et en Jésus-Christ tout en disant ma difficulté – voire mon impossibilité – à croire en la résurrection des humains, que je me suis trouvé dans une situation assez rare (peu importe pour le moment sa validité ou sa cohérence) par rapport aux diverses sortes de croyants et d'incroyants. Ma position m'a permis de rencontrer – presque les yeux dans les yeux – la peur que la mort inspire et la façon dont elle pèse sur la foi chrétienne. La violence des attaques, la rigueur des condamnations, la profondeur des dissentiments dont je fus l'objet ne pouvaient avoir ni la foi en Dieu ni la foi en Jésus-Christ pour prétexte ou pour motif : seule la peur de la mort pouvait être en cause. Je l'ai subie, je l'ai vue presque à nu : c'est effrayant. J'ignore comment la mort est effrayante, mais je ne sais si elle peut l'être davantage que la peur qu'elle inspire.

J'ai mis longtemps à comprendre pourquoi on m'avait imputé, à propos d'autres « dogmes », des « erreurs » forgées de toutes pièces et littéralement contradictoires avec ce que j'avais écrit dans ce livre. J'ai fini par comprendre que, s'il aurait été indécent que la peur de la mort pousse la crudité jusqu'à dire qu'il ne s'agissait bien que d'elle, il fallait qu'elle pousse la force jusqu'à tout ramener à elle et qu'elle affirme qu'il y avait erreur sur tout le reste puisque ses prétentions étaient battues en brèche. J'ai mis longtemps à comprendre pourquoi certains amis ou lecteurs – pour la plupart clercs de l'un ou de l'autre sexe –, qui avaient exprimé à la fois leur accord parfois enthousiaste avec des points essentiels de ma pensée sur Dieu et sur Jésus-Christ et leur ferme désaccord avec ce que je disais de la résurrection, faisaient progressivement silence sur ce qu'ils avaient approuvé et me firent disparaître de la communauté théologique catholique encore plus sûrement qu'aucune condamnation romaine. Si au moins j'avais été protestant, juif à l'extrême rigueur, ou musulman, si l'hérésie avait porté sur Dieu ou sur Jésus-Christ, au pis sur l'infaillibilité pontificale, j'aurais encore pu appartenir à la république des esprits théologiques, être cité dans les articles ou dans les cours. Mais l'hérésie portait sur la résurrection des humains : il n'y avait donc rien à faire, et l'on ne pouvait même pas utiliser ce qu'il y avait de bon par ailleurs, comme on le fait pourtant pour les autres hérétiques.

Je crois avoir eu l'occasion (faut-il dire la chance?) d'observer à partir d'une position assez unique de quel poids pèse sur le christianisme la peur de la mort. Je n'aurais pas osé croire ce que j'ai vu si je n'avais eu le bonheur de rencontrer aussi des chrétiens pour qui la question de la vie éternelle était seconde par rapport au fait de « connaître Dieu et celui qu'il a envoyé : Jésus-Christ »; la chance aussi de rencontrer des chrétiens qui avaient certes grand-peur de la mort (j'en ai, comme eux, grand-peur!) mais qui n'étaient pas prêts à ce que cette peur leur fasse dire n'importe quoi sur Dieu et sur l'homme; la chance enfin de rencontrer des incroyants qui s'intéressèrent à ce que je disais de Dieu et de Jésus-Christ parce que, s'il s'avérait que tout cela ne servait pas uniquement à négocier pauvrement la peur de la mort, alors cela méritait peut-être qu'on s'y arrête sans perdre du même coup sa dignité d'homme ou de femme. A tous ceux-là, je dois d'essayer d'en dire quelque chose. Je pousse même la témérité jusqu'à penser que je le dois à Dieu. Je ne la pousse pas jusqu'à penser que cela va être facile.

Le moins difficile sera sans doute de commencer par un thème qui revenait constamment dans toutes les réunions plus ou moins formelles où je fus invité après la parution de mon livre et qui s'exprimait toujours avec la même simplicité : « S'il n'y a pas de vie éternelle, plus rien n'a de sens : la vie ne vaut plus la peine, la foi elle-même ne vaut plus la peine, Dieu ne sert à rien. » Malgré sa grande simplicité, il faut distinguer dans cette réaction deux éléments qui ne sont pas identiques : celui concernant la vie humaine, et celui concernant Dieu et la foi. C'est en examinant le premier qu'apparaîtra ce qui éclaire le second.

1. « Sans résurrection, la vie n'a pas de sens »

L'acquis de l'incroyance.

Voilà maintenant presque une vingtaine d'années que je vis et travaille davantage avec des incroyants qu'avec des croyants. Ces vingt années n'auront pas été trop longues pour découvrir en moi une conviction qui y était radicale et spontanée et que je retrouvais aussi radicale et spontanée chez certains interlocuteurs croyants : s'il n'y a pas de vie éternelle, la vie et la mort n'ont pas de sens et tout devient absurde. Il est à la fois incontestable et stupéfiant que nous, croyants, puissions continuer de porter en nous si profondément cette conviction, alors que la vie se charge tous les jours de nous fournir l'évidence du contraire. Comme la grande majorité des chrétiens laïcs (ne parlons pas trop en cette matière des clercs, surtout pas de ceux qui ne vivent qu'avec des croyants, encore moins de ceux qui vivent entre clercs), je suis entouré de gens qui ne croient pas à la vie éternelle et pour qui les choses ont un certain sens : aimer, haïr, naître, mourir, travailler, lutter, chercher, se tromper, recommencer, trouver, prendre et donner du plaisir, de la vérité, de la justice, de la bonté, de la beauté. Il n'est nullement nécessaire de croire en la vie éternelle pour croire que tout cela a un certain sens, et nombre de ceux qui assignent pour limites à la vie humaine la naissance et la mort y œuvrent avec tout autant de conviction que ceux pour qui la vie humaine se prolonge au-delà de la mort. Certes, ce sens de la vie est toujours limité, voire indéchiffrable, mais il existe indépendamment de la foi en une vie éternelle.

Devant son caractère limité et devant son absence souvent radicale, les croyants se précipitent, toutes voiles apologétiques dehors, en s'écriant : « Vous voyez bien, sans la vie éternelle, rien n'a de sens. » On parle beaucoup, par exemple, ces derniers temps, de retour du religieux et l'on croit pouvoir manifester la nécessité de la foi – et en particulier de la foi en la vie éternelle – en diagnostiquant que notre civilisation occidentale, ayant épuisé les significations qu'elle avait voulu se donner à elle-même en dehors de Dieu comme en dehors d'une vie éternelle, se retournerait vers Dieu et vers la foi en la résurrection. L'homme découvrirait que l'histoire lui échappe tout en étant trop étroite pour lui, que son monde est trop limité, qu'il aspire à se dépasser. Il redécouvrirait donc la nécessité de Dieu et sa propre vocation à l'éternité.

Un tout autre diagnostic est possible, même s'il satisfait moins les vœux des apologètes. Si notre société occidentale est désenchantée des significations qu'elle avait données à la vie et à la mort, c'est peut-être qu'elle avait transposé en elles ce mauvais infini hérité d'une certaine forme de foi chrétienne. L'issue ne saurait donc être trouvée dans le retour vers ce mauvais infini, mais dans la découverte, au-delà ou plutôt en deçà de ce mauvais infini qui les avait contaminées, de la valeur réelle des significations que les humains avaient su percevoir, ou dans l'élaboration de significations nouvelles. Mais – et c'est là qu'est la grande différence avec ce qui veut se fonder sur la vocation à une vie éternelle – aucune de ces significations ne sera totalisante ni exhaustive, et la somme de ces diverses significations ne le sera pas davantage : l'homme est un être à signification – comme à responsabilité – limitée. Notre civilisation n'est pas encore assez postchrétienne pour s'en être suffisamment avisée; elle l'est assez pour qu'une certaine forme de croyance en la vie éternelle lui paraisse à bon droit aliénante, humiliante et totalitaire lorsqu'elle prétend que sans elle rien n'a de sens.

« Soit! – me disait-on – admettons que la foi en la vie éternelle ne soit pas nécessaire pour donner du sens à la vie humaine; mais qu'avez-vous donc contre le fait qu'elle lui apporterait une signification supplémentaire et – avouez-le – supérieure? » Je n'ai certes rien contre *a priori,* à condition que ce ne soit pas à n'importe quel prix. Or, je me suis trop longtemps laissé abuser sur le prix à payer et je vois trop d'autres s'y laisser abuser pour y consentir désormais facilement. Il semble pourtant d'autant plus difficile de s'y dérober que l'on abouche cette signification supplémentaire d'éternité à ce besoin d'infini dont on a fait si longtemps le privilège essentiel de la condition humaine. Je me voyais très souvent opposer le cas de l'amour humain dont j'étais censé n'avoir point l'expérience. « Ne voyez-vous donc pas – me disait-on – qu'un tel amour porte en soi le vœu d'éternité? » J'avais toutes les peines du monde à essayer de faire comprendre que si le désir d'éternité de l'amour humain est incontestable, cela ne revient pas au même de dire que l'amour humain n'a de sens que s'il est éternel en droit et en fait. Passer de la constatation d'un vœu à la conviction que ce vœu est fondé ne doit pas se faire comme s'il n'y avait aucune différence entre les deux. C'est dans ce passage indu que se trouve ce qui vicie l'affirmation que rien n'a plus de sens sans la vie éternelle.

Je prétends, en effet, qu'il y a aliénation et perversion de la condition humaine à poser comme exigence à nos diverses entreprises qu'elles durent toujours, faute de quoi elles seraient privées de sens. Ne trouver un sens au fait d'aimer un homme ou une femme que si cela dure éternellement, est-ce aimer? C'est bien plutôt pervertir ce qu'est l'amour, s'aliéner soi-même et aliéner l'autre dans une relation qui empêche chacun de se rendre présent à l'autre et de le recevoir dans la mesure – limitée mais réelle – où l'amour entre humains le permet. C'est, comme le disait saint Augustin, aimer l'amour plutôt qu'aimer l'autre, c'est tant aimer l'amour qu'on trouve moins de sens à aimer l'autre dc façon limitée dans le temps qu'à aimer éternellement. Qu'il s'agisse de relations entre les humains, de création scientifique ou artistique, d'entreprise technique ou commerciale, de travail, bref de quelque entreprise humaine qu'il s'agisse, prétendre qu'elle n'aurait pas de sens si elle ne durait pas toujours, c'est s'interdire de lui donner et de recevoir le sens qu'elle peut avoir dans l'espace et le temps qui sont ceux des humains, à savoir un temps et un espace finis.

Désir d'infini, vœu d'éternité et mépris du fini.

C'est là qu'est invoqué ce désir d'infini qui serait la grandeur de l'homme plus encore que sa misère. C'est là aussi que j'avais, dans *Quand je dis Dieu,* fort maladroitement brouillé les cartes en discréditant par trop ce désir d'infini que je réduisais à ses formes mortifères que je connais trop bien. Le déchiffrage psychanalytique de l'inconscient manifeste quels ravages fait dans la vie des hommes et des femmes la conviction qu'il existerait un objet accomplissant tout désir. Il est vraisemblable que mon histoire personnelle explique pourquoi j'avais été si assidu à instaurer un tel objet, et pourquoi j'ai été si sensible à un tel déchiffrage. Il est plus vraisemblable encore que la façon dont je m'étais engagé dans les fonctions de prêcheur, de célébrant et de théologien avait renforcé tout ce qui pousse si massivement le christianisme à se représenter Dieu comme accomplissant tout désir de l'homme : je consacrerai la dernière partie du présent livre à montrer en quoi c'est là une erreur foncière sur Dieu et ce que cette erreur a de catastrophique aussi bien pour Dieu que pour les humains. En tout cas, il m'avait fallu passer par bien des vicissitudes pour découvrir que Dieu n'était pas cet objet que se forge notre désir pour se convaincre qu'il pourrait être entièrement comblé par un unique objet; il m'avait aussi fallu passer par bien des vicissitudes pour identifier en moi et autour de moi (autant que faire se peut) tout ce qui déforme et pervertit Dieu en christianisme – comme en toute religion – pour lui faire jouer ce rôle d'accomplissement total du désir, bien des vicissitudes aussi pour me départir des pratiques et des idées s'inspirant d'une telle conviction et aboutissant à cette même perversion. Toutes ces longues et laborieuses vicissitudes ne supposent pas seulement que l'on change tout ou partie d'un système théologique intellectuel de représentations de Dieu, mais que soit remaniée au plus profond de la personnalité la manière dont notre désir se porte sur Dieu, sur nous-même ou sur tout autre de ses objets.

La longueur de cet itinéraire, la dureté des combats intérieurs et extérieurs qu'il implique avaient fini par m'affecter en quelque sorte de myopie : à force de m'en prendre en moi et autour de moi aux mauvais infinis, j'en étais venu à ne plus voir au-delà. Il n'y a aucun paradoxe à ce que cette myopie m'ait été révélée moins par les objections de certains croyants que par les remarques d'amis psychanalystes, incroyants pour la quasi-totalité d'entre eux. Lors d'un séminaire qu'ils consacrèrent à l'étude de mon livre, ils me firent remarquer que ma légitime dénonciation de l'instauration d'un objet accomplissant tout désir – fût-il Dieu – m'entraînait trop loin et me faisait dévier, dans la mesure où cela m'amenait presque à suspecter comme pathologique la présence dans l'être humain d'un quelconque désir d'infini. Venant d'elles et d'eux, une telle remarque ne pouvait susciter le réflexe qu'elle aurait presque immanquablement entraîné si elle m'était venue de chrétiens, tant j'aurais craint (et non sans de bonnes raisons, comme l'expérience me l'a montré) qu'en ce cas elle aurait servi à réintroduire par la petite porte la figure du Dieu qui accomplit tout désir.

J'en vins donc progressivement à découvrir que j'avais méconnu une réalité anthropologique fondamentale, à savoir qu'il n'est pas d'être humain sans désir d'infini, que toute entreprise humaine, de la plus humble à la plus grandiose, est portée, mue par un désir d'infini en même temps qu'elle en est porteuse et le promeut à son tour. J'étais passé maître dans la dénonciation de la façon dont le christianisme s'abusait sur Dieu et sur l'homme en annonçant que Dieu accomplirait tout désir de l'homme, et j'étais fort habile à diagnostiquer les formes innombrables de cette perversion de Dieu et des humains. Mais, dans le même temps, je pervertissais moi-même la condition humaine – et peut-être Dieu – en méconnaissant que ce désir d'infini – si néfaste qu'il puisse être lorsqu'il projette l'existence d'un objet pouvant l'accomplir infiniment – est une donnée constitutive de l'être humain, et qu'il est plus encore source de sa grandeur et de sa vitalité que de ses illusions et de ses échecs.

Face à l'instance qui m'était si souvent opposée et qui insistait sur le fait que toute entreprise humaine était porteuse d'infini et mue par un désir d'infini, je n'étais donc plus soupçonneux comme je l'avais été trop longtemps. Mais je n'en étais que mieux placé pour saisir la différence qui sépare la reconnaissance d'un tel vœu et l'affirmation qu'il pourrait être accompli par sa promotion à l'éternité. Ici encore, l'expérience de la façon dont vivent les incroyants semble impossible à percevoir à la majorité des croyants. Car il ne manque pas d'incroyants pour insister sur cette dimension quasi transcendante de l'homme par rapport à lui-même, sans croire pour autant à une vie éternelle. Le fait qu'ils distinguent le désir d'infini et la croyance en la vie éternelle ne prouve évidemment pas à lui seul qu'ils aient raison, mais il prouve (de façon que renforce le témoignage qu'ils donnent dans leur propre vie à cette quasi-transcendance) que ce désir et cette croyance ne peuvent pas être réduits l'un à l'autre comme le font si spontanément les croyants. Ce n'est pas la dimension d'infini dans les entreprises humaines qui prouve qu'elles sont de nature à pouvoir être éternelles. Maintenant que j'hésitais moins à reconnaître cette dimension dans la condition humaine, j'étais encore mieux placé pour m'interroger sur les raisons qui poussaient si massivement les croyants à la lire comme une preuve de la vocation des humains à l'éternité, alors que les incroyants n'en faisaient nullement la même lecture.

On me disait : « Cette différence de lecture, c'est précisément la foi. » La réponse est trop facile. Et surtout, la manière dont elle est habituellement faite comporte un élément inadmissible dont le caractère pernicieux invite à s'interroger sur l'ensemble de cette réponse. Passer si facilement de la reconnaissance de cette dimension d'infini à l'affirmation de la vocation à la vie éternelle s'accompagne en effet, le plus souvent, chez les croyants, d'une sorte de dévalorisation de la condition humaine telle qu'elle peut déjà être vécue – comme le font les incroyants – à l'intérieur des limites du temps et de l'espace que tracent la naissance et la mort des êtres humains. Il n'y aurait pas à se défier tellement d'une proposition de vie éternelle si elle se présentait seulement comme le surcroît d'une vie humaine dont on cultiverait avec autant d'acharnement que d'humilité les virtualités les plus modestes, dont on respecterait avec émerveillement et miséricorde les grandeurs et les misères qui sont les siennes à son échelle.

Malheureusement, on pourrait emplir des bibliothèques entières (les historiens ont commencé de le faire) avec les innombrables discours de théologiens, de prédicateurs, de moralistes et d'évêques qui ne trouvaient pas de meilleure façon de dire du bien du ciel que de dire du mal de la terre, et de nous faire désirer l'un en nous faisant mépriser l'autre. Lorsque le flot de ces discours se retire en se tarissant quelque peu, il fait émerger davantage encore le roc des innombrables pratiques, liturgies, prières de toutes sortes qui recourent à la même stratégie. Les faits sont là pour prouver que le plus souvent la proposition chrétienne de vie éternelle croit pouvoir trouver sa force et ses appuis dans la dénonciation de la piètre valeur de la vie humaine, et même de sa dimension d'infini si elle n'est pas référée à l'éternité. Tout se passe comme si la proposition chrétienne de vie éternelle avait besoin, pour s'attester, d'écraser les humains sous le poids des aspects négatifs de leur finitude, dont elle serait seule capable de sauver les aspects positifs en les branchant sur cette même promesse de vie éternelle.

La dévalorisation d'une vie humaine non référée à Dieu et à l'éternité est inadmissible. Elle est inacceptable par des humains ayant le moindre sens de leur dignité; s'il est bien vrai que nous sommes le plus souvent accablés par le poids des aspects négatifs de notre finitude, c'est un chantage ignoble que d'utiliser apologétiquement cet écrasement pour nous présenter la vie éternelle comme la seule issue digne d'être envisagée, en dévalorisant au passage ce que nous parvenons quand même à faire des aspects positifs de notre finitude. Plus encore qu'ignoble, ce procédé est mensonger : il n'est pas vrai que les entreprises humaines soient sans valeur quand elles ne sont pas référées à Dieu ou à la vocation de l'homme à l'éternité. Encore une fois, la vie des incroyants en est le témoignage irréfutable. Il faut récuser toute présentation de la vie éternelle qui s'accommoderait d'une telle dévalorisation. Nous savons malheureusement que même lorsqu'elle ne repose point directement sur une telle base, elle s'en accommode assez bien. La raison en est simple.

Si tant de chrétiens glissent si facilement de la constatation que toute entreprise humaine est animée par un désir d'infini à l'affirmation que ces entreprises ne trouvent leur vrai sens que par leur exhaussement dans une vie éternelle, c'est que ce mode d'affirmation et ce glissement sont une façon puissamment efficace de négocier la peur de la mort en allant jusqu'à la nier ou jusqu'à en faire simplement un passage d'une forme dévaluée à une forme plénière de vie humaine. Car la mort n'est pas seulement la mort : elle récapitule et symbolise toutes nos expériences de la face négative de notre finitude d'êtres humains et de la finitude de notre monde. C'est pourquoi la peur qu'elle nous inspire a partie liée avec toutes les souffrances, toutes les blessures, toutes les vicissitudes dont nous faisons l'expérience dans les différentes dimensions de notre condition humaine. La peur de la mort vient en quelque sorte orchestrer toutes ces expériences en en fournissant le thème unificateur. C'est bien pourquoi la proposition d'une vie éternelle qui reléguerait la mort au rang d'un épisode peut-être important mais nullement décisif doit, pour affirmer ses prétentions, à la fois insister sur la face négative de l'expérience humaine et se présenter comme pouvant retourner ce négatif en positif, ou comme pouvant délivrer de ce qui serait trop négatif pour mériter un tel retournement (la sexualité, par exemple, dont je parlerai plus loin). C'est aussi pourquoi la proposition d'une vie éternelle, s'adressant ainsi à toutes les souffrances des humains, peut les mobiliser avec une telle puissance que l'on a tout intérêt à glisser sans s'y attarder de la constatation : il y a un désir d'infini constitutif de l'homme, à la proposition : ce qu'il y a de positif dans l'homme ne peut être vaincu par la mort.

Une garantie contre la précarité du présent.

Il n'est évidemment pas question de nous reprocher, à nous autres humains, d'avoir peur de la mort et de souhaiter n'être plus écrasés par les aspects négatifs de notre finitude, ni même d'en avoir peur au point de dénier la mort et cette finitude dont elle est la figure. Sur ce point aussi, j'ai maladroitement brouillé les cartes dans *Quand je dis Dieu,* en réagissant parfois comme si la peur de la mort ou de notre finitude était presque pathologique en soi. Là encore, ce sont surtout mes amis psychanalystes incroyants qui m'ont aidé à découvrir ce piège. La peur de la mort et le refus de notre finitude sont aussi consubstantiels à l'être humain, et donc aussi « sains » et « normaux » (si l'on tient absolument à ce vocabulaire), que le désir d'infini. S'il faut reprocher quelque chose à la présentation chrétienne courante de la vie éternelle, ce n'est évidemment pas d'être animée par la peur de la mort et la dénégation de notre finitude. C'est d'être animée par elles de telle sorte qu'elle en vient à dévaloriser la réalité de la condition humaine, même si c'est pour pouvoir la survaloriser. S'il faut reprocher quelque chose à cette forme la plus courante en christianisme de proposition de la vie éternelle, ce n'est point de palpiter au rythme de notre peur de la mort, c'est de se laisser entraîner par elle au point de se tromper sur la façon dont palpite en nous la vie, au point parfois d'écraser cette vie sous le poids de l'exhaussement qu'elle lui promet. Je dirai dans un instant comment cette façon-là d'avoir peur de la mort doit également être refusée à cause de l'erreur qu'elle nous fait commettre sur Dieu et sur la vie dont il peut nous faire vivre. Mais il me faut d'abord noter une conséquence de ce qui précède : nous devons, chrétiens, nous rendre sur cet autre versant de l'expérience que nous faisons de la mort et de notre finitude, il nous faut négocier avec notre condition humaine d'êtres mortels et finis un autre type de rapport que celui où nous faisait nous engouffrer la peur de la mort que négocie cette forme de présentation de la vie éternelle.

Ce qui était frappant, en effet, dans la façon dont on me représentait que, sans la vie éternelle, plus rien n'aurait de sens dans la vie humaine, c'était qu'il s'agissait toujours de donner sens ainsi à ce qui semblait n'en pas avoir ou à ce dont le sens apparaissait trop fragile ou lointain. Des militants chrétiens me disaient : notre combat pour la justice n'a pas de sens s'il n'y a pas de vie éternelle. Des parents me disaient : pourquoi faire naître des enfants et les élever si c'est pour les vouer à la mort? Des hommes et des femmes me disaient : notre amour n'a pas de sens s'il n'est pas voué à l'éternité. Leur revendication d'une vie éternelle était grossie de toute la force de ce qui se jouait dans les diverses entreprises humaines, et ce qui venait me frapper de plein fouet, ce n'était pas tant la peur de la mort directement exprimée (beaucoup disaient d'ailleurs ne pas la redouter) que le mélange d'espoirs et de doutes, de forces et de faiblesses, de confiances et de terreurs qui sont la chair et le sang de nos vies.

Il apparaissait ainsi clairement que la foi en la résurrection et le désir d'une vie éternelle n'étaient pas tant le désir de vivre un face-à-face plénier avec Dieu, qui suffirait à combler pour toujours tout désir de l'homme, qu'un moyen de négocier les vicissitudes de la vie présente. Si la comparaison ne manquait pas de gravité par rapport à ce qui est en cause, il faudrait parler du jeu de billard, où les bandes sont un élément décisif du jeu dans la mesure où l'on s'en sert pour ricocher sur elles et atteindre ainsi la boule visée. Souvent, la foi en la résurrection apparaissait moins comme une aspiration mystique à vivre éternellement avec Dieu que comme une donnée sur laquelle ricocher pour atteindre le but recherché dans l'existence historique présente : que le combat pour la justice se voie assuré un succès sans faille possible, que l'amour, que le travail, que toute entreprise humaine se trouve ainsi fondée de façon inébranlable.

Passer sur l'autre versant.

C'est cette façon-là de négocier l'expérience de notre condition qu'il nous faut quitter, pour nous rendre sur l'autre versant. Non point tant d'abord pour nier ou pour affirmer une foi en la vie éternelle et en la résurrection, que pour quitter une expérience de notre condition qui s'avère désormais fallacieuse. Procédant du plus connu vers le moins connu, il nous faut – lorsque nous nous interrogeons sur la résurrection et la vie éternelle – partir non point de ce qui s'avère faux dans le domaine de ce que nous connaissons le moins mal, à savoir notre condition humaine, mais de ce qui s'avère moins faux. C'est là une précaution indispensable si nous voulons ouvrir un chemin vers ce que nous connaissons encore plus mal, à savoir la vie éternelle et la résurrection. Encore, pour partir du moins faux, faudrait-il y habiter, y avoir séjourné. Or je crois que ce n'est pas le cas pour la majorité d'entre nous, croyants. Il nous faut nous familiariser avec une façon de vivre qui nous est fort peu familière, découvrir quel sens a par elle-même notre condition sans que nous la référions à Dieu, quel sens a par elle-même notre temporalité sans que nous la référions immédiatement à la vie éternelle. Il nous faut découvrir un rapport simplement humain à notre monde, à nous-même, à autrui, à toutes les dimensions de notre vie. Il nous faut devenir des hommes, au lieu de tantôt vouloir devenir des anges et tantôt redouter de devenir des bêtes. Avant d'introduire le type de sens que peut donner à notre vie le fait que Dieu soit Dieu et qu'il veuille être un Dieu-avec-nous, il nous faut avoir le courage de quitter, parce qu'il s'avère fallacieux, le sens que nous en sommes venus à donner à la condition humaine en nous autorisant de la vie qu'effectivement Dieu veut lui donner. Il nous faut patiemment – et même humblement, car nous étions sans doute trop prétentieux – redécouvrir à hauteur d'humains ce qu'est notre condition humaine, redécouvrir un rapport humain à notre condition humaine.

Je sais que je propose là une démarche inhabituelle aux croyants, qui semble si contraire à la démarche habituelle de la foi qu'on ne manquera pas de me prêter des intentions radicalement opposées aux miennes. Je ne prétends pas (je dois le répéter même si l'expérience m'a appris que ces répétitions sont rarement efficaces), je ne prétends pas que le fait que Dieu soit Dieu et qu'il veuille être un Dieu-avec-nous ne confère pas un supplément de sens à notre vie humaine : je crois *(credo)*, j'espère, j'aime exactement le contraire. Je ne prétends pas non plus qu'il suffirait d'approfondir toujours mieux l'expérience de notre condition pour finir par découvrir Dieu et le sens que peut nous apporter le fait qu'il soit Dieu et qu'il veuille l'être avec nous. Dieu ne naît pas de la chair et du sang de l'homme, il naît d'ailleurs, il nous vient d'ailleurs : de Dieu. Je prétends seulement – mais dans ce « seulement », je crois actuellement que je dois jouer toute ma vie d'homme et de croyant – que pour moins mal recevoir ce qui nous vient d'ailleurs, que pour nous trouver là où Dieu peut venir, il nous faut exister humainement dans notre condition, découvrir le sens qu'a, indépendamment de toute référence à Dieu, notre existence humaine, car elle a sens sans référence à Dieu : c'est tout l'acquis de l'expérience moderne de l'incroyance. Pour être là où nous sommes, dans l'espace et le temps qui sont les nôtres, il nous faut d'abord les explorer, les habiter, indépendamment de toute référence à ce qui abolirait cet espace et ce temps.

Il me semble inacceptable de définir l'incroyance par le fait de considérer que la condition humaine et notre univers ont un sens indépendamment d'une référence à Dieu, car je considère que les croyants doivent également professer cela. Mais si l'on m'obligeait à utiliser une telle définition de l'incroyance, je dirais qu'effectivement nous autres croyants devons aller sur l'autre versant, que nous devons devenir incroyants (en ce sens du mot que l'on m'aurait imposé) avant de pouvoir devenir croyants, et pour pouvoir le devenir s'il s'avère agréable à Dieu et à nous-mêmes que nous le soyons. Il nous faudra d'autant plus longtemps séjourner sur cet autre versant que notre façon de séjourner sur le premier versant nous aurait rendu trop impossible de vivre humainement notre vie d'hommes et de femmes. Nous n'avons pas à avoir peur des habitants de cet autre versant : si nous ne les abordons pas en leur expliquant que leur vie n'a pas de sens et que nous leur en apportons LE sens, ils nous recevront bien; j'en ai fait, j'en fais toujours l'expérience. Ils sont plus habitués que nous à chercher sans toujours trouver, et n'ont pas besoin pour nous accueillir de fonder un secrétariat pour les croyants. Commençons par découvrir avec eux et avec elles notre terre, notre humanité. C'est la même que la leur, et c'est là que Dieu vient, s'il vient vers les humains.

2. « Sans résurrection, Dieu et la foi n'ont pas de sens »

« S'il n'y a pas de vie éternelle, plus rien n'a de sens, la vie humaine n'a pas de sens, mais la foi non plus n'a pas de sens, Dieu n'a pas de sens et ne sert à rien. » Dans cette réaction qui m'était si souvent opposée, j'ai dit que deux éléments étaient très liés mais devaient être distingués : je m'en suis tenu jusqu'à présent au premier, qui concerne la vie humaine. J'en viens maintenant au second, qui concerne Dieu et la foi.

Je ne pense pas qu'il y ait eu pour moi d'expérience plus déroutante ni plus accablante que de m'entendre dire, tout au long de ces dernières années, que Dieu et la foi n'avaient finalement plus de sens si l'on ne croyait pas à la vie éternelle. Je priais : en un certain sens plus que jamais, car plus que jamais j'avais besoin de ne pas perdre contact avec Dieu. Je le cherchais, car plus que jamais j'avais besoin de ne point m'égarer. Je le partageais et d'autres me le partageaient, non plus parce que j'aurais prêché, présidé publiquement l'Eucharistie ou enseigné la théologie (pas une seule fois je n'ai contrevenu aux interdictions romaines en la matière), mais parce que – et de façon qu'avaient multipliée les questions et les échos suscités par le livre incriminé – des croyants et des croyantes m'invitaient à partager leur recherche, leur prière, leurs Eucharisties. Il ne se passait pas de journée sans que je me demande s'il n'aurait pas mieux valu tout laisser tomber ni sans que je me sente obligé – par qui? – de repartir. Vers où? Et tout cela n'avait pas de sens parce que je ne croyais pas à la résurrection des humains?

Le bonheur, le plaisir, l'émerveillement que j'éprouvais à ce que Dieu soit comme Jésus-Christ nous l'a manifesté et non point comme le construisent nos machines sociales, psychiques et religieuses à fabriquer les dieux, ce bonheur, ce plaisir, cet émerveillement n'avaient-ils donc pas de sens puisque je ne croyais pas à la résurrection des humains? L'émerveillement, le plaisir, le bonheur que je prenais à ce que Jésus-Christ ait été parmi nous ce qu'il a été, que je prenais à ce que l'Esprit puisse le susciter et l'attester parmi nous jusqu'à la fin des siècles, que je prenais à ce que depuis deux mille ans des hommes et des femmes l'aient par leur foi attesté comme vivant parmi nous, tout cela n'avait-il donc pas de sens parce que je ne croyais pas à la résurrection des humains? Le bonheur et la joie, mais aussi le labeur et la peine que me valait ma recherche individuelle ou communautaire de Dieu, tout cela n'était-il donc rien, du simple fait que je ne croyais pas à la résurrection des hommes? On ne voulait donc rien me laisser, on voulait donc me réduire à rien! Car il ne s'agissait plus cette fois-ci des autorités romaines : il s'agissait soit d'amis proches, de compagnons de vie qui me disqualifiaient comme chrétien moins publiquement mais plus radicalement que ne pouvaient le faire de simples interdictions fonctionnelles, soit d'inconnus rencontrés au cours d'une réunion et qui s'acharnaient à ruiner ce que pouvait être ma foi, parce qu'il leur semblait que leur foi était ruinée par ma non-croyance en la résurrection des humains.

En outre, cette réduction à rien de ce que valait ma foi s'accompagnait d'une accusation très violente contre le mépris que supposait, paraît-il, ma façon de voir. On me disait que si je ne croyais pas en cette résurrection des humains, c'est parce que je méprisais trop leur souffrance et leur misère qui mériteraient qu'ils puissent enfin goûter à jamais le bonheur, parce que je méprisais aussi leurs réussites et leurs bonheurs qui mériteraient d'être promus à un épanouissement sans fin. On ajoutait que ce mépris se doublait d'un mépris de Dieu et de sa justice : car comment Dieu serait-il encore Dieu s'il ne faisait pas justice aux humains en leur donnant la béatitude que méritent aussi bien leurs malheurs que leurs bonheurs? Comme me l'a jeté un jour entre deux portes (très exactement devant les casiers à courrier de mon couvent) un de mes frères dominicains : « Ton Dieu est un Dieu pour les riches et les heureux : j'aurais honte de le présenter à des gens qui souffrent et qui sont désespérés. » Cet homme – qui passe d'ailleurs une bonne partie de son temps à s'occuper de gens qui souffrent et sont désespérés, d'une façon qui fait que je l'estime et donne du poids à ses paroles – cet homme ne saura jamais combien sa phrase me poursuit encore et me cloue d'une douleur térébrante. Mais que me voulait-on donc? Qu'avais-je donc fait?

Pourtant, une voix, parmi d'autres, s'élevait au milieu du tollé. Nadille, Nadille qui mourait d'un cancer et dont les merveilleux cheveux blonds étaient déjà tombés, Nadille me disait : « Jacques, je ne comprends pas comment quelqu'un qui parle si bien de Dieu peut ne pas croire à la résurrection : tu dois te tromper quelque part, mais je m'en fiche, je sais que tu ne te trompes pas sur Dieu, et c'est avec ton Dieu que je veux mourir. » Oui, quelqu'un qui savait quelle mort l'attendait, quelqu'un dont la mort allait être un effroyable gâchis plus encore pour les siens que pour elle-même, quelqu'un qui croyait à la résurrection et qui savait que je n'y croyais pas, ce quelqu'un me disait aux portes de la mort : « Jacques, c'est avec ton Dieu que je veux mourir... »

J'ai passé des mois, des années à être ballotté entre ces accusations et ces approbations, à me dire que le Dieu dont je voulais vivre et faire vivre avait un sens, que le Christ et l'Esprit auxquels je croyais avaient un sens, à me demander si vraiment je méprisais le malheur des humains, si je disqualifiais leur bonheur, si j'insultais la justice de Dieu. Je me suis approché de quelques formes assez redoutables de malheur au risque de m'y brûler, mais pour me tester et pour voir s'il était bien vrai que je les méprisais, pour que l'excès de leur souffrance brûle ce qu'il y aurait eu dans ma foi de mépris pour eux. Je me suis approché aussi comme j'ai pu du bonheur, au risque de le brûler s'il y avait eu dans ma foi quelque chose de dangereux pour lui. Je me suis approché comme j'ai pu de Dieu, je lui ai demandé de s'approcher, j'ai demandé à des croyants et à des croyantes de m'approcher de Dieu, d'approcher leur foi de la mienne pour que soit brûlé – comme par le charbon sur les lèvres d'Ésaïe – ce qu'il y aurait eu dans ma foi de mépris pour la justice de Dieu.

L'ai-je mal ou bien fait? Je n'en sais toujours pas plus sur la résurrection des humains. Mais j'en ai appris un peu sur la souffrance, un peu sur le bonheur, un peu sur Dieu. Et surtout, j'en ai appris davantage sur la façon dont la foi en la résurrection des humains, sous sa forme la plus courante, organise les rapports entre Dieu et le bonheur ou le malheur des hommes. Car c'est bien d'une organisation, d'un système qu'il s'agit. Quelques-uns de ses éléments me le rendent désormais impraticable et me font penser qu'il en faut chercher un autre.

Ambiguïtés du caractère quasi évident de la résurrection.

Le premier de ces éléments est la manière dont la résurrection des humains est considérée comme une évidence à la fois irrécusable et intouchable. Certes, nul ne s'aviserait d'affirmer sans précautions que cette résurrection va de soi. Serait-on obligé de prendre des précautions, on conviendrait que c'est là un article de foi dont l'objet n'est pas plus évident que les trois personnes de la Trinité, la divinité de Jésus-Christ ou la présence réelle dans l'Eucharistie. Mais précisément, on s'oblige à fort peu de précautions en cette matière-ci : tout se passe comme si croire en la résurrection des humains reposait sur un sentiment plus profond, plus puissant, presque plus instinctif que sur la foi la plus profonde et la plus puissante. Les réactions de rejet dont je faisais l'objet me semblaient d'une tout autre nature que celles que je puis constater chez les chrétiens à l'égard de mises en question d'autres dogmes de la foi chrétienne.

Nombre de mes collègues et amis dominicains œuvrent de façon remarquable au « dialogue » avec des croyants d'autres confessions chrétiennes ou d'autres religions, qui récusent tel ou tel dogme essentiel de la foi catholique telle qu'elle se définit actuellement : les uns concernent l'Église et les sacrements lorsqu'il s'agit des protestants et des orthodoxes, d'autres concernent Dieu et Jésus-Christ lorsqu'il s'agit des musulmans ou des juifs et *a fortiori* des religions extrême-orientales ou africaines. Je vois que ces théologiens œcuménistes, en même temps qu'ils confessent fermement leur propre vision de la foi, conçoivent que l'on puisse penser et croire autrement, ce qui leur permet précisément d'œuvrer à ce dialogue. Croire qu'il y a trois personnes dans la Trinité et que Jésus-Christ est le Fils de Dieu leur paraît à la fois croyable et ne pas s'imposer comme une sorte d'évidence en dehors de laquelle plus rien, et surtout pas Dieu, n'aurait de sens.

Je constatais à mes dépens qu'il en allait tout autrement lorsqu'il s'agissait de la résurrection des humains. On me disait, à moi, que croire en Dieu et en Jésus-Christ comme j'y croyais n'avait pas de sens si je ne croyais pas également à la résurrection des morts. Le type et le degré d'exigences qui imposaient d'y croire s'avéraient d'un autre ordre que ce qui inclinerait à croire à la Trinité ou à la divinité du Christ. C'était l'ordre des choses qui, en quelque sorte, exigeait qu'on y croie, c'était la réalité du malheur et du bonheur des humains qui imposait qu'il y ait une résurrection des morts, sans quoi non seulement la vie des humains mais Dieu et Jésus-Christ eux-mêmes n'avaient plus de sens. La façon dont on exigeait de moi que j'y croie s'avérait, par sa force et son exclusive, d'un tout autre ordre que la façon dont on aspirait à ce que les juifs ou les musulmans reconnaissent la Trinité ou la divinité du Christ, ou à ce que les protestants et les orthodoxes conçoivent l'Église et les sacrements à la façon catholique romaine. D'ailleurs, on reconnaissait à la foi de tous ces croyants un sens et une valeur; on ne considérait pas que leur refus de croire à ce à quoi ils ne croyaient pas ruinait la valeur du reste de leur foi. Qu'avait donc de si particulier la résurrection des humains, pour que le fait d'y croire ou de n'y pas croire ait des conséquences si différentes et sauve ou ruine le fait de croire au reste?

Il est d'ailleurs exact qu'une certaine forme de foi catholique considère la résurrection des morts comme étant d'un autre ordre que les autres vérités de la foi. Le premier concile du Vatican (1870) a ratifié comme article de foi tout le mouvement théologique et philosophique qui affirmait (dès avant le christianisme) que l'immortalité de l'âme pouvait être démontrée par les seules forces de la raison humaine et qu'elle était donc une vérité, non pas évidente, mais démontrable, ce qui est somme toute plus rassurant si l'on s'avise des intermittences et des vicissitudes de l'évidence. Certes, il ne s'agit là que de l'immortalité de l'âme et non point de la résurrection des corps, mais dès lors que la première est acquise, il doit être relativement facile d'assurer la seconde. Effectivement, si l'immortalité de l'âme fait partie de la nature humaine, et si la présence de cette âme dans un corps en fait également partie, il suffit de trouver une explication et un remède à cette provisoire différence de destin entre l'âme et le corps. La doctrine catholique les fournit sans difficultés : le péché originel a blessé la nature humaine et lui a fait perdre non point l'immortalité de l'âme – qui fait partie de sa nature – mais celle du corps que Dieu lui avait gracieusement (préternaturellement, disent les théologiens) octroyée en le créant en état de grâce. La victoire du Christ sur le péché et sur la mort, et la consommation de cette victoire après la mort de quiconque aura cru dans le Christ, permettra à l'être humain de retrouver ce dont le péché avait privé la destinée éternelle du corps. Dans une telle conception, la foi en la résurrection ne porte plus désormais que sur la résurrection des corps, l'immortalité de l'âme étant de toute façon acquise et assurée même contre l'emprise du péché. Rien de semblable ne peut être invoqué à propos de la foi en la Trinité ou en la divinité du Christ et il est donc bien vrai que, pour une certaine forme de foi catholique, la résurrection des humains est d'un autre ordre que les autres réalités de la foi et qu'elle est autrement (sinon mieux) assurée qu'elles.

Je me suis longuement expliqué, dans *Quand je dis Dieu*, sur ce qu'une telle façon de voir suscite de difficultés à mon avis insolubles, tant du point de vue de la raison que du point de vue de la foi : je n'y reviendrai donc pas, bien que ces difficultés m'apparaissent toujours aussi invincibles. Ce que j'ai été amené à découvrir depuis lors me semble instructif. Les théologiens et les croyants qui m'entourent pensent, comme le très éminent et très prudent théologien protestant Oscar Cullman, qu'une telle conception de l'immortalité de l'âme est proprement contradictoire avec la foi néo-testamentaire en la résurrection et qu'on ne peut professer en même temps les deux. Par ailleurs, comme beaucoup de nos contemporains, ces théologiens et ces croyants trouvent littéralement insensée cette version de la dichotomie anthropologique entre âme et corps. Ce n'était donc point cette doctrine (déclarée « de foi » par Vatican I), ni cette anthropologie (toujours officiellement en vigueur dans l'Église catholique), qu'ils défendaient en dénonçant ma façon de croire en Dieu et en Jésus-Christ sans croire en la résurrection des humains.

La différence entre leur attitude avec les autres « hérétiques » ou « schismatiques » et leur attitude à mon égard, le type différent de certitude qu'ils invoquaient à propos de la résurrection des humains, le type différent de disqualification des autres aspects de ma foi qu'entraînait le fait de ne pas croire à cette résurrection, tout cela indiquait qu'il y allait d'autre chose que de ce que la foi met en œuvre à propos de la Trinité, de Jésus-Christ et des autres vérités de la foi. La procédure – élémentaire en logique – de contrôle des variables montrait que venait jouer une autre variable que la foi, ce contre quoi je n'ai rien en principe, mais ce dont il me semble indispensable qu'on prenne conscience.

Il y a quelque paradoxe à voir des théologiens et des croyants récuser l'affirmation de Vatican I sur la possibilité de prouver rationnellement l'immortalité de l'âme, et invoquer à propos de la résurrection des morts une « évidence », un « ordre des choses », une « nécessité du sens de l'existence humaine », une « exigence et une conséquence nécessaire de la justice de Dieu », tous éléments auxquels ils font jouer un rôle analogue (mais finalement moins critiqué, sinon plus affirmatif) à celui que les membres de ce même concile de Vatican I, en bons rationalistes qu'ils étaient comme tous les esprits éminents de la fin du XIXe siècle, attribuaient au pouvoir démonstratif de la raison. Si, aux yeux de ces théologiens et de ces croyants, le fait de ne pas croire à la résurrection des morts rend insensé de croire en Dieu, en Jésus-Christ et d'accorder encore quelque prix à l'existence humaine, ce n'est point au nom de quelque chose qui tient à la foi elle-même, sans quoi le fait de ne pas croire à quelque autre vérité de la foi (Trinité, divinité du Christ) devrait entraîner les mêmes conséquences. Or, ces théologiens et ces croyants ne pensent rien de semblable à propos des musulmans ou des juifs, à propos des protestants ou des orthodoxes, quand il s'agit de ces autres vérités de la foi. Si ne pas croire à la résurrection des morts a les effets que j'ai eu à subir, c'est parce qu'est meurtrie par cette non-croyance une certitude, une sorte d'évidence à propos de la mort. C'est cette évidence, cette certitude que l'on défend, au nom de la foi, certes, mais au-delà ou en deçà d'elle. Encore une fois, je n'y ai pas d'objection de principe. Mais qu'au moins on l'avoue. Qu'on reconnaisse que c'est de cela qu'il s'agit. Or, le refus de le reconnaître, ou plus profondément encore l'impossibilité même d'en prendre conscience, sont les indices incontournables qu'il y va là de quelque chose que ce type de foi ne peut admettre et faire sien sans se croire ruiné et privé de ses propres fondements.

Le christianisme a-t-il pour tâche essentielle de résoudre la question de la mort?

Une autre difficulté que j'éprouve à l'égard de la manière dont la foi en la résurrection des morts organise les rapports entre Dieu et le bonheur ou le malheur des humains tient à la façon dont elle fait de cette résurrection le centre de tout le système, ou en tout cas l'élément dont le système dépend si essentiellement qu'à le retirer, comme je le faisais, on risque de faire s'écrouler tout l'ensemble et de le rendre absurde, comme on m'en accusait. Les psychosociologues, et particulièrement les psychosociologues de la religion, ont montré les modalités de fonctionnement en circuit fermé d'un système social et intellectuel où l'orthodoxie joue un rôle constitutif dans l'identité et la vie du groupe et dans le jeu des pouvoirs qui s'y exercent. Ce rôle est considérable en catholicisme romain, et l'on ne s'étonnera pas que ses effets analysés par les psychosociologues y jouent avec force. Mais si grande que puisse être cette aptitude ou cette nécessité à penser en circuit fermé, elle ne peut aller jusqu'à empêcher complètement d'entendre le diagnostic porté de toutes parts sur la fonction de la religion. Les différentes disciplines des sciences humaines, et plus simplement et plus largement l'homme de la rue (tout à fait indépendamment de ces disciplines et même indépendamment de leur diffusion par les media) considèrent que la religion a pour fonction essentielle d'aider à résoudre le problème de la mort. La mort est le centre autour duquel tourne tout système religieux, l'axe autour duquel il s'organise tout entier. En ce qui me concerne, c'est par le biais de la psychanalyse – et moins encore par la théorie psychanalytique que par l'expérience analytique personnelle – que j'ai pu constater le bien-fondé de ce diagnostic; mais, en un certain sens, le biais personnel importe peu, car tous les biais possibles en la matière convergent : oui, c'est bien la mort et la tentative de résoudre la question radicale qu'elle pose qui est au cœur de la religion, qui en est sans doute la source, qui en est en tout cas le terme et la conséquence attendue. Comme le disait la mère d'un de mes amis, elle-même incroyante, à propos de mes conceptions théologiques : « Alors vraiment, à quoi sert-il d'être croyant si l'on pense qu'il n'y a rien après la mort? »

Une telle analyse n'est d'ailleurs pas forcément péjorative : il n'est pas en soi ridicule ou fallacieux d'aider les humains à se poser la question de la mort, et en tout cas à affronter le fait de la mort. A quelque point de vue qu'on se place, la mort est si radicalement liée à toutes les dimensions de la vie, elle est si radicalement intriquée à ce qui fait notre propre identité et celle de nos semblables, qu'il faudrait être bien naïf ou bien sadique pour reprocher à une entreprise humaine – en l'occurrence la religion – de se consacrer au fait de la mort et d'aider à la vivre, car il s'agit bien de vivre la mort en même temps que la vie. Je n'ai donc aucune objection de principe à ce qu'une religion s'occupe de la mort et soit axée sur elle, même si j'ai des objections contre la façon dont la plupart d'entre elles le font en détériorant la vie, et parfois même en en massacrant telle ou telle dimension essentielle. Je me suis expliqué à maintes reprises, dans *Quand je dis Dieu* et ailleurs, sur ce qui me gênait de ce point de vue dans certaines formes très répandues de foi catholique. Ici, je voudrais insister sur un point que la conjoncture où je me trouve permet de mieux percevoir.

Il y a une trentaine d'années, des théologiens catholiques

français ont fait grand usage de la distinction entre foi et religion, qu'ils avaient empruntée à la théologie protestante allemande. Ils l'utilisaient pour concéder aux « critiques » modernes du phénomène religieux tout ce que celles-ci dénonçaient, mais s'empressaient de préciser que ces critiques ne concernaient que la religion et non la foi, laquelle pouvait bénéficier de ce décapage de la religion, mais échappait par essence à ce type de critique, car elle était d'un tout autre ordre que la religion. Je fus un peu plus tard un des premiers théologiens à m'élever contre une bipartition aussi tranchée, d'une part parce que les questions posées par les critiques modernes du phénomène religieux me semblaient concerner tout autant la foi que la religion, d'autre part parce qu'il ne me semblait pas indigne de la foi qu'elle remplisse certaines fonctions de la religion. Je ne m'offusque donc point que la foi catholique remplisse également certaines fonctions de la religion, et par exemple sa fonction essentielle : celle qui concerne la mort.

Cela dit, je crois que ce que Jésus-Christ a rendu possible par ce qu'il nous a révélé sur Dieu et sur l'homme, et ce que l'Esprit de Dieu peut susciter, depuis Jésus-Christ, parmi les croyants, ne peut exactement se définir par les fonctions qui sont celles de la religion. Certes, au fil des siècles, le christianisme n'a eu que trop tendance à se réduire à une religion. Mais je crois qu'en Jésus-Christ et en l'Esprit qui l'atteste vivant parmi les croyants, il s'agit de plus, et en tout cas d'autre chose, que d'une religion. De ce point de vue, je ferais volontiers miennes les superbes répliques d'Origène au philosophe Celse qui démontrait que le christianisme ne possédait aucun des attributs essentiels d'une religion. Et puisque Celse énumérait, entre autres, les autels, les statues et les temples comme des caractéristiques essentielles d'une religion faisant défaut au christianisme, Origène expliquait fièrement pourquoi « nous évitons d'édifier des autels, des statues et des temples » (*Contre Celse,* VIII, 20; cf. aussi VII, 64). La suite a montré que le christianisme s'était empressé de remplir – et au-delà! – le programme que Celse lui avait assigné.

A lire et relire, à étudier et théologiser, à prier et reprier, à partager et repartager ce que Jésus-Christ a manifesté de Dieu, j'ai la conviction qu'on peut transposer ce qu'a dit Origène à d'autres attributs essentiels des religions et dire : « Non, nous ne sommes pas une religion, notre problème essentiel n'est pas celui de la mort et notre tâche essentielle n'est pas de résoudre la question de la mort. » Il me semble, en effet, que tel n'est pas l'axe essentiel de ce qui a été manifesté en Jésus-Christ et révélé par lui. Or les griefs qui m'étaient faits manifestaient avec une grande crudité que la mort et la résurrection des morts occupaient dans le catholicisme – qu'on me reprochait de ruiner – une place si essentielle qu'y toucher faisait crouler tout l'édifice. Il s'avérait donc que la question de la mort occupait dans le catholicisme une place différente de celle qu'elle occupe dans ce qui s'est manifesté et révélé en Jésus-Christ. Il y a donc problème.

Il serait ridicule de nier que Jésus, ses disciples et les premiers chrétiens aient cru à la vie éternelle et à la résurrection des morts, même s'il faut à ce sujet faire deux remarques. D'une part, cette croyance ne leur était pas propre et ne relevait pas de ce qu'avait d'original leur façon nouvelle de concevoir Dieu, mais leur venait du judaïsme dont ils étaient issus. D'autre part, leurs attentes eschatologiques et apocalyptiques donnaient à cette croyance une coloration tout à fait différente de ce que peut être la croyance catholique moderne en la vie éternelle, car l'eschatologie et l'apocalyptique concernent ce monde-ci et consistent à en attendre la transformation par un être ou une force qui vient d'ailleurs en ce monde-ci, bien plus qu'elles ne concernent un autre monde et n'attendent le passage de ce monde-ci à un autre monde, comme le font les formes modernes de la foi catholique en la résurrection des morts. Cela dit, il reste que Jésus de Nazareth, qui croyait évidemment à cette résurrection des morts, n'a pas fait de la vie dans un autre monde le centre, ni même la conséquence essentielle, de ses enseignements, de ses comportements et de sa propre vie. La bonne nouvelle qu'il a annoncée n'était pas : le Royaume est proche parce que vous allez bientôt passer dans un autre monde, mais : le Royaume de Dieu (c'est-à-dire Dieu) est là parce que Dieu vient dans ce monde-ci. Les béatitudes, le Sermon sur la montagne ne sont pas la charte d'une vie dans un autre monde, mais la charte d'une autre vie dans ce monde-ci.

Jésus-Christ n'est pas d'abord venu résoudre la question de la mort, il est venu inaugurer un nouveau type de rapports, en ce monde-ci, entre Dieu et les humains, et à partir de cela un type nouveau de rapports entre les humains. La pierre de touche, le signe de la réalité de cette venue du Royaume n'est pas une victoire sur la mort, qui démontrerait avec éclat que la question de la mort est résolue, mais le comportement concret et immédiat de Jésus d'abord, puis de ses disciples à sa suite. Ce comportement atteste qu'effectivement un nouveau type de rapport à Dieu et entre humains a été inauguré, Jésus lui-même puis ses disciples étant prêts à mourir pour l'effectuation de ces rapports, si cela était nécessaire, et non point pour prouver par leur intrépidité que la mort était vaincue.

Si le problème ou le fait de la mort avait été le centre de ce que Jésus a manifesté et inauguré, les trois miracles de résurrection que les évangiles lui attribuent (la fille de Jaïre, le fils de la veuve de Naïm, et son ami Lazare) auraient suffi aux évangélistes à dire ce qu'il y avait à dire. Or, non seulement ils ne s'en sont point contentés, mais ils ne leur ont pas conféré une portée supérieure à celle des autres miracles de Jésus : multiplication des pains et des poissons, guérison des aveugles, des sourds, des lépreux, des paralytiques, etc. Pourtant, l'idée ne vient à personne que Jésus soit venu pour résoudre le problème de la sous-alimentation ou ceux de la cécité, de la surdité, de la lèpre, de la paralysie (sinon, comme l'observait déjà saint Augustin, quel échec !). Le nouveau type de rapport à Dieu et entre humains en quoi consistent l'œuvre et le témoignage de Jésus et ce qu'il a « fondé » (dans la mesure où il a « fondé » quelque chose) peut certes avoir des effets sur tous ces problèmes, de même qu'il en a sur le problème de la mort. Mais là n'est pas l'essentiel, ni même la conséquence essentielle de ce qui est en cause et de ce qui est à l'œuvre.

L'importance décisive que le christianisme donne à juste titre à la mort de Jésus et à sa résurrection peut ici prêter à équivoque. La mort de Jésus de Nazareth n'est pas d'abord la preuve que sa vie était consacrée à résoudre le problème de la mort, et sa résurrection comme Christ n'est pas d'abord la preuve qu'il a victorieusement résolu ce problème. Sa mort et sa résurrection sont, comme sa vie, essentiellement une manifestation de Dieu et une effectuation de ce que peut être désormais le rapport entre Dieu et les hommes. Sa mort est la preuve que Jésus s'engage tout entier, se voue, s'offre, se consacre au Dieu qu'il est venu manifester et aux hommes à qui il veut le manifester, en même temps qu'elle est la preuve que ce Dieu et ce nouveau rapport avec lui et entre humains sont littéralement intolérables aux mécanismes religieux, sociaux et psychiques qui construisent les dieux : il fallait donc que cet homme meure. De même sa résurrection par Dieu est-elle l'attestation par Dieu qu'il est bel et bien tel que Jésus l'a manifesté, que Jésus était bel et bien celui qui le manifestait selon son gré, et que son Esprit peut l'emporter sur toutes les forces mortifères qui s'opposent à cette manifestation et à cette attestation.

Si la résurrection de Jésus-Christ avait pour objet de prouver que la mort était la question essentielle et que la victoire contre elle était la tâche et la gloire essentielles de Jésus-Christ, le destin ultérieur de ce dernier aurait dû être celui de quelqu'un empiriquement présent parmi nous, ressuscité, d'une présence dont le type aurait manifesté de façon irrécusable que la mort était vaincue et que là était l'essentiel puisque la mort est l'essentiel. Comme je l'ai montré dans *Quand je dis Dieu,* c'est bien effectivement à ce type de présence que certaines formes de christianisme cherchent à réduire la présence de Jésus-Christ parmi nous : elles transforment le témoignage sur la résurrection, la succession apostolique, l'Église, l'Écriture, l'Eucharistie en garants d'une telle présence du Christ ressuscité, transformation qui résulte en partie de la réduction du message et du témoignage de Jésus à la question de la mort et à sa solution. Mais le destin ultérieur de Jésus-Christ n'est pas celui-là : sa résurrection (puisque j'y crois) le fait basculer dans la transcendance de Dieu (ou, si l'on préfère, le fait Seigneur et siéger à la droite du Père). La seule présence de lui qui nous soit possible est celle, inaugurée par la Pentecôte, que suscite l'Esprit parmi les croyants et les croyantes qui, prenant la suite de Jésus-Christ, cherchent par lui, avec lui et en lui à instaurer le type de rapport à Dieu et entre humains manifesté et inauguré par Jésus. L'œuvre de l'Esprit n'est pas d'abord de préparer les disciples du Christ à passer dans un autre monde grâce à la victoire de Jésus sur la mort, l'œuvre de l'Esprit est d'abord d'animer les disciples pour qu'ils fassent autre ce monde-ci, grâce à la lutte contre tout ce qui s'oppose à cette transformation, lutte dont la victoire possible est attestée par la résurrection de Jésus-Christ.

C'est là ce qui sans doute différencie le plus la fonction du christianisme de ce qui est effectivement la fonction essentielle des religions, à savoir résoudre le problème de la mort. En christianisme, la question de la mort est seconde, secondaire à la limite. Ce qui ne veut pas dire qu'anthropologiquement la question de la mort ne reste pas une question radicale, une des questions premières. C'est plutôt dire que la fonction essentielle du christianisme n'est peut-être pas d'abord et avant tout de résoudre les grandes questions anthropologiques (que les humains ont peut-être davantage vocation de poser et de porter que de résoudre). C'est là un problème sur lequel je devrai revenir plus longuement et plus profondément dans la dernière partie de ce livre où, puisque je m'efforcerai d'y montrer que Dieu n'est pas tout, je montrerai *a fortiori* que le christianisme n'est pas tout et ne saurait répondre à tout. Certes, le christianisme a nécessairement à voir avec les questions essentielles des hommes. Mais c'est moins dans la mesure où il leur apporterait une réponse décisive que dans l'instauration d'un nouveau type de rapport à Dieu et entre eux. Le christianisme transforme la façon de poser ces questions bien plus qu'il ne les résout.

Ce que le christianisme a à voir avec la mort n'est pas d'abord qu'il pose et résolve la question que celle-ci nous pose, mais que le nouveau type de rapport à Dieu et entre les humains qui est son objet propre transforme la façon dont nous pouvons nous poser la question de la mort et non point la résoudre. Il faut oser le dire : la résurrection de Jésus-Christ ne résout pas la question que pose la mort de Jésus, la question que sa mort a posée à l'individu Jésus (« Mon Dieu, mon Dieu, pourquoi m'as-tu abandonné? »), la question que sa mort a posée à ses premiers disciples dès le chemin d'Emmaüs, la question que sa mort posera jusqu'à la fin à ses disciples. La résurrection de Jésus-Christ ne résout pas la question que pose la mort de Jésus : elle est un événement qui s'ajoute à ce fait qu'est sa mort, elle est une révélation de Dieu et sur Dieu qui s'ajoute à cette autre révélation qu'est sa mort, elle est un appel qui s'ajoute à cet autre appel qu'est sa mort. Elle est aussi, il faut oser le dire, une question qui s'ajoute à cette autre question qu'est sa mort, aucune de ces deux questions ne pouvant servir à répondre à l'autre, à la clore, à la sceller. Si la question que pose la résurrection n'est pas annulée par le fait de la mort, la question que pose la mort n'est pas annulée par l'événement de la résurrection.

Les autres réalités de la foi
n'ont-elles pas valeur par elles-mêmes?

Une dernière difficulté me rend impraticable la manière dont certaines formes de foi catholique en la résurrection des morts organisent le rapport entre Dieu et le bonheur ou le malheur des humains : ce centrage trop exclusif sur le problème de la mort et sa solution a pour effet symétrique de dévaloriser plus ou moins les réalités pourtant essentielles de la vie de la foi. J'étais stupéfait de voir que la question de la mort et de la résurrection obnubilait à tel point nombre de chrétiens qu'ils me disaient : « S'il n'y a pas de résurrection des morts, à quoi sert la foi, à quoi sert de connaître Dieu, à quoi sert qu'il y ait en Jésus-Christ, à quoi sert que son Esprit le rende vivant parmi nous, à quoi sert de prier, de célébrer, de vouloir construire un monde meilleur? S'il n'y a pas de vie éternelle, à quoi bon tout cela? » Je me trouvais confronté à une réaction aussi viscérale et aussi déroutante que celle dont j'ai parlé précédemment et qui fait dire à des croyants, à propos des réalités « humaines » qu'elles n'ont aucun sens s'il n'y a pas de vie éternelle. Cette réaction était plus déroutante encore lorsqu'elle s'appliquait aux réalités de la foi, dans la mesure où la valeur en soi de ces réalités – indépendamment de leur prolongation dans une vie éternelle – aurait dû apparaître plus nettement encore à des croyants que la valeur en soi des réalités humaines.

Quoi! prier Dieu n'a pas assez de valeur en soi, n'a pas assez de consistance, ne procure pas assez de bonheur, de plaisir, d'émerveillement, n'exige pas assez de labeur, d'attention, de silence, de renoncement, pour avoir valeur en soi et par soi?

Célébrer, prêcher, théologiser (oh! mon Dieu, saurai-je jamais y renoncer?) cela n'a-t-il donc pas valeur en soi et pour soi? Et s'il n'y avait rien après la mort, ne serait-ce pas déjà avoir mené une belle vie, avoir eu une chance exceptionnelle que d'avoir pu s'y adonner quelque peu? Savoir un peu quelque chose de Dieu, être délivré de l'oppression des dieux que fabriquent les mécanismes sociaux, psychiques, religieux, être libéré des pouvoirs qui prospèrent sur l'édification et le culte de ces idoles, pouvoir faire mémoire de Jésus-Christ qui, par sa mort et sa résurrection, nous a délivrés de ces idoles et de ces pouvoirs, avoir la chance que l'Esprit veuille bien le susciter vivant parmi les croyants et les croyantes, avoir la chance qu'à travers les siècles des hommes et des femmes aient rendu possible l'effectuation – même très partielle – du type de rapport à Dieu et entre humains qu'avait inauguré Jésus-Christ, avoir la chance aujourd'hui et demain de pouvoir partager avec des croyants et des croyantes l'effectuation – ne serait-ce que très partielle – de ce type de rapport, tout cela n'a-t-il pas déjà valeur en soi et pour soi? Travailler à ce que les publicains et les prostituées, à ce que les pécheurs, les aveugles, les boiteux de toutes sortes, à ce que les Samaritains et les Gentils de toutes races, à ce que les pauvres, les exclus, les rejetés, les persécutés, retrouvent la place qui est la leur de par Dieu et de par Jésus-Christ dans la communauté des croyants; travailler à ce que la peur, l'angoisse, la culpabilité, la honte, la haine, la domination, la richesse galvaudée, le plaisir dévalué, le pouvoir détourné ne servent plus aux hommes à s'enchaîner et à s'entre-tuer; y travailler parce qu'on a eu la chance d'apercevoir en Jésus-Christ que Dieu n'avait pas peur de la peur, de la faute, de la honte, de la haine et que le plaisir, le pouvoir, le bien-être pouvaient être bonheur et valeur pour les humains, tout cela n'a-t-il pas assez de consistance en soi et par soi pour remplir une vie, et ne serait-il pas déjà entièrement justifié même s'il n'y avait rien après la mort?

Le plus déroutant pour moi, dans l'accusation qui m'était faite (souvent avec violence) de ruiner la valeur des réalités de la foi parce que je mettais en doute la résurrection des morts, était que, subissant non sans dégâts cette accusation radicale, je faisais l'expérience absolument inverse. Tout se passait comme si, ayant renoncé à trouver leur principale valeur aux réalités de la vie de la foi dans le fait qu'elles dureraient éternellement, j'en découvrais davantage la valeur et la profondeur ici et maintenant. Loin d'y perdre leur goût, les diverses facettes de la vie rendue possible avec Dieu par Jésus-Christ dans l'Esprit y trouvaient un goût à la fois plus fort et plus doux. Non parce qu'il faudrait désormais se hâter de vivre ce qui ne durerait pas toujours, mais parce que, comme le pain et le vin déjà servis, comme l'amour déjà partagé, quelque chose de Dieu, de Jésus-Christ, de l'Esprit, quelque chose de la communauté des croyants et des croyantes, quelque chose de la foi, de l'espérance et de la charité était là, déjà servi, déjà partagé. Et qu'il fallait consommer. Ou bien parce que rien, ou trop peu de cela était là, et qu'il fallait œuvrer, lutter, endurer, mourir pour le faire advenir demain, après-demain, Dieu sait quand... Car s'il n'y a peut-être pas de vie éternelle, il y a certainement – même s'il est limité – un futur, un avenir. Une histoire. S'il n'y a peut-être pas l'éclatant et complet retournement de la mort en vie pour toujours, il y a certainement le difficile, le long, l'interminable labeur qu'exige de faire advenir la moindre parcelle de vie et de bonheur, qu'exige aussi de faire advenir la moindre parcelle de foi et de présence de l'Esprit. Le monde est assez terrible, les hommes sont assez malheureux, les croyants assez mal croyants pour qu'il soit urgent de s'y mettre, si faibles que soient les moyens qu'on y peut consacrer. Vraiment, tout cela n'aurait aucun sens s'il n'y avait pas de vie éternelle? Vraiment, tout cela n'a pas assez de sens en soi et par soi pour « ne plus valoir la peine » – comme on me l'a dit cent et mille fois – s'il n'y a pas de vie éternelle pour les humains? La peur de la mort est-elle donc si forte, le besoin de s'assurer contre elle à n'importe quel prix et immédiatement peut-il donc être si impérieux qu'il soit impossible de percevoir à quelles perversions il nous entraîne, lorsque nous en venons à ne plus pouvoir saisir la valeur de ce qui nous est possible et le goût de ce qui nous est offert, que sous les auspices d'un gage d'éternité?

Passer sur l'autre versant.

Je ne suis pas loin de penser que les croyants devraient, au moins à titre provisoire, mettre entre parenthèses leur foi en la résurrection des morts et négocier autrement le type de peur de la mort qui dénature cette foi, afin de retrouver le goût qu'ont ici et maintenant – parce qu'elles les ont en soi – les réalités de leur foi. Je pense qu'ils devraient, au moins provisoirement, mettre entre parenthèses leur croyance en un autre monde pour découvrir le goût que Dieu peut avoir en ce monde-ci, pour découvrir aussi qu'il est bien plus urgent de transformer ce monde-ci que de se préparer à vivre dans l'autre. Je pense que cette mise entre parenthèses devrait durer d'autant plus longtemps qu'a plus fortement pesé sur la vision chrétienne le poids de la mort et qu'ont été plus fortement décentrés le témoignage et le message de Jésus-Christ par ce centrage excessif sur le problème de la mort et sa solution. Je sais que je propose là aux croyants un itinéraire fort différent de celui qui leur est habituellement proposé et qui est de nature à les dérouter : je leur propose en effet de mettre entre parenthèses leur foi en la résurrection des morts pour que ressuscite parmi les vivants le goût que peut avoir Dieu par Jésus-Christ dans l'Esprit et la vie qu'ils nous rendent possible entre humains. On leur a le plus souvent proposé le contraire : c'était la foi en la résurrection des morts, comme on me l'a répété cent fois, qui fondait et en tout cas garantissait le goût que peut avoir Dieu et la vie qu'il rend possible. Mais enfin, qu'est-ce qui est le centre de gravité du système ? La façon dont nous pouvons nous servir de Dieu pour résoudre la question de la mort, ou bien ce que Dieu est par lui-même et ce qu'il veut bien être avec nous ?

La façon différente d'apprécier le goût que peuvent avoir Dieu et les choses de la foi n'est d'ailleurs pas sans conséquences sur la façon d'apprécier les réalités dites « simplement » humaines, et davantage encore sur le rapport entre Dieu et ces réalités. Déjà, la façon d'apprécier ces dernières change lorsqu'on s'avise qu'elles ont un sens – fût-il limité – par elles-mêmes sans être référées à une vie éternelle qui en garantirait certaines et en abolirait d'autres. Mais la façon d'apprécier les réalités humaines change encore plus lorsque le poids de la mort ne pèse plus de la même sorte sur la conception qu'on se fait de Dieu et des réalités de la foi. A mesure qu'une certaine façon de négocier la question de la mort ne décentre plus l'équilibre de la vie chrétienne en l'organisant autour d'un autre monde, la présence de Dieu en ce monde-ci n'implique plus cette abolition plus ou moins explicite des réalités de ce monde-ci.

Ces réalités n'ont plus à être vécues sous le signe de leur future abolition imposée par la nécessité de résoudre avant toute chose la question de la mort et par le type de foi en la résurrection que suscite cette nécessité. Leur contingence n'en est pas abolie pour autant, il s'en faut. Le caractère parfois très limité de leur valeur et de leur signification non plus, ni même leur caractère parfois lourdement négatif, voire leur non-sens et leur absurdité. Mais ce qu'elles peuvent avoir de signification et de valeur n'a pas à être soi-disant immolé à Dieu ou résorbé en lui : ce n'est d'ailleurs pas à Dieu qu'elles sont alors immolées, mais bien à la mort, dans la mesure où cette immolation semble exigée par la victoire de la résurrection sur la mort telle qu'est trop souvent conçue cette victoire. Dans *Quand je dis Dieu*, j'avais insisté sur ce qu'avait pour moi d'absurde et d'incroyable (au sens de s'opposant au *Credo*) la conviction que la créature avait pour destin de disparaître en faisant retour dans son Créateur ou d'être abolie, pour que Dieu puisse porter à sa perfection le type de présence aux humains qui serait censé être son vœu. J'avais mal compris à l'époque le rôle que jouent la mort et les peurs qu'elle nous inspire dans une telle conception de la consommation de la vie par retour à ses origines. La longue fréquentation de ces peurs, et par leur biais de cette mort, qui m'a été imposée depuis m'a permis de découvrir que ce retour aux origines était doublement œuvre de mort : il résorbe la réalité créée dans son origine au lieu de la promouvoir dans l'existence, mais surtout il est le fruit d'une façon de vouloir vaincre la mort dont certains meurtres rituels ou pathologiques ne sont que la forme à peine exagérée, tuer un mortel étant alors la seule façon de le rendre immortel ou de garantir à ceux qui le sacrifient une éventuelle victoire sur leur propre mort. Le retour aux origines fait s'y évanouir la créature et la tue, mais il la fait participer à l'immortalité de son origine divine.

Si je propose aux croyants de passer sur l'autre versant, c'est qu'une telle façon de voir me semble représenter une perversion du Dieu que Jésus-Christ nous a manifesté et de la vie que Dieu veut pour nous. Sur cet autre versant, il ne s'agit pas d'abord et avant toute autre chose de régler la question de la mort : il s'agit de découvrir le sens qu'ont par elles-mêmes les réalités de notre condition humaine, indépendamment de leur éventuelle promotion à une vie éternelle ou de leur éventuelle abolition à son profit. Il s'agit de découvrir le sens et le goût qu'a Dieu et qu'ont les réalités de la foi indépendamment du fait qu'elles vaudraient aux morts de ressusciter. Il s'agit de découvrir que Dieu n'est pas l'ennemi des réalités humaines et que celles-ci ne lui sont pas contraires. Il s'agit de réaliser, ici et maintenant, ce qui peut être réalisé de l'alliance entre Dieu et nous, entre Dieu et notre monde.

Sur cet autre versant, il faudra d'autant plus longtemps différer la réponse à la question de la mort que cette question et la réponse qu'on lui donnait précédaient trop précipitamment et préconditionnaient tout ce qu'on pensait de Dieu, de notre vie et de leurs rapports. Il faudra non pas ne pas avoir peur de la mort (qui le pourrait?), mais négocier autrement la peur qu'elle nous inspire. Il faudra non pas ne pas dénier la mort (qui le pourrait?), mais négocier autrement cette dénégation. Il faudra, et ce sera sans doute le plus difficile, apprendre à négocier le non-sens, l'absurdité, l'échec, le malheur, la souffrance qui sont si souvent le lot des humains, non pas en sautant tout de suite (ou en espérance) au-delà du miroir dans un monde où tout cela serait aboli, mais en travaillant à l'abolir autant que faire se peut dans ce monde-ci et à faire miséricorde en ce monde-ci à ce qui ne pourra en être aboli.

Il faudra surtout découvrir que c'est en commençant par la recherche et la pratique du sens et de la consistance de nos réalités mortelles, et par la recherche et la pratique du sens, de la consistance, du goût que peut avoir Dieu en ce monde-ci, que nous pourrons de nouveau nous poser moins mal la question de la mort et de la résurrection des morts. Bien plus tard, trop tard sans doute pour ma vie déjà bien entamée... Je ne puis prévoir ce que changera le fait de passer sur cet autre versant : nous ne le saurons qu'en nous y rendant. Je peux seulement prévoir que ce changement sera considérable, tant notre pratique et notre conception de la vie humaine et de la foi chrétienne sont profondément marquées par ce primat de la mort. En attendant, il faut apprendre à vivre. Et à mourir. En attendant, il faut peut-être, lorsque nous nous écrions : « Ô mort, où est ta victoire? », découvrir le prix, le poids et la vérité de cette première victoire sur la mort qui est de n'en pas faire la première question à quoi tout devrait obéir.

3. Notre expérience de la mort change

Briser ainsi l'enchaînement dans lequel une certaine façon de poser la question de la mort tient esclave notre conception de Dieu, de la vie chrétienne et des réalités humaines n'empêche évidemment pas que la question de la mort continue de se poser de façon radicale. Mais la rupture de cet enchaînement introduit des fissures dans ce système monolithique à travers lesquelles peuvent apparaître des modifications de la mort et de ses significations que nous empêchaient de percevoir l'extrême urgence et la primauté tyrannique qui étaient accordées à cette question. Car la mort est en train de changer, et si nous voulons négocier autrement la question radicale qu'elle nous pose et les peurs inéluctables qu'elle nous inspire, nous serions bien avisés de ne point le méconnaître. Or, il s'avère que ces changements ont d'importantes conséquences sur la façon dont la foi chrétienne peut se poser la question de la mort. Comment est-il possible que change cette mort dont l'inéluctable éventualité est la seule certitude de nos destins et qui semble être identique à elle-même à raison même de son universalité?

L'accroissement de la longévité.

Le premier de ces changements, et peut-être le plus considérable, est survenu involontairement comme effet secondaire et imprévu d'un changement qui lui-même ne doit rien aux facteurs philosophiques, religieux ou idéologiques : tout simplement le changement de la longévité dans les pays de l'hémisphère Nord. Les démographes distinguent trois types d'équilibre entre fécondité et mortalité. L'humanité a vécu pendant des millénaires et dans toutes ses parties selon le premier de ces types, où une haute fécondité et une haute mortalité s'équilibrent. L'espérance de vie à la naissance était, par exemple, de vingt-cinq ans du temps de Jésus de Nazareth. Mais il s'agit là de moyennes derrière lesquelles se dissimulent de très grandes différences de longévité selon les tranches d'âge. On a calculé que, pendant les siècles où prévalait ce type d'équilibre, la moitié des enfants qui naissaient n'atteignait pas l'âge de quinze ans, la majorité d'entre eux mourant nourrisson ou très jeune enfant. La moitié de ceux qui atteignaient l'âge de quinze ans ne dépassait pas l'âge de trente-cinq ans. Parmi le quart le dépassant, il a toujours existé un pourcentage plus ou moins variable de vieillards, et même de grands vieillards, mais ils étaient l'exception.

La longévité a très lentement augmenté depuis le bas Moyen Age : au milieu du XIXe siècle en France, soit il y a moins d'un siècle et demi (il s'agit de mes trisaïeuls), l'espérance de vie à la naissance n'était encore que de quarante ans. En 1900, en France, un travailleur manuel âgé de vingt ans (c'est-à-dire la majorité de la population active) avait une espérance de vie de vingt années supplémentaires et mourait en moyenne à quarante ans. En 1977, l'espérance de vie à la naissance était pratiquement de soixante-dix ans pour les hommes et de quatre-vingts ans pour les femmes, et c'étaient les personnes âgées de soixante ans (et non plus celles de vingt ans comme au début du siècle) qui avaient en moyenne vingt années supplémentaires à vivre.

En quoi cette modification fulgurante de la longévité change-t-elle notre expérience de la mort? D'une façon aussi peu perçue que pourtant décisive : pendant des millénaires, la mort a été l'apanage des nourrissons, des bébés, des enfants, des adolescents, et de ce que nous appelons maintenant les jeunes adultes; dans l'état d'équilibre haute fécondité-haute mortalité, sur cent morts, cinquante avaient moins de quinze ans (dont la majorité en très bas âge), vingt-cinq avaient de quinze à trente-cinq ans, et vingt-cinq seulement avaient plus de trente-cinq ans, un tout petit nombre d'entre eux (« les plus vigoureux », comme le dit le psaume) atteignant quatre-vingts ans. Fauchant avant tout les enfants et les jeunes adultes, la mort apparaissait nécessairement comme un accident, comme une rupture brutale, injuste et pas naturelle (même si très fréquente) de la vie. Parvenir à trente-cinq ans était déjà une performance [7]. De même que la mort apparaissait comme un accident et un échec de la vie, la prolongation de la vie apparaissait donc comme une victoire aléatoire et fragile de la vie sur la mort, une mise en échec de la mort par une force trop souvent vaincue par elle mais qui pouvait parfois l'emporter. La mort apparaissait donc comme l'implacable ennemie de la vie, et la vie apparaissait comme une force merveilleuse mais beaucoup plus aléatoire et menacée : le respect porté jadis aux vieillards n'était pas sans devoir quelque chose au fait qu'ils étaient les rares et valeureuses incarnations de cette victoire aléatoire de la vie sur la mort. La réduction drastique de la mortalité infantile, les progrès spectaculaires de la médecine, l'amélioration des conditions d'alimentation, d'hygiène, de travail et de vie expliquent qu'aujourd'hui la longévité ait considérablement augmenté, que des sexagénaires aient devant eux une période de vie plus longue que la durée moyenne totale de la vie pour la moitié des humains pendant des millénaires. Le nombre des grands vieillards s'accroît, lui aussi et pour les mêmes raisons, de façon spectaculaire : les plus de quatre-vingt-cinq ans étaient en France en 1950 au nombre de deux cent mille; ils seront huit cent mille en l'an 2000, soit une multiplication par quatre en cinquante ans [8].

Il en résulte que nous sommes les premiers humains depuis l'existence de l'humanité à faire une expérience complètement différente des rapports entre vie et mort : la mort des enfants et des jeunes nous apparaît certes toujours comme un accident et un échec de la vie mais, parce qu'il est de plus en plus rare du fait de notre intervention, cet échec nous apparaît non plus comme une inéluctable fatalité mais comme le résultat d'une erreur humaine corrigible dont nous nous accusons : négligence des parents, de l'entourage ou du personnel soignant, erreurs de la médecine, injustice des structures socio-économiques de répartition des richesses et des biens de subsistance, etc. La mort des enfants et des jeunes nous apparaît donc à la fois comme un scandale encore plus insupportable et comme un mal remédiable dont les causes dépendent de nous et sont à notre portée. En revanche, puisque le plus grand nombre d'entre nous iront jusqu'à la vieillesse, nous serons les premiers humains de la longue histoire de notre espèce à constater empiriquement en nous et autour de nous, et de façon massive, que la mort est naturelle : nous verrons, nous voyons déjà chez des millions d'êtres humains la vie décroître, les sens s'atrophier (vue, ouïe, goût, olfaction, toucher), la taille s'affaisser et la masse musculaire diminuer, le champ de l'activité physique, intellectuelle, affective, relationnelle se rétrécir, la mémoire puis la conscience s'affaiblir. La mort devenant pour la première fois dans l'histoire de l'humanité l'apanage des gens âgés (sur cent morts, la moitié auront plus de soixante-quinze ans), nous constatons empiriquement qu'il est naturel à la vie de diminuer puis de s'éteindre, et que même si ce processus est parfois accéléré par des maladies, il s'agit essentiellement d'un processus vital (si l'on peut dire), tout aussi inscrit dans nos gènes que le développement embryonnaire et le passage de l'enfance à l'adolescence puis à l'âge adulte. Nous sommes donc les premiers humains à pouvoir constater empiriquement que la mort n'est pas essentiellement un échec de la vie, un accident survenant à la vie de l'extérieur d'elle, mais qu'elle fait partie de la vie, qu'elle lui est naturelle, qu'elle en est une étape et non son contraire ou son ennemie.

Formidable évolution, dont les effets sur notre conception des rapports entre la mort et la vie se trouvent encore accentués par une autre conséquence de l'accroissement de la longévité. A mesure qu'augmentera le nombre d'individus vivant jusqu'à un âge très avancé, augmentera également le nombre d'individus qui devront vivre une étape de la vie qui sera grevée par tous les effets de la sénescence, dont les plus graves ne peuvent être combattus par la médecine puisqu'ils ne tiennent pas à la maladie mais à une évolution biologiquement normale et naturelle. Si elle peut légèrement les soulager, la médecine risque bien plutôt, en guérissant des maladies qui auparavant abrégeaient ou annulaient cette phase de la vie, de multiplier l'extension et la durée d'une vie sénile.

La mort apparaît dès lors non plus seulement comme naturelle mais comme souhaitable : souhaitable par les individus concernés s'ils sont encore en état d'avoir des souhaits et de les exprimer, souhaitable par ceux qui les aiment (s'il en reste encore autour d'eux) car aucune piété filiale ne peut amener à souhaiter à ceux qu'on aime de vivre très longtemps une vie trop grevée par la sénilité. On en vient donc à vouloir combattre les effets de ce processus de dégénérescence ou à vouloir l'éviter. Il ne s'agit pas là de racisme anti-vieux ni d'euthanasie des grands vieillards. Il s'agit de ce que connaissent bien ceux et celles dont la situation familiale ou les professions leur font partager le calvaire de dégénérescence par sénescence de ceux [9] qu'ils aiment. Déjà, les gérontologues et toutes les disciplines s'occupant du grand âge, mais plus encore les intéressés, ont changé leur programme : il ne s'agit plus, comme ce fut le cas pendant des millénaires, d'ajouter des années à la vie, il s'agit d'ajouter de la vie aux années. Mais le caractère biologiquement inéluctable de l'extinction progressive de la vie fait qu'au-delà d'un certain seuil – évidemment variable selon les individus –, il devient impossible d'ajouter de la vie aux années : ce sont les années qui retirent quelque chose à la vie, jusqu'à ce qu'il n'en reste plus rien de vivable. On voit donc se multiplier les réflexions sur l'euthanasie et sur le suicide; on commence de voir apparaître dans divers pays de l'hémisphère Nord des associations qui revendiquent le droit de mourir dans la dignité, pour les grands malades incurables comme pour les grands vieillards, et qui le revendiquent non seulement comme un droit pour les intéressés mais comme un devoir de la société et de l'entourage à l'égard de ceux-ci. S'il est trop évident que de telles revendications peuvent être contaminées par des motivations plus ou moins avouables, il n'en reste pas moins qu'elles ont le mérite et le courage d'affronter un problème dont l'une des raisons qu'on a de le masquer est qu'il nous met en présence d'un type tout à fait nouveau de rapport entre la mort et la vie : non seulement la mort serait naturelle à la vie, elle ne serait pas son ennemie puisque faisant partie de ses phases, mais elle pourrait être pour la vie elle-même une délivrance et une bénédiction.

Il n'est donc pas exagéré de dire que l'accroissement foudroyant de la longévité entraîne une révolution considérable de notre expérience des rapports entre la vie et la mort, et que cette révolution n'est pas le résultat d'options philosophiques, politiques ou religieuses qui pourraient prêter à discussions et que leur nature réserverait au petit nombre de ceux qui discutent des « grands problèmes ». Elle est le résultat de transformations qui concernent tout le monde, que tout le monde peut constater, dont tout le monde fait ou fera l'expérience en soi-même et autour de soi. C'est donc par le biais à la fois le moins perceptible et le plus efficace que cette révolution opère ses effets : celui de la banale quotidienneté de tout un chacun. Et cela sur rien moins que sur les rapports entre la vie et la mort, la mort n'étant plus que rarement un accident de la vie et un échec de la vie (d'autant plus scandaleux qu'il est plus rare et que ses causes nous apparaissent alors comme étant à notre portée), mais nous apparaissant surtout comme faisant partie de la vie, comme en étant une étape, comme lui étant naturelle, comme n'étant plus l'ennemie ou la malédiction de la vie mais comme pouvant parfois même être pour la vie délivrance et bénédiction. Que d'habitudes millénaires vont s'en trouver changées, que de réflexes individuels et collectifs nous venant du fond des âges, que de mentalités, que de philosophies, que de rites! Faut-il ajouter : que de religions... Faut-il se demander comment une si radicale et si récente transformation des rapports entre la vie et la mort peut être intégrée par le christianisme, auquel il semble que soit si essentiel de considérer la mort comme l'ennemie de la vie, comme un accident qui ne devrait pas survenir à la vie (et ne lui serait pas survenu s'il n'y avait eu le péché), ce christianisme auquel il semble si essentiel d'annoncer une victoire définitive de la vie sur la mort? Avant de se poser la question, il convient de mettre en lumière d'autres aspects de la transformation que connaît actuellement notre expérience de la mort et de ses rapports avec la vie, autres aspects qui viennent d'ailleurs élargir et renforcer ceux dont je viens de parler.

L'acquisition d'une maîtrise médicale sur la maladie et la mort.

L'accroissement de la longévité tient beaucoup aux possibilités croissantes qu'a la médecine de combattre non seulement la mortalité infantile mais la maladie tout au long de l'existence (jusqu'à prolonger à plus ou moins bon escient la phase de sénilité). Nous sommes désormais si habitués – du moins en Occident – à recourir à la médecine et à compter sur son efficacité que nous n'arrivons même plus à nous représenter que, pendant des millénaires et jusqu'à il y a à peine un siècle, les êtres humains n'avaient aucun savoir ni aucun pouvoir sur la maladie et la mort. L'une et l'autre étaient des faits à la fois quotidiens, immédiatement constatables et complètement mystérieux : on les connaissait bien pour tant les subir, elles étaient de maléfiques compagnes familières de l'existence, mais on ne savait rien d'elles. Il n'est pas surprenant que les humains leur aient cherché des causes dans le monde supérieur et caché des esprits : anges ou démons, saints et saintes ou diables, Dieu lui-même ou Satan. Mais si le recours à de telles causes pouvait éventuellement fournir des explications dont il fallait bien se satisfaire, il fournissait plus difficilement des remèdes, d'autant qu'il ne suffisait pas d'honorer le pouvoir de ces instances, il fallait savoir mériter le concours des favorables et se prémunir contre l'action des néfastes, ce qui était forcément problématique et pouvait toujours servir à expliquer leur non-intervention sans remettre en cause la foi en leurs pouvoirs. La gravité de la mort exigeait qu'on la considère comme ne relevant pas d'instances subalternes mais de Dieu lui-même, ou d'un esprit mauvais d'une puissance digne d'approcher celle de Dieu. La mort était donc spontanément vécue comme une intervention personnelle de Dieu dans la destinée d'un être humain : son heure était fixée par lui, c'était lui qu'il fallait prier – directement ou par l'intermédiaire de ses saints – pour obtenir qu'il en diffère le moment, mais de toute façon la mort d'un être humain était le fait de la volonté de Dieu, de son « bon plaisir » (au sens louis-quatorzième du mot), comme en témoigne encore aujourd'hui la phrase que l'on peut lire tous les jours dans nos journaux français à la rubrique des décès : « Il a plu à Dieu de rappeler à lui... »

J'ai étudié ailleurs ce qui se joue dans cette conviction que notre mort, comme notre conception, est le résultat d'une intervention personnelle de Dieu et quelle représentation de nous-même cherche à s'y fonder. Pour le moment, je veux insister sur l'effet qu'a, sur une telle représentation de la mort, l'usage habituel et banal que nous faisons de la médecine. Car si cet usage transforme la représentation que nous avons des rapports entre la mort et la vie, ce n'est pas parce que la médecine s'attaquerait de front et de façon théorique à l'idée que la mort est le résultat d'une intervention personnelle de Dieu qui en fixerait l'heure. De façon moins ostentatoire mais plus efficace, la médecine change elle-même l'heure de cette mort de façon maintenant si habituelle et si quotidienne que nous en venons à être scandalisés quand elle n'y parvient pas et que nous sommes prêts à traîner pour cela les médecins devant les tribunaux car ils nous semblent forcément coupables de n'avoir pas su en changer l'heure. La liste des maladies mortelles que la médecine peut guérir ne cesse de s'allonger, celle des nouvelles techniques permettant des interventions jusqu'alors réputées impossibles, voire inconcevables, s'allonge aussi, ce qui était encore hier recherche de laboratoire ou technique de pointe, voire futurologie, devient pratique courante.

Ceci change doublement la représentation de la mort : d'une part, comme je l'ai dit, à mesure que l'action contre la maladie a plus de succès, il devient de plus en plus empiriquement constatable que la mort n'est pas de soi le résultat d'une maladie ou d'un accident, mais qu'elle est naturelle à l'organisme vivant et qu'à la limite on finira par mourir, non pas du fait de la maladie, mais du simple fait d'être un vivant (la seule maladie mortelle incurable, diraient les cyniques). Mais d'autre part, et également à mesure que l'action contre la maladie a plus de succès, la mort devient une réalité empirique sur laquelle on a savoir et pouvoir. Chaque fois qu'une nouvelle maladie mortelle est vaincue, c'est parce qu'on a tout d'abord compris le mécanisme qui lui permettait de mettre la vie en péril, et ensuite mis au point les différentes techniques d'intervention permettant de corriger ou d'annuler l'action de ce mécanisme. Lorsqu'on n'arrive pas à vaincre une maladie mortelle, c'est soit que l'on n'a pas encore découvert le mécanisme à l'œuvre, soit que l'on n'a pas encore découvert les techniques permettant d'intervenir dans ce mécanisme. Ces maladies et ces morts restent donc pour nous encore inconnues, mais il ne nous viendrait pas à l'idée de dire qu'elles sont mystérieuses, au sens où pendant des millénaires les êtres humains ont vécu la maladie et la mort comme des réalités mystérieuses relevant de pouvoirs qui n'étaient pas humains et leur étaient de ce fait cachés.

On comprend qu'après tant de millénaires d'inconnu et d'angoisse devant ce qui était pourtant le pain quotidien de l'existence, les êtres humains engouffrent un espoir démesuré dans la conviction que la médecine vaincra toute maladie, et même la mort, mégalomanie qui n'est pas moindre ni moins explicable que celle qui attribue la conception et la mort d'un être humain à une intervention personnelle et spéciale de la Trinité elle-même. On comprend aussi que ce que l'on appelle le pouvoir médical – et que l'on critique souvent à bon escient – tient moins à l'ambition des médecins et à la volonté de puissance de leur corporation qu'à la force formidable de la demande que leur adressent le besoin de vivre et la peur de souffrir et de mourir des vivants.

Il faut insister sur la transformation que vaut à notre représentation de la mort le fait d'en comprendre désormais les mécanismes et de pouvoir déjà très souvent les maîtriser, lorsqu'il s'agit de maladies et non point de la dégénérescence et de la mort naturelles au vivant. La mort n'est plus le fait de Dieu, encore moins celui d'esprits bons ou mauvais, elle ne relève plus de pouvoirs mystérieux qu'il faudrait essayer de se concilier et dont on peut concevoir qu'après tout ils pourraient nous en délivrer définitivement puisqu'ils en sont les maîtres. La mort est le fait de mécanismes biologiques, physico-chimiques, socio-économiques, etc., qui sont de même nature que les mécanismes régissant les autres phases de la vie (y compris la conception), dont nous ne connaîtrons sans doute jamais la totalité et qu'*a fortiori* nous ne maîtriserons jamais complètement. Mais le fait que quelque chose nous en échappera toujours tient à ce que notre pouvoir et notre savoir sont par nature limités et ne sauraient être parfaitement adéquats à la complexité de la réalité vivante (laquelle est pourtant elle aussi limitée), et ne tient nullement à ce que la mort (ou la conception) serait, à la différence des autres phases de la vie, un phénomène mystérieux dont par nature l'essentiel relèverait seulement du pouvoir et du savoir de Dieu. Cela ne signifie pas que le fait de la mort ne serait plus une question pour les vivants pensants que sont les humains, même s'ils parvenaient un jour au faîte des connaissances des mécanismes de la vie (et donc de la mort) qui seraient accessibles à leur intelligence. Mais cela signifie que cette question, voire ce mystère, de la mort ne peut être posée et vécue identiquement par des humains qui ont désormais l'expérience quotidienne et collective d'un savoir et d'un pouvoir efficaces sur la mort.

Il est encore trop tôt pour deviner quel sera l'impact essentiel de cette transformation : là encore, ce sont des habitudes millénaires, des réflexes nous venant du fond des âges, des mentalités et des rituels tutélaires qui sont en cause. Et ce à propos de rien moins qu'une des dimensions les plus puissantes et les plus obscures de notre vie individuelle et collective : notre rapport de vivants à la mort. Mais il est bien assez tôt pour prévoir que la représentation chrétienne des rapports entre la vie et la mort et que la représentation chrétienne de la mort comme résultat d'une intervention directe et immédiate de Dieu dans la vie d'un humain vont s'en trouver profondément modifiées. Et s'il est exact, comme je me suis efforcé de le montrer plus haut, que la représentation chrétienne de Dieu, de Jésus-Christ et de la vie de la foi était souvent trop inféodée à une certaine représentation de la mort et de ses rapports avec la vie, il faut prévoir qu'une modification de cette représentation de la mort ne sera pas sans d'importantes conséquences sur la représentation chrétienne de Dieu, de Jésus-Christ et de la vie de la foi.

La nécessité biologique de la mort pour la vie.

Ce qui résulte de la pratique de la médecine, en matière de représentation et d'expérience de la mort, amène tout naturellement à parler de ce qui peut, en cette même matière, découler de la représentation de la vie et de la mort avec laquelle nous familiarisent progressivement la biologie moderne et les sciences de la matière. L'histoire de la vie s'inscrit en effet dans l'histoire plus longue de la matière et de l'univers. Il nous apparaît bien plus nettement qu'aux siècles antérieurs que, de même que l'univers et la matière ont une histoire qui leur vaut de n'avoir pas toujours existé et de devoir un jour tout naturellement disparaître, de même la vie est un épisode à la fois très ancien et récent dans l'histoire de l'univers et de la matière. Il lui est naturel d'apparaître puis de disparaître, et ce de par la nature même des processus physico-chimiques et biologiques qui la définissent. La mort du système solaire est aussi naturelle que son apparition, l'une et l'autre tenant à des phénomènes dont nous ne doutons plus qu'ils soient du même ordre, même si leur nature exacte nous échappe encore et nous échappera sans doute toujours. La mort de la vie sur notre planète est aussi naturelle que son apparition, et là encore ce sont des phénomènes du même ordre qui sont à l'œuvre. La mort des individus vivants, y compris celle des individus appartenant à l'espèce humaine, s'en trouve déjà placée dans un contexte tout à fait différent, dont elle reçoit une autre signification.

La biologie constate de surcroît que la mort des individus est une des inventions les plus remarquables du processus de l'évolution, aussi bénéfique pour la vie que l'invention concomitante de la sexualité. J'aurai à revenir sur ce lien entre mort et sexualité comme les deux aspects complémentaires d'un même progrès de la vie lorsque je m'interrogerai, à propos de la représentation chrétienne de la sexualité, sur les raisons pour lesquelles le christianisme fait de l'abolition de la sexualité une des conditions en même temps qu'une des conséquences de l'abolition de la mort et de l'avènement de la vie éternelle ou de son anticipation dès ce monde-ci. Pour le moment, je veux souligner quel renversement de notre représentation de la mort opère cette constatation de la biologie que la mort des organismes vivants, en même temps que leur reproduction par mode de sexualité, représente un progrès considérable pour la vie.

Il faudrait introduire ici le meilleur de ce que plusieurs biologistes contemporains, et par exemple François Jacob dans *la Logique du vivant* (Paris, Gallimard, 1970), ont remarquablement expliqué. Sans reproduction sexuée, la vie est condamnée à la répétition du même : c'est la conjugaison des caractéristiques de deux géniteurs différents qui permet la différenciation des individus et le progrès de la vie par la combinaison, la promotion ou l'élimination de ces différences. Mais cela suppose et exige la mort des individus de la génération précédente : si les formes antérieures de ce qu'ils incarnaient ne disparaissaient pas, le jeu des combinaisons des formes nouvelles résultant de leur activité reproductrice sexuée ne pourrait se faire, et la vie serait condamnée à l'infinie répétition ou persistance du même, modifiée seulement par des processus beaucoup moins riches et variés de transformation comme ceux qui prévalaient avant l'apparition de la mort et de la sexualité.

Il s'avère donc que la mort des vivants est la fille de la vie dans la mesure où c'est la vie qui a inventé la mort, et que loin d'être son contraire et son ennemie, elle est une condition de son progrès : sans doute le progrès le plus remarquable de toute l'histoire de l'évolution, dit François Jacob. Il s'avère aussi que la mort des individus est en quelque sorte la mère de la vie, dans la mesure où c'est cette mort qui rend possible la progression de la vie : loin d'être une malédiction pour la vie, la mort est une bénédiction pour la vie elle-même et pour les individus vivants des générations postérieures. Quel extraordinaire retournement de notre conception habituelle des rapports entre la mort et la vie, en tout cas quel extraordinaire retournement des rapports antinomiques entre mort et vie qui semblent si consubstantiels au christianisme que celui-ci s'estime en péril d'être ruiné dès qu'on s'interroge sur ce caractère véritablement antinomique des rapports entre la vie et la mort. Faut-il se demander si le christianisme peut intégrer une autre conception de ces rapports, ou faut-il penser que le christianisme est irrémédiablement lié à une conception désormais intenable des rapports entre vie et mort?

On sera sans doute porté à répondre que la question ne se pose pas ainsi, car ce que la biologie nous apprend ne serait vrai que de la matière vivante mais non de cet être pensant qu'est l'homme, et que l'extraordinaire supériorité de la pensée sur la vie non-pensante fait que se pose tout autrement, lorsqu'il s'agit des êtres humains, le problème du rapport entre vie et mort [10].

La biologie serait la dernière discipline scientifique à vouloir nier l'extraordinaire différence entre la vie humaine, avec tout ce que rend possible la pensée, et les formes infra-humaines de la vie. Les biologistes reconnaissent que cette apparition de l'homme et de la pensée représente un seuil aussi décisif dans l'histoire de la vie que l'apparition de la sexualité et de la mort, et dont l'originalité est telle qu'elle interdit de penser l'avenir de l'évolution dans les mêmes catégories et selon les mêmes lois que tout ce qui précédait. Mais ils ne pensent pas pour autant que cette apparition annule ce qui reste vrai de la reproduction sexuée et de la mort comme conditions nécessaires et favorables de la vie, y compris de la vie des humains. Et le penseraient-ils (ce qui n'est d'ailleurs pas le cas), que la preuve du contraire serait apportée par des disciplines qui s'occupent, elles, de ce que l'être humain a de spécifique.

Les figures historiques de la condition humaine sont mortelles.

Les disciplines historiques, en effet, prennent ici le relais de la biologie pour montrer qu'à propos des plus hautes productions de l'esprit humain et de ses activités les plus nobles, la mort n'est pas le contraire de la vie mais en est – comme pour la vie biologique – une condition *sine qua non* et favorable. Comment cela? Tout d'abord, nous avons appris que les civilisations sont mortelles. Elles meurent non seulement parce qu'elles seraient anéanties par d'autres civilisations ou qu'elles se ruineraient elles-mêmes par leurs propres errements (l'un et l'autre arrivent), mais parce que, comme au système solaire, à la planète Terre et aux espèces vivantes, il leur est aussi naturel de disparaître que de naître. Ce que l'on interprète comme les errements conduisant à leur décadence n'est d'ailleurs parfois rien d'autre que ce que sont les signes de la dégénérescence sénile chez les individus. Nous sommes désormais presque aussi familiarisés avec les sciences historiques qu'avec l'usage de la médecine. Nous avons donc bien du mal à nous rendre compte de ce qu'a apporté de radicalement nouveau la possibilité où nous mettent les sciences historiques de constater que la condition humaine s'est déjà depuis cinq millénaires (la plus longue durée de l'espèce humaine antérieure à l'histoire n'ayant laissé aucune trace) réalisée de bien des manières différentes, avec des conceptions fort différentes des dieux, des humains, de la vie et de la mort.

Cette pluralité à travers le temps et l'espace nous familiarise déjà avec la contingence des figures historiques de la civilisation; mais en même temps que leur contingence, nous sommes amenés à découvrir non seulement leur caducité mais le caractère naturel de cette caducité. Les langues naissent et meurent, les arts naissent et meurent, les institutions naissent et meurent, certaines façons de s'aimer et de se haïr, certaines façons qu'ont les humains de s'assembler, les morales, les philosophies naissent et meurent. Les religions aussi. Certes, l'histoire permet à quelque chose de tout cela de survivre. Mais, d'une part elle fait bien plus vivre la reconstruction que nous en faisons à un moment donné (chaque siècle a son Moyen Age ou son Athènes) qu'elle n'en ferait survivre ce qui a réellement existé; d'autre part, si l'histoire permet de savoir ce que fut, par exemple, la langue latine et d'en comprendre les monuments, l'histoire ne fait pas que des êtres aiment, haïssent, commercent, pensent, échangent en latin. Il en va de même pour les institutions, les arts ou les philosophies : on peut lire Platon ou Thomas d'Aquin, on peut à la rigueur se vouloir platonicien ou thomiste (l'expérience montrant, par l'extrême diversité des manières contradictoires de l'être, qu'on ne peut l'être vraiment), on ne pense pas par soi-même et en soi-même comme Platon ou Thomas d'Aquin : il n'y a pas de « *philosophia perennis* » [11].

C'est là une des réalités qui ont amené la pensée occidentale à découvrir le caractère radicalement historique de la condition humaine, ce qui ne signifie pas seulement (comme l'ont cru certains penseurs chrétiens cherchant à introduire l'histoire dans la pensée chrétienne) que l'être humain et ses institutions sont sujets à chronologie, à développement, à généalogie et à diversité dans le temps et dans l'espace, mais ce qui signifie qu'il est essentiel à l'être humain de ne se réaliser que dans des figures contingentes, historiques et caduques de sa condition. La grandeur de l'homme n'est pas d'échapper à ces contingences pour exister en dehors ou au-dessus d'elles, mais d'effectuer la figure historique de sa condition qui peut être la sienne. La caducité de ces figures historiques peut être exprimée en disant qu'elles sont mortelles, et que leur mortalité ne tient pas à leurs éventuelles imperfections mais au fait qu'elles relèvent de la condition humaine.

Tout cela est devenu évidence pour nombre de contemporains. Mais il suffit de fréquenter les siècles antérieurs pour comprendre à quel point leur était étranger ce sens de l'historicité des figures de la condition humaine (qui est tout autre chose que le relativisme, le scepticisme ou le cynisme inspirés par la vanité des choses humaines). J'ai déjà eu l'occasion, dans la première partie de ce livre, de souligner combien il semblait difficile aux croyants d'admettre cette historicité à propos des figures historiques de leur foi en Dieu, en Jésus-Christ ou à propos des institutions que s'est donnée la vie chrétienne (comme les formes de la vie religieuse), et à quel point il est nécessaire que s'opère une véritable décomposition de ce qui prétendait pouvoir exister en dehors ou à côté de cette historicité, pour que puisse resurgir ce qui pourra être effectué dans les conditions historiques concrètes qui seront celles des générations à venir, les nôtres devant sans doute accepter de se consacrer à la moins exaltante mais indispensable décomposition qui s'impose.

Il est inévitable que la transformation de la représentation que nous pouvons nous faire du caractère naturel de la mort des civilisations et de toutes les œuvres de l'esprit humain engendre une transformation de la représentation que nous nous faisons du caractère naturel ou non de la mort des êtres humains. Mais, comme à propos de ce avec quoi nous familiarise la biologie, il y a plus, et dont la conséquence est de plus grande importance. C'est que la mort des œuvres de l'esprit est aussi bénéfique à la vie de l'esprit que celle des individus vivants l'est pour la vie de l'espèce à laquelle ils appartiennent. Il suffit pour s'en convaincre de visiter une de ces églises néo-gothiques dont la restauration catholique a couvert la France de 1830 à 1930 : on voulait ignorer que l'art gothique était mort, on croyait qu'il était bon de le faire revivre ou plutôt qu'il suffisait de le réveiller puisqu'il n'était pas mort. Le résultat en est une série d'édifices dont toute beauté est bannie : elle y était même impossible, car elle y était mort-née. En même temps que l'on produisait ces horreurs, on empêchait un autre art d'advenir et de vivre, d'effectuer sa forme à lui de beauté. Il en est allé de même pour les constructions – intellectuelles cette fois-ci – que cette même restauration a voulu édifier : la néo-scolastique, le néothomisme n'étaient pas seulement voués à la mort dès leur naissance à cause du propos même qui les inspirait (croire qu'une philosophie, une théologie pouvaient être pérennes), ils furent également un obstacle et un étouffoir pour les théologies dont les communautés croyantes auraient dû pouvoir être la source et qu'elles auraient pu se donner pour l'intelligence de leur foi.

La mort des formes historiques concrètes de l'art, de la pensée, est la condition *sine qua non* et bénéfique de la vie de l'esprit. L'art roman fut une grande entreprise et ceux qui l'aiment aujourd'hui peuvent encore en jouir, même si beaucoup de siècles ultérieurs l'ont méprisé et même si d'autres siècles à venir le mépriseront ou l'admireront sans doute de nouveau (en attendant que toute trace, de pierre ou de papier, en ait disparu). Mais un jour des humains ne s'y sont plus retrouvés eux-mêmes et ont inventé l'art gothique, non par versatilité, par mode, par rivalité ou par incompréhension, mais pour pouvoir être eux-mêmes : l'art roman était mort en tant qu'art vivant. Et c'était bien ainsi. Il est bon que les civilisations meurent : l'égyptienne, la grecque, la romaine, la médiévale. L'occidentale du XXe siècle mourra aussi. Et ce sera bien. Si les civilisations ne mouraient pas, ce serait la civilisation qui mourrait. Si les langues ne mouraient pas, ce serait le langage qui mourrait. J'ai dit dans la première partie de ce livre quelles décompositions s'imposent, et combien elles sont onéreuses, aux figures historiques à travers lesquelles la foi chrétienne s'est effectuée, décompositions qui sont d'autant plus nécessaires et éprouvantes que ces figures historiques se sont prétendues intangibles, infaillibles et définitives. Si ces figures historiques ne meurent pas, ce sera la foi qui mourra. Ici encore, la mort n'est pas le contraire de la vie, mais à la fois sa fille et sa mère, à moins qu'elle ne soit sa sœur jumelle, l'un n'empêchant pas l'autre comme le montre la figuration des vœux de l'inconscient.

Faire l'expérience du caractère non seulement naturel et inéluctable mais nécessaire et bénéfique de la mort des figures historiques de l'art, de la pensée, de la civilisation et même de la foi chrétienne n'est pas si facile. Même si par certains aspects de lui-même l'être humain y consent et y adhère parce que quelque chose de la vie se trouve désenchaîné et promu par une telle expérience, tout se passe comme s'il y résistait par l'essentiel de lui-même. Cette nouvelle représentation des rapports entre la mort et la vie suscite une résistance particulièrement forte en christianisme, parce que l'expérience dont elle procède a des conséquences troublantes sur les représentations de la mort et de la vie que le christianisme pense lui être consubstantielles. En effet, la mort des êtres humains se trouve affectée de significations différentes par toutes ces morts dont on pourrait dire qu'elles sont son contexte.

La mort est-elle l'ennemie de la vie que Dieu veut nous donner?

Si l'accroissement de la longévité nous rend témoins du caractère naturel de la mort des individus, si l'usage de la médecine ne nous fait plus éprouver la mort comme un mystère relevant directement d'une action personnelle de Dieu mais comme un événement empirique sur lequel nous avons savoir et pouvoir, et une phase de la vie relevant des mêmes processus que toutes les autres phases de la vie, si la biologie nous apprend que la mort est une des plus grandes et des plus efficaces inventions de la vie et que la mort des individus est bénéfique pour la vie de l'espèce, si l'histoire nous apprend que la mort des figures concrètes à travers lesquelles s'effectuent la civilisation, l'art, le langage, la pensée, la religion, est une condition *sine qua non* et favorable de la vie des humains en ce qu'elle a de plus noble, alors ne sommes-nous pas insensiblement mais inéluctablement poussés à oser dire que la mort des individus est non seulement inéluctable et naturelle mais bénéfique pour la vie et bénéfique pour la vie des autres individus? Puisqu'on ne peut indéfiniment contourner l'obstacle en usant de l'euphémisme « la mort des individus », ne serons-nous pas amenés à dire que notre mort, la mort de ceux et de celles que nous aimons, si cruelle et dévastatrice qu'elle puisse être lorsqu'elle est accident, est non seulement inéluctable et naturelle, mais bonne, condition *sine qua non* et bénéfique sinon de notre propre vie ou de la leur, en tout cas de la vie d'autres hommes et d'autres femmes que nous aimons, de la vie, tout simplement de la vie que nous aimons?

Pour ceux d'entre nous qui sont croyants, comment notre foi peut-elle réagir à l'évocation d'une telle conception de la mort? Que devient notre Dieu, que devient notre Sauveur Jésus-Christ si la mort n'a plus une signification telle que le salut qui nous vient de Dieu et par lequel Jésus-Christ se trouve défini n'a pas pour fonction essentielle de nous délivrer de la mort? Faut-il dire aussi que la mort n'est pas l'ennemie de la vie que Dieu veut nous donner, pas plus qu'elle n'est l'ennemie d'aucune autre forme de vie? Faut-il dire que ce dont Dieu aurait à nous sauver, ce serait non pas de la mort mais de ce qui mettrait en péril la vie qu'il veut nous donner (ce que nous appelons le péché), de même que toutes les entreprises humaines – médicales, biologiques, culturelles, voire religieuses – n'ont pas pour but de nous délivrer de la mort, puisqu'elle est connaturelle à notre vie, mais de tout ce qui peut mettre en péril la qualité de cette vie, aussi longtemps qu'elle est possible?

A ces questions, à ce radical questionnement, je n'ai pas de réponse. Qui plus est, je m'interdis d'en avoir, et je diffère aussi fortement que je le puis toute tentative de réponse. Non parce que je penserais *a priori* que la question est sans réponse (peut-être d'ailleurs l'est-elle), mais parce que j'estime que je ne suis pas encore en état d'y répondre puisque je commence à peine de me la poser. Encore ceci ne m'est-il pas propre et ne tient-il pas aux caractéristiques de ma personnalité ou aux vicissitudes de ma trajectoire personnelle, mais tient à la conjoncture générale des chrétiens d'Occident. Il nous faut d'abord séjourner sur l'autre versant. Or, non seulement nous n'y avons pas encore suffisamment séjourné, mais nous le pressentons seulement, faute de nous y être déjà rendus. A peine les plus aventurés d'entre nous commencent-ils d'en entrevoir les contours : tout juste commencent-ils à flairer que l'air y est autre, l'atmosphère différente, les couleurs et les formes dissemblables, qu'autre aussi y est le rapport entre la vie et la mort.

A vouloir répondre trop vite à cette question qui ne peut évidemment que nous tarauder, nous risquons d'importer avec nous sur cet autre versant des réponses, et même des façons de poser les questions, qui étaient vraies sur le versant de nos origines, de nos traditions, de nos passés, mais qui ne peuvent plus l'être de la même manière sur ce versant dont je viens de montrer, de façon pourtant bien fragmentaire et superficielle, à quel point il était autre. Il ne s'agit pas de coloniser cet autre versant avec nos anciennes conceptions. Il ne s'agit pas davantage de l'évangéliser, si l'on entend par là (comme ce fut parfois le cas) l'importation dans une culture différente d'une forme historique particulière et contingente du christianisme, si adéquate qu'elle ait pu être à la culture qui l'avait engendrée. Le ferions-nous que nous y briserions contre cette altérité ce que nous pensions pouvoir lui imposer, ou nous la briserions en lui imposant ce qui ne saurait lui convenir, empêchant la vie de croître sur cet autre versant sous la forme nouvelle qui doit y être la sienne, empêchant l'Évangile d'y croître sous la forme nouvelle qui doit y être la sienne. Nous sommes seulement à l'aube de ce monde différent, dont je ne prétends pas qu'il sera nécessairement meilleur que le précédent, mais dont je dis seulement qu'il sera autre. Sans doute même n'en sommes-nous pas encore à l'aube de ce nouveau monde, mais seulement au crépuscule de ce monde qui fut le nôtre.

Aussi avons-nous peur de la nuit, aussi voulons-nous faire rebrousser chemin au temps. Les plus âgés d'entre nous – je ne suis pas loin d'en être – se retournent vers les lueurs encore vives de leur passé. Les plus jeunes sont dans la nuit, entre deux mondes, entre deux vies. Il nous faut les uns et les autres essayer au moins de vivre déjà quelques-unes des expériences typiques de ce monde nouveau. Il nous faut patiemment nous laisser imprégner par ce qui en existe déjà, par les effluves de ce que le vent déjà nous apporte de sur cet autre versant. Il y faudra du temps, beaucoup de temps. La nuit sera longue, la marche nous semblera peut-être interminable. Et ce d'autant plus que nous étions plus profondément marqués par ce monde ancien dont nous étions les sujets, parfois les artisans, parfois même les princes ou les prêtres.

C'est pourquoi je m'interdis toute réponse précipitée à cette question de la mort. C'est pourquoi je crois de mon devoir – et de mon honneur – d'homme et de croyant de m'en tenir à cette certitude qui est mienne : en rester à l'ancienne et tutélaire conception des rapports antinomiques entre la vie et la mort, même si elle est canonisée par les formes les plus habituelles du christianisme, ne peut à long terme que tuer la vie aussi bien que la foi, au lieu de les faire vivre. De m'en tenir aussi à ce qui n'est pas certitude mais foi : que Dieu est vivant, qu'il est pour nous, par Jésus-Christ et dans l'Esprit, source de vie. Et d'attendre, en y contribuant comme je puis, que les générations à venir aient pu construire la figure historique de ce Dieu qui conviendra à la civilisation qui sera la leur. Sur cet autre versant. Confiant, comme je le suis, qu'à la fin de mes jours je pourrai remettre ma vie entre les mains de Dieu, ou qu'en tout cas il la recueillera si je n'ai plus les forces et la conscience nécessaires pour la lui remettre. Non pas parce que je crois qu'il la transmuera en vie éternelle : encore une fois, je ne le crois pas. Mais comme je la remettrai à ceux et à celles qui m'aiment, s'il en est encore autour de moi et si je puis encore être en relation avec eux. Ma vie, c'était moi; c'est donc tout ce que je pourrai leur remettre, puisque déjà c'est tout ce qu'aujourd'hui je puis leur donner. Je crois qu'ils et elles feront un peu mémoire de moi. Et puis un jour cette mémoire s'éteindra avec eux. Mon sort sera celui de tous les vivants : disparaître dans le flux de la vie et de la mort dont ils m'avaient fait naître, dans lequel ils m'avaient porté.

De Dieu, je crois que sa mémoire est, comme lui, éternelle. La mémoire qu'il fera de moi – comme de tout vivant, comme de toute œuvre de ses mains – ne mourra pas. Je n'y vois aucune forme de survie pour moi. Mais j'y vois une forme de cette fidélité de Dieu à lui-même et à ses créatures humaines qu'il a faites à son image et desquelles il veut bien se faire connaître. Il est déjà invraisemblable, incroyable, que Dieu fasse mémoire de moi comme de toutes ses œuvres. Il est déjà invraisemblable qu'une créature laisse cette trace en celui qu'on croyait l'Immuable, l'Intangible. C'est là, comme disait le peintre Turner devant une toile qu'il venait de peindre, devant cette trace qu'il venait de laisser de lui-même, c'est là un grand mystère. Comprendra-t-on que le peu dont je sache en accueillir l'écho me parle bien plus de Dieu et de sa fidélité que de ma résurrection et de celle des humains? Comprendra-t-on que le bruit que fait une certaine fureur de vivre autour de la résurrection m'empêche de prêter l'oreille à l'écho qui m'y viendrait là de Dieu : « le bruit léger d'un silence ténu », comme lorsque le Seigneur passa près d'Élie en laissant sa trace... Comprendra-t-on qu'il me semble plus urgent, plus capital d'épier ce bruit léger, d'épier aussi ce qui peut de la vie pousser sur l'autre versant, ce que la vie peut entendre de la mort sur l'autre versant? Et qu'il me faudrait, si j'étais plus jeune, moins marqué par l'ancien monde, moins empêtré, moins paralysé par l'angoisse, tout lâcher là, quitter Ur et la ville de mes pères pour me rendre sur cet autre versant? Ah! qu'au moins je puisse un peu en faire vibrer l'air, en faire pressentir à tâtons la couleur. La vie est-elle rien d'autre que cet amour de la vie? Sommes-nous rien d'autre que cela, nous qui sommes vivants?

Et la souffrance des hommes? Et la justice de Dieu?

Et les morts, qu'en faites-vous? La fureur de la mort, et les larmes, et le sang, et les pleurs, et les vies dévastées, qu'en faites-vous? me dira-t-on. C'est cela votre bonne nouvelle : le bruit léger d'un silence ténu, l'attente stoïcienne et distinguée mais nébuleuse d'une éventuelle différence de rapports entre vie et mort? Comment dire cela à ceux qui souffrent, comment faire espérer ceux que la mort et la souffrance ont anéantis, de quel poids cela pèse-t-il devant l'évocation de ces milliers, de ces milliards d'êtres humains dont la vie n'a été que misère ou qui ont à peine eu le temps de vivre, tout juste le temps de souffrir et de mourir? D'aucun. Cela ne pèse d'aucun poids. Le malheur, la souffrance, l'inutilité, le scandale de ce que furent, de ce que seront encore tant de vies, je ne puis rien en dire, sinon qu'effectivement ils sont malheur insupportable, scandaleuse souffrance, absurde inutilité. Je puis seulement lutter, de toutes mes faibles forces, nous pouvons seulement lutter de toutes nos forces – qui pourraient n'être pas si faibles – contre ce qu'il en est aujourd'hui et contre ce qu'il en sera demain. Mais je sais bien que le succès ne sera que partiel, que l'échec reste l'échec.

Comment oser dire, comment oser écrire, penser cela? Comment penser être encore croyant en disant cela? On me fera peut-être le crédit de croire que ce n'est pas pour de faibles raisons. Auraient-elles été faibles qu'elles n'auraient pu s'imposer à tout ce qui en moi s'opposait farouchement à ce que j'en vienne à penser ainsi, encore moins auraient-elles pu s'imposer à tout ce qui autour de moi s'en prend furieusement à moi parce que j'en suis venu à penser ainsi. Comme je l'ai déjà dit, l'attitude des incroyants face à la mort et à la vie m'a beaucoup appris sur la mort et la vie, mais aussi sur Dieu. Les croyants me disent que mon attitude à l'égard de la mort et de la souffrance est irrecevable par son mélange de légèreté et de désolation, irrespectueuse et méprisante à l'égard des souffrances du passé, démobilisante et désespérante par rapport à celles du présent et de l'avenir. Mais comment les croyants qui m'adressent ces reproches ne s'aperçoivent-ils pas qu'ils sont entourés d'incroyants qui pensent les mêmes choses que moi des rapports entre la vie et la mort, et que la vie de beaucoup de ces incroyants, leurs luttes et leurs efforts, leur dignité et leur espérance, leurs réussites et leurs révoltes, prouvent plus qu'à l'envi qu'ils n'ont aucun mépris, aucune légèreté à l'égard des souffrances du passé, ni aucune lâche résignation devant les souffrances à venir? Comment ces croyants ne s'aperçoivent-ils pas qu'il y a d'autres façons que la leur de respecter l'échec, la souffrance et la mort, d'autres façons que la leur d'être blessé à l'âme et au corps par le malheur, d'autres façons que la leur d'espérer que tout n'est pas vain dans le combat pour le bonheur et la vie? Comment ne s'aperçoivent-ils pas qu'il y a d'autres façons de subir la mort et d'aimer la vie que de croire en la résurrection?

Certes, le fait qu'il y ait d'autres façons ne discrédite pas la leur. Sauf en la mesure où elle se prétend la seule, où elle se prétend la plus respectueuse de la souffrance et la plus grosse d'espérance. Or, après ces années où je me suis vu tant accuser par eux, je dois à la vérité de témoigner que l'intensité – et parfois la fureur – des reproches qu'ils m'adressaient prouve que, pour nombre de croyants, leur foi en la résurrection des morts est à leurs yeux non seulement la meilleure mais la seule façon de respecter la souffrance de ceux qui souffrent et de soutenir l'espoir des vivants. Que leur foi en soit une façon, qui le nierait? Qu'elle soit la seule, qui pourrait l'accepter? Combien de fois pourtant ne me suis-je pas fait dire ces dernières années que je méprisais la souffrance de ceux qui souffrent, combien de fois ne m'a-t-on pas brandi la souffrance et la mort pour m'accuser de les minimiser, de les méconnaître ou de les mépriser puisque je ne croyais pas en la résurrection des morts? Combien de fois ne m'a-t-on pas dit, en ces termes ou en d'autres : « Ou bien vous croyez en la résurrection des morts, ou bien vous êtes un salaud et un inconscient pour tant mépriser la douleur et la misère. »

Je l'ai dit : la rencontre qu'il m'a été donné de vivre, du fait de mes opinions avec la mort et avec ce qu'elle inspire, est sans doute assez originale. Elle m'autorise à tenir désormais pour certain que ceux qui croient en la résurrection des morts discréditent l'éventuelle validité de leur croyance en affirmant avec ce terrorisme fébrile que cette croyance est la seule façon de respecter la souffrance et la mort. En aurais-je douté jusqu'alors que leur attitude aurait suffi à me convaincre qu'il est de mon devoir – et de mon honneur – d'homme et de croyant de refuser le dilemme où ils voulaient m'enfermer. Comme être humain, je n'ai pas le droit d'insulter ainsi la manière dont tant de ceux qui ne croient pas en la résurrection des morts respectent eux aussi la souffrance, la douleur et la mort et souffrent de l'échec et de l'absurdité. Comme croyant, je n'ai pas le droit d'accepter une telle manière d'assurer la vérité de la foi. Car non seulement elle ruine ce qu'elle prétend fonder en lui prêtant une exclusivité que de fait elle n'a pas, mais elle aboutit à une conception de Dieu et de son rapport à la souffrance humaine qui n'est pas plus satisfaisante – loin s'en faut – que celle qui m'est reprochée.

Il m'est reproché de ne pas faire droit à la justice de Dieu en ne croyant pas à la résurrection des morts. On me concède que si Dieu ressuscite les morts, ce n'est point pour honorer une immortalité qui ferait partie de la nature humaine et pour opérer en quelque sorte une restauration « *ad integra* ». Mais on m'assure que si Dieu opère ce bouleversement radical qui rend éternels des êtres mortels, c'est pour faire droit à sa propre justice, par fidélité à lui-même, parce qu'il ne saurait être fidèle à lui-même en laissant tant de douleurs inconsolées, tant d'échecs sans remèdes, tant de souffrances et de larmes sans restauration. C'est donc pour être vraiment Dieu, pour honorer ce qu'il se doit d'être, que Dieu se devrait – plus encore à lui-même qu'aux humains – de les ressusciter de la mort. C'est donc ce Dieu, plus encore que ces humains, que je méconnaîtrais et mépriserais en n'y croyant pas. Le dogmatisme et la fureur avec laquelle certains croyants m'ont adressé cette accusation m'ont moins fait réfléchir que l'amitié un peu désolée avec laquelle certains autres ont essayé de me persuader : j'y étais d'autant plus sensible que me séparer d'eux sur ce point essentiel m'était un déchirement. Mais comment accepter le type de Dieu et de rapport de Dieu à la souffrance à quoi condamne – qu'ils le veuillent ou non – leur façon de voir? Je ne pouvais manquer de la trouver encore moins acceptable que la mienne, cette dernière ayant sur la leur l'avantage supplémentaire qu'elle ne prétend pas être une réponse à la question du mal, ni rendre cette question soluble et ce mal supportable, ce qu'ils ne sont ni l'un ni l'autre.

Car si ce que sa justice inspire à Dieu, c'est que toute larme, toute souffrance, tout échec, toute absurdité, toute mort de ce monde-ci se trouvent effacés et re-compensés dans un monde devenu autre qui serait le monde selon son dessein, comment expliquer que cette même justice de Dieu puisse supporter le formidable poids de la souffrance dans ce monde-ci? Il n'existe pas trente-six réponses, et mes amis sont sur ce point moins logiques que mes détracteurs ou mes censeurs : la seule réponse possible est que la justice de Dieu ne le supporte pas, mais qu'elle se voit mise en échec par le péché des êtres humains. C'est le péché qui est la cause de la mort et de la souffrance : que la justice de Dieu triomphe du péché en Jésus-Christ, comme nous le confessons tous (car je le confesse aussi), et la mort comme la souffrance seront vaincues.

J'ai trop longuement insisté dans *Quand je dis Dieu* sur ce qu'avait d'inacceptable le lien entre péché et contingence pour y revenir ici. Je me contenterai de souligner à nouveau deux points décisifs en la présente matière. Tout d'abord, il nous est impossible d'assigner purement et simplement au péché des hommes le fait, par exemple, que des centaines et des centaines de milliers d'êtres aient connu un niveau de vie presque infra-humain pendant les nombreux millénaires qui ont vu notre espèce évoluer en tâtonnant vers ses formes les plus récentes. De même nous est-il impossible d'assigner au péché le fait que des millions et des millions d'êtres aient vécu un type de vie guère plus satisfaisant avant que cette forme la plus récente de l'espèce humaine ait opéré quelques-unes de ses conquêtes les plus importantes : le feu, puis l'agriculture et l'élevage, puis l'écriture, etc. Il est impossible d'assigner au péché le fait que, comme je l'ai rappelé précédemment, pendant des millénaires la moitié des enfants qui naissaient n'atteignait pas l'âge de quinze ans et que la moitié de ceux qui le dépassaient n'atteignait pas celui de trente-cinq ans. Il est impossible, à moins précisément de confondre péché et contingence, d'assigner au péché le fait que l'être humain est une créature historique et contingente, et qu'il est donc inéluctable et naturel que l'espèce humaine mette des millénaires à émerger de ses origines. Ceci ne diminue pas d'un iota le poids de souffrances, de malheurs, ou tout simplement d'in-humanité, de non-humanité que représentent tant de vies humaines passées ou, hélas, encore à venir. Mais cela disqualifie l'« explication » qu'en donnent les formes les plus courantes du christianisme en recourant au péché. Or, si ce n'est plus le péché qui « explique » cette mise en échec de la justice de Dieu et qui fait espérer en la re-compensation ultérieure résultant de la victoire de Dieu sur le péché, comment admettre que la justice de Dieu s'accommode de cette souffrance et de cette déchéance dont, encore une fois, le péché ne peut plus être considéré comme l'explication satisfaisante?

C'est ici le deuxième élément inacceptable d'une telle conception, plus inacceptable encore que le premier dans la mesure où il touche à la représentation de Dieu lui-même qui est en cause. Il faut déjà s'interroger sur la représentation de Dieu qui est à l'œuvre lorsqu'on invoque le péché pour interpréter l'existence du mal comme une mise en échec de la justice de Dieu par le péché. En effet, quel est donc ce Dieu dont la justice serait telle que le péché de l'homme suffise à lui mériter l'effroyable cortège de ses souffrances et de ses morts? La doctrine classique répond que la grandeur infinie du Dieu offensé explique et justifie le caractère infini de ce cortège. Quel admirable hommage, en effet, rendu à la justice divine, quel admirable hommage cette justice infinie se rend-elle à elle-même, quel admirable Dieu! Je préfère ma leçon de mépriser – puisqu'il paraît que je la méprise – la justice divine : au moins n'aboutit-elle pas à faire de Dieu un tel Baal monstrueux!

Il me faut reconnaître que nombre de mes contradicteurs ne recouraient pas à un tel argument et que, tout comme moi, ils trouvaient plaisir à ce que Jésus nous ait révélé que tel n'était pas Dieu et que tel n'était pas l'infini qui était en cause à propos du péché, mais l'infini de la miséricorde. Cependant, la représentation de Dieu à laquelle on aboutit alors ne pose pas moins de problèmes, même si elle est moins barbare. Si le péché n'est pas la cause principale et essentielle du malheur des humains (car il n'est évidemment pas question de nier qu'il puisse en être une cause majeure), comment et pourquoi la justice de Dieu s'accommode-t-elle de la souffrance et de toutes les formes de mort que connaissent les humains en ce monde-ci? Transportons-nous dans un de ces « hôpitaux » de Paris ou de Londres où l'on recueillait au XVIIIe siècle les enfants abandonnés : cinquante pour cent des enfants nés dans ces villes étaient abandonnés à la naissance et plus de quatre-vingts pour cent de ceux qui étaient recueillis dans ces hôpitaux mouraient avant l'âge d'un an. On me dit que je méprise la justice de Dieu en pensant que Dieu ne se doit pas de faire ressusciter ces milliers de nourrissons et les millions de leurs semblables à travers les siècles. Soit! Mais je ne vois pas en quoi la justice de Dieu peut s'accommoder, sous prétexte qu'un jour elle les ressuscitera, de l'effroyable gâchis que représentent dans l'ici et le maintenant de notre monde ces milliers, ces millions de nourrissons morts. Je trouve au contraire qu'une telle justice, si son propos était de faire vivre éternellement ces millions de nourrissons, est bien injuste envers eux (et envers leurs parents, dont la misère fut la principale raison de les abandonner), en permettant que tel soit leur sort. Et que c'est bien mépriser le poids d'un aussi effroyable gâchis que de penser – car c'est tout comme – que finalement, si douloureux que ce puisse être, ce n'est pas trop grave puisqu'ils ressusciteront. Quelle justice est-ce là, quel Dieu est-ce là, quel respect de la souffrance et de la mort est-ce là? Je n'y vois pas de quoi s'autoriser à donner des leçons de respect de la souffrance des hommes et de la justice de Dieu à quiconque ne croit pas en la résurrection des morts.

A dire vrai, la seule logique possible d'une telle conception de la justice de Dieu est bien celle qui recourt au péché de l'homme et qui explique le malheur de l'homme par son péché et sa punition en même temps qu'elle explique l'abolition de ce malheur par la rédemption du péché. Il me faudra donc revenir sur ce point capital lorsqu'il sera question, plus loin dans ce livre, de la culpabilité, du nouveau versant sur lequel nous emmènent les représentations nouvelles que nous pouvons nous faire de la culpabilité, et des conséquences que ces représentations nouvelles peuvent avoir sur le christianisme. Ici, je dois noter que, recourant ou non au péché, les représentations du mal et de la souffrance qui exigent de la justice de Dieu qu'elle les re-compense par la résurrection des morts représentent en fait une tentative des humains de s'assurer la maîtrise de leur souffrance et de leur mort, autrement dit de pouvoir maîtriser leur destin. Précisément parce que la souffrance et la mort sont ce qu'il y a de moins maîtrisable dans la vie, c'est d'elles qu'il faut à tout prix se rendre maîtres. Quitte à passer par l'intermédiaire de Dieu (car on n'oserait peut-être point se prévaloir directement d'une telle maîtrise), une certaine façon de croire en la résurrection permet aux hommes de s'assurer, au moins de façon vicariante, une certaine maîtrise sur leur destin. Qu'il faille – croyant ou non – apprendre à se dessaisir d'une telle maîtrise pour devenir mieux humain – et mieux croyant si croyant l'on est –, c'est ce que j'ai personnellement appris de la psychanalyse.

Dénégation de la mort
et vœu de sa maîtrise dans l'inconscient.

De la psychanalyse, j'ai jusqu'à présent très peu parlé. La raison en est la suivante : on a beaucoup reproché à mes positions de trop devoir à la psychanalyse. Je voulais donc ne pas la faire intervenir dans tout ce qui a précédé, afin qu'il soit clair qu'il y a bien d'autres raisons, n'ayant rien à voir avec elle, de se rendre sur l'autre versant, et qu'il est bien d'autres expériences qui changent notre représentation des rapports entre la mort et la vie. Bien d'autres motifs, également, de récuser l'assertion si fréquente chez les croyants selon laquelle la vie et la foi n'auraient pas de sens si les morts ne ressuscitaient pas. Cela dit, je me dois de la faire intervenir maintenant. D'une part, parce qu'elle a effectivement joué dans mon histoire personnelle un grand rôle. Sans elle, peut-être n'aurais-je pas pu percevoir toutes ces raisons, ces expériences, ces motifs dont j'ai parlé, qui n'ont pas de rapport avec elle et peuvent être perçus sans elle, mais que ma façon personnelle d'exister et de croire m'aurait peut-être empêché de percevoir, pour des raisons individuelles qui me restent encore aujourd'hui plus ou moins inconscientes. D'autre part, et quoi qu'il en soit cette fois-ci de mon histoire personnelle, la psychanalyse est incontestablement l'une des expériences et l'une des théories qui ont le plus profondément transformé notre représentation des rapports entre la mort et la vie; elle est par conséquent un des « lieux » les plus typiques de ce nouveau versant sur lequel il nous faut rendre et séjourner, un des « lieux » où apparaît le plus crûment et de la façon la plus déroutante ce que ce nouveau versant a de radicalement autre par rapport à celui où nous avions vécu et où tant de nous-mêmes vit encore.

Je n'en dirai pourtant que peu ici. Non pour éviter de déclencher les résistances que suscite souvent l'évocation, si ténue soit-elle, de la psychanalyse, car il est trop tard pour cela. Je sais par expérience qu'il suffit que quelque chose de la psychanalyse soit à l'œuvre – même tout à fait implicitement – dans un comportement ou un discours pour qu'ils suscitent ce genre de résistances. Quelque chose de la psychanalyse est à l'œuvre dans mes comportements et mon discours depuis trop longtemps pour que je puisse éviter de susciter ces résistances. Si je n'en dirai que peu, c'est pour deux raisons qui se rejoignent, l'une tenant à la nature de l'objet de la psychanalyse, l'autre à ma situation à son égard. Dans la mesure où l'inconscient est l'objet spécifique de la psychanalyse (la situation analytique instaurant un espace original de constitution et de manifestation de l'inconscient), dans cette mesure il ne m'est pas très facile, à moi qui n'en suis pas un praticien, de faire saisir et d'expliquer ce dont l'expérience ne me fait pourtant pas complèment défaut et dont je ne suis pas sans quelque connaissance théorique. L'inconscient ne serait pas l'inconscient si ses processus et ses productions pouvaient être expliqués et transmis comme les processus et les productions du conscient. Je puis donc seulement, vaille que vaille, m'efforcer de dire pêle-mêle quelques-unes des transformations que la psychanalyse me semble apporter à notre représentation des rapports entre la mort et la vie.

On s'étonne souvent de ce que Freud ait élaboré dans la dernière partie de sa vie une théorie duelle des instincts de vie et des instincts de mort : Eros et Thanatos, car cette théorie, de fait, n'est pas entièrement satisfaisante. Mais on néglige souvent de remarquer que si Freud s'y est néanmoins tenu, tout en la réaménageant, car lui-même n'en était pas entièrement satisfait, c'est parce que sa pratique de la psychanalyse le contraignait à constater cette intrication radicale – et constitutive de l'être humain – de ces deux grandes forces que sont la vie et la mort. Freud aurait pu changer de théorie (il en a souvent changé sur des points essentiels), mais il ne pouvait rester fidèle à ce que sa pratique lui apprenait de l'inconscient s'il s'éloignait de ces inextricables entrelacs de mort et de vie, forces plus complémentaires qu'opposées, de même que l'amour et la haine sont plus complémentaires qu'opposés; mieux encore vaudrait-il dire que l'amour et la haine ne sont que deux aspects de la même force qui n'existe pas en dehors de leur dualité, et que mort et vie sont les deux aspects de la même force qui n'existe pas en dehors de leur dualité.

Le rapprochement avec l'amour et la haine n'est pas arbitraire, car il s'avère que les vœux de mort sont une des forces les plus puissantes – et les plus « naturelles » et « normales » – de la vie psychique. Un minimum de familiarité avec notre inconscient ne nous fait plus éprouver les vœux de mort comme une pathologie de la vie psychique ou une force qui lui serait contraire : ce sont bien plutôt le refoulement et la dénégation de ces vœux – si inéluctables soient-ils – qui sont nuisibles à la vie psychique : non seulement à celle du sujet porteur de ces vœux, mais à celle de ceux qui en sont l'objet, car ceux-ci en sont d'autant plus atteints que ces vœux sont plus profondément refoulés ou déniés. On pourrait dire que ce ne sont pas les vœux de mort qui tuent ou qui abîment, mais bien plutôt leur dénégation et leur refoulement. En faire quasi quotidiennement l'expérience dans sa propre vie, que l'on sache ou non en faire la théorie, n'est pas le moindre des changements de notre expérience des rapports entre la mort et la vie que nous vaut la psychanalyse.

Un autre de ces changements tient à l'expérience qu'elle nous permet de faire du besoin de dénier la mort qui semble nécessaire à la constitution même de l'être humain comme sujet. Tout se passe comme si le sujet humain ne pouvait exister que grâce à l'exercice actif de cette dénégation de la mort et de sa propre mortalité, et comme si les processus et les comportements ainsi mis en œuvre étaient néanmoins ce qui risquait parfois le plus d'entraver, voire de paralyser et même d'anéantir, sa vie psychique. Comme je l'ai déjà dit, j'avais dans *Quand je dis Dieu* été trop sensible au deuxième aspect, et d'une manière qui m'occultait le premier. J'ai dit que c'étaient précisément des amis psychanalystes qui m'avaient fait remarquer que mon souci de déjouer les pièges où nous fait nous engouffrer notre besoin de dénier la mort me précipitait dans une méconnaissance de ce qu'avait de constitutif et de radical ce besoin. De même que ce ne sont pas les vœux de mort qui tuent la vie psychique mais bien plutôt leur refoulement et leur dénégation, de même ce sont éventuellement les processus et les comportements inspirés par le désir d'être immortel qui tuent la vie psychique, mais non ce désir lui-même, qui fait au contraire partie de ce qui est constitutif du sujet. C'est pourquoi, contrairement à ce qu'on imagine parfois, le processus psychanalytique n'a pas pour objectif de débarrasser l'être humain de ce désir, mais d'en déchiffrer les organisations et les figurations et d'en permettre l'identification. Un patient « bien analysé » (mythe malheureusement aussi réifié dans certaines pratiques de la psychanalyse que dans sa vulgarisation auprès du grand public) ne serait pas quelqu'un qui n'aurait plus besoin de dénier la mort, mais quelqu'un chez qui ce besoin s'effectuerait de façon à la fois moins cachée et moins néfaste pour lui-même et pour autrui. Ici encore, faire presque quotidiennement l'expérience de ce que ce vœu a de constitutif du sujet humain que nous sommes, et de ce que peuvent avoir de désastreux pour nous-mêmes et pour autrui certaines de ses effectuations, n'est pas sans changer profondément l'expérience que nous pouvons faire de ce qu'est le rapport entre la vie et la mort.

D'autant qu'une des effectuations les plus puissantes de cette dénégation consiste précisément à vouloir se rendre imaginairement maître de notre origine et de notre mort, bref de l'origine et de l'aboutissement de notre destin. Dans son livre *l'Enfant imaginaire* (Paris, Denoël, 1971), Conrad Stein a bien montré le rôle que joue, dans la constitution de l'individu comme sujet, le fantasme de coïncider avec sa propre origine, d'être à soi-même sa propre origine. J'ai été témoin de la rédaction de ce livre et j'ai vu ce qu'il en coûtait de parvenir à faire monter au jour et à formuler les processus les plus radicaux de l'inconscient. Mon inexpérience de la situation analytique comme analyste m'empêche d'aller aussi loin; au moins ai-je pu entrevoir une partie de ce qui est en cause. On peut deviner pourquoi coïncider avec sa propre origine serait aussi la seule façon d'échapper à la mort, puisqu'une telle coïncidence, en faisant que nous serions à la fois notre origine et notre œuvre propre et ne dépendrions plus de la génération de deux géniteurs mortels et de sexe différent, ferait de nous un être existant par lui-même, donc un dieu immortel sur lequel la mort ne saurait avoir de prise. Dès lors que notre existence ne dépend plus de nous-même mais de deux géniteurs mortels (on retrouve ici le lien entre la mort et la différence des sexes déjà mis en lumière par la biologie), nous devenons à notre tour des sujets mortels et marqués par la différence des sexes. Nous ne sommes plus les maîtres de notre destin : notre origine et notre fin ne sont plus notre fait, et nous ne disposons sur notre vie entre cette origine et cette fin que d'une maîtrise limitée, comme il est naturel à des êtres contingents.

J'ai montré ailleurs comment un certain type de foi religieuse pouvait servir à pallier imaginairement cette blessure narcissique incurable. Certes, cette foi ne permet pas au croyant de se situer directement lui-même à sa propre origine et à sa propre fin, ni de se conférer une maîtrise totale sur sa vie. Elle l'oblige au contraire à transférer sur Dieu cette maîtrise et à se représenter son origine et sa fin comme dépendant immédiatement et radicalement de Dieu. Mais le type de relation que ce genre de foi religieuse affirme par ailleurs établie par Dieu entre lui et les humains permet au croyant, par le biais du transfert sur Dieu de cette maîtrise totale sur son destin, de la récupérer certes seulement par mode de participation, mais néanmoins réellement. Croire que le mal et la souffrance du monde sont le résultat du péché de l'homme, c'est faire de l'homme la cause et la source de son destin, puisque même la justice divine se trouve mise en échec et que Dieu est contraint par la faute de l'homme de laisser celui-ci s'enfermer dans le destin dont il est responsable. Croire que le mal et la souffrance seraient abolis lorsque la rédemption l'aura emporté sur le péché, c'est certes faire dépendre de Jésus-Christ le destin des hommes (encore faut-il préciser qu'il est *vraiment* homme), mais c'est aussi le faire dépendre des humains eux-mêmes puisque, selon la valeur de leurs œuvres, les uns ressusciteront pour le bonheur éternel et les autres pour le malheur éternel.

On va même parfois plus loin dans l'extension de la maîtrise de l'homme sur son destin. Il y a dans le Nouveau Testament deux conceptions de la résurrection : l'une est celle que je viens de rappeler, les uns ressuscitant pour le ciel et les autres pour l'enfer; la seconde tient plutôt que seuls les justes ressuscitent, les autres se condamnant au néant par leur péché, leur mort les faisant retourner à ce néant dont ils sont issus. Lors d'un échange avec un très éminent théologien – avec qui j'ai la chance et l'honneur de vivre –, où il avait été question de mes positions sur la résurrection, il me dit que sa position était une variante de cette deuxième conception : seuls ressusciteraient les justes qui croyaient à la résurrection, et non les autres puisque, aussi bien, cela ne les intéressait pas. A peine sorti de chez lui, je me dis, étant l'un de ces derniers, qu'il venait de me condamner tranquillement au néant, non point à cause de mon péché (comme dans la deuxième conception néotestamentaire), mais du simple fait de ma non-croyance en la résurrection des morts, ce qui est encore un pas supplémentaire. Quelques instants plus tard, je m'avisai à plus juste titre que j'aurais dû savoir déceler dans cette affirmation la trace de cette aspiration (dont je connais pourtant fort bien tant de formes diverses) à une maîtrise totale de l'homme sur son destin.

Certes, ce genre de foi religieuse affirme bien haut que notre origine et notre fin sont directement le résultat d'une intervention personnelle de Dieu : « Il a plu à Dieu de rappeler... », dit-on lors de la mort; quant aux enfants, « c'est du bien du bon Dieu, n'en a pas qui veut », dit le proverbe. Mais, d'une part, la dépendance immédiate à l'égard d'un pouvoir si éminent est fort honorable et n'est pas une mince consolation pour la blessure narcissique irrémédiable qu'entraîne le fait de dépendre de la rencontre hasardeuse de deux géniteurs sexués, et de ce que la mort découle très naturellement du type de vie inauguré par cette génération; d'autre part, le croyant n'est pas sans moyen de peser sur les décisions de Dieu en matière de procréation et de mort, dont il redevient ainsi un agent (« J'ai obtenu de Dieu que... », « Dieu a bien voulu nous entendre et faire que... »); enfin et surtout, le fait qu'à chaque instant de sa vie, et plus encore au moment suprême de sa mort, le destin du croyant dépende de la façon dont il vit et se situe par rapport à Dieu fait de lui le maître de son destin, puisque tout dépend de son péché ou de sa vertu [12].

C'est ce type de toute-puissance qu'une certaine expérience – même limitée – de l'inconscient rend impossible de prendre au mot. Non qu'elle délivre le sujet humain du vœu inconscient de coïncider avec sa propre origine, d'être sa propre création et d'avoir une telle maîtrise sur son destin. Il en va de ce vœu comme des vœux de mort ou comme de la négation de la mort : comme eux, il est constitutif du sujet, et le processus analytique n'a pas pour objectif d'en délivrer l'être humain, mais bien plutôt d'en déchiffrer les organisations et les figurations et d'en permettre l'identification. En revanche, certaines de ses organisations et de ses figurations sont d'autant plus néfastes qu'elles reposent sur le déni de ce que tels soient leur origine et leur enjeu. De même que ce n'est pas l'existence des vœux de mort qui menace la vie psychique mais plutôt leur refoulement et leur dénégation, de même ce n'est pas l'existence d'un vœu d'une telle toute-puissance et d'une telle maîtrise qui menace la vie psychique mais plutôt son refoulement et sa dénégation. Dans la mesure où certaines formes de foi chrétienne confèrent au croyant une telle maîtrise sur son destin, l'expérience de ce qu'inspirent ces vœux ne peut manquer de modifier profondément l'expérience et la représentation chrétiennes du rapport de l'homme à son destin.

Je n'en dirai pas plus sur la psychanalyse et sur la façon qu'elle a de modifier notre représentation des relations entre la vie et la mort. Deux remarques complémentaires me semblent toutefois s'imposer. La première est que je n'ai pas cru devoir faire état ici de ce qu'on appelle habituellement la critique psychanalytique de la religion. La raison n'en est pas que j'estimerais cette critique sans intérêt : je la crois au contraire fort intéressante, tant du point de vue psychanalytique que de celui de la foi; je la crois également souvent pertinente, et juste pour l'essentiel. Mais il me semble que l'essentiel de la psychanalyse, même en matière de foi et de religion, n'est pas dans cette critique, mais dans ce qui est l'objet propre de la psychanalyse, à savoir le type d'expérience de l'inconscient qu'elle rend possible. Le plus important n'est pas de lire les ouvrages de Freud ou de quelque autre psychanalyste sur la religion et de les discuter pour en rejeter ceci et en retenir cela; le plus important, ici encore, est d'aller sur l'autre versant et d'éprouver les effets qu'a sur la façon de vivre et de mourir, sur la représentation que l'on peut avoir de la vie et de la mort, l'expérience de l'inconscient que permet la psychanalyse. Ce sont les effets de cette expérience sur la foi qui comptent davantage qu'une critique psychanalytique de la religion conçue comme une théorie ou une application psychanalytique parmi d'autres ou une critique de la religion parmi d'autres. C'est pourquoi j'ai cru plus nécessaire – bien que plus difficile – d'essayer de faire pressentir quelques-uns de ces effets.

La deuxième remarque que je veux faire est que ces conséquences sont à la fois plus laborieuses et plus considérables que ce qui résulterait d'une lecture critique des ouvrages psychanalytiques consacrés à la religion. Pour ma part, il a fallu que bien des années s'écoulent après que j'ai cessé de me rendre chez un psychanalyste, pour que commencent d'affleurer en moi les premiers effets du processus analytique qui s'était alors inauguré. Des résistances de toutes sortes se conjuguent et se conjugueront toujours plus ou moins pour en freiner l'apparition ou pour en combattre les résultats. Il a fallu au croyant que je suis bien des années pour que ma foi se laisse approcher par ce qui naissait de cette expérience, dont je constate autour de moi que le plus souvent la foi la repousse et préfère ne pas s'y exposer, ou qu'au contraire elle est comme paralysée, ou parfois tuée par elle lorsqu'elle s'y livre. Pour ce qui me concerne, il allait en résulter non pas, comme je me suis efforcé de le croire avec tant d'autres, ce que nous appelions une « salutaire purification » par la psychanalyse d'une foi qui n'aurait eu besoin que de cela, mais bel et bien une transformation radicale de la représentation chrétienne des rapports entre vie et mort.

Écouter le flux de la vie et de la mort.

Cette transformation – comme toutes celles que me semblent entraîner l'accroissement de la longévité, l'usage de la médecine, la biologie, les disciplines historiques – semblera si radicale à beaucoup qu'ils l'estimeront impossible. Les incroyants y verront une raison supplémentaire de considérer le christianisme comme dépassé et la religion comme une illusion pernicieuse. Certains croyants en concluront à la nécessité de revenir en arrière et de se dérober à ces transformations. Cette stratégie est actuellement très à l'honneur dans les milieux dirigeants de l'Église catholique; en France, ces milieux appellent cela « la réaffirmation de l'identité chrétienne », puisqu'il paraît que le temps des questions est révolu et qu'il faut passer à celui des réponses et de l'attestation sociologiquement efficace de la foi chrétienne.

C'est certainement le cas pour le troupeau de plus en plus réduit de ceux qui sont bien obligés de se constituer en dernier carré dans les églises et les institutions qu'ils sont les seuls à fréquenter encore. Le calcul de leurs dirigeants n'est d'ailleurs pas sot : sur cinquante-trois millions de Français très majoritairement catholiques en théorie, un pourcentage de dix pour cent de pratiquants plus ou moins réguliers permet de disposer d'une troupe de cinq millions de catholiques sûrs d'eux, masse largement suffisante pour permettre à un groupe de trouver sa consistance interne et d'exercer à l'extérieur un pouvoir social d'autant plus réel qu'il peut s'appuyer sur le glorieux passé de l'Église de France.

Mais l'autre versant? Mais toutes les femmes et tous les hommes qui habitent déjà sur l'autre versant? Mais tous les hommes et toutes les femmes qui lentement, sans même parfois en prendre conscience, glissent doucement sur cet autre versant et que vous ne voyez même pas vous quitter? Et moi, qui suis l'un d'eux, je n'ai pas le droit d'être chrétien? Le Dieu de Jésus-Christ n'est pas pour nous? Jésus-Christ n'est pas pour nous? Il est le grand-prêtre et le chef de votre tribu, et non le premier-né, l'ami, le prophète assassiné, le maître, le Seigneur, le mystère, l'absent-présent de notre monde à nous?

A vrai dire, si je suis moralement sûr que l'Église se suicide et tue la foi en se cantonnant sur le versant où elle s'était si bien installée et qui l'avait si profondément imprégnée, je n'ai aucune autre certitude que celle de l'espérance quant à la possibilité pour le christianisme de vivre sur cet autre versant. Encore moins ai-je d'idées ou de pratiques très précises me permettant d'en dessiner déjà le visage. Il faut commencer par quitter l'ancien versant, par rompre un à un les mille fils qui nous tissaient dans sa trame, ou même commencer par découvrir un à un l'existence de ces liens. Il faut commencer par vivre déjà fragmentairement quelques-unes des expériences caractéristiques de l'autre versant.

Sans voir d'abord ce qui pourra un jour les unir, les assembler dans ce qui s'appelle une culture, une civilisation.

Et puisqu'il s'agissait ici de la mort, il faut commencer par vivre fragmentairement les diverses expériences dont nous ignorons encore vers quelle conception et vers quelle pratique des rapports entre vie et mort elles nous conduiront, dont nous savons seulement qu'elles seront fort différentes de la conception et de la pratique qui présidaient à nos vies et à nos morts. Sans doute même ne connaissons-nous pas encore toutes ces expériences. J'en ai présenté ici quelques-unes. Je sais qu'il en est bien d'autres et que ma présentation est partielle. Je ne m'en inquiète guère : je n'ai plus la prétention – qu'avait confirmée en moi une certaine conception ecclésiastique du rôle du théologien et un certain héritage académique – de pouvoir dominer l'ensemble d'un sujet. *A fortiori* lorsqu'il s'agit de la mort : la mort est un sujet que l'on ne domine pas. Il y a certainement bien d'autres expériences décisives du changement de la mort que je n'ai pas évoquées ici parce que je n'en ai pas même conscience ou que je ne dispose pas personnellement et socialement de ce qui permet de les éprouver. Que ceux et celles qui le peuvent parce qu'ils sont autres que moi le fassent et nous en parlent.

Pour moi, je m'en suis tenu à ce qui fait vraiment partie de mon univers. Mes proches savent que l'accroissement de la longévité, les découvertes de la biologie, le rapport médical à la mort, la mort des civilisations font partie de ces « bateaux » qu'ils m'entendent rabâcher, mi-amusés mi-agacés. Avant de l'avoir appris à l'école, les enfants de mes meilleurs amis savaient ce qu'était le phytoplancton parce qu'ils m'avaient entendu dire cent fois que « pour des gens qui viennent du plancton, nous ne sommes pas si mal, mais qu'évidemment, si nous nous prenons pour des dieux, c'est plutôt raté ». La psychanalyse, n'en parlons même pas. Tout cela fait partie de mon univers, construit cet univers où j'essaie d'être chrétien, où j'essaie d'entendre le Dieu de Jésus-Christ, de laisser agir son Esprit, où j'essaie de décomposer ce qui doit l'être pour que place soit faite à ce qui voudra bien naître. Où j'essaie d'entendre la mort, d'entendre le bruit du flux et du reflux qu'elle anime avec la vie. Où j'ai peur de la mort. Où j'essaie de ne pas me laisser précipiter par cette peur dans n'importe quelle impasse.

Au moment même où j'écris ces lignes, arrive dans la maison amicale qui m'accueille pour ce travail une amie d'à peine mon âge dont le compagnon vient de mourir d'un cancer après deux ans de maladie. Elle est psychanalyste, je sais qu'elle fut profondément et mystiquement croyante, je crois qu'elle ne l'est plus, je sais qu'elle s'intéresse à ma recherche de Dieu et à ma façon de croire. Elle est grande, blonde, belle, saine, vivante. A la fois vivante et blessée à mort : le chagrin – oh! combien calme et digne –, le chagrin au bord des lèvres, au bout des doigts, au contour de l'œil. Au creux du cœur, au creux du ventre. Je l'admire. Je la respecte. J'ai un peu peur d'elle. Elle sait que je passe le plus clair de mes journées à écrire : je n'ose pas lui dire que c'est sur la mort, encore moins lui communiquer ces pages. Qui suis-je, moi, pour lui parler de la mort? J'essaie d'être à côté d'elle, d'être là sans être là, de faire silence, d'être proche et d'écouter au point qu'elle n'ait pas besoin de parler si elle ne le veut pas ni d'avoir à se demander si j'écoute ou non quand elle parle devant moi aux autres amis présents... J'essaie de ne pas chercher à dominer la mort, j'essaie de faire silence, de l'écouter, de la respecter.

Dans cette même maison, il y a six ans, au moment même où j'écrivais les pages de *Quand je dis Dieu* sur la résurrection qui sont à l'origine de tout cela, s'est éteinte une femme de quatre-vingt-onze ans. Elle était devenue en un an progressivement aveugle, puis sourde, puis grabataire et incontinente. Chaque soir, je lui disais à voix forte et grave le « Notre Père » qu'elle avait eu coutume de réciter tous les jours; un soir, une lueur passa sur son visage, elle essaya d'articuler quelques mots pour dire avec moi cette prière ancrée au plus profond de sa longue mémoire : elle ne parvint qu'à émettre quelques sons informes puis s'arrêta, comme si cela aussi venait de craquer. Après, il n'y eut plus que la main cherchant à tâtons une autre main et se refermant sur elle, que la bouche qui s'ouvre pour s'efforcer d'avaler l'eau tendue. Quelques jours plus tard, elle s'éteignit. Comme une mèche. Nous lui avons célébré la messe, puis nous l'avons enterrée dans sa grande et digne cape noire dont ses promenades ornaient la grande allée, avec son crucifix, jonchée de roses du jardin. Trois ans plus tard, dans cette même maison, c'était Nadille qui était là avec son mari, profitant d'une rémission de son cancer qu'elle et nous tous savions irrémédiablement mortel. Elle était encore aussi belle, aussi bronzée, aussi vive : « C'est la première fois depuis des mois que je me réveille sans me dire immédiatement que j'ai un cancer. » Avec la mort en elle, avec la mort qu'elle portait sur elle : ce petit bonnet de laine blanche qu'elle mettait sur sa tête dénudée de sa magnifique chevelure blonde. Nadille qui me disait : « C'est avec ton Dieu que je veux mourir », qui savait que je ne croyais pas en *sa* résurrection. Et qui trois mois plus tard est morte avec mon Dieu...

... Ne dites pas que je ne respecte pas la mort ni Dieu parce que je ne crois pas à la résurrection des morts. Aidez-moi plutôt à écouter la mort, à entendre le flux et le reflux qu'elle anime avec la vie : ne faites pas trop de bruit avec vos accusations, vos objurgations, vos argumentations. Rien ne presse, sinon de pouvoir écouter et entendre. Aidez-moi à me rendre sur l'autre versant. Si vous ne pouvez m'y aider ou m'y accompagner, ne m'oubliez pas. Si vous m'oubliez, sachez qu'il y a des vivants sur l'autre versant. Que ce sont des humains, vivants et mortels. Dont certains veulent vivre de Dieu par Jésus-Christ dans son Esprit, faire communion les uns avec les autres. Ne nous chassez pas, ne nous reniez pas. Ne nous tuez pas parce que la mort vous tue comme nous. Au nom de Dieu, qui ne dédaigne pas de nous faire vivre et de nous être bonheur même si nous sommes mortels, daignez-le, vous aussi.

II. La sexualité *

Nouvel intermède.

Quatre mois se sont écoulés depuis que j'ai écrit les pages précédentes sur la mort. D'abord un peu de vraies vacances, après ce mois de travail sans relâche. J'étais un peu déçu de n'avoir pu aborder les autres thèmes que j'avais prévus, car je ne m'étais pas attendu à devoir consacrer tant de pages et de semaines à la mort; mais elle avait exigé cette part, et il fallait attendre un peu pour passer à la suite, d'autant que, comme je l'ai déjà noté, un certain temps m'est toujours nécessaire pour rejoindre ce que j'ai écrit, comme si l'écriture était le fait d'une partie de moi-même qui se projetait au-delà, en avant, et que des semaines et des mois étaient nécessaires pour que le reste de moi-même adhère et s'accoutume à ce qui au premier abord pouvait le surprendre et même l'effrayer. Puis vinrent des semaines où je n'eus jamais plus de deux ou trois jours disponibles à la suite, ce qui me rendait impossible de reprendre l'écriture. Ce n'est plus le cas en cette toute fin d'année : j'ai devant moi plusieurs semaines assez libres. Je dois donc écrire. Vaille que vaille. Coûte que coûte. Où l'écriture va-t-elle encore m'entraîner?

Sentant depuis quelques semaines que ce moment approchait, je me demandai s'il me fallait suivre le plan prévu et continuer d'explorer quelques-uns de ces autres versants sur lesquels il me semble nécessaire que nous autres, croyants, séjournions afin de

* *Ce chapitre sur la sexualité a été rédigé en décembre 1982-janvier 1983 à Parc-Trihorn et en juillet 1983 à Parc-Trihorn et à Pontaillac.*

pouvoir libérer Dieu, le « lâcher », pour qu'il puisse advenir de nouveau tel que lui et une humanité nouvelle pourraient le faire advenir. Mais j'hésitais à suivre ce plan. Sans doute parce qu'il impliquait qu'après la mort, j'aborde maintenant la sexualité. Or celle-ci n'est pas moins dangereuse que celle-là. En outre, si j'ai dû ces dernières années affronter ce qui en moi et autour de moi noue la foi et la mort selon un type de liens qui me semble désormais inacceptable, j'avais dû précédemment et pendant d'autres longues années affronter ce qui en moi et autour de moi noue la foi et la sexualité selon un type de liens qui me semblait désormais aussi inacceptable. Durant ces années, j'ai travaillé longuement, patiemment, durement, pour transformer la nature de ces liens. Je me suis battu avec les armes dont je disposais alors du fait que j'étais professeur, puis doyen d'une faculté non négligeable de théologie. J'ai écrit plusieurs études « théoriques », importantes en tout cas pour moi et pour ce qui s'y jouait de moi. J'ai aussi mené plusieurs combats, de façon souvent longue et difficile, sur les terrains que l'actualité imposait au théologien moraliste que j'étais : la contraception, l'avortement, la stérilisation, l'insémination artificielle, le statut des divorcés remariés dans l'Église, le célibat des prêtres, l'hypertrophie d'une certaine théologie du couple, de l'amour, de la paternité, de la maternité, de l'enfant, la vie sexuelle des adolescents ou des jeunes adultes, etc.

Ce sont des combats que l'on ne mène pas à la légère ni impunément, car on les mène avec tout ce qui de soi-même est en jeu, tant dans la foi que dans la sexualité. Ces combats, je les ai tous menés. Et je les ai tous perdus, si les gagner aurait supposé que la hiérarchie officielle de l'Église catholique romaine change sa doctrine et son discours. Durant les années 1960-1970, plusieurs d'entre nous pouvaient espérer un tel changement : après tout, certains évêques à l'époque l'espéraient eux-mêmes et se faisaient fort de finir par l'obtenir. A la toute fin de 1982, au moment où j'écris ces lignes, on sait ce qu'il en fut : il n'en fut rien. Si l'on prend comme mesure du succès un autre critère que le changement des positions de la hiérarchie, par exemple la pratique non point seulement cachée et honteuse mais réfléchie et publique de la majorité des chrétiens et des chrétiennes, ou bien encore l'impossibilité où se sont trouvés certains clans chrétiens minoritaires d'empêcher, au nom de ce qu'ils appellent le christianisme, des évolutions sociales et législatives qui semblaient nécessaires à beaucoup, alors ces combats n'ont sans doute pas été perdus; sans doute même ont-ils été gagnés. Mais je m'y suis usé, et j'y ai pris beaucoup de coups. Il est certain que je n'aurais pas été si sévèrement condamné à propos de *Quand je dis Dieu* si je n'avais pas eu si durement maille à partir avec le Saint-Office sur tous ces points où j'avais été amené à affirmer comme chrétiennes des positions contraires aux siennes. L'ouverture de mon dossier au Saint-Office a été provoquée en 1962 par un article pourtant bien bénin sur le célibat des prêtres, et le moment le plus difficile avait été celui de mon engagement en faveur (malgré ses défauts) de la loi Veil sur l'avortement, en 1974 : la conjoncture politique avait mis le Saint-Office dans l'impossibilité de me condamner ou de me déclarer excommunié (il en fut plusieurs fois question), malgré le caractère public et officiel de mes interventions jusqu'auprès des députés et du gouvernement, ou de ma militance aux côtés de médecins, de juristes et de travailleurs sociaux qui avaient décidé de pratiquer illégalement des avortements et de rendre publique leur action afin de faire pression sur le pouvoir. Je devais nécessairement payer fort cher l'impossibilité où s'étaient alors trouvées les autorités romaines de me condamner : je ne croyais pas que je le paierais si cher, mais je les avais sous-estimées. On comprendra donc sans doute que j'hésite, surtout à un moment où le discours officiel de la hiérarchie pontificale est plus rigide que jamais, à réaborder la question de la sexualité et à tenter de nouveau de dénouer la manière dont foi chrétienne et sexualité me semblent nouées de façon aussi préjudiciable à l'une qu'à l'autre. J'hésite d'autant plus que j'ai hâte d'en venir à la dernière partie de ce livre, hâte peut-être aussi de procéder aux mises en ordre qu'imposera ce que je pressens devoir y écrire : mieux vaudrait donc laisser de côté le thème de la sexualité.

Pourtant, je ne le puis. Il y a près d'un mois, alors que j'étais ballotté par ces hésitations, j'assistai à la réunion mensuelle d'un des divers groupes auxquels je participe pour que nous puissions nous échanger un peu de ce Dieu que nous cherchons. Je ne me souviens plus comment nous en vînmes à parler de la contraception et de l'Église catholique : ce ne sont pas là de nos thèmes habituels. Je fus frappé de la vigueur, pour ne pas dire de la violence, avec laquelle plusieurs femmes d'une cinquantaine d'années dirent leur regret de s'être laissé abuser par ce qu'elles avaient reçu – et à l'époque accepté – de la doctrine de la hiérarchie catholique concernant la contraception. Toutes avaient eu trois, quatre ou cinq enfants, mais ce qui me frappait n'était pas tant leur regret d'avoir eu plus d'enfants qu'elles ne l'auraient souhaité que celui de s'être vu imposer une conception de la sexualité et du plaisir qu'elles récusaient maintenant de toutes leurs forces de femmes et de croyantes. Je sentais la peine, la rancœur, presque la honte qu'elles éprouvaient à avoir été ainsi flouées, je devinais le dur chemin qu'elles avaient dû suivre, j'osais à peine entendre qu'elles pensaient (peut-être sans pouvoir se l'avouer) non point qu'il était trop tard pour avoir moins d'enfants, mais qu'il était trop tard pour vivre la sexualité qui leur avait été volée au nom de ce qu'on appelait la foi. Ce soir-là, je me suis promis de reprendre le thème de la sexualité, avec le sentiment de leur devoir au moins cela, non parce que je serais capable de réparer miraculeusement ce gâchis, mais par respect pour elles et pour toutes leurs semblables, un peu comme un hommage. Et aussi par respect pour Dieu, en hommage à Dieu, car il faut détruire l'idole à qui ses prêtres et ses dévots ont voulu sacrifier la vie sexuelle de ces femmes.

D'autres raisons de ne pas laisser de côté ce thème sont pour moi moins claires, mais je pressens qu'elles ne sont pas moins puissantes. Je me sens incapable – qui le serait? – de bien définir les relations entre la mort et la sexualité, mais ces relations sont si nombreuses et si fortes que je pourrais être assuré d'avoir mal parlé de la mort précédemment si je ne parlais pas maintenant, serait-ce très imparfaitement, de la sexualité. Je pourrais être assuré d'avoir mal parlé de la façon dont sont nouées la mort et la foi chrétienne si je n'essayais pas maintenant de parler de la façon dont sont nouées la foi chrétienne et la sexualité. De même me suis-je encore vu récemment confirmé dans la conviction qu'anthropologiquement il est presque assuré qu'on contourne, qu'on détourne ou qu'on ampute la condition humaine si l'on contourne la question de la sexualité, et particulièrement celle de la différence des sexes. On risque donc, théologiquement, de contourner ou de détourner ce que nous appelons Dieu si l'on contourne ou détourne ce que nous appelons la sexualité. Enfin, puisque je veux dans cette partie-ci de ce livre explorer ces autres versants sur lesquels nous autres croyants devons désormais séjourner parce que c'est là que se cherche et que s'inaugure la figure contemporaine de la condition humaine, la sexualité n'est-elle pas un des aspects de cette condition humaine dont les enjeux, les modalités, les représentations et les institutions ont très profondément changé depuis cent ou cent cinquante ans? Si une certaine représentation de Dieu et une certaine organisation de la foi chrétienne étaient inextricablement mêlées à une figure antérieure de la sexualité, ne nous faut-il pas, nous autres croyants, explorer, habiter et contribuer à construire ce nouveau versant de la sexualité pour pouvoir libérer Dieu, le « lâcher » du lieu où nous l'enchaînons à une figuration dépassée, afin qu'il puisse de nouveau être le « Dieu-avec-l'humanité » de cette humanité nouvelle?

Je ne puis donc me dérober. Je me sens pourtant bien moins assuré que je l'étais lorsque j'abordais ces thèmes il y a dix ou vingt ans. Commençant la partie précédente sur la mort, je disais que je n'avais guère d'expérience de la mort. Je ne puis évidemment en dire autant de la sexualité. Non seulement j'appartiens à un sexe donné depuis la seconde où j'ai été conçu, mais j'ai une sexualité qui fonctionne plus ou moins consciemment depuis que je suis vivant et fonctionnera jusqu'à ma mort, en tout cas jusqu'au moment où mes diverses facultés commenceront de diminuer pour s'éteindre. Par ailleurs, j'ai beaucoup « étudié » la sexualité : théologie, psychologie, psychanalyse, anthropologie, histoire des cultures, des idées, des institutions... L'étrange est que plus je découvre en moi et autour de moi la sexualité ou plus je l'étudie, et moins je me sens capable d'en parler de façon systématique et théorique comme je m'y étais jadis essayé, ou même tout simplement de la décrire. Aussi ne vois-je pas d'autre manière d'en parler ici que de réfléchir sur la façon dont j'ai découvert puis exploré la relation qu'une certaine représentation de Dieu et de la foi chrétienne entretient avec une certaine représentation de la sexualité (et réciproquement).

1. De l'utilité des études

Thomas d'Aquin, Somme théologique, Ia II ae, *qq. 49-70.*

Sans doute étonnerai-je beaucoup en disant que pour ce faire je dois me transporter trente ans en arrière dans l'énorme couvent du Saulchoir, où une centaine de dominicains âgés de vingt à trente ans faisaient leurs études de philosophie et de théologie; ils y séjournaient sans en sortir, dans le calme de la campagne. Leur étude de la théologie les faisait pratiquement vivre au XIIIe siècle, car l'essentiel en consistait à scruter la *Somme théologique* de saint Thomas d'Aquin qui servait de manuel au professeur comme aux étudiants. Les quatre premières années de ma formation ne m'avaient fourni aucune occasion d'étudier la sexualité; quant à sa pratique, je reviendrai sur la manière dont le vœu de chasteté était considéré comme allant tellement de soi qu'on en parlait à peine, et sur le silence collectif que l'on faisait (en contraste avec l'inquiétude des individus dont je devrai aussi reparler) sur les légers manquements à ce vœu prévisibles chez des hommes de vingt à trente ans : ce double silence est aussi étonnant et non moins instructif que l'hypertrophie de la doctrine et de la pratique catholiques traditionnelles et son obsession du « péché de la chair ». Pour le moment, je m'en tiens à ce qui nous occupait effectivement le plus : l'étude de la *Somme théologique* de Thomas d'Aquin (dont – dois-je le préciser? – je n'avais jamais entendu parler pendant mes quatre années de khâgne et de philosophie en Sorbonne, pas plus que de la sexualité d'ailleurs).

En première année de théologie morale, nous étudiions la première moitié de la seconde partie de la *Somme* où Thomas d'Aquin, après avoir montré que le bonheur était le but de la vie et de la morale (ce qui n'était déjà pas évident pour le type de christianisme dans lequel j'avais été formé), étudie ce qu'on appellerait aujourd'hui l'agir humain et sa liberté, puis les passions (traité captivant et lui aussi assez étranger à la problématique catholique habituelle), puis les *habitus*, c'est-à-dire la façon dont les diverses facultés du psychisme se structurent de par leurs actes; il aborde alors les deux grandes familles de structurations de ce type concernant la morale : les vertus, puis les vices. C'est en étudiant le traité des *habitus* et celui des vertus que j'eus presque le coup de foudre jusqu'auquel il me faut aujourd'hui remonter, et qui eut pour premier effet que j'y consacrai pendant mes deux dernières années de théologie la « thèse » que certains d'entre nous devaient remettre en fin d'études pour être habilités à devenir éventuellement professeurs de théologie.

De quoi s'agissait-il donc? Toute ma tradition chrétienne, d'abord familiale puis religieuse, me faisait spontanément concevoir la vertu comme une emprise de la volonté sur les passions, et nommément sur ces deux grandes familles de passions qu'après Aristote, saint Thomas appelait le concupiscible et l'irascible et que l'on pourrait rapprocher sans trop d'erreurs de ce que la psychologie moderne (sinon la psychanalyse) appelle la sexualité et l'agressivité. La vertu était nécessairement le fait de la maîtrise de la volonté sur les passions : sexualité et agressivité, et le vice était nécessairement le fait de la maîtrise des passions sur la volonté. Or – et ce fut le coup de foudre – saint Thomas refusait cette conception pourtant prédominante de son temps comme dans toute la tradition chrétienne, et prétendait que ce genre de vertus n'était pas le fait de la volonté ni de son triomphe mais qu'elle était le fait des passions elles-mêmes, et qu'elle ne consistait point à assurer leur contrôle par la volonté mais à ce que la passion concernée vive et possède son objet conformément à l'ordre de l'esprit. La vertu en matière de sexualité ne consistait donc point à ce que la volonté domine ou écrase de façon plus ou moins stoïcienne la sexualité, mais à ce que le « concupiscible » vive son objet, à savoir le plaisir, conformément à l'ordre de la raison et qu'il y trouve son propre bien, c'est-à-dire le plaisir. Les passions avaient donc, si j'ose dire (Thomas d'Aquin l'osait), leur consistance et leur personnalité propres par rapport à la volonté et à l'intelligence, leur vocation n'était pas de disparaître au profit de celles-ci, leur vocation était – dans le cas du concupiscible – le plaisir, et la vertu ne consistait pas à le diminuer ou à l'évacuer mais à en promouvoir une vie conforme à la vocation humaine.

Malgré les remous provoqués alors par des positions si étrangères à la tradition chrétienne presque unanime, Thomas d'Aquin, avec le calme et l'intrépidité qui étaient siens, en tirait diverses conséquences auxquelles la tradition chrétienne n'était guère préparée et qu'elle n'a jamais fait vraiment siennes malgré la quasi-canonisation d'autres aspects de la pensée de saint Thomas. Il avançait que la continence est une vertu triste et une triste vertu, car la volonté y contraint de l'extérieur les passions; elle parvient certes à les juguler, mais cette violence est aussi contraire à la vraie nature de la volonté – qui n'est pas d'être tyrannique – qu'à la vraie nature des passions – qui n'est pas d'être esclaves. De plus, et surtout, les passions n'y trouvent pas leur bien, qui est le plaisir, et si la continence a au moins le mérite d'éviter le mal moral, elle a pour Thomas d'Aquin le grand défaut (comme eût dit l'autre) d'« empêcher la musique », c'est-à-dire le plaisir. Il y avait de quoi faire rallonger la mine des continents et continentes de toute robe (j'en étais!), qui ne l'ont pas toujours très gaie.

Autre conséquence non moins logique : prenant doucement et comme sans y insister le contrepied de toute la tradition chrétienne, Thomas d'Aquin affirmait que le plaisir sexuel avait dû être encore bien plus puissant et merveilleux au Paradis entre Adam et Ève avant la faute originelle qu'il ne l'est depuis (ce qui n'est pas peu dire) : en effet, le péché originel a plus ou moins détérioré la condition humaine et toutes ses valeurs; puisque le plaisir sexuel est une de ces valeurs, il a bien entendu été lui aussi détérioré par la faute originelle et ne pouvait donc être que plus grand et meilleur avant la faute : de quoi faire se retourner dans leur tombe les Origène, Augustin et autres véritables mais plus fâcheuses sources de la morale sexuelle catholique, qui pensaient plus ou moins explicitement qu'il n'y avait pas de vie sexuelle au Paradis et que la seule existence de la sexualité – en tout cas son usage – était à la fois le signe et le théâtre privilégiés du péché de l'humanité [13].

On s'amusera peut-être de voir un jeune dominicain, âgé de vingt-six ans et pas trop anormalement constitué, vêtu de probité candide et de laine blanche, découvrir par la voie d'écrits vieux de sept siècles le vaste domaine de la sexualité et du plaisir. Je ne prétends évidemment pas que je n'en avais aucune autre expérience auparavant : j'avais d'ailleurs été fort amoureux, même si c'était de façon presque complètement platonique, comme c'était le plus souvent le cas à l'époque pour les jeunes de vingt ans de mon milieu. En outre, je n'avais pas plus atteint la perfection dans la pratique de mon vœu de chasteté que dans celle de mes autres vœux. Mais ma pratique – vertueuse ou peccamineuse – de la sexualité ne m'avait jamais amené à réfléchir sur la représentation de la sexualité et du plaisir que véhiculait ma formation chrétienne et qui commandait ma pratique personnelle. Si je dois aujourd'hui remonter jusqu'à mon premier contact avec ces théories de saint Thomas, c'est parce qu'alors se produisit cette première réflexion, et de manière d'autant plus décisive que la remise en cause qui en résultait n'était pas provoquée de l'extérieur de la foi chrétienne par une théorie plus ou moins anti-religieuse ou par une pratique plus ou moins déviante, mais par la pensée d'un théologien, d'un génie et d'un saint dans la compagnie intellectuelle duquel j'ai eu la chance de vivre longtemps. Dans bien d'autres domaines de la théologie, on m'avait montré quelles options radicalement nouvelles saint Thomas avait su prendre et combien la tradition chrétienne s'était tantôt enrichie en les adoptant, tantôt appauvrie en les refusant. Mais dans le domaine en cause, on n'insistait guère sur ce qu'avait de si radical et de si révolutionnaire cette option qui restait là, à disposition dans le texte, certes pas omise ni biffée, mais pas non plus mise en lumière ni exploitée. J'étais le seul à m'enthousiasmer, je fis là-dessus ma thèse dans une indifférence quasi générale que n'expliquent pas seulement les limites de mon travail personnel. J'entrevoyais des conséquences capitales pour la morale sexuelle catholique, mais je ne recueillais guère d'attention, et quelques années plus tard, j'enseignai cette partie de la *Somme théologique* avec un enthousiasme dont rien ne m'a jamais permis de savoir ce qu'il avait eu de communicatif.

Je ne m'étonne guère aujourd'hui de la naïveté que dénote mon étonnement d'alors, ayant appris depuis ce qu'il en coûte de parcourir certains chemins. Je reviendrai sur les raisons pour lesquelles ce qui se joue le plus souvent dans le choix et la pratique d'une certaine forme de vie religieuse dans la « chasteté » est précisément ce qui empêche d'entendre de tels textes même si on les lit, les étudie, les scrute ou les édite. Toujours est-il qu'il y a exactement trente ans, dans les années décisives d'une vie intellectuelle parce que l'intelligence y aborde le temps de sa maturité, saint Thomas d'Aquin m'a appris que le plaisir sexuel était une valeur positive de la condition humaine et de la condition chrétienne, et que la vertu – morale et chrétienne – de chasteté avait pour vocation de le promouvoir, non sans le réguler certes, mais en le servant bien plus qu'en l'asservissant, et en servant l'homme, la femme et Dieu parce que ne l'asservissant pas. Sourira qui voudra des voies d'une telle découverte : j'en souris moi-même. Mais qui voudra sourire devra s'engager dans ce qu'inaugure une telle découverte : au lieu de le faire en 1962 à propos d'un article jugé dangereux sur le célibat des prêtres, c'est en 1952 que le Saint-Office aurait dû ouvrir mon dossier, parce que j'avais lu – et un peu compris – les traités des *habitus* et des vertus de la *Somme théologique* de saint Thomas.

La psychophysiologie.

Même si bien d'autres affectations furent envisagées pour moi lorsque j'eus terminé mes études de théologie, ce que je viens de raconter laisse prévoir qu'il était presque inévitable que je sois désigné pour devenir professeur de théologie morale. Après maintes délibérations, il fut décidé que je m'y préparerais en complétant ma formation par l'étude de la psychologie moderne. On ne parlait pas encore à l'époque (1956) de « sciences de l'homme » ni de leur possible influence néfaste sur la foi. Mes supérieurs firent néanmoins preuve d'un vrai courage et d'un solide optimisme en m'encourageant à étudier non point d'abord des disciplines dangereuses où il fallait acquérir compétence pour pouvoir les réfuter, mais des disciplines dont l'acquis ne pouvait être que profitable à une meilleure compréhension par la théologie morale des conduites humaines. J'eus la chance de passer ces trois années d'études à Montréal, ce qui eut entre autres avantages – la chose n'est pas négligeable en la matière – de m'éloigner du climat toujours un peu tendu et dogmatique des controverses en Europe entre théologiens, fidèles et « magistère », de me placer dans un milieu culturel où les travaux américains et anglais, voire suisses et allemands, avaient plus d'importance que les français, et de me faire connaître de près une des formes les plus ahurissantes qu'ait jamais prise la morale sexuelle catholique, à savoir celle qui présidait à la formation des infortunés Québécois et Québécoises jusque vers 1950-1960. Mais je veux m'en tenir ici à ce qui me fut apporté par l'étude.

Celle, tout d'abord, de la neurophysiologie, tant des mammifères supérieurs que des humains, et celle de la psychologie, tant animale qu'humaine, qui me furent remarquablement enseignées trois ans durant. J'y découvris et y appris une bonne fois pour toutes que plus on s'élevait dans l'échelle des vivants, moins l'activité sexuelle était univoquement centrée sur la reproduction et dépendait de mécanismes neuro-hormonaux, pour dépendre toujours plus du système nerveux central et des fonctions qui lui sont propres chez l'homme : langage, symbolisation, etc. La reproduction reste certes une fonction essentielle de la sexualité humaine, mais elle n'en est qu'une des fonctions et ne peut en aucun cas servir à la définir, car elle est inapte à définir les autres fonctions psychiques de la sexualité. Trois années ne furent pas de trop pour m'assimiler les nombreuses preuves physiologiques et psychologiques de ce fait, car non seulement il allait contre une dimension permanente de la tradition chrétienne en la matière et contre l'enseignement constant et vigoureux du pape de l'époque (Pie XII), mais il allait même contre une partie non négligeable de la théologie morale de mon cher Thomas d'Aquin.

En effet, s'il a écrit un traité des vertus en général qui contient les points de vue originaux et audacieux que j'ai rappelés, Thomas d'Aquin a écrit très peu d'années plus tard un traité de la vertu particulière de tempérance dont certaines parties sont neuves et géniales mais dont la partie sur la sexualité semble avoir tout oublié de ce qui avait été si audacieusement avancé et s'en tient à un point de vue très étroit : le critère essentiel de moralisation retenu est celui de la reproduction comme objectif essentiel de la sexualité. Il pousse si loin ce parti que lorsqu'il se demande si l'adultère est un péché, il néglige tous les arguments traditionnels, y compris ceux contenus dans l'Évangile, pour ne retenir que celui-ci : l'adultère est un péché parce qu'il pourrait faire naître des enfants qui n'auraient pas de famille pour les élever, ou qu'il pourrait nuire au bien des enfants légitimes. Je dois au sérieux des études que je fis alors en neurophysiologie et en psychophysiologie d'avoir appris – contre le poids de toute la tradition (qu'on se rappelle seulement la fameuse querelle sur les deux fins du mariage) – qu'il était scientifiquement faux de faire de la reproduction la fin première de la sexualité, ou même d'en faire une fin secondaire mais dont l'importance serait telle qu'aucune autre fin de la sexualité ne saurait la contredire. Ici encore, on sourira peut-être que tel ait été le chemin qui me conduisit à cette certitude. Mais que l'on veuille bien se rappeler ce qu'était mon point de départ, que l'on veuille bien considérer ce qu'est encore, un quart de siècle plus tard, le discours officiel de la hiérarchie catholique, et l'on sourira moins. On sourira encore moins si l'on s'avise du silence public auquel tant de théologiens, de prêtres et d'évêques se croient tenus alors que dans leur for intérieur, dans leurs propos privés et dans la pratique de leur ministère, ils pensent et font exactement le contraire de ce que répète la hiérarchie officielle.

L'ethnologie.

Je n'étudiais pas seulement la neurophysiologie et la psychophysiologie : je fus initié plus brièvement à ce qu'on appelait encore tantôt ethnologie, tantôt anthropologie. Nous étions, je le répète, en 1956-1959, et j'en avais fort peu entendu parler en philosophie, tant à la Sorbonne que chez les dominicains, ou en théologie. J'en appris alors suffisamment, surtout grâce aux écoles anglaises et américaines (les premiers ouvrages de Lévi-Strauss étaient encore tout récents), pour découvrir qu'à travers les siècles et les continents, les sociétés avaient conçu, pratiqué, organisé la sexualité de façon aussi variée et différente qu'elles l'avaient fait pour toutes les autres dimensions de la condition humaine et qu'ici encore, si la reproduction en avait toujours été un élément essentiel, elle n'avait jamais été le facteur unique ou même principal des fonctions sociales et individuelles qui imposaient aux sociétés d'organiser et de contrôler la vie sexuelle de leurs membres. J'apprenais avec étonnement, tout imprégné que j'étais de ma culture occidentale chrétienne, que la manière dont ces sociétés avaient vécu et conçu la sexualité ne s'expliquait pas uniquement par leur « sauvagerie » ou par leur ignorance de la foi chrétienne, mais en fonction de valeurs ignorées ou inaccessibles à ma culture et à ma religion. Alors que la reproduction biologique dépendait sinon des mêmes représentations en tout cas des mêmes mécanismes, les autres aspects de la sexualité s'avéraient susceptibles d'être vécus, organisés et institutionnalisés de façon tout aussi dissemblable à travers les cultures que les autres dimensions de la condition humaine. Si certaines de ces façons pouvaient sans doute être écartées comme inférieures ou immorales, particulièrement selon les critères de la morale sexuelle catholique, plusieurs avaient su ou savaient vivre des aspects de la sexualité qui échappaient à ma culture et à ma religion et ne pouvaient pour autant être taxées de déviantes ou d'immorales.

C'en était donc fini pour moi d'un élément qui avait été jusqu'alors implicite mais essentiel dans ma pratique et dans ma foi, et qui était parfaitement explicite dans le discours officiel de la morale catholique, élément selon lequel la conception catholique de la sexualité était nécessairement la plus parfaite et la plus valable du point de vue anthropologique, ce qui était censé aller de soi puisqu'elle était aussi bien fondée sur la « loi naturelle » que sur l'Évangile. Apprenant plus tard l'histoire de la théologie morale catholique et de la pratique pastorale à travers vingt siècles, apprenant également comment au XXe siècle la sexualité est très différemment vécue et conçue par les catholiques d'Amérique latine, par ceux d'Afrique, par ceux d'Europe ou même à travers toutes les variantes du catholicisme français actuel, je devais découvrir – sans doute grâce à ce que m'avait fait pressentir ce premier contact avec l'anthropologie culturelle – que la conception et la pratique catholiques de la sexualité étaient elles-mêmes dans l'espace comme à travers le temps non pas uniques mais plurielles, ce que devait renforcer ma lecture des historiens des institutions, des mœurs et des mentalités.

Ici encore, on sourira sans doute du caractère toujours très livresque de mes itinéraires (en tout cas de ceux auxquels je me limite ici). Mais que l'on se rappelle le monolithisme transculturel ou supra-culturel avec lequel le « magistère » présentait et présente toujours la conception catholique de la sexualité, et l'on sourira moins, surtout si l'on s'avise des ravages que provoque dans les Églises non européennes l'imposition d'un modèle occidental des institutions sociales de la sexualité (lui-même réduit à l'univocité) et la canonisation de ce modèle au nom de l'Évangile. Là encore, une des façons dont foi chrétienne et sexualité étaient nouées se dénouait d'une manière d'autant plus efficace que, comme celles dont j'ai parlé jusqu'à présent, elle n'était pas le fait d'une théorie anti-religieuse ou d'une pratique déviante, mais d'un constat de la façon dont les diverses sociétés humaines se représentaient la sexualité.

La psychologie du développement de l'enfant.

Pendant ces années d'étude très chargées, je pris également contact avec la psychologie du développement de l'enfant et avec la psychanalyse. Je les associe provisoirement car c'est toutes deux qui m'apprirent en même temps l'existence de la sexualité chez l'enfant. C'est la découverte de Freud qui fit le plus scandale : j'aurais dû me méfier de la facilité avec laquelle j'y souscrivis, non point parce qu'elle m'apparaîtrait désormais fausse (c'est un des nombreux points sur lesquels, pour pouvoir « dépasser » Freud, il faudrait d'abord l'avoir rejoint), mais parce que je découvris plus tard qu'y souscrire exigeait bien autre chose que la démarche presque purement rationnelle qui était alors la mienne. En même temps qu'elles me faisaient découvrir la sexualité infantile, la psychologie du développement de l'enfant et la psychanalyse – ici encore associées – me faisaient découvrir que toutes les dimensions constitutives de la personnalité étaient présentes et opératoires dans toutes les conduites humaines importantes : jamais de conduite intellectuelle ou même de perception sans affectivité (je me réjouis d'avoir appris la pratique et la théorie des tests projectifs), jamais de conduite intellectuelle ou affective sans que la motricité soit en cause (Aristote l'avait déjà dit, mais on pouvait mieux l'observer et l'expliquer). J'apprenais en même temps qu'il n'y a pas de conduite humaine sans que la sexualité y soit opératoire, non pas seulement de façon pathologique (ce qui peut être le cas) mais de façon constitutive et nécessaire. Bien sûr, là encore j'aurais dû me méfier de la facilité avec laquelle j'y souscrivis. Mais après tout, il faut bien commencer d'une manière ou de l'autre : on me facilitait d'ailleurs la transition (non moins que les résistances) en tournant un peu autour du pot, car nos professeurs étaient loin d'être tous de la même école et se bousculaient même farouchement; mais enfin, les uns parlaient libido, les autres sexualité, d'autres « investissement affectif », d'autres « psychologie dynamique », etc. Bref, on prenait des précautions, ce que justifiait l'énormité de la chose, mais il fallait bel et bien admettre, et non par « pansexualisme », qu'il y a de la sexualité partout, comme on admet, et non par « panintellectualisme », qu'il y a partout de l'intelligence.

C'était encore une des modalités les plus caractéristiques de la façon dont se sont souvent nouées foi chrétienne et sexualité qui se trouvait mise en cause, même si cela semble à première vue moins évident qu'à propos des autres modalités dont j'ai parlé jusqu'à présent. La morale catholique n'a jamais négligé la sexualité; elle en a même parfois été obsédée. Mais elle la cantonnait dans un secteur bien déterminé, qu'elle s'efforçait d'ailleurs de centrer sur la reproduction. Ceux qui veulent la mettre au goût du jour poursuivent la même opération de cantonnement en la limitant à ce qu'ils appellent le « génital », commettant d'ailleurs ainsi un contresens sur la signification de ce mot en psychologie et particulièrement en psychanalyse (où il ne désigne pas le domaine de la sexualité mais une de ses modalités). En dehors de ce domaine, la sexualité n'a pas de place, sinon celle d'une pathologie dont la guérison supposerait le retour à la normalité, c'est-à-dire à ce que la sexualité rentre chez elle et y reste; la morale catholique l'y attend de pied ferme : cela s'appelait « le sixième commandement ». Mais à partir du moment où l'on admet que la sexualité est coextensive à toute la durée de la vie humaine, de la naissance à la mort, et n'est pas seulement limitée aux périodes d'activité dite « génitale », et surtout à partir du moment où l'on reconnaît la sexualité comme constitutionnellement présente et opératoire dans toute activité humaine (« sexuelle » ou non), la morale catholique traditionnelle voit son objet lui échapper et se réduit elle-même à l'impossibilité d'avoir quelque chose à dire sur une réalité psychique qui s'avère d'un tout autre type que ce à quoi elle voulait le cantonner.

Le problème n'est pas purement théorique : il ne manque pas de clercs ou de groupes de clercs qui s'acharnent à réduire la sexualité à la reproduction ou au « génital » et qui condamnent du même coup leur propre sexualité à se fixer de façon peu adéquate sur l'exercice du pouvoir ou celui de la soumission, sur les prestiges de la théologie et de l'érudition ou sur l'humiliation de l'intelligence, sur leur mère, leur père, l'Église, le pape ou la Sainte Vierge. Mieux vaudrait d'une part être moins réducteur à l'égard de la sexualité dans le domaine qui est le sien propre, et d'autre part mieux aménager la manière dont il est effectivement normal qu'elle soit à l'œuvre dans les activités « non sexuelles » de l'être humain. S'il m'a fallu suivre des chemins d'un tout autre ordre pour y parvenir, c'est néanmoins en ces années de prise de contact avec la psychologie du développement de l'enfant et avec la psychanalyse que s'ébaucha la découverte de ce que je devais m'aventurer à proposer dix ans plus tard à un groupe très fermé de théologiens dominicains amis et confrères : la première question à poser à propos de la sexualité des prêtres n'est pas celle de leur célibat, de son obligation et de sa pratique, mais celle de la façon dont leur sexualité s'investit dans les actes propres à leur état : célébration du culte, acte eucharistique, pardon des péchés, ministère de la parole, etc. Cela fit quelques remous : n'avais-je pas été moi-même, avant que d'en pouvoir parler, longuement et durement plongé dans ces remous? En tout cas, si la sexualité était ce que me faisaient découvrir la psychologie du développement de l'enfant et la psychanalyse, c'était encore une des façons les plus caractéristiques dont sont souvent nouées foi catholique et sexualité qui se trouvait dénouée.

La psychanalyse.

Même si je viens d'en décrire un aspect, il m'est bien difficile, vingt ans plus tard, de reconstituer quel impact eut sur moi mon premier contact avec la psychanalyse. En effet, j'ai depuis, comme on dit, « fait une analyse », et même si l'on cesse un jour d'aller s'allonger sur un divan, le processus ainsi inauguré ne cesse pas complètement; je pense même que, dans mon cas, les effets principaux n'en apparurent que plus tard et très progressivement. Par ailleurs, voici bientôt vingt ans que je fréquente beaucoup d'amis et d'amies psychanalystes, que je les entends parler de leur pratique, de leur réflexion théorique, de leurs institutions, etc. Je ne me suis jamais adonné personnellement à la pratique de la psychanalyse ni même à celle de la psychothérapie, mais ces vingt ans de familiarité avec la psychanalyse me rendent quasiment impossible de reconstituer en leur amont ce que furent les premières impressions.

Pour m'en tenir à ce qui concerne la sexualité, plusieurs points me semblent néanmoins repérables. D'une part, j'apprenais que la sexualité était, aux confins du biologique et du psychique, le résultat d'une histoire : histoire du rapport du sujet à lui-même tel qu'il se dessine à partir des rapports qui se tissent entre lui et son milieu, histoire qui commence dès la naissance et évolue selon les avatars de la vie du sujet, mais aussi selon les avatars des désirs dont il est le dépositaire ou le support. Loin d'être un mécanisme biologique ou un jeu purement instinctuel, la sexualité s'avérait triplement humaine : d'abord en ce sens qu'elle était strictement personnelle à chaque individu selon des configurations symboliques plus individuées encore que ce qu'il y a de plus individué dans notre être biologique, ensuite en ce qu'elle est le résultat de nos relations, de notre modelage par le désir des autres, enfin parce qu'elle est historique.

Par ailleurs – et ceci pouvait paraître contredire cela –, la psychanalyse m'apprenait que la sexualité, comme toutes les dimensions de la vie psychique de l'être humain, était vécue de façon moins consciente qu'inconsciente. Une des méconnaissances les plus radicales de la psychanalyse, qui est en même temps une des plus radicales résistances à son égard, consiste à considérer l'inconscient comme une pathologie de la vie psychique consciente et non comme une des instances constitutives du psychisme humain. L'inconscient n'est pas une maladie dont la guérison exigerait sa transformation en conscient. Les vicissitudes des pulsions, selon l'expression de Freud, et donc de la sexualité, sont bien plus inconscientes que conscientes dans leurs effets comme dans leur processus. Il n'y a pas là contradiction avec le caractère triplement humain de la sexualité que m'avait appris par ailleurs la psychanalyse, sauf à considérer l'inconscient comme de l'infra-humain. Mais l'inconscient est spécifiquement humain : les animaux n'en ont pas. Là encore, il m'a fallu bien du temps pour devenir un peu moins étranger à ce qu'a de spécifique l'inconscient et à ce qui le fait spécifiquement humain en même temps qu'il contribue à caractériser le spécifiquement humain. Mais il me semble que dès les premiers contacts – et grâces en soient rendues à mes initiateurs –, je perçus à propos de la sexualité quelque chose de ce que je viens de décrire là sans pouvoir échapper à l'après-coup de la reconstruction.

Je ne prétends pas limiter à ce que je viens d'en dire ce que la psychanalyse m'a appris de la sexualité; je prétends encore moins que tel est bien tout ce qu'elle nous en apprend. Je me contente de souligner les points qui ne pouvaient manquer dès cette époque de transformer profondément la façon dont la foi chrétienne et la sexualité étaient nouées en moi comme dans la culture catholique de l'époque. Plusieurs de ces liens se trouvaient directement mis en cause. D'une part l'irrépressible tendance de la morale catholique à réduire la sexualité à ce qu'il y a de moins humain dans l'être humain : la mécanique physico-chimique de la reproduction et la supposée animalité de l'instinct. Inutile de s'étendre sur les innombrables témoignages de cette tendance : comme je l'ai dit, j'en avais sous les yeux, dans le Québec des années 1950, des exemples ahurissants. Mais j'avais lu Origène,

Augustin et bien d'autres Pères de l'Église, j'avais lu bien des théologiens du Moyen Age, j'avais lu les manuels de théologie morale, de morale pratique, j'avais été formé à confesser, après avoir été formé à me confesser : la sexualité, c'était l'animal en nous, mal nécessaire disait saint Augustin, et dont – tous étaient unanimes là-dessus – nous serions débarrassés dans la gloire du ciel. Avec une naïveté que favorisaient des méconnaissances dont je devrai reparler, je m'étonnai que les chrétiens ne fassent pas meilleur accueil à une conception de la sexualité qui en faisait une aventure typiquement humaine parce que singulière à chacun, résultant de nos relations constitutives, et essentiellement historique : cela me paraissait bien plus proche de l'anthropologie que les croyants professaient avec enthousiasme lorsqu'il s'agissait d'autre chose que de la sexualité. Mais il me fallait bien reconnaître que dès qu'il s'agissait d'elle, la plupart d'entre eux privilégiaient un modèle biologique, instinctuel, voire animal (au sens de mammifère supérieur). Il me semble qu'une des plus grandes difficultés d'une certaine conception chrétienne de l'être humain soit d'accepter de considérer que la sexualité *humaine* est tout aussi radicalement humaine et digne de l'homme (et de Dieu) que l'intelligence, l'amour ou la foi. Dès il y a vingt-cinq ans, c'était là pour moi un point en deçà duquel aucun retour n'était possible : on devinera sans peine que je ne pouvais éviter quelques difficultés à me sentir chez moi dans la morale catholique contemporaine, ou que ses garants éprouvent quelque difficulté à m'y donner une place.

Un autre point actuellement repérable par moi de l'impact qu'eut alors la psychanalyse sur la représentation chrétienne de la sexualité dans laquelle j'avais été formé peut sembler paradoxal, dès lors qu'on le rapproche de celui que je viens de signaler. En effet, j'ai dit ce que la sexualité avait normalement d'inconscient, échappant donc en grande partie aux processus conscients, et ce non par refoulement pathologique ou pathogène mais de par la nature même de l'appareil psychique. Or, la tradition catholique juxtapose à la tendance – que je viens de signaler – de réduire la sexualité au biologique, à l'instinctuel et à l'animal, une tendance à vouloir scruter, comprendre, contrôler et juger les moindres méandres de cette même sexualité et de ses comportements. C'est d'ailleurs là une tendance moins anthropologique ou philosophique que moraliste et pratique. La forme la plus caricaturale en est ces plans détaillés d'examen de conscience en vue de la confession, où tant d'adolescents – et même d'adultes – ont fait des découvertes ravies ou horrifiées sur les innombrables modalités possibles du comportement sexuel. On aurait tort de ne pas voir que cette caricature est seulement la déformation d'un souci à la fois de conscience morale et de contrôle de soi, dont l'apprentissage était longuement poursuivi depuis les premières années de la puberté, et même auparavant. Le point que je veux souligner ici n'est pas qu'on serait amené par la psychanalyse à juger cette volonté de conscience et de contrôle comme mauvaise ou non : il est plus radicalement qu'une telle volonté est impossible, précisément à cause de ce que la sexualité a normalement d'inconscient. Freud avait bien pressenti que les humains lui pardonneraient difficilement la blessure narcissique qu'il leur infligeait en montrant la place de l'inconscient dans la vie psychique. Pour la volonté de conscience et de contrôle sur les manifestations de la sexualité, la blessure est d'autant plus grande que cette volonté a été portée à son paroxysme à certaines époques et par certaines formes du catholicisme (je renvoie les doctes aux interminables discussions des scolastiques sur la moralité des premiers mouvements de la sensibilité).

Moins qu'une conception théorique, c'est une pratique qui est ici en cause. La mise en cause n'en est peut-être que plus radicale, surtout quand on sait l'importance attachée à cette pratique par certaines formes de catholicisme. Par nature, la sexualité échappe en grande partie à une telle possibilité de contrôle et de conscience, et ce alors même que la psychanalyse nous la fait appréhender comme plus humaine, plus consonante à ce qui est le spécifique de l'homme que l'instinct animal et biologique auquel elle fut – et est encore – si souvent réduite par le catholicisme. Humanisant la sexualité en la montrant historique, symbolique, relationnelle, singulière, la psychanalyse dissout un des éléments majeurs de sa représentation chrétienne. Mais l'humanisant aussi – car c'est encore l'humaniser – en montrant la place qu'y tient l'inconscient, la psychanalyse dissout un autre de ces éléments majeurs.

Une intrépidité à toute épreuve.

Le bilan que je viens de retracer de l'impact qu'eut ma prise de contact avec différentes disciplines psychologiques sur la conception traditionnelle qui était la mienne est inévitablement reconstruit à travers l'après-coup des vingt années qui suivirent. Ce caractère inévitable de reconstruction n'empêche pas de faire quelques remarques sur des points qui m'étonnent aujourd'hui. Je me souviens fort bien, par exemple, que ces différentes remises en cause de la conception catholique traditionnelle de la sexualité qui était mienne se firent sans aucun problème, sans aucune crise intellectuelle ou de la foi. Est-ce parce que cette conception commençait d'être vacillante ou ruinée en moi sans que j'en aie conscience? Je ne le crois pas car, dans ma vie personnelle, c'était toujours elle qui dominait et en fonction d'elle que je jaugeais les réussites, les avatars ou les échecs du vœu de chasteté que j'avais fait quelques années plus tôt comme tout religieux. Peut-être était-ce dû au fait d'une dissociation entre la vie intellectuelle et la vie des pulsions, dissociation dont j'apprenais alors qu'elle était un « mécanisme de défense » dont l'adolescence – période où il est fort à l'œuvre – n'a pas le privilège. En tout cas, non seulement je ne ressentais aucune anxiété à voir se développer ces mises en cause, mais j'envisageais avec un bel optimisme la manière dont la morale sexuelle catholique, et à partir d'elle la représentation chrétienne de l'homme et de Dieu, pouvaient en bénéficier. Ne m'avait-on pas appris que dans bien des domaines, mais particulièrement en théologie morale, la percée et la progression (hélas sans guère de lendemains) de Thomas d'Aquin étaient dues au fait qu'il n'avait pas hésité à introduire en morale chrétienne l'anthropologie aristotélicienne, laquelle était pourtant jugée de son temps impie et dangereuse pour la foi, ce qui lui valut quelques ennuis avec diverses autorités ecclésiastiques et théologiques? Demandant à mes supérieurs une année d'études supplémentaire – que j'obtins – en psychologie, je plaidai ma cause en me référant humblement à cet illustre exemple : je me doutais bien que l'introduction des données anthropologiques de la psychologie moderne poserait à certains quelques questions, mais elle ne m'en posait personnellement aucune, et j'y trouvais une grande satisfaction intellectuelle, tant du point de vue anthropologique que du point de vue de la foi.

D'ailleurs, même si mon rapport à moi-même restait en cette matière réglé par la conception traditionnelle, je n'avais aucune difficulté, dans mon « ministère sacerdotal » (j'étais prêtre depuis peu), à mettre en œuvre des conceptions différentes. Mon âge un peu avancé (trente ans) me mettait à mi-chemin entre mes collègues étudiants et étudiantes un peu plus jeunes que moi et mes professeurs, guère plus âgés que moi. Je nouais des amitiés des deux côtés : les uns se mariaient ou se fiançaient, les autres avaient déjà deux, trois ou quatre enfants. On me questionnait d'autant plus souvent que, je l'ai dit, la morale sexuelle catholique avait revêtu au Québec jusqu'en 1950-1960 une forme incroyable de rigorisme et de stupidité. La plupart de mes amis appartenaient au groupe de ceux et de celles qui commençaient à se poser des questions. Je n'avais guère de mal à y répondre autrement que leurs formateurs ou leurs relations ecclésiastiques, et je ne le faisais point – me semble-t-il – avec une légèreté un peu contestataire ou en dissociant complètement le domaine de la sexualité et celui de la foi. Je m'appliquais au contraire – comme je m'y suis toujours efforcé depuis – à montrer que la nouvelle morale catholique de la sexualité qui s'ébauchait était non seulement plus respectueuse de la sexualité mais plus en consonance avec le Dieu de Jésus-Christ.

Un autre point me paraît, après coup, assez étonnant : les différentes disciplines auxquelles je m'initiais n'étaient pas des disciplines ésotériques et n'exigeaient point un processus personnel initiatique (je laisse de côté le problème que pose le fait de considérer la psychanalyse comme une branche de la psychologie). Dans cette mesure, leurs résultats, leurs hypothèses et leurs méthodes étaient publiques et accessibles à un grand nombre : de fait, beaucoup les étudiaient et les pratiquaient. Le problème de leur rencontre avec la foi chrétienne ne me semblait donc pas être une aventure individuelle, dépendant par exemple des avatars de ma propre personnalité (et, dans le cas, de ma foi et de ma sexualité), mais une entreprise collective que je situais à un certain niveau de rationalité, même si je n'en méconnaissais pas totalement les aspects irrationnels, individuels ou sociaux. Certes, je n'ignorais pas que la majorité des fondateurs, des praticiens et des théoriciens de ces disciplines étaient a-religieux, voire anti-religieux, ou l'étaient devenus. Je n'ignorais pas davantage les réticences de la plupart des croyants et de leurs pasteurs à l'égard de ces disciplines; enfin, j'étais bien conscient que c'était à propos de la sexualité que le conflit risquait d'être le plus vif. Mais j'imputais tout cela essentiellement à un malentendu procédant à la fois de l'héritage du passé et de l'ignorance mutuelle. Après tout, certains aspects, raisonnements ou pratiques de la morale sexuelle catholique traditionnelle méritaient bien le mépris, voire la colère des chercheurs de toutes disciplines, ou tout simplement celui des hommes et des femmes essayant de vivre humainement leur sexualité. Je ne doutais pas que, finalement, la majorité des individus, des instances ou des groupes en présence pourraient se rendre progressivement à l'évidence qu'il était possible d'instaurer une morale sexuelle authentiquement chrétienne intégrant la nouvelle conscience et la nouvelle expérience de la sexualité qui s'esquissaient.

Je souligne ces dispositions, non pour ironiser vingt ans plus tard sur leur naïveté, mais parce que cette naïveté – qui était loin de m'être strictement personnelle – recouvre et dissimule un aspect essentiel de la façon dont foi et sexualité étaient nouées dans la morale sexuelle catholique traditionnelle, ce dont je m'avisai plus tard et par d'autres voies. En outre, cette naïveté, ou plus exactement la méconnaissance de ce qu'elle dissimule, explique en grande partie l'échec qu'ont subi tous les croyants, hommes et femmes, tous les théologiens, tous les pasteurs, prêtres et évêques, qui espéraient dans les années 1960-1970 qu'un changement profond pourrait apparaître dans les discours et la pratique des autorités romaines en la matière. Car, de ce point de vue, l'échec est total : début 1983, ce discours n'a jamais été aussi ferme, rigide et répétitif; l'expliquer par la psychologie personnelle ou la nationalité d'un pape ou de ses conseillers relève de la même naïveté et dissimule la même méconnaissance. Mais j'anticipe, ou plutôt ceci introduit tout naturellement la phase suivante de mon itinéraire.

Après ces trois années de psychologie, je revins au Saulchoir, pour enseigner la théologie à la façon dont on le faisait chez nous à l'époque, c'est-à-dire en commentant le texte de la *Somme théologique* de Thomas d'Aquin que professeurs et étudiants apportaient à chaque cours. Je commentai ainsi d'abord le traité des *habitus* et des vertus, qui m'avait tant séduit huit ans plus tôt, puis chaque année de nouveaux traités. Ceux qui ont pratiqué ce genre d'enseignement savent quel énorme labeur demandent ses débuts : je gardais néanmoins un œil sur les diverses branches de la psychologie en rédigeant d'abondants bulletins de recension sur de nombreux ouvrages de psychologie. Il m'apparut progressivement que la psychanalyse était, de tout ce avec quoi j'avais pris contact, la discipline qui présentait le plus d'importance pour la pratique de la théologie morale. Aussi demandai-je et obtins-je de mes supérieurs de faire une analyse, car je n'avais quand même pas poussé la résistance jusqu'à penser qu'on pouvait prendre sérieusement contact avec la psychanalyse sans faire soi-même une analyse. Cela dit, il ne faut pas être trop sévère pour les résistances : l'une d'elles me fut fort utile. Je me décidai, demandai et obtins de faire cette analyse pour une raison absolument analogue à celle pour laquelle j'avais fait des études de psychologie : pour le plus grand bien de la théologie morale, et par conséquent pour le plus grand bien de Dieu, de l'humanité et de leur rencontre, mon propre bien n'intervenant guère en l'affaire. Avec le même mélange d'optimisme et de naïveté, mes supérieurs eurent le courage d'approuver et de soutenir – y compris financièrement – l'entreprise, ce qui n'était pas banal en 1962. Je le souligne d'autant plus volontiers que l'un des supérieurs qui eurent alors ce courage devait être à Rome, ces dernières années, un de ceux qui s'acharnèrent le plus obstinément au Saint-Office à faire condamner mon livre et à me faire priver de toutes mes fonctions. Il importe donc de souligner qu'au moins au niveau conscient, je n'entrepris pas une analyse à cause des problèmes que m'aurait posés personnellement la confrontation de la foi et de la psychanalyse, ni même à cause des problèmes que leur confrontation commençait de poser à la communauté des croyants, encore moins pour « résoudre » des problèmes psychologiques personnels : faire une analyse était pour moi ce qu'étudier Aristote avait été pour saint Thomas. J'étais assez avisé pour présenter aux psychanalystes que je contactai d'autres raisons complémentaires plus « personnelles » : il y en avait effectivement. Plus avisés encore, ils comprirent mieux que moi qu'une si belle motivation méritait qu'on aille y voir. Ce qui fut fait.

Il n'est pas question de proposer ici une sorte d'autobiographie psychanalytique, dont je serais d'ailleurs bien incapable. Il est encore moins question d'essayer de discerner ce que fut au fil des années l'impact de la psychanalyse sur mon rapport à ma propre sexualité : j'en serais également bien incapable. Mais je ne pouvais passer sous silence le fait qu'à partir de là (enfin!), les modifications de ma représentation de la sexualité et ma remise en cause des façons dont foi chrétienne et sexualité étaient nouées dans la morale catholique traditionnelle n'étaient plus seulement le fait d'études intellectuelles ou de participation à des courants de pensée intra- ou extra-ecclésiaux, mais également le fait de ma propre analyse. Je suis incapable, et d'ailleurs peu soucieux, d'attribuer sa part à chacun de ces facteurs. Je dois seulement souligner que si le rôle de l'analyse, en ce qui me concerne, fut capital, ses effets ne sont pas sans analogies – et parfois coïncident – avec l'impact qu'eurent sur d'autres croyants des expériences ou des réflexions complètement étrangères à la psychanalyse.

2. Le statut d'exception de la sexualité dans la morale catholique traditionnelle

Le climat des années soixante.

Beaucoup n'ont pas connu, et beaucoup d'autres ont oublié, ce que fut pour nombre de catholiques français la période 1959-1968. Ce fut essentiellement la période du deuxième concile du Vatican (1962-1965), de sa préparation et de ses suites immédiates. Je l'ai déjà dit : plusieurs de nos meilleurs théologiens du

Saulchoir, y compris ceux qui avaient été condamnés par Rome dix ou vingt ans plus tôt, y travaillèrent, ainsi que plusieurs autres théologiens français. Ils avaient espéré contre tout espoir : contre tout espoir, ils étaient en train de gagner. Je participais à l'enthousiasme, aux inquiétudes, aux soulagements, mais d'assez loin. Les premières années d'enseignement sont éprouvantes, surtout quand de nouvelles matières s'ajoutent chaque année. De plus, j'avais entrepris mon analyse. En outre, je remplissais concomitamment ou successivement diverses fonctions conventuelles (bibliothécaire, chantre, etc.) dont certaines étaient fort lourdes; j'abandonnai donc progressivement les recensions d'ouvrages psychologiques. Pourquoi parler de tout cela ici? Parce qu'on peut à bon droit considérer comme marquant la fin brutale de cette période la publication par le pape Paul VI en 1968 de l'encyclique *Humanae Vitae* sur la contraception. Pour comprendre pourquoi ce texte marque une fin si brutale, il faut rappeler ce qu'avait été la décennie antérieure.

Dès le début des années soixante, nombre de chrétiens et de chrétiennes, nombre de théologiens, de prêtres et d'évêques, étaient persuadés que la morale catholique pouvait très bien considérer comme légitimes les pratiques anticonceptionnelles dites « artificielles » (pilule, etc.) et non pas seulement les « naturelles » (méthode Ogino, méthode des températures... ou abstention). De même, une importante minorité considérait (et ce n'était pas lié, à l'époque, à la diminution des vocations) qu'on pouvait s'interroger sur le caractère obligatoire du célibat pour les prêtres catholiques de rite latin. Une minorité non négligeable pensait aussi qu'à propos du statut des divorcés remariés dans l'Église et notamment de leur accès aux sacrements, l'Église romaine pourrait s'inspirer des pratiques plus larges des Églises orthodoxes et protestantes. Les conditions et les exigences des études au Saulchoir et au Canada m'avaient tenu relativement à l'écart de tous ces mouvements, mais tout ce que j'ai dit permet de comprendre que, commençant ma carrière de moraliste, je rejoignis sans aucune difficulté ceux qui m'avaient précédé dans ces recherches et ces combats. Souvent invité à parler de ces questions dans des groupes de travail, y compris des groupes d'évêques, je puis témoigner que dans les années 1960-1965, l'aile marchante du catholicisme français s'attendait à des évolutions dans ces divers domaines, qui leur paraissaient mieux acquises et plus vraisemblables que les profonds changements parfois inattendus que le concile promouvait dans divers autres secteurs. C'était, comme on dit, « gagné », et les évêques d'une région apostolique de France m'ont dit expressément ce que bien d'autres répétaient : « Attendez la mort de Jean XXIII (ou celle de Paul VI) : leur personnalité les empêche, malgré toutes leurs qualités, d'entériner les changements dans le domaine de la sexualité, mais leur successeur... »

Cette conviction était si ancrée dans la minorité agissante de plusieurs Églises nord-européennes (minorité qui était devenue le noyau d'une nouvelle majorité au concile) que personne ne se cachait de l'écrire ou de l'enseigner, quitte à recevoir (comme ce fut mon cas à propos du célibat des prêtres) un avertissement du Saint-Office, organe considéré à l'époque en perte de vitesse et marginalisé par l'intransigeance du chef qui l'incarnait : le cardinal Ottaviani. Il n'est pas inutile de noter que ceux qui œuvraient dans d'autres secteurs et n'étaient pas particulièrement préoccupés de morale sexuelle considéraient en général ces questions comme à la fois relativement secondaires et pratiquement déjà réglées, les obstacles à vaincre dans leur propre secteur leur paraissant plus considérables. Il y avait d'ailleurs tant à faire pour promouvoir, expliquer et appliquer les diverses réformes ou nouvelles perspectives ouvertes par le concile qu'on remarquait à peine qu'en ce domaine rien n'était fait, ce dont on s'inquiétait d'autant moins qu'on considérait la question comme pratiquement résolue. Aussi, lorsque parut en 1968 l'encyclique où le pape Paul VI condamnait l'utilisation des techniques contraceptives « artificielles », ce fut pour beaucoup une véritable consternation. Plusieurs épiscopats (le français, par exemple) furent si déconcertés qu'ils mirent plusieurs mois à rédiger des documents dont l'approbation à l'encyclique était si confuse et embarrassée, voire réticente, que le Vatican en fut fort mécontent. Que s'était-il donc passé?

Le comportement exceptionnel des autorités ecclésiastiques.

Le désarroi et l'amertume furent si grands chez beaucoup que l'on fut porté à se contenter d'explications superficielles : la personnalité tourmentée et scrupuleuse de Paul VI, le retour en force des factions du Vatican que le concile avait indisposées, etc. Avec le recul du temps, et surtout avec un peu moins de naïveté en ces domaines, je suis persuadé que la cause n'est pas là, mais dans le fait qu'il s'agissait de la sexualité, et qu'on avait trop facilement oublié ce qu'elle est, ce qu'elle déclenche, la nature conflictuelle des rapports qu'entretient avec elle une certaine conception de la foi chrétienne. Dans l'enthousiasme des premières phases du concile, on ne s'était pas avisé que sur les centaines de sujets proposés par les évêques à l'ordre du jour éventuel, trois sujets avaient été discrètement mais fermement soustraits à la libre discussion des pères conciliaires; or, c'étaient précisément les trois sujets concernant la sexualité, dont chacun savait qu'ils faisaient problème et qu'ils figuraient à maintes reprises dans les demandes adressées par les évêques, à savoir la contraception, le célibat des prêtres et le statut des divorcés remariés. Le comportement des évêques ne fut pas moins exceptionnel en la matière que celui du pape, en l'occurrence particulièrement Paul VI. En effet, les évêques firent preuve dès le début du concile d'une grande indépendance d'esprit à l'égard des services du Saint-Siège et même d'une certaine liberté d'esprit à l'égard des papes eux-mêmes. Ils n'hésitèrent pas à bouleverser les procédures prévues, à récuser les textes proposés. De leur côté, les deux papes concernés, Jean XXIII et Paul VI, arbitrèrent ces conflits ou prirent des initiatives qui montraient leur souci de respecter la liberté du concile. Or, en matière de sexualité, les évêques se soumirent curieusement et rapidement au désir, exprimé nettement (soit indirectement soit directement) par Jean XXIII ou Paul VI, que le concile s'abstînt de discuter de la contraception ou du statut des divorcés remariés. Il y eut bien telle ou telle intervention sur ces matières, mais tout s'arrêta dès lors que fut confirmé le veto du pape. L'attitude du pape n'est, en effet, pas moins exceptionnelle en la matière que celle des évêques et lui est symétrique, dans la mesure où ce veto contraste avec le souci de Paul VI d'assurer en tous les autres domaines la liberté de travail du concile.

Il faut rapprocher de cette étrange exception les conditions dans lesquelles fut préparée l'encyclique *Humanae Vitae*. D'excellents ouvrages existent sur le sujet [14]. Le seul point qui m'importe ici est le suivant : Jean XXIII, soucieux lui aussi de réserver la question de la contraception à une autre autorité qu'à celle du concile, avait fondé une commission d'experts dès avril 1963. Au fil des mois et des années, Paul VI devait élargir cette commission en y agrégeant des membres toujours choisis par lui. Or, à mesure que ce groupe s'augmentait et travaillait, les rapports de force entre les opinions en présence s'inversaient de façon qui convenait fort peu aux positions personnelles du pape. Au début, la majorité était contre la licéité des moyens contraceptifs dits « artificiels »; mais à mesure que le travail se poursuivait avec l'aide de nouveaux membres, pourtant choisis par le Saint-Siège, se dégageait au contraire une majorité en faveur de la licéité desdits moyens. Après trois ans de travail, fin juin 1966, une majorité se prononça en ce sens dans un rapport final. Paul VI se fit remettre le rapport adopté, mais aussi un rapport de la minorité [15]. Il se mit au travail et fit travailler ses experts de confiance. L'été 1968, *Humanae Vitae* paraissait : c'était le point de vue de la minorité qu'avait repris le pape. Le point que je veux souligner ici n'est pas celui de l'éventuelle illégitimité d'une telle procédure : dans l'ecclésiologie catholique actuelle, le pape n'est nullement tenu (qu'on le déplore ou non) de s'en tenir au point de vue d'une majorité. Le point à souligner est qu'*Humanae Vitae* était, depuis le début de son pontificat, la seule et unique occasion où Paul VI se soit ainsi comporté. La sexualité semble donc déclencher des comportements qu'elle est seule à déclencher, comme à propos du veto opposé à la discussion conciliaire des trois points proposés. En effet, durant toute la deuxième partie du concile, on avait vu Paul VI très soucieux de rallier à chaque texte en discussion une majorité la plus large possible, faisant tout pour obtenir la quasi-unanimité, élaguant, voire émasculant certains textes de points essentiels, au grand dam de leurs auteurs et de la grande majorité qui déjà les soutenait, pour récolter quelques voix réticentes. Pourquoi ce fort honorable souci d'une majorité la plus large possible disparaissait-il soudain, pourquoi était-ce la minorité qui l'emportait, et ce dans le seul et unique cas de la sexualité?

Un événement analogue se produisit un peu plus tard, en 1971, à l'échelle non plus seulement du pape mais du pape et de l'épiscopat, à propos du synode consacré au sacerdoce. L'obligation du célibat pour les prêtres avait été un des trois points soustraits à la libre discussion du concile : comme la contraception, il fallait néanmoins la traiter; elle fut intégrée à l'ensemble des questions préparées pour le synode des évêques autour du pape. Plusieurs épiscopats de divers pays la préparèrent longuement. L'épiscopat des USA fit même mener une enquête sociologique très sérieuse parmi les prêtres : une forte majorité se prononça contre le maintien de cette obligation; quant aux problèmes et aux pratiques du clergé africain et latino-américain, leur notoriété était telle qu'aucune enquête n'était nécessaire. Le synode réaffirma néanmoins sans aucun aménagement le maintien de cette obligation, les évêques des USA faisant corps sans ciller avec la doctrine que Paul VI voulait maintenir [16]. Ici encore, dans l'ecclésiologie catholique actuelle, rien ne s'oppose – à tort ou à raison – à ce que les évêques et le pape adoptent un point de vue exactement contraire à celui de la majorité de leur clergé; mais le point à souligner est qu'on n'observe une attitude de ce genre dans aucun autre domaine que dans celui de la sexualité.

Il n'est pas inutile de souligner qu'il en alla exactement de même plus récemment à propos d'un autre synode, autour de Jean-Paul II cette fois-ci, consacré en 1981 à la famille, et où les problèmes de sexualité étaient nécessairement présents. Plusieurs épiscopats européens (dont le français), plusieurs épiscopats africains et latino-américains avaient exposé dans des rapports préliminaires les problèmes que leur posaient certains aspects de la doctrine catholique traditionnelle en matière de famille et de sexualité. A leur grande surprise, il n'en subsista quasiment rien dans le rapport final, qu'ils approuvèrent néanmoins. La mise aux oubliettes de leurs questions par les autorités du Saint-Siège et l'entourage du pape fut quand même suffisamment cavalière pour susciter, mais après coup et de façon discrète et dispersée, quelques protestations : une jeune figure montante de l'épiscopat français, qui avait gagné ses galons de futur évêque en étant le seul professeur de théologie morale en France à accepter de commenter favorablement l'encyclique *Humanae Vitae* en 1968, a peut-être compromis ses galons de futur cardinal en donnant un peu de la voix à ce sujet, même s'il s'est rattrapé depuis lors par des déclarations particulièrement tranchantes et rigides dans des domaines touchant encore une fois à la sexualité.

L'adage exceptionnel des moralistes.

C'est une règle clinique élémentaire de considérer que si un individu ou un groupe d'individus se comporte dans un domaine d'une façon exactement contraire à la façon dont il se comporte dans tous les autres, cette exception signale que cet individu ou ce groupe a un problème dans le domaine où elle sévit. On se tromperait lourdement en ne posant cette question qu'à propos des papes, des évêques, des conciles et des synodes. Ce ne sont pas les papes et les évêques qui ont inventé l'adage traditionnel en théologie morale selon lequel, en matière de sexualité, il n'existe pas de faute dont la matière puisse être considérée autrement que comme grave. Il faut savoir que la morale catholique traditionnelle apprécie la gravité d'une faute en fonction de trois critères : la gravité objective de la matière, l'entière connaissance et le plein consentement. Chacun de ces critères est évidemment graduable du plus au moins, et les confesseurs étaient formés à aider leurs pénitents à apprécier la gravité de leurs fautes selon ces trois critères. Dans tous les autres domaines que celui de la sexualité, la matière est elle aussi susceptible de plus ou moins de gravité : on considère comme allant de soi qu'en matière de charité, de foi, d'espérance ou de toute autre vertu, il peut y avoir des fautes « légères » par leur matière. Dans le domaine de la sexualité et dans nul autre, la tradition morale catholique considère depuis des siècles que toute faute est péché mortel *« ex toto genere suo »*, gravité qui peut certes être atténuée si les deux autres facteurs (entière connaissance et plein consentement) font défaut. Mais la matière est de soi considérée comme toujours mortelle : le Saint-Office tint à condamner, par exemple, en 1666, l'opinion selon laquelle le plaisir charnel et sensuel que l'on trouvait dans un baiser était seulement un péché véniel si l'on prenait efficacement garde à ce que les choses n'aillent pas plus loin : non, c'était bel et bien, même en ce cas, un péché mortel *« ex sese »;* ce décret du Saint-Office fut contresigné par le pape Alexandre VII, qui lutta par ailleurs de la façon la plus rigoureuse contre le jansénisme. J'aurai à revenir plus loin sur les raisons pour lesquelles, que l'on soit ou non chrétien, la sexualité est un théâtre privilégié de la culpabilité. Le point que je veux souligner ici est encore l'exception qui s'instaure dès qu'il s'agit de sexualité. Les théologiens qui ont élaboré cet adage, et les clercs et fidèles qui en ont longtemps assuré le succès, sont en effet les premiers à dire que la charité, l'espérance, la foi, la justice, etc., sont des vertus plus éminentes que la chasteté, et que par conséquent les fautes contre la charité ou la justice sont, en soi, plus graves que celles contre la chasteté. Pourtant, c'est seulement dans le domaine des fautes contre la vertu de chasteté qu'ils ont éprouvé le besoin de préciser que la matière était si grave qu'il n'y existait pas de faute en soi légère, pas même de la légèreté d'un baiser sans suites.

Le comportement exceptionnel de religieux bien formés.

Ce qui pousse à faire un sort si exceptionnel à la sexualité qu'on n'hésite pas à se contredire et à s'y comporter tout autrement que dans tout autre secteur n'est pas plus propre aux théologiens qu'il ne l'était aux papes et aux évêques dans les exemples cités. La pratique que j'ai eue de la confession, comme pénitent et comme confesseur, montre l'universalité de ce mécanisme d'exception que suscite ladite sexualité. J'ai eu la chance de vivre mes années de vie dominicaine dans un milieu très ouvert, avec des hommes ayant donné maintes preuves de leur intelligence et de leur véritable liberté d'esprit, au grand sens de ce mot et qu'on l'écrive avec ou sans majuscule. Dans de nombreux domaines, ils ont su inventer, susciter, transformer, quand il le fallait. Dans le domaine de la sexualité, ils étaient certainement plus ouverts que la plupart des milieux chrétiens – laïcs ou religieux – de l'époque. En outre, ils professaient comme notre maître à tous, Thomas d'Aquin, que les fautes contre la vertu de chasteté sont de soi les moins graves des fautes (ce qui ne les empêche évidemment pas de pouvoir être éventuellement très graves), car les autres vertus : foi, espérance, charité, prudence, justice, force, sont plus éminentes que la vertu de chasteté. Celle-ci concerne certes un bien important : le plaisir, mais ce bien est considéré comme moins noble que les biens concernés par les autres vertus. Les fautes contre la foi, l'espérance, la charité, sont donc de soi plus graves que celles contre la chasteté. Tous mes frères, étudiants ou professeurs, étaient d'accord avec cette doctrine qui était pourtant loin de faire l'unanimité en catholicisme, où l'on est souvent porté à considérer plus ou moins explicitement les fautes contre la chasteté comme les plus graves.

Néanmoins, quand ces collègues et amis me demandaient conseil, il n'était pas rare qu'ils me disent, à propos de problèmes en matière de chasteté qu'eux-mêmes jugeaient relativement mineurs : « Je voudrais bien régler définitivement ce problème. » Il fallait du temps, de la patience et de la confiance pour les amener à découvrir l'exception qu'ils faisaient ainsi en matière de sexualité. Car, en aucune autre matière ils n'auraient eu la prétention de « régler définitivement le problème ». Aucun d'entre eux ne s'attendait à être parfait en matière de charité, de foi, de justice, etc., et s'ils escomptaient bien pouvoir en ces divers domaines régler tel ou tel problème, ils savaient bien qu'il y aurait toujours quelque « imperfection » ou quelque « péché », et ils auraient été effrayés de se surprendre à penser qu'ils auraient pu devenir parfaits et impeccables. Néanmoins, ils trouvaient tout à fait normal, sain et saint, de vouloir « régler définitivement le problème » en matière de chasteté, accordant à leur imperfection en ce domaine une valeur tout à fait différente de celle qu'ils lui accordaient dans leur réflexion théologique inspirée par saint Thomas. De même puis-je dire sans trahir aucun secret de la confession que, lorsqu'on me demandait à se confesser d'urgence avant la messe conventuelle qui était célébrée à sept heures trente du matin, il ne s'agissait jamais d'une faute grave contre la charité, l'espérance ou la justice. Quand il était possible de reprendre ensuite les choses plus à loisir, nous tombions presque toujours d'accord sur le fait que la faute qu'il avait fallu confesser d'urgence n'était peut-être pas l'événement majeur ni la faute la plus grave de la semaine (puisqu'à l'époque nous nous confessions chaque semaine).

Le caractère exceptionnel de l'éducation sexuelle.

Je ne crains pas d'ajouter un autre exemple de ce type d'exception que déclenche la sexualité en mentalité catholique, car il est de bon ton de penser que tel n'est pas le cas, ou que si tel est le cas la chose n'a pas grande importance, alors que cette exception joue un rôle non négligeable dans la mentalité catholique traditionnelle et qu'elle y est à l'œuvre de façon protéiforme. Lorsqu'en France, en 1973, le ministère de l'Éducation nationale décida de rendre obligatoire l'éducation sexuelle dans tous les établissements d'enseignement, les autorités qui régissent l'enseignement libre en France organisèrent des sessions de formation accélérée pour que les hommes et les femmes travaillant dans l'enseignement libre – et dont beaucoup étaient des religieuses ou des religieux – puissent s'acquitter de cette tâche nouvelle. Une importante institution académique catholique de Paris m'invita à collaborer à une session de ce genre, qui était construite comme beaucoup du même type : on invitait à parler de la sexualité d'abord un biologiste, puis un médecin, puis un psychologue, puis un sociologue, puis un philosophe, etc. et, pour terminer, un théologien, représentant de la « reine des sciences ». J'étais encore considéré comme un théologien dans cette institution (ce qui n'est plus le cas) et j'intervins à titre de théologien. Je dis à ces hommes et à ces femmes qui pratiquaient souvent depuis de longues années et avec efficacité le métier d'enseignant qu'ils connaissaient et pratiquaient certainement mieux que moi les deux principes nécessaires (même si non suffisants) à toute pédagogie : pour bien enseigner une matière, il faut d'une part aimer soi-même cette matière, et d'autre part avoir envie que ceux à qui on l'enseigne se mettent à l'aimer. Professeur et formateur moi-même, je savais fort bien que ce n'est pas tous les jours le cas, et que parfois l'on déteste ce que l'on enseigne et ceux à qui l'on est censé l'enseigner. Mais je savais aussi que l'on n'est vraiment professeur et formateur que les jours, les minutes, les secondes où l'on aime et veut faire aimer ce que l'on enseigne, et j'avais toutes les raisons de penser que mon auditoire d'enseignants et de formateurs avait la même expérience.

Je me demandai donc devant eux si, lorsqu'il s'agissait d'éducation sexuelle, ces deux principes fondamentaux de la pédagogie s'appliquaient ou non, et si les deux conditions préalables à toute éducation sexuelle étaient ou non que les éducateurs et éducatrices d'une part aiment eux-mêmes la sexualité et d'autre part aient envie de la faire aimer par leurs élèves. Puisque j'étais là comme théologien, je me demandai devant eux s'il y avait dans la révélation et la tradition chrétiennes des éléments qui s'opposaient à ce qu'on applique à l'éducation sexuelle ces deux conditions préalables à toute pédagogie. Je constatai devant eux sans difficulté qu'il y avait dans la mentalité catholique traditionnelle beaucoup d'éléments qui semblaient imposer qu'une fois encore on fasse à propos de la sexualité une exception à ce que l'on considérait comme normal et même indispensable dans tous les autres domaines. Mais j'essayai de montrer que si, du point de vue théologique, la sexualité était une création de Dieu, un don et une bénédiction de Dieu pour les hommes et les femmes, les éducateurs et les éducatrices chrétiens et chrétiennes avaient au contraire une raison supplémentaire d'aimer la sexualité et de vouloir la faire aimer. Plus encore que pour tous les autres éducateurs, leur pédagogie en la matière devait se fonder sur les mêmes principes que leur pédagogie en toute autre matière : aimer ce que l'on enseigne et avoir envie de le faire aimer. Je ne fus jamais réinvité, non seulement par l'organisme en question, mais par le très honorable institut catholique qui avait prêté ses locaux, et mon courrier m'apporta une belle volée de bois vert. Je ne suis pas assez naïf pour m'en étonner. Mais cet épisode, outre qu'il illustre fort bien le mécanisme d'exception souvent déclenché en milieu catholique par la sexualité, a l'avantage de manifester que c'est bien le plaisir lui-même qui fait problème au catholicisme lorsqu'il s'agit de la sexualité.

Une réunion théologique sur l'avortement.

Cette difficulté devait se manifester de façon plus conflictuelle et plus dramatique à propos de l'avortement. Dès 1969, j'avais rejoint, avec deux ou trois autres théologiens catholiques, un groupe de médecins, de juristes, de travailleurs sociaux et de personnalités diverses (dont un éminent théologien moraliste protestant) qui étudiaient le problème de l'avortement sous ses différents aspects. Après quelques années de travail, il nous devint évident à tous qu'il fallait changer les lois françaises en la matière et non seulement dépénaliser l'avortement mais le rendre médicalement, juridiquement, socialement et financièrement possible. Nous étions certainement le moins radical des groupes qui avaient abouti à la même conclusion, et aucun d'entre nous n'en était venu là facilement : nos formations et nos traditions médicales, juridiques, éthiques ou religieuses nous avaient prédisposés à aborder ce problème de façon bien plus traditionnelle. Des années de travail et de contact avec la réalité quotidienne de l'avortement nous avaient progressivement fait apparaître comme un devoir moral de lutter pour un nouvel état des choses, et même de passer aux actes et de le proclamer, si tel était le seul moyen de faire bouger des pouvoirs publics qu'aucune de nos démarches antérieures n'avait pu mettre en mouvement. Nous étions deux dominicains, un collègue et ami philosophe et moi-même théologien, à travailler avec ce groupe et à nous en déclarer solidaires. Avant d'être connue du grand public et des autorités romaines, cette action, dont nous avions informé nos supérieurs locaux, suscitait dans notre milieu dominicain des réactions diverses. Je vais raconter l'une d'entre elles, car elle m'apparaît exemplaire des attitudes que je veux mettre en lumière dans le présent chapitre.

Mon collègue et moi-même fûmes invités pour une réunion de travail sur l'avortement dans une prestigieuse maison dominicaine de Paris : il y avait là une quinzaine de dominicains de très haute volée, nationalement et internationalement célèbres pour leur activité en théologie, dans l'édition, dans la prédication à la radio, à la télévision ou dans les chaires les plus illustres de France et du monde. Passionnée et passionnante, la réunion fut d'un très haut niveau. Mon collègue et moi commençâmes par exposer les raisons de notre évolution et de notre action. J'avais choisi de partir de cas concrets très frappants, et à propos de chacun de ces cas, je posai deux questions : quelle est la conception de la vie qui oblige à penser que cette grossesse doit être menée à terme envers et contre tout? quelle est la conception de Dieu qui nous fait croire que Dieu veut que cette grossesse soit menée à terme envers et contre tout? A mon intense stupéfaction, je ne rencontrai pratiquement aucune résistance : cela ne semblait guère faire problème. Je pressentis donc très vite que le problème était ailleurs. Plusieurs me dirent en effet rapidement : « Tout cela est évident... chacun d'entre nous a rencontré dans son ministère ce genre de cas... il nous est même arrivé d'aider moralement – voire financièrement – des couples ou des femmes affrontant cette situation... Mais ce sont là des cas d'exception, qui doivent rester des cas d'exception et par conséquent ne pas autoriser une loi permissive plus large. » Bref, quelques cas d'avortement pouvaient être légitimes, mais ils devaient rester dans le secret de la casuistique ecclésiastique ou médicale : pour le reste, il fallait continuer d'interdire haut et clair l'avortement.

J'eus beaucoup de mal à obtenir que l'on se retienne un moment de passer à d'autres considérants et que l'on réfléchisse un peu à la logique interne de ce qui venait d'être dit. D'une part, il me semblait indispensable que l'on se demande ce que signifiait le fait que les privilégiés qui avaient la chance de connaître le très célèbre Père X ou Y puissent être conseillés – voire aidés financièrement – par les Pères X ou Y, mais que les autres – c'est-à-dire l'immense majorité – n'aient pas cette chance, et l'aient d'autant moins que les Pères X ou Y s'abstenaient évidemment de toute parole publique à ce sujet et contribuaient par leur prestigieux silence à renforcer le mur contre lequel se heurtaient toutes celles et tous ceux qui n'avaient pas leur oreille. Je demandai que l'on réfléchisse à la conception de l'éthique, du ministère sacerdotal, de l'aide pastorale, qu'impliquait une telle façon de faire. Les dominicains qui étaient là rassemblés étaient d'une telle qualité que je n'eus guère de peine à leur faire prendre conscience que dans tous les autres domaines de leur ministère, ils auraient repoussé avec horreur une telle attitude : elle ne leur serait d'ailleurs pas même venue à l'esprit, et nombre d'entre eux avaient montré avec beaucoup de courage et de détermination que leur conception de l'éthique, du ministère sacerdotal et de l'aide pastorale était tout autre.

Un deuxième point me semblait devoir être discuté avant d'aller plus loin : on me disait, en somme, que dans certains cas l'avortement pouvait être toléré, voire admis comme étant le moindre mal, mais que, puisque dans tous les autres cas il ne saurait l'être, il fallait garder intactes les lois civiles et religieuses qui le condamnaient sans exception possible. L'honnêteté intellectuelle de mes interlocuteurs était telle que je pus facilement attirer leur attention sur le fait que l'on ne raisonnait jamais ainsi habituellement en morale, laïque ou religieuse. Jamais les moralistes ou les législateurs n'interdisent une pratique sous prétexte que, bien qu'elle puisse être légitime en certains cas, elle pourrait ne pas l'être dans d'autres. Encore moins l'interdisent-ils à ceux pour qui ils la considèrent comme légitime sous prétexte que d'autres pourraient en user de façon illégitime. Toujours, au contraire, les moralistes et les législateurs, lorsqu'ils considèrent qu'une pratique peut être légitime dans certains cas et illégitime dans d'autres, définissent les conditions de légitimité et d'illégitimité : ils permettent, approuvent, voire facilitent la pratique en question dans certains cas, et réprouvent, voire punissent sa pratique dans d'autres cas. On n'interdit pas à quiconque l'usage de l'automobile sous prétexte que certains conduisent trop vite, ou en état d'ivresse, ou se servent de l'automobile pour aller commettre plus aisément un vol, un meurtre ou un adultère, mais au moins interdit-on certaines vitesses et certains taux d'alcoolémie. Je pris d'autres exemples, aussi simples ou plus subtils, pour essayer de faire comprendre ce qu'avait d'extraordinaire et de contraire aux principes et aux pratiques la position qui m'était opposée et qui semblait aller de soi à d'aussi éminents esprits dès lors qu'il s'agissait d'avortement : on ne pouvait permettre l'avortement quand il était légitime parce qu'il y avait bien davantage de cas où il ne l'était pas.

Avoir insisté sur les deux points que je viens de dire et avoir essayé de dégager leur logique – ou leur illogisme foncier – avait pris presque tout le temps prévu pour la réunion, mais mon collègue et moi étions finalement très satisfaits. Non pas que nous ayons rallié à nos vues nos interlocuteurs, ce qui était d'ailleurs bien dommage étant donné le capital d'influence qu'ils représentaient à eux tous. Mais nous avions le sentiment qu'ils allaient s'interroger sur l'exception que nous étions parvenus à leur faire entrevoir et qui les faisait se comporter comme prêtre, ou raisonner comme théologien et moraliste – dès lors qu'il s'agissait d'avortement – d'une façon radicalement opposée à leur pratique et à leur raisonnement dans les autres domaines, autres domaines où ils avaient au contraire souvent combattu des pratiques et des raisonnements analogues à ce qui leur semblait aller de soi en matière d'avortement. Nous connaissions assez la valeur de nos interlocuteurs pour penser qu'ils ne manqueraient pas de réfléchir à cette contradiction, et nous savions assez leur influence pour penser que cette réflexion serait féconde. La réunion avait été chaude, parfois tendue; en outre, nous étions deux « jeunes » peu connus face à des « vedettes » confirmées. Mais nous étions contents : nous sentions que certains d'entre eux étaient ébranlés.

L'un d'eux le fut suffisamment pour nous donner dans les dernières minutes le mot de la fin, qui à la fois ruinait presque tous nos efforts, désignait la cause de ces exceptions dont nous leur avions fait prendre conscience, et justifie que je raconte ici cet épisode : ayant dû reculer pas à pas, ayant d'abord dû reconnaître que dans sa propre pratique sacerdotale il tolérait ou admettait certains cas limite d'avortement, ayant ensuite dû reconnaître qu'il est contraire à la pratique et à la théorie de l'éthique d'interdire un comportement quand il serait légitime sous prétexte qu'il y a des cas où il ne l'est pas, l'un d'eux reprit assez impétueusement la parole. Je dois insister sur le fait qu'il s'agissait d'un des théologiens les plus engagés, les plus audacieux, les plus « avant-garde » de l'époque, d'un prêtre au zèle pastoral incroyable qui a vraiment apporté la force, la lumière, l'Évangile à un nombre étonnant d'hommes et de femmes, et particulièrement à des incroyants, un des rares théologiens français à avoir pris très vite pendant la guerre d'Algérie une position intrépidement courageuse, et pas seulement à propos de la torture. Cet homme, oui celui-là, dit alors (et il me faut le citer mot à mot, car c'est un langage dont il n'usait guère et dont l'usage ici est aussi révélateur que le contenu) : « Oui, mais alors, qu'est-ce qu'on va faire avec toutes les petites salopes qui baisouillent à tort et à travers? » C'était à la fois consternant et trop beau pour être vrai. C'était consternant parce qu'il fallait une fois de plus (et nous nous y employâmes dans les minutes restantes) tout reprendre à zéro. Même si le problème de l'avortement se posait d'abord à propos des « petites salopes qui baisouillent à tort et à travers » – ce qui est absolument faux –, il est éthiquement insoutenable d'interdire une pratique à des femmes pour qui elle serait légitime sous prétexte qu'elle serait aussi utilisée par « des petites salopes » pour « baisouiller à tort et à travers ». De même était-il consternant de voir qu'on utilisait la naissance et la vie d'un enfant comme arme de dissuasion pour empêcher ces « petites salopes » de « baisouiller à tort et à travers ». Mais c'était aussi presque trop beau pour être vrai : devant un tel aréopage, après trois heures de belle et forte discussion, un homme – et quel homme! – nous apportait sur un plateau la preuve qu'en ces matières, finalement, ce qui fait problème, c'est le plaisir. Je dois à la vérité – et à la mémoire de cet homme – d'ajouter qu'il modifia ensuite son point de vue sur ce que devrait être l'attitude catholique en matière d'avortement, et qu'à son habitude il eut le courage de le dire et de le redire publiquement, ce qui lui valut un nouveau et grave conflit avec Rome : il en avait connu bien d'autres, mais il eut à pâtir (y compris dans son grand attachement à l'institution ecclésiale) particulièrement de celui-ci.

Un combat sur deux fronts.

Plus de vingt années séparent la découverte livresque que je fis en étudiant le traité de saint Thomas d'Aquin sur les vertus :

le plaisir sexuel était une valeur que la vertu de chasteté n'avait pas à réprimer ou à supprimer mais à moduler et à promouvoir, et la discussion sur l'avortement que je viens de raconter et où se manifeste avec éclat que le plaisir pose en catholicisme un problème particulier amenant les catholiques à se comporter et à raisonner de manière aberrante et contradictoire par rapport à leurs comportements et raisonnements dans les autres domaines. Dans l'évolution qui fut la mienne au long de ces vingt années au sujet de la représentation catholique de la sexualité et des liens unissant cette représentation et une certaine représentation de Dieu, il m'est très difficile de démêler ce qui relève des découvertes « intellectuelles » dont j'ai donné quelques exemples à propos de mes premiers contacts avec les disciplines psychologiques, ce qui relève de ce que m'apprirent le contact pratique et la réflexion théorique avec les divers problèmes que m'imposait l'actualité théologique et pastorale (contraception, avortement, stérilisation, insémination artificielle, statut ecclésial des divorcés remariés, théologie du couple et de la famille, de la paternité et de la maternité, célibat des prêtres, signification du vœu de chasteté, etc.), et enfin ce qui relève de l'évolution de ma propre façon de vivre ma sexualité, évolution où mon analyse a évidemment joué un rôle capital et dont il faut au moins dire ici qu'elle a dû influencer tous les autres facteurs, s'il est vrai – selon l'adage scolastique – que *« quidquid recipitur ad modum recipientis recipitur »* (« ce qui est reçu est reçu selon la modalité de qui le reçoit »). Mais si cet aspect personnel est décisif, il n'en efface pas pour autant ce que ma trajectoire avait de consonant avec celles de tant d'autres hommes et de femmes; aussi n'est-il pas indispensable que j'en fasse davantage état ici.

A mesure que s'écoulaient ces vingt années, je me trouvais dans une situation de plus en plus paradoxale. J'avais affaire à des incroyants ou à des croyants qui étaient tout disposés à imputer à la conception catholique de la sexualité tous les malheurs du monde, et particulièrement tous les malheurs de leur sexualité : il aurait donc suffi, pour tout arranger, de se débarrasser du catholicisme, en tout cas de sa morale sexuelle. Si peu que j'aie compris de la psychanalyse, j'en ai compris suffisamment pour savoir que le caractère radicalement conflictuel de la sexualité n'a pas grand-chose à voir avec des instances comme les religions, sauf à les produire ou à s'en alimenter. Je constatai qu'une des plus efficaces méconnaissances en matière de psychanalyse consiste à nier le caractère essentiellement endogène des vicissitudes des pulsions, et à les attribuer à des instances extérieures : mauvaise mère, mauvaise Église, diable ou bon Dieu, etc. Il me fallait donc, presque envers et contre tous, maintenir que le problème que la sexualité pose au catholicisme n'est qu'une variante du problème plus général et plus radical que pose la sexualité en condition humaine, et qu'incroyants et croyants se trompaient tout autant sur le christianisme que sur la sexualité lorsqu'ils pensaient régler le problème en se débarrassant de sa variante catholique, même si j'étais le premier à souligner que cette variante était d'une originalité et d'une rigueur assez inquiétantes.

Mais je devais me battre aussi sur un autre front : celui des croyants et des croyantes qui minimisaient l'importance qu'avait au sein même du catholicisme cette représentation de la sexualité, importance non seulement pratique, puisqu'elle conditionnait le comportement de tant de gens, mais aussi et peut-être surtout structurale et même dogmatique. Cette représentation catholique traditionnelle de la sexualité n'est pas un détail accidentel que l'on pourrait changer sans affecter le reste : elle est liée à une certaine représentation de Dieu, elle commande – en même temps qu'elle en procède – une certaine représentation de Dieu, une certaine représentation du Christ, de l'Église, du salut, du péché, etc. On ne la changera pas, s'il faut la changer, sans que tout le reste s'en trouve changé. Or, si sur un front l'on méconnaissait que la représentation catholique de la sexualité n'était qu'une variante du problème anthropologique plus radical que pose la sexualité en condition humaine, sur l'autre front l'on méconnaissait la force et la profondeur du lien entre cette représentation et la représentation que l'on a de tous les autres éléments essentiels du christianisme. De ce point de vue, les « intégristes » étaient plus lucides que les « réformistes » ou que les « progressistes » : ceux-là avaient bien perçu que si l'on touchait à une chose, il fallait toucher à toutes les autres. Ceux-ci pensaient au contraire pouvoir changer tel ou tel élément de la morale sexuelle catholique sans trop de difficultés. N'avait-on pas, au concile, changé tant d'autres choses apparemment plus inchangeables, la majorité des laïcs et des clercs n'était-elle pas pratiquement d'accord sur la contraception, sur le statut des divorcés, sur le célibat des prêtres? Pour avoir méconnu la force du lien unissant la représentation catholique de la sexualité à la représentation d'éléments essentiels de la foi chrétienne, les « progressistes » et les « réformistes » en sont venus, quand ils ont constaté leur échec auprès de la hiérarchie romaine, à la facilité d'esprit qui consiste à attribuer cet échec à la personnalité d'un pape ou à la nationalité d'un autre, ou encore à l'inertie obstinée de la curie romaine. Certes, tous ces facteurs ont pu jouer, mais ils sont secondaires : la cause essentielle de cet échec n'est pas là, mais dans le fait que ceux et celles qui voulaient promouvoir ces réformes n'avaient pas accepté l'idée – et encore moins entrepris de réaliser – qu'un changement substantiel de la représentation chrétienne de la sexualité exigeait qu'ils soient prêts à reconsidérer leur représentation de Dieu, de la résurrection, etc.

C'est là un point sur lequel j'avais autant de mal à me faire entendre que lorsqu'il s'agissait de faire comprendre à d'autres (ou aux mêmes) que le problème que le plaisir pose au christianisme n'est qu'une variante du problème plus général que pose le plaisir. La théologie morale n'a jamais été très bien considérée : ces temps-ci, les disciplines reines de la théologie sont la dogmatique, la théologie fondamentale, l'ecclésiologie, l'exégèse, l'œcuménisme ou, dans un autre registre, l'herméneutique, la sémiotique, etc. J'essayais de faire comprendre à mes collègues dogmaticiens ou ecclésiologues la dimension dogmatique structurale qu'avait une reconsidération de la représentation chrétienne de la sexualité et qu'impliquaient des réformes de la morale sexuelle catholique (qu'eux-mêmes souhaitaient d'ailleurs le plus souvent et qu'ils laissaient à leurs collègues moralistes le soin de mener à bien). En vain. Je découvre en écrivant ces lignes que cet insuccès contribua sans doute substantiellement à ma décision de me jeter à l'eau pour dire comment, après ces vingt années, je me représentais Dieu. C'est en effet en 1973-1974, au moment où s'annonçaient en France les dernières phases de la bataille législative sur l'avortement, que je me décidai à dire qui était mon Dieu. Dans la faculté de théologie où j'enseignais, j'obtins (le programme était élaboré dans des discussions paritaires entre professeurs et étudiants) de faire un cours de « dogmatique » que j'intitulai : « Et ils me disent : où est ton Dieu? », cours d'où naquit le livre *Quand je dis Dieu.* J'ai dit que j'avais été amené à y reconsidérer la représentation chrétienne de la mort et de la résurrection. J'avais oublié qu'en 1968, rédigeant un rapport sur les fondements de la morale sexuelle chrétienne pour une commission épiscopale française (à la suite des remous soulevés à Rome par la tiédeur des évêques français à l'égard de l'encyclique de Paul VI *Humanae Vitae* sur la pilule), je terminais ce rapport en prenant précisément la représentation de la résurrection comme exemple de ce que les catholiques seraient amenés à reconsidérer s'ils estimaient devoir reconsidérer leur représentation de la sexualité.

Quelle raison avais-je de lutter ainsi sur ces deux fronts, dont la conjonction me rendait encore plus isolé que je ne l'étais déjà sur chacun d'eux? Une raison qui tient à ce que je crois être le meilleur de ma vie d'homme et de croyant. Bien des croyants, en effet, faute d'avoir débrouillé le lien qui unissait une certaine conception catholique de la sexualité à une certaine représentation de Dieu et de la foi, et découvrant à juste titre que cette représentation de la sexualité était désormais irrecevable, rejetaient avec elle tout ce qui concernait Dieu et la foi qu'ils croyaient liés à cette représentation de la sexualité. Gâchis de Dieu, gâchis de la foi, donc. Mais d'autres, faute également d'avoir débrouillé ce lien, refusaient de reconsidérer comme il l'aurait fallu cette représentation de la sexualité parce que cela leur semblait devoir ruiner la foi; d'autres encore compromettaient les chances de cette reconsidération faute de s'être avancés dans les diverses remises en cause qu'elle imposait; d'autres enfin compromettaient ce qu'il faut oser appeler les chances de Dieu en ne le délivrant pas des représentations dans lesquelles l'emprisonnait une conception de la sexualité devenue caduque. Gâchis de Dieu, gâchis de la foi, donc. Mais gâchis de la sexualité aussi, gâchis de la vie sexuelle des hommes et des femmes, qui est également – si l'on est croyant – gâchis de Dieu, de sa création et de ses bénédictions. Pouvais-je garder un tant soit peu de ma dignité d'homme et de ma dignité de croyant sans me battre sur ces deux fronts?

Je me battis donc. Je pris position, non sans avoir toujours préalablement passé plusieurs années « sur le terrain », en contact direct avec les hommes et les femmes à qui se posaient directement les divers problèmes en cause et avec ceux et celles dont c'était le métier ou la vocation de les aider. Dans la plupart des cas, et de manière non pas systématique et globale mais au coup par coup, problème par problème, je fus amené à adopter des positions contraires à celles tenues par les autorités catholiques romaines. Jamais je ne le fis sans m'être adonné à une réflexion théologique, c'est-à-dire non pas en me contentant d'envoyer promener sans autre forme de procès la position officielle dont j'aurais constaté sur le terrain l'inadéquation, mais toujours au contraire en essayant de fonder théologiquement ma position. Je m'efforçai de montrer quels étaient les traits du Dieu de Jésus-Christ et de la tradition chrétienne qui pouvaient autoriser ma conception et même s'en trouver rehaussés, mais aussi quels traits du Dieu de Jésus-Christ et de la tradition chrétienne se trouvaient au contraire occultés ou contredits par la position traditionnelle, du fait de l'évolution des conditions par rapport auxquelles cette position traditionnelle avait pris naissance. J'eus toujours le souci de montrer comment il pouvait y avoir, dans un cas, à la fois gâchis de Dieu et gâchis de la sexualité, et dans l'autre, promotion et bénédiction de la sexualité ainsi que promotion et bénédiction de Dieu. Je me suis toujours interdit de passer à l'action sans avoir longuement élaboré cette réflexion. Ensuite, effectivement, je suis passé à l'action : articles, livres, interviews, conférences, congrès, militance sur le terrain, actions diverses – publiques ou plus discrètes – auprès des autorités civiles et religieuses. Parallèlement, je poursuivis une réflexion plus abstraite, conjuguant l'approche théorique théologique et l'approche théorique psychanalytique, sur les raisons pour lesquelles le plaisir pose un problème à l'être humain, et sur les raisons pour lesquelles (raisons de fond bien plus que de circonstances) le catholicisme donne à ce problème une variante très originale.

Je suis le plus mal placé pour apprécier la qualité de cette action, qui a constitué un élément essentiel de mon existence de théologien et de mon attestation de Dieu entre 1965 et 1975. Quant à son efficacité, elle fut nulle, comme je l'ai déjà noté, si on la mesure aux effets qu'elle aurait eus sur les affirmations des autorités centrales du catholicisme romain. Mais il ne m'intéresse pas d'apprécier ici la qualité et l'efficacité de cette action, car autre chose se produit ailleurs et autrement qui est de bien plus grande importance pour ce dont je veux parler, à savoir le passage sur l'autre versant. Depuis le début de la deuxième partie de ce livre, j'essaie de montrer que pour pouvoir dire Dieu, le vivre et le partager de manière significative pour les hommes et les femmes d'aujourd'hui et de demain, les croyants et les croyantes doivent passer « sur l'autre versant » et vivre les expériences majeures de la condition humaine à la façon nouvelle dont elles s'esquissent difficilement aujourd'hui pour n'apparaître plus clairement que demain ou après-demain. J'essaie de montrer que certaines représentations de Dieu et certaines pratiques de la foi sont si inextricablement liées à des représentations – par exemple – de la mort et de la vie, de la sexualité (j'en viendrai bientôt à la culpabilité) qu'il faut « lâcher » Dieu, le libérer du filet dans lequel l'enferme le réseau de ces représentations devenues caduques, afin qu'il puisse devenir le « Dieu-avec-nous » des hommes et des femmes qui auront – avec lui et *grâce* à lui – à se le représenter et à l'effectuer dans le monde de représentations et de pratiques qui sera le leur. Cette opération de libération de Dieu impose donc (même si elle ne s'y réduit pas) que les croyants et les croyantes passent « sur l'autre versant », abandonnent la terre de leurs pères et les représentations de leurs pères, pour se rendre sur cette terre nouvelle.

3. Des croyants et des croyantes commencent à changer de versant

Il semble qu'en matière de sexualité, quelque chose de ce genre soit en train de se produire, dont la mise en lumière s'avère dès lors plus importante que le bilan d'une action théologique personnelle. Il semble bien qu'en matière de sexualité, une quantité non négligeable – de par leur nombre comme de par leur qualité – de croyants et de croyantes soit en train de passer « sur l'autre versant ». Le paradoxe est que ce passage est le mieux mis en lumière par ce qui est précisément censé devoir l'empêcher, à savoir l'incessant martèlement d'un discours rigide et figé en matière de sexualité par les autorités catholiques romaines, et particulièrement par l'actuel pape Jean-Paul II.

Durcissement et inefficacité de l'enseignement pontifical.

En effet, s'il est une chose qui a changé dans l'enseignement pontifical, depuis que par son encyclique de 1968 sur la pilule *(Humanae Vitae)* Paul VI a ruiné les espoirs de tous ceux et de toutes celles qui espéraient voir évoluer prochainement cet enseignement, ce n'est pas le contenu de cet enseignement, mais la force et la fréquence avec lesquelles le dernier pape l'assène à temps et à contretemps. Paul VI avait été très troublé par les remous suscités par son encylique de 1968. Il ne pouvait guère être enthousiasmé par l'indifférence ou l'amertume avec laquelle furent souvent accueillies les conclusions du synode de 1971 sur l'obligation du célibat des prêtres. Quant aux documents des autres instances romaines, par exemple les diverses interventions du Saint-Office (rebaptisé, de façon bien optimiste, Congrégation pour la Doctrine de la Foi), elles suscitaient soit l'indifférence, soit la dérision, la palme revenant ici à l'inénarrable déclaration du Saint-Office sur certaines questions d'éthique sexuelle publiée en 1976 sous le titre de *Personna Humana.* Si éclatantes ou si déroutantes qu'aient pu être les interventions romaines en matière de sexualité, elles n'en étaient pas moins relativement épisodiques, et leurs auteurs ne donnaient pas l'impression qu'elles représentaient un des éléments les plus constants et les plus essentiels de leur action.

Depuis l'arrivée de Karol Wojtyla, il en va tout autrement. Ce pape, on le sait, voyage beaucoup. La force de sa personnalité, l'extraordinaire adéquation de ses dons avec les impératifs des mass-media font que tout ce qu'il dit et fait est immédiatement répercuté et amplifié : en France, en tout cas, il est certainement le seul prêtre – et *a fortiori* le seul évêque – à pouvoir pénétrer si souvent dans chaque foyer, croyant ou incroyant, grâce à la télévision. On sait aussi qu'en toutes circonstances, Jean-Paul II rappelle de la manière la plus ferme les positions les plus intransigeantes en matière de contraception, d'avortement, de divorce, de célibat des prêtres, de « cohabitation juvénile », etc. Nul ne peut donc ignorer que ce pape fait de la défense de ces positions intransigeantes un des éléments essentiels et constants de son action.

Ce qui permet de mieux mesurer que les croyants et les croyantes sont en cette matière en train de passer sur l'autre versant, c'est l'insuccès total, en ce domaine, de ce pape à succès. Les femmes catholiques de France et des États-Unis ont acclamé le pape en si grand nombre qu'il y avait nécessairement parmi elles des femmes qui prennent la pilule ou portent un stérilet : aucune d'elles n'a cessé de le faire pour autant. Beaucoup de femmes polonaises ont acclamé leur pape polonais : aucune d'elles n'a cessé de pratiquer l'avortement; or, la Pologne est le pays catholique du monde où l'avortement est le plus pratiqué et de la façon la plus officielle, le nombre en étant si élevé qu'il ne peut être imputé à l'infime minorité de femmes polonaises non catholiques; le nombre de femmes catholiques à être pratiquantes étant lui aussi le plus élevé du monde en Pologne, la Pologne est le pays du monde où il y a le plus de femmes à être catholiques pratiquantes et à pratiquer l'avortement. Karol Wojtyla n'a pas davantage changé cela en se faisant acclamer comme pape que lorsqu'il était archevêque de Cracovie. Les Africains et les Africaines se sont joyeusement regroupés autour de ce pape, qui les a sévèrement tancés sur leurs pratiques familiales et sexuelles : ils ont continué de l'applaudir et de chanter, mais rien n'indique qu'ils aient changé quoi que ce soit à leur comportement, qui a entre autres conséquences de les priver de toute pratique possible des sacrements, et particulièrement de l'Eucharistie; ils ont écouté avec beaucoup de dévotion ce même pape leur présenter ce sacrement comme le centre de leur vie chrétienne individuelle et collective, alors qu'il doit quand même bien savoir que quatre-vingts pour cent d'entre eux n'y ont pas accès et ne sont pas décidés à changer les coutumes familiales et sexuelles qui leur en interdisent l'accès. Il serait cruel de se demander si les objurgations pontificales à Manille et l'ampleur du succès populaire que le pape y a rencontré ont fait baisser d'une décimale le taux de prostitution infantile, qui est l'un des plus élevés du monde.

Ce qui est à souligner ici n'est pas l'éventuelle inefficacité de la parole de Jean-Paul II : qui d'entre nous pourrait résister à un examen de ce genre? Ce qui est important, c'est que les croyants et les croyantes qui s'intéressent tant à ce pape ne s'intéressent pas à ce qu'il enseigne en matière de sexualité et qui pourtant lui paraît, à lui, si important. Un journaliste qui « couvrait » le voyage du pape en Irlande et qui avait participé à la nuit des jeunes me racontait que les jeunes Irlandais et Irlandaises chantaient, dansaient, buvaient, fumaient (et pas seulement du tabac), flirtaient, voire faisaient l'amour, en attendant que le pape arrive : lorsqu'il arriva, ils se levèrent pour l'acclamer follement, jouèrent pour lui de la guitare, scandèrent ses paroles d'applaudissements, l'ovationnèrent de nouveau lorsqu'il les quitta, puis reprirent le cours de leur nuit de détente et de fête absolument comme avant.

Je ne m'intéresse pas ici – encore que ce soit intéressant – à la question de savoir comment « l'image de marque » de Jean-Paul II dans les media résistera à la mise en échec si constante d'un élément de son action auquel il tient tant. Je ne m'intéresse pas non plus ici – encore que ce soit plus important – à la question de savoir comment une autorité pastorale et doctrinale comme celle d'un pape peut s'exercer alors que les croyants et les croyantes lui refusent totalement en ce domaine cette « réception » sans laquelle (les théologiens et les canonistes les plus sérieux l'ont bien montré) aucune parole – fût-elle pontificale – ne peut avoir force de loi dans la communauté des croyants. Je m'intéresse seulement ici à la manière dont l'action très spectaculaire de ce pape très spectaculaire rencontre un échec tellement évident dans ce domaine qu'il ne suscite même pas la discussion et trouble bizarrement fort peu les croyants et les incroyants qui s'intéressent à ce pape. La conjonction de cette action si spectaculaire et de cet échec dans l'indifférence est un des meilleurs révélateurs de ce dont on ne s'aviserait peut-être pas autrement (tant les faits sont quotidiens, non proclamés et non revendiqués), à savoir qu'en matière de sexualité, les croyants sont en train de changer de versant. Si les croyantes et les croyants en question appartenaient à l'imposante cohorte de ceux qui se sont retirés de la vie ecclésiale sur la pointe des pieds et ont renoncé pour un temps plus ou moins long à se préciser ce qu'il en était de leur foi, ce changement de versant – pour être important – ne serait pas aussi significatif. Mais ceux et celles dont je vais parler sont partie prenante de la vie en Église. Ils y jouent souvent un rôle actif, ils s'efforcent souvent d'approfondir individuellement et collectivement leur foi, ils prient, pratiquent les sacrements, lisent la Bible. Or, que constate-t-on?

Contraception et avortement.

Un pourcentage important de ces femmes prennent la pilule, portent un stérilet, ou pratiquent l'une quelconque des formes de contraception que la hiérarchie catholique romaine réprouve : elles le font de façon non pas honteuse, cachée et déchirante, mais en pleine lucidité et conscience, convaincues que cela n'est nullement contradictoire avec le meilleur de leur vie chrétienne (après tout, n'est-ce pas là ce que pensaient et écrivaient nombre de laïcs, de théologiens, de prêtres et même d'évêques avant *Humanae Vitae*?). Elles n'adhèrent même pas à la problématique assez bâtarde – et pour tout dire un peu hypocrite – qu'avaient élaborée des clercs cherchant à respecter l'encyclique tout en la contournant, selon laquelle l'abstention de telles pratiques contraceptives était évidemment l'idéal (puisque le pape l'avait dit), mais qu'en attendant de pouvoir atteindre un tel niveau de perfection, il fallait bien admettre – en ce domaine comme en tous les autres – que les croyants vivent, avec plus ou moins de remords, à un moindre niveau de perfection, et recourent donc à ces pratiques. Non, si ces femmes trouvent, comme beaucoup d'autres femmes, que ces méthodes contraceptives présentent des inconvénients réels, ce n'est nullement au sujet de leur compatibilité avec la vie chrétienne. Quand leurs filles atteignent l'âge de la vie sexuelle, si cela leur pose – comme à toutes les mères – différents problèmes, ces problèmes ne sont pas de l'ordre de la morale chrétienne et ce n'est pas celle-ci qui les ferait hésiter à leur conseiller la pilule.

Quand la contraception échoue, la question de l'avortement se pose éventuellement. C'est là pour ces femmes – comme pour toutes les femmes – et pour leur mari un grave problème, car l'avortement n'est pas d'abord le fait de « toutes ces petites salopes qui baisouillent à tort et à travers ». Lorsqu'elles pensent devoir s'y résoudre, elles le font, comme la plupart des femmes, la mort dans l'âme, ou en tout cas de façon conflictuelle. Et comme la plupart des femmes, elles en éprouvent de la culpabilité (consciente et inconsciente). Mais lorsqu'elles y réfléchissent, elles n'attribuent pas cette culpabilité au fait que l'avortement serait en toute circonstance aussi coupable devant Dieu que le prétend la hiérarchie catholique romaine. Et lorsqu'elles en parlent à un prêtre, ce n'est pas tant pour s'en confesser sacramentellement que parce qu'elles ont l'habitude – ou l'occasion – de parler à un prêtre (souvent au sein d'un groupe, souvent à ce groupe parce qu'un prêtre s'y trouve) de ce qui leur fait problème.

Mariage et divorce.

Quand ces femmes et leurs maris voient leurs enfants commencer d'avoir une vie sexuelle, ils connaissent les sentiments plus ou moins contradictoires que cela suscite toujours chez les parents. Mais ils pensent du bien de la sexualité, ils l'aiment, comme on aime la justice, la vérité, l'intelligence... et la foi. Aussi sont-ils heureux de voir leurs enfants y accéder, même s'ils savent que, tout comme la justice, la vérité, l'intelligence... et la foi, la sexualité nécessite un apprentissage qui, comme tout apprentissage vital important, se fait (ainsi que je l'ai appris en psychologie expérimentale) par essais et erreurs, et comporte des labeurs, des échecs et des souffrances pour soi-même et pour autrui. Lorsque après ces essais et ces erreurs, leurs enfants se mettent à vivre avec quelqu'un avant de se marier, ils y voient davantage une sage prudence, voire une hésitation bien compréhensible, qu'une immoralité foncière. Et lorsque leurs enfants se marient – souvent après s'être décidés à faire un enfant –, ils ne voient aucune difficulté à ce que ces enfants, lorsqu'ils le souhaitent, célèbrent sacramentellement leur mariage. Je suis frappé du nombre croissant, dans les milieux les plus divers, de mariages religieux célébrés dans ces circonstances et qui ne suscitent pas dans les communautés des sous-entendus plus ou moins égrillards ou scandalisés, mais rassemblent au contraire ces communautés dans la prière et dans la joie. Il faut dire que souvent les mariés et le prêtre qui les assiste mettent eux-mêmes les choses au point avec franchise et simplicité. Il y a déjà plusieurs années que je remarquai dans la vitrine d'un imprimeur, place des Vosges à Paris, un faire-part de mariage ainsi rédigé : « A... et B..., après avoir vécu plusieurs années ensemble et mis au monde C..., leur enfant, ont décidé de se marier sacramentellement. Ils vous invitent à vous unir à leur prière et à leur joie dans l'église de D..., le ..., où la bénédiction nuptiale, suivie de la messe, leur sera donnée par le père E... » Je reconnus là avec une certaine surprise le nom d'un de mes frères dominicains, professeur dans une université pontificale de Rome, dont la caractéristique la plus connue n'était pas le laxisme, et qui, comme spécialiste de Marx, avait été utilisé plus ou moins contre son gré par la partie la plus réactionnaire de l'Église catholique romaine d'Amérique du Sud contre la théologie de la libération et contre les communautés de base latino-américaines. Ainsi, même un homme comme lui acceptait de célébrer un mariage dans ces conditions et annoncé dans ces termes.

Une évolution analogue s'est presque plus rapidement produite dans l'attitude d'une fraction importante des croyants et des croyantes à l'égard des divorcés remariés. Il y a cinquante ans, ceux-ci étaient mis au ban de la communauté chrétienne comme de la bonne société, et il existe encore des enclaves où il en est toujours ainsi. Mais une part croissante de communautés chrétiennes se comportent autrement. Le fait de savoir que les Églises protestantes et orthodoxes ont depuis longtemps une pratique autre que celle de l'Église catholique romaine n'y est pas pour rien. Mais d'autres facteurs sont en cause, et qui ne sont pas de l'ordre du laxisme mais au contraire de l'approfondissement de la foi. Il faut d'ailleurs rendre justice à l'épiscopat français d'avoir publié ces dernières années deux remarquables textes sur l'attitude que devraient avoir les communautés catholiques à l'égard des divorcés. Les évêques n'allaient pas jusqu'à reconnaître aux divorcés remariés l'accès à l'Eucharistie, comme le souhaitent depuis longtemps la majorité des théologiens moralistes en France, et nombre de fidèles et de prêtres avec eux. Mais ils les reconnaissaient comme des membres non seulement passifs mais actifs de la communauté, soulignant qu'on peut fort bien leur confier des responsabilités pastorales et catéchétiques. Certains évêques français avaient même autorisé la célébration non d'un sacrement, mais en tout cas d'un rite religieux de prière à l'église pour le remariage de certains divorcés. Le Vatican, depuis Jean-Paul II, a tapé du poing, comme il avait auparavant grincé des dents pour les documents en question. L'épiscopat français n'a pas désavoué ces documents et a opéré un repli tactique pour les rituels. Mais allez donc savoir ce qui se passe dans les campagnes autour d'Autun... En tout cas, le nombre d'assemblées eucharistiques où, en pleine connaissance du clergé et d'un grand nombre de pratiquants, des hommes et des femmes divorcés remariés communient, va croissant. Après tout, l'homme de Nazareth n'aimait-il pas les tables ouvertes, et ne s'agit-il pas de se rassembler en son nom pour qu'il puisse être au milieu de nous?

Il n'est pas jusqu'à la manière dont les croyants et les croyantes perçoivent la question des relations extraconjugales qui ne témoigne, elle aussi, d'un changement de versant pas plus proclamé, théorisé ou revendiqué que les autres, mais qui se produit presque imperceptiblement, au ras du quotidien. La fidélité et le vœu que l'amour dure – si possible – toujours restent des valeurs hautement estimées et appréciées bien au-delà du cercle étroit des croyants. Les malentendus, les conflits, les échecs sont aussi vivement ressentis dans ce cercle qu'en dehors de lui. Il faut dire que ces conflits sont d'autant plus éprouvants qu'ils ne mettent pas seulement à l'épreuve la relation entre les deux partenaires, mais la conscience qu'a chacun des deux de sa propre identité. Il n'y a là rien de bien nouveau, sinon qu'une certaine idéologie du couple, qui a des variantes laïques comme des variantes chrétiennes, vient encore compliquer ce qui n'était déjà pas si simple en imposant un idéal encore plus élevé à une relation à laquelle on demandait déjà beaucoup. Ce qui est nouveau, c'est que des croyants et des croyantes découvrent que la fidélité est comme toutes les autres grandes valeurs humaines : on peut se grandir soi-même et grandir autrui en la servant, mais on peut aussi se dégrader et se détruire soi-même et dégrader ou détruire autrui en s'asservissant à certaines figures de la fidélité, comme on peut le faire en s'asservissant à certaines figures de la justice, de la vérité... et même de la foi : après tout, la foi religieuse a fait au moins autant de morts ou pétrifié au moins autant de morts-vivants que n'importe quelle autre grande valeur humaine. Ce qui est nouveau, c'est que des croyants et des croyantes ne pensent plus devoir utiliser leur foi ou le caractère sacramentel de leur mariage pour justifier et canoniser des formes mortifères de fidélité.

Ce qui est également nouveau, c'est qu'ils ne pensent pas cela seulement de ce qui aboutirait à la rupture de leur relation, ni même à sa dégradation. Des hommes et des femmes profondément croyants et souvent engagés dans la vie de la communauté chrétienne découvrent que le monolithisme affectif n'est pas nécessairement le statut idéal pour la vie de leur couple, et que l'existence d'autres investissements affectifs peut certes parfois mettre en pièces leur relation, mais peut aussi parfois la servir, en tout cas les enrichir eux-mêmes en un premier temps et enrichir en un deuxième temps leur relation et leur partenaire. Certes, leur relation doit peut-être en subir une certaine restructuration, tant il est vrai que des forces sociales ou psychiques de plus ou moins bon aloi se conjuguent parfois pour imposer totalitairement ce monolithisme affectif comme le statut idéal en dehors duquel le couple et chacun de ses partenaires seraient voués à la mort. Mais là encore – et c'est là que le changement de versant est le plus notable –, ces croyants et ces croyantes n'utilisent pas leur foi chrétienne ni le caractère sacramentel de leur mariage pour justifier et canoniser ce qu'ils découvrent d'illusoire dans l'imposition de ce monolithisme. Il ne s'agit pas là d'une variante chrétienne de la situation vaudevillesque où l'on se plaît à montrer combien une liaison ou une aventure passagère ont pu profiter à l'un ou l'autre des époux qui ne s'en aiment que plus et mieux après; il s'agit d'autant moins de cela que la découverte du caractère délétère de ce monolithisme ne se fait pas forcément ni uniquement par l'engagement dans d'autres relations amoureuses. Il ne s'agit pas non plus d'une variante chrétienne de cette réalité d'expérience que connaissaient bien dans notre société d'hier les médecins, les notaires, les prêtres et tous ceux qui recevaient les confidences, à savoir, comme le disait avec bonhomie l'un d'entre eux, que lorsqu'on connaît bien le secret de la vie des gens, on s'aperçoit que les vieux couples qui marchent le mieux sont souvent comme les vêtements d'intérieur préférés : ils ont des pièces et des reprises; il s'agit d'autant moins de cela que les pièces et les reprises en question ne sont pas nécessairement le fait de ce que l'on appelait alors des accrocs dans le contrat, mais sont le fait d'évolutions de personnalité propres à chacun des partenaires, et qui peuvent fort bien être d'un tout autre ordre que des relations amicales ou amoureuses mettant en péril l'équilibre de chacun et de leur relation.

Il s'agit du fait beaucoup plus important – et bien plus décisif – que des croyantes et des croyants découvrent que leur relation conjugale n'est pas le tout de leur vie affective, et que ce qu'elle a néanmoins d'irremplaçable dans leur vie ne trouve pas son meilleur statut dans le monolithisme que la société, y compris la société religieuse, a tant de raisons de leur imposer. Il s'agit du fait – on le voit décisif – que des croyantes et des croyants découvrent que ce que leur foi dans le Dieu de Jésus-Christ a à faire dans leur vie n'est pas d'abord de canoniser ce totalitarisme de leur vie conjugale ni son monolithisme; ce qu'ils attendent de cette foi est bien plutôt de les aider à inventer leur vie, en ce domaine exactement comme en d'autres, pas plus mais pas moins, se refusant à faire ici une exception à ce qui serait tout normalement la fonction de la foi dans tous les autres domaines : aider à faire vivre la vie, la sienne et celle des autres, et non pas aider d'abord et avant tout à maintenir certaines figures figées de la vie.

La vie « affective » des prêtres, religieux et religieuses.

Il n'est pas surprenant qu'une évolution quelque peu analogue se produise chez les prêtres, les religieux et les religieuses par rapport à la signification et à la mise en œuvre de leur vœu de chasteté. Les années 1850-1950 ont sans doute été, en France en tout cas, une des périodes où le vœu de chasteté a été le mieux vécu et de façon fort riche. Voici plus de trente ans que je vis dans ce milieu et dans cet état de vie. J'ai pu y voir de merveilleuses réussites. J'ai pu y voir des déplacements plus ou moins efficaces, des refoulements plus ou moins destructeurs. J'ai pu y voir aussi d'étonnants silences : je connais de très éminents religieux qui s'imaginent ne pas avoir de vie sexuelle sous prétexte qu'ils ont la vie sexuelle d'un garçon de huit ans, c'est-à-dire bien et beaucoup travailler, et penser tous les jours à sa maman. Mais il n'y a dans tout cela rien de bien nouveau, pas plus que ne sont nouvelles les situations de concubinage plus ou moins notoire brocardées depuis des siècles par la verve populaire, ou les déchirements dans lesquels sont plongées des âmes généreuses ou timorées par des amours naissantes ou par la tentation de pratiques solitaires. Ce qui est nouveau, c'est que dans le nombre – il est vrai toujours diminuant – de prêtres, religieux ou religieuses de moins de soixante-cinq ans, un nombre croissant d'entre eux vivent tout à fait autrement la compatibilité entre la finalité de leur vie religieuse ou sacerdotale et une vie affective, voire une vie sexuelle. (Je fais ici, parce que c'est la coutume en ces milieux, comme si la distinction entre les deux pouvait être bien tranchée, ce qui n'est évidemment pas le cas : il n'y a pas de vie affective sans que la sexualité soit à l'œuvre, même en l'absence de comportements sexuels au sens classique du mot.) Ce qui est nouveau, c'est que l'abstention ou la répression de toute vie affective et sexuelle n'apparaît plus à un nombre croissant de prêtres, de religieux et de religieuses comme un moyen privilégié pour atteindre la fin religieuse ou sacerdotale qu'ils continuent de vouloir donner à leur existence. Ils ne vivent donc plus ce qu'ils ont de vie en ces domaines comme étant (encore que ce puisse être le cas, mais pas nécessairement) un manquement, une faute, un échec de leur projet de vie ni de leur service de Dieu, de la foi, de l'Église. Ces hommes et ces femmes, ainsi que leurs partenaires, se trouvent certes dans une situation difficile, puisque la hiérarchie romaine et une partie non négligeable de la communauté des croyants voient autrement leur statut et continuent de considérer l'abstention et la répression de toute vie affective – et en tout cas de toute vie sexuelle – comme un moyen si nécessaire à la vie sacerdotale ou religieuse qu'il en vient à faire partie de sa finalité même. Socialement parlant, leur vie en ces domaines est donc condamnée à être inévitablement vécue sous le signe du conflit et de la contradiction.

Mais la chose nouvelle est surtout qu'un nombre croissant de ces femmes et de ces hommes ne s'imputent plus à eux-mêmes, à leur faiblesse ou à leur échec, ce conflit et cette contradiction, ils l'imputent précisément à la société ecclésiale qui leur fait ce tort. La chose nouvelle est aussi qu'une partie croissante de la communauté des croyants fait plus que tolérer leur situation en fermant les yeux : elle les approuve de vivre ainsi et pense comme eux que le service de la foi, de l'Église et de Dieu (auxquels elle est reconnaissante à ces hommes et à ces femmes de vouloir toujours se consacrer) n'exige pas d'eux qu'ils s'abstiennent de toute vie affective et sexuelle. C'est d'ailleurs là une situation contre laquelle les évêques et les supérieurs ou supérieures ont renoncé à lutter. Non pas qu'ils l'approuvent, même s'ils la tolèrent de plus ou moins bon gré. Mais parce qu'ils ont conscience d'avoir affaire à un phénomène nouveau et tout différent de la proverbiale non-observation du vœu de chasteté à certaines époques de l'histoire de l'Église ou, aujourd'hui, dans certains pays comme l'Afrique ou l'Amérique latine. Il ne s'agit plus là d'une situation de fait, mais d'une situation de droit. C'est en droit – et non par tolérance du fait ou laxisme devant la dépravation des mœurs – que ces hommes et ces femmes conçoivent leur vie affective et sexuelle comme parfaitement compatible avec (voire favorable à) leur service de la foi, de Dieu et de la communauté des croyants. Hier encore, la plupart y auraient vu une incompatibilité de droit et se seraient résolus soit à abandonner leur état religieux ou sacerdotal, soit à massacrer leur affectivité et leur sexualité, soit à en vivre des bribes dans le déchirement, la culpabilité et la clandestinité, de manière aussi peu satisfaisante pour eux que pour leurs partenaires (car leurs partenaires en souffrent souvent plus qu'eux-mêmes). Aujourd'hui, la compatibilité est affirmée et vécue, non sans peine, certes, du fait de la situation sociale et de l'héritage individuel et collectif, mais de manière consciente et décidée, humainement et chrétiennement.

Le changement de versant est d'autant plus notable que ces hommes et ces femmes, ces prêtres, ces religieux et religieuses ne méconnaissent nullement que d'autres hommes et d'autres femmes puissent vivre autrement leur service de la foi, de Dieu et de la communauté des croyants ; ils admettent que l'abstention de toute vie sexuelle et affective apparaisse à d'autres comme un moyen si essentiel à cette fin qu'il en fasse substantiellement partie. Ils ne récusent ni théoriquement ni pratiquement la valeur du vœu de chasteté pour certains hommes et pour certaines femmes. Ils refusent seulement que l'on en fasse la seule ou même la meilleure manière de se vouer de façon particulière à Dieu et à la vie de la communauté des croyants, ils réclament seulement de pouvoir vivre, sans tapage et sans exclusive, en conséquence. Pour peu spectaculaire ou proclamé sur les toits qu'il soit, un tel changement de versant est particulièrement significatif à cause de la valeur symbolique considérable – et d'ailleurs excessive – que le catholicisme a très longtemps conférée à la vie religieuse et à l'état sacerdotal.

L'homosexualité.

Il faudrait également parler de l'homosexualité. Je ne le ferai pas comme il serait nécessaire pour une raison strictement personnelle : il y a seulement très peu de temps que se sont un peu levées en moi les résistances inconscientes qui m'interdisaient toute compréhension de l'homosexualité et m'inspiraient une certaine crainte des homosexuels, hommes ou femmes. Je n'ai donc pas avec l'homosexualité ni avec les homosexuels cette longue familiarité que j'ai acquise depuis plus de vingt ans avec les différentes situations que je viens d'aborder, longue familiarité que j'ai toujours considérée comme un préalable épistémologiquement nécessaire pour traiter une question. Pour la même raison, je perçois fort mal les données d'un problème que je pressens pourtant comme capital en la matière, à savoir l'ambiguïté de la position de l'Église catholique romaine à l'égard de l'homosexualité. Certes, elle la condamne sans équivoque depuis ses origines, mais, d'une part, elle est plus clémente qu'on pourrait le penser à l'égard de certaines de ses formes, et d'autre part elle la pratique elle-même d'une manière qui n'est pas négligeable.

Sa relative clémence apparaît en plusieurs circonstances. En 1960, j'eus l'occasion de recenser un manuel des vocations et de la formation des prêtres rédigé par un prélat romain. Cet expert y écrivait, en pleine conformité avec la pratique et la doctrine traditionnelles, que l'on pouvait admettre aux premiers degrés du sacerdoce des candidats qui avaient pratiqué la masturbation ou l'homosexualité, sous condition d'une période probatoire d'abstention victorieuse d'une année; mais il fallait absolument interdire cet accès à tout candidat ayant eu des relations sexuelles avec une femme, sauf dans le cas exceptionnel d'hommes âgés et déjà veufs depuis longtemps. Par ailleurs, on sait qu'il fallait souvent que certaines pratiques éclatent en scandales répétés pour que des supérieurs de collèges se décident à déplacer un religieux ou un prêtre trop sensible aux charmes des jeunes garçons : encore les renvoyait-on souvent dans d'autres collèges, craignant qu'ils ne soient encore plus dangereux en paroisse. La stabilité de ceux qui habitent les grands monastères et la distinction de ceux qui les fréquentent font qu'on ne se sentait pas obligé aux mêmes urgences à l'égard de certains religieux hôteliers ou formateurs (et je ne parle ici que de gens fort estimables et justement estimés) : la moindre conduite hétérosexuelle aurait eu de tout autres conséquences.

Ceci n'est peut-être pas sans rapport avec l'autre point que j'avouais pressentir mais ne pas encore suffisamment comprendre, à savoir le caractère monosexué – pour ne pas dire homosexuel – des institutions ecclésiastiques catholiques. Les ordres religieux, masculins ou féminins, sont monosexués, le clergé masculin est monosexué, la hiérarchie ecclésiale est monosexuée, la théologie était monosexuée jusqu'il y a fort peu de temps, etc. Parler à cette occasion de pratique ecclésiale de l'homosexualité est un abus de mot si l'on entend par là une pratique explicite. Mais ce n'est pas un abus de mot si l'on entend par là, d'une part le type de rapport aux femmes et à la féminité qu'engendre à longueur de vie cette fréquentation quotidienne d'un univers où il n'y a que des hommes, et d'autre part le type de rapport aux hommes et à la masculinité qu'engendre le fait que tous les rapports humains importants s'y nouent exclusivement entre hommes : rapports de supérieur à sujet, rapports de maître spirituel à disciple, rapports de professeur à élève, rapports de travail et de collaboration dans la prière, la vie commune, la vie intellectuelle, la vie apostolique, la vie matérielle quotidienne, rapports « fraternels » avec tout ce qui s'y joue d'affectivité, sans même évoquer ce qui s'y joue nécessairement de sexualité au sens large du mot et parfois (bien plus rarement qu'on pourrait le supposer) au sens classique du terme. Ce caractère monosexuel, pour ne pas dire homosexuel, de la vie religieuse et sacerdotale me semble jouer un si grand rôle dans la vie et la mentalité de ceux et de celles qui vivent ainsi et du même coup dans les discours, les pratiques, les institutions et les mentalités qu'ils contribuent si fortement à façonner en milieu catholique, que l'Église catholique ne pourra sans doute pas mettre au clair sa position à l'égard de l'homosexualité sans avoir préalablement mis au clair ce qu'implique ce caractère monosexuel de ses structures.

Mais, je l'ai dit, mes résistances intérieures m'ont mis trop longtemps hors d'état d'appréhender correctement cette réalité pour que je m'aventure à opérer ici un tel travail. Je constate simplement, en ce domaine comme en d'autres, que certains croyants et certaines croyantes n'ont plus la même perception de leur homosexualité et de son incompatibilité avec leur foi. Certes, la condition d'homosexuel entraîne presque toujours de difficiles vicissitudes intérieures et sociales, et les croyants ou croyantes dont je parle n'en sont pas plus exempts – au contraire – que leurs homologues non croyants. Mais je constate que certains d'entre eux n'utilisent plus leur foi pour authentifier et canoniser des vicissitudes dont ils comprennent mieux qu'elles ne coïncident pas nécessairement avec les vicissitudes de la grâce et du péché. Je constate également que l'attitude d'une partie croissante des communautés croyantes à l'égard des homosexuels évolue : on ne les prive plus nécessairement et *a priori* de jouer un rôle actif dans la vie des communautés, alors même que leur homosexualité est connue. Et ce, non par laxisme ou par hypocrisie, mais par une appréciation différente – y compris d'un point de vue éthique et chrétien – de l'homosexualité et des homosexuels.

Contraception, avortement, vie sexuelle avant le mariage, divorce, relations extraconjugales, vie affective et sexuelle des prêtres, des religieux et des religieuses, homosexualité, voilà toute une série de points essentiels en matière de sexualité sur lesquels un certain nombre de croyants et de croyantes semblent changer de versant. Ces points sont si essentiels dans l'image qu'il veut donner de lui-même qu'un certain catholicisme passe souvent aux yeux des observateurs extérieurs pour se définir par ses positions en ces domaines, bien plus que par ce qu'il aurait de spécifique à dire sur Dieu et sur Jésus-Christ. L'évolution est donc décisive, et je dois insister ici sur quelques-unes de ses caractéristiques d'ensemble.

Une évolution ni laxiste ni cléricale.

La première est que cette évolution est le fait d'hommes et de femmes dont la foi et l'engagement dans la vie des communautés croyantes sont profonds et actifs. Certes, on pourrait observer un processus analogue chez le nombre bien plus grand de croyants qui ont quitté l'Église sur la pointe des pieds et n'ont plus guère la possibilité ou le goût de s'interroger sur leur foi; on pourrait même observer une transformation similaire chez les non-chrétiens ou chez les non-croyants, et d'aucuns ne manqueront pas de mettre celle de certains chrétiens sur le compte de l'abâtardissement de la foi et de sa corruption par « l'esprit du monde ». Il suffit de connaître ces hommes et ces femmes pour constater qu'il n'en est rien. Cette évolution ne s'est pas faite par laxisme ni superficiellement, mais dans la réflexion, l'échange, la prière et souvent dans les difficultés et les contradictions intérieures. Pour ma part, dans tous ces domaines, non seulement mon milieu familial et mon éducation chrétienne m'avaient inculqué les conceptions traditionnelles, mais j'avais, dans la première phase de ma vie religieuse et théologique, approfondi et fait miennes les raisons doctrinales et pastorales qui les fondaient. Je n'ai pas changé d'opinion globalement et avec légèreté mais problème par problème, raison par raison, avec scrupules et débats intérieurs, dans l'échange avec ceux qui cherchaient dans la même direction et dans la confrontation loyale avec les autres. Les hommes et les femmes qui ont commencé de changer de versant en matière de sexualité n'ont pas l'impression d'avoir capitulé ou d'avoir amputé leur vie chrétienne, mais au contraire d'avoir progressé et enrichi leur vie humaine et chrétienne. Il faut n'avoir rien connu de leurs débats intérieurs et de leurs affrontements avec, parfois, leurs plus proches, pour méconnaître ce qu'a de sérieux – humainement et chrétiennement – leur démarche.

Un autre point mérite d'être souligné : de toutes les évolutions qui se sont produites depuis vingt ans dans le catholicisme occidental, celle qui concerne la sexualité est la moins cléricale de toutes. Je veux dire qu'elle est, moins que toutes les autres, le fait des clercs, au double sens d'ecclésiastiques et d'intellectuels. Certes, les renouveaux liturgique, biblique, catéchétique, œcuménique, etc., auraient été sans lendemain s'ils n'avaient pas été relayés rapidement et puissamment par des laïcs, hommes et femmes, mais leur origine était cléricale, ils étaient promus, pensés, articulés par des clercs, pasteurs et théologiens. L'évolution concernant la sexualité est beaucoup plus substantiellement non cléricale. Je ne veux pas dire que des clercs, pasteurs ou théologiens, n'y aient point participé, encore moins qu'elle serait le fait de tous les laïcs, dont certains en remontrent à leur curé en matière de cléricalisme. Mais, si proche que le clergé catholique se veuille des problèmes des laïcs, il reste que cette transformation n'a pas d'abord été le fait des clercs, ni dans sa naissance ni dans son déroulement et ses orientations. De là vient peut-être le fait qu'elle est à la fois moins orchestrée, moins proclamée aussi, et peut-être moins articulée avec les autres dimensions de la vie et de la doctrine chrétiennes, ce qui ne veut pas dire moins réfléchie ni moins sérieuse. Je reviendrai dans un instant sur le risque que cela peut comporter, mais il faut d'abord souligner l'avantage qui en résulte : pour une fois, en catholicisme, et si j'ose ainsi parler, les consommateurs sont les producteurs, ce sont celles et ceux qui vivent une réalité qui s'efforcent d'en trouver la vérité humaine et chrétienne. Les clercs – hommes d'Église ou intellectuels – y jouent, comme il convient en Église, un rôle, non pas secondaire, mais second. D'où peut-être la difficulté de certains clercs, et en tout cas de la hiérarchie cléricale, à comprendre cette évolution, puisqu'en même temps qu'elle les perturbe dans un domaine sensible elle diminue leur pouvoir et ses effets.

Bien que tel ne soit pas ici mon principal centre d'intérêt, il faut s'interroger sur le problème ecclésiologique qui en résulte. Que signifie ecclésiologiquement la contradiction constante entre le discours de la hiérarchie et la pratique et les convictions, non seulement de la très grande majorité des fidèles plus ou moins tièdes, mais d'une majorité de croyants et de croyantes dont la foi et la pratique sont vivaces? La gravité du problème n'est pas diminuée par le fait que le pape actuel y soit habitué de longue date : lorsque Karol Wojtyla devint Jean-Paul II, un journaliste et théologien dont l'attachement au Saint-Siège et à la personne du pape sont bien connus, l'abbé René Laurentin, publia dans le journal *le Figaro* (n° du 18 décembre 1978, p. 28) les résultats d'une enquête sociologique très sérieuse selon laquelle soixante-dix pour cent des catholiques polonais sont opposés à la position de la hiérarchie sur la contraception et cinquante pour cent à celles sur l'avortement et les relations préconjugales. Je souligne que ces pourcentages concernent des catholiques dont soixante-dix pour cent sont pratiquants. Dans aucun autre pays catholique du monde, on n'aurait obtenu, parmi des catholiques comptant un si grand nombre de pratiquants, des pourcentages aussi élevés, particulièrement en ce qui concerne l'avortement (j'ai déjà signalé que la Pologne était le pays où il y avait le plus de femmes catholiques pratiquantes à y recourir).

Passe encore qu'une Église comme l'Église polonaise puisse

tolérer une telle dichotomie, car sa force ne repose pas sur l'accord entre la hiérarchie et la base en matière doctrinale ou morale mais sur son rôle historique et politique dans la survie de la nation. Mais dans la plupart des autres Églises locales, et dans la totalité de l'Église universelle, un minimum d'accord entre la hiérarchie et le peuple chrétien est indispensable. Sa nécessité est encore plus grande lorsqu'on a affaire non plus au pragmatisme débonnaire de Jean XXIII ou à la pensée et à la pratique complexes et nuancées de Paul VI, mais à l'auto-affirmation sans faille et sans relâche d'un Jean-Paul II. Quelle autorité, particulièrement quand elle est si spontanée et se veut si puissante, peut résister durablement à un démenti si constant et si quotidiennement vécu dans la pratique, surtout si ce démenti n'éprouve même plus le besoin de se formuler et de s'affirmer? Il y a là un problème difficile pour l'exercice de l'autorité romaine telle que celle-ci se conçoit actuellement. Mais il y a là un problème plus grave encore, dans la mesure où cette contradiction empêche le peuple chrétien de recevoir ce qu'il est effectivement en droit d'attendre d'une autorité pastorale sans laquelle – personnellement – je ne conçois pas d'Église, et dans la mesure où cette autorité se voit ainsi privée du minimum de « réception » sans lequel elle ne saurait s'exercer légitimement de manière authentiquement chrétienne. Cela dit, en ce qui me concerne, s'il me fallait choisir entre deux maux : une hiérarchie qui bouge et un peuple chrétien qui ne bouge pas, ou une hiérarchie qui ne bouge pas et un peuple chrétien qui bouge, je choisis sans hésiter le second, qui me paraît moins grave car l'essentiel y est préservé. Mais je maintiens que c'est un mal, non seulement du point de vue de la structure du peuple de Dieu, mais d'un point de vue qui rejoint directement ce qui m'importe ici.

Si leur changement m'intéresse, c'est en effet que ces représentations et ces pratiques en matière de sexualité, comme celles concernant la mort, sont liées à certaines représentations de Dieu et à certaines pratiques de la foi, les unes et les autres se conditionnant réciproquement. Dans la première partie de ce livre, j'ai voulu mettre en lumière ce que j'ai appelé la décomposition de certaines pratiques de la foi et de certaines représentations de Dieu. J'ai dit ma conviction que la recomposition supposait que les croyants et les croyantes passent, à propos de quelques réalités anthropologiques qui ont toujours joué un rôle majeur en christianisme, sur ce que j'ai nommé l'autre versant. C'est, par exemple, parce que certaines de ces représentations et certaines de ces pratiques me semblent inextricablement mêlées à des représentations de la mort ou de la sexualité qui nous sont désormais impossibles qu'elles doivent se transformer ou disparaître pour laisser la place à de plus adéquates. Cela ne se fera pas sans un long et patient travail, qui devra être à la fois le fait de chaque individu et le fait des communautés de croyants et de croyantes.

Ceux et celles qui ont accompli le dur labeur que suppose en matière de sexualité ce changement de versant risquent de méconnaître les conséquences de ce changement sur leur foi. Dans la pire hypothèse, pensant qu'il n'est pas d'autres représentations de Dieu ni d'autres pratiques de la foi possibles que celles qui étaient associées aux représentations et aux pratiques de la sexualité qu'ils ont légitimement abandonnées, ils rejettent celles-là avec celles-ci, et leur foi s'étiole pour finir par disparaître. Dans d'autres cas, ils pressentent bien que d'autres chemins seraient possibles en christianisme, mais parce que le milieu ecclésial – et *a fortiori* la hiérarchie ecclésiastique – n'a pas encore entrepris la même démarche, ils se retrouvent isolés et mal à l'aise dans des représentations et des pratiques chrétiennes où leur propre démarche n'a aucune place ni aucun impact. Il est étonnant de voir actuellement combien d'hommes et de femmes ayant entrepris ce changement de versant pratiquent l'Eucharistie, le baptême, le mariage, la réconciliation et même la vie religieuse et le sacerdoce, alors que la structure de ces sacrements ou de ces formes de vie reste inchangée et devrait normalement leur être hostile et les rejeter. Une telle situation ne peut se prolonger indéfiniment sans grave détriment pour la vie chrétienne des intéressés, mais aussi pour la vie des communautés ecclésiales et pour la vérité des sacrements eux-mêmes. J'admire le courage de femmes qui, bien qu'en contradiction formelle avec le discours hiérarchique sur la sexualité, estiment devoir continuer à la fois de vivre ainsi et de participer à l'Eucharistie en disant : « Il y a belle lurette que je ne m'occupe plus de ce qu'ils [les curés] racontent. » Cette fâcheuse dichotomie vaut mieux que de lâcher l'un quelconque de ces deux termes jugés contradictoires, mais mieux vaudrait encore que puissent venir au jour les conséquences de leurs légitimes options sur la représentation que des hommes et des femmes peuvent se faire aujourd'hui de Dieu et sur la façon dont Dieu peut être un « Dieu-avec-eux ».

C'est pourquoi, s'il n'est peut-être pas très important qu'ils arrivent à convaincre tout le monde (il est inévitable que se refuse à ces changements une certaine frange de la population : même si cette frange ne dépassait pas les dix pour cent, elle compterait en France cinq millions de catholiques, ce qui permet de constituer une communauté qu'il faudrait laisser vivre en paix comme elle le veut), il serait en revanche très important que ces croyants et ces croyantes poursuivent leur démarche de manière moins solitaire et qu'ils puissent mettre en commun l'indispensable élaboration des nouvelles représentations de Dieu et des nouvelles pratiques de la foi. Faute de quoi ce changement de versant aura été bénéfique pour leur sexualité et leur vie humaine, ce qui est déjà considérable, mais se révélera funeste ou mortel pour leur foi, ce qui serait catastrophique. C'est ici que pourrait être utile le ministère (au sens propre du terme) de pasteurs ou celui (car c'en est un aussi) de théologiens et de théologiennes, dont le rôle – tout en restant second – n'en serait pas moins essentiel. On doit espérer que le contexte ecclésiastique actuel ne découragera pas définitivement ceux et celles qui pourraient remplir ces ministères, mais il me semble vivement souhaitable que ces croyants puissent bénéficier d'un tel service pour que soit mieux assurée et plus vivante l'effectuation du Dieu de Jésus-Christ sous la forme où il peut et veut être le « Dieu-avec-nous ».

4. Notre expérience de la sexualité change

La recherche des croyantes et des croyants qui sont en train de passer sur l'autre versant en ce qui concerne la manière dont sont nouées leur représentation de Dieu et leur représentation de la sexualité se ferait-elle dans les meilleures conditions ecclésiales qu'elle ne leur permettrait pas pour autant d'aboutir rapidement à une vision claire et bien articulée, à partir de laquelle ils pourraient définir des institutions et régler des comportements en toute sécurité. Cette impossibilité ne tient pas à des facteurs propres au christianisme, mais à des facteurs bien plus généraux qui affectent toute notre société occidentale : la sexualité est en train de changer, au moins aussi radicalement que la mort, sans que l'on sache très bien pourquoi ni comment, et encore moins vers quoi. Si nous ne savons pas très bien ce qu'est la sexualité aujourd'hui, nous savons encore moins bien ce qu'elle était hier et plus mal encore ce qu'elle sera demain. Aussi nous est-il difficile de prévoir, et par conséquent d'orienter, un développement dont les facteurs ne nous apparaissent qu'après coup. Je n'aurai donc pas la prétention de dresser ici un tableau prospectif de l'avenir de la sexualité. Il me faut pourtant, pour terminer ce chapitre, donner quelques exemples du peu que nous savons sur sa transformation récente, car il est important que les croyants et les croyantes s'acheminant en cette matière sur l'autre versant ne vivent pas leur problème en vase clos comme s'il leur était propre. Il leur est certes spécifique, dans la mesure où il s'agit de leur foi et du lien qui s'y établit entre Dieu et la sexualité. Mais il s'insère dans une situation d'ensemble qui les déborde de toute part et qui concerne toute notre société occidentale, car c'est cette société tout entière qui, en un certain sens, est en train de changer de versant en matière de sexualité.

L'accroissement de la longévité et la maîtrise de la reproduction.

Comme à propos des changements de signification et d'enjeu de la mort dont j'ai précédemment parlé, le paradoxe est que quelques-uns des changements les plus radicaux en matière de sexualité sont arrivés par hasard, sans avoir été voulus, sans même avoir été prévus, et se sont inscrits dans les faits bien avant qu'on s'en soit avisé. On aurait bien surpris Pasteur et les chercheurs de son temps si on leur avait dit que leurs travaux bouleverseraient complètement la cellule familiale, la structure du mariage et le vécu de la sexualité. Ce fut pourtant bien le cas, et pour la même raison qu'à propos de la mort : tout simplement par l'accroissement fulgurant, en un siècle, de la longévité humaine. Pendant de nombreux siècles, – je l'ai déjà dit – la moitié des êtres humains qui naissaient n'atteignait pas l'âge de quinze ans, et la moitié de ceux qui dépassaient cet âge n'atteignait pas trente-cinq ans. Cela veut dire qu'un quart seulement des bébés qui naissaient seraient concernés par les problèmes que pouvait poser la vie au-delà de trente-cinq ans, et une moitié seulement par ceux de la vie entre quinze et trente-cinq ans. La moitié des bébés féminins mourait trop tôt pour jamais accéder au mariage et à la maternité, et moins d'un quart ferait l'expérience de la ménopause. Au milieu du XIXe siècle, c'est-à-dire bien après que la longévité eut déjà commencé de s'accroître lentement pour des raisons essentiellement socio-économiques, un mariage, aux États-Unis par exemple, durait en moyenne trente-quatre ans, dont le premier tiers était occupé par la grossesse et l'allaitement de six enfants (en moyenne), la mort du mari intervenant avant le mariage du dernier enfant. Mais pendant de nombreux siècles, la durée moyenne d'un mariage ne dépassait pas douze ans, période qui était consacrée à la grossesse et à l'allaitement de six enfants. Des Françaises qui se mariaient en 1900 avaient quinze pour cent de chances de célébrer leurs noces d'or (= cinquante ans de mariage); pour celles qui se marièrent en 1980, les chances (sauf divorce) en sont de cinquante-quatre pour cent. L'accroissement considérable de la longévité, conjuguée avec le fait que, grâce à la diminution de la mortalité infantile, deux à trois grossesses (au lieu de sept) suffisent pour qu'au moins deux enfants d'un couple accèdent à l'âge adulte, a pour conséquence que la vie d'une femme occidentale se découpe en périodes complètement différentes en nombre et en nature de celles qui marquaient la vie de ses ancêtres : quatre ans s'écoulent entre son mariage et la dernière naissance; puis se présente une période beaucoup plus longue, où l'éducation de ses enfants lui laissera rapidement la possibilité de travailler, par nécessité ou par goût; puis une longue période de mariage où les enfants ont quitté la maison mais où elle-même, et en tout cas son mari, travaillent; puis une période qui sera bientôt en moyenne de quinze ans où son mari et elle seront tous les deux à la retraite, seuls à la maison; enfin une période de veuvage, qui est en moyenne en France de sept à dix ans puisqu'en France plus encore qu'ailleurs la longévité masculine est nettement inférieure à la féminine. Pendant des siècles, la vie sexuelle d'une femme durait donc, en moyenne, moins de vingt ans, dont la quasi-totalité coïncidait avec les années occupées par six grossesses. La vie sexuelle d'une femme occidentale mariée à la fin du XXe siècle durera en moyenne plus de cinquante ans, dont six ou huit seulement auront été occupés par deux ou trois grossesses : encore cette vie sexuelle aura-t-elle commencé, beaucoup plus souvent que pour ses ancêtres, plusieurs années avant son mariage. De tels changements, même si ce ne sont pas ceux qui retiennent le plus l'attention des idéologues, ont une incidence considérable sur la manière dont est vécue la sexualité : sans qu'aucune théorie, aucune option, aucune réflexion en soit la cause, la fonction de reproduction passe au second plan, alors que passent au premier plan les aspects de relation à autrui et de développement personnel.

La fonction de reproduction se voit elle-même profondément transformée par la maîtrise qu'en permet la contraception (type de maîtrise complètement différent de la régulation sauvage, mais massive durant des siècles, par l'avortement, l'exposition des enfants ou l'infanticide). Une autre maîtrise de la reproduction est imminente : quelques jours avant que j'écrive ces lignes, une équipe de scientifiques américains annonçait qu'était déjà menée jusqu'à quatre mois une grossesse obtenue par implantation dans l'utérus d'une femme stérile d'un embryon obtenu par la fécondation d'un ovule d'une autre femme avec un spermatozoïde provenant du mari de la femme stérile. De même entrevoit-on la possibilité d'exercer une certaine maîtrise, non seulement sur les procédés de la reproduction mais sur ses résultats, par la manipulation génétique. Je ne suis pas futurologue, et je supposerais volontiers que les procédures habituelles de la fécondation resteront les plus utilisées. Mais la reproduction a joué trop longtemps un trop grand rôle dans la conception que l'on se faisait de la sexualité pour que tout ce qui en modifie les modalités et les significations n'ait pas par contrecoup une incidence considérable – et d'ailleurs imprévisible *a priori* – sur la signification de la sexualité elle-même.

Les facteurs socio-économiques de la transformation de la fonction du couple.

Les résultats – recherchés ou non – des progrès de la biologie sont loin d'être les seuls à transformer profondément la signification de la sexualité dans notre société occidentale. Une autre série de facteurs a été non moins déterminante, encore que, là aussi, leurs initiateurs étaient dans l'impossibilité de prévoir leurs résultats : il s'agit du développement en Occident de l'industrie et de l'habitat urbain. Les sociologues sont unanimes à considérer que les conditions de travail et de vie résultant de la révolution industrielle et urbaine ont aussi profondément qu'involontairement changé la structure de la famille, la fonction du mariage et du couple pour l'homme et la femme qui le composent. Une de ces transformations aboutit à survaloriser la famille nucléaire par suite de la désagrégation des autres structures et relations familiales et sociales. Chacun des partenaires devient pour l'autre quasiment le seul pôle possible de relations affectives, et l'enfant devient lui-même davantage un prolongement et un besoin affectif du couple que le nouvel être que les parents avaient mission de fournir pour la survie de la famille, de la cité, de la nation ou de la race. Il ne manque pas de bons esprits pour considérer qu'il en résulte une surcharge affective et une survalorisation individuelle et sociale du couple, du partenaire et de l'enfant. Il n'en manque pas non plus pour faire remarquer qu'une certaine pastorale catholique du mariage, un certain type de spiritualité conjugale, une certaine exaltation catholique de l'enfant, de la maternité et de la paternité, contribuent à aggraver cette surcharge et cette surévaluation, sous le poids desquelles on risque bien plutôt d'écraser le couple, la famille et ses composants que de les servir et les promouvoir. Si les plus jeunes générations hésitent à s'engager dans cette voie, ce n'est point seulement parce que le fulgurant accroissement de la longévité fait désormais du mariage une situation qui dure plus de cinquante ans et qui comporte des étapes fort différentes les unes des autres et exigeant pour leur réussite des qualités très différentes, c'est aussi parce que la quantité toujours croissante des objectifs imposés par une certaine représentation du mariage leur paraît impossible à réaliser. C'est pourquoi la solution de la crise du mariage dont on parle tant ne semble pas résider dans une concentration encore plus forte d'objectifs plus nombreux et dans une exigence encore plus grande à son égard, mais au contraire dans une lutte contre cette surévaluation et cette hyperbole par la réinsertion du couple et du mariage dans des sphères plus larges de relations sociales et d'investissements affectifs.

Même en cette hypothèse, il resterait que ce que sont devenus l'amour et le mariage dans notre société occidentale industrielle et urbaine est si différent de ce qu'ils étaient auparavant que des historiens de la famille et de la sexualité n'hésitent pas à dire – avec ou sans exagération? – que l'amour et la sexualité au sens où nous les entendons maintenant sont des inventions du milieu du XIXe siècle. En tout cas, le mariage et le couple ont été si longtemps le lieu, le cadre et le modèle de la vie sexuelle qu'il est inévitable que les transformations radicales du mariage et de la famille aient de profondes conséquences sur notre représentation de la sexualité et sur notre façon de la vivre. Il peut sembler fort peu romantique – ou fort peu théologique – de donner une telle importance en matière d'amour, de sexualité et de famille à des facteurs socio-économiques comme le développement de l'industrie, du travail salarié et de l'habitat urbain. De même s'étonnera-t-on peut-être qu'avec ma formation – ou ma déformation – plutôt psychologique, je donne tant d'importance à des facteurs biologiques, démographiques ou socio-économiques. Mais, outre leur importance considérable, ces facteurs sont ceux que méconnaît trop souvent et trop systématiquement une certaine représentation chrétienne de l'amour, du mariage et de la sexualité : il convient donc d'y insister. Enfin, leur ampleur et leurs conséquences si profondes concernent tant de centaines de millions d'êtres humains qu'ils sont particulièrement propres à faire saisir qu'en matière de sexualité, notre société occidentale est en train de passer sur un versant autre que celui où elle a vécu pendant des siècles, celui où s'est constituée la représentation chrétienne traditionnelle de la sexualité ainsi que son lien réciproque avec une certaine représentation de Dieu.

Insister sur l'importance de ces facteurs socio-économiques ne dispense évidemment pas de souligner l'importance d'autres facteurs. Il est très vraisemblable que les connaissances que nous sommes en train d'acquérir sur la sexualité depuis plus d'un siècle auront de notables conséquences sur la représentation que nous nous en ferons et sur la pratique que nous en aurons : connaissances biologiques, psychologiques, psychanalytiques, ethnologiques, historiques, etc. J'ai dit au début de ce chapitre quel impact avait eu sur moi le contact avec ces diverses disciplines. Il est très vraisemblable aussi que la transformation de nos pratiques en matière de sexualité, ainsi que celle de l'image et de la place qu'elle tient dans les mass-media, aura aussi des conséquences importantes. Je me sens bien incapable de les décrire, car je me sens bien incapable de les prévoir. Je veux surtout éviter ce qui serait doublement une erreur, à savoir considérer que l'essentiel de notre tâche actuelle serait de prévoir cette évolution de la sexualité et d'en tirer des conséquences normatives, donc de décider *a priori* et à partir du versant que nous occupions jusqu'alors ce que serait cet autre versant et surtout ce qu'il devrait être ou ne pas être.

Prédéterminer ou participer?

Ce serait là une erreur d'abord par rapport au déroulement réel des faits. Qui pouvait prévoir les formidables conséquences qu'auraient en la matière les travaux des médecins de la fin du XIXᵉ siècle ou le développement de l'industrie, du travail salarié et de l'habitat urbain? La sexualité était à cent lieues des préoccupations des promoteurs, des acteurs et des victimes de ces révolutions. De gré ou de force, ils l'ont cependant bien plus radicalement transformée que tous les papes, les théologiens, les philosophes ou les chantres de l'amour. Récemment, un jeune et très brillant spécialiste américain des techniques de pointe de l'informatique et des microprocesseurs, vivant à Silicon Valley, disait à la télévision en regardant son fils de trois ans : « Je suis à la pointe de la recherche et de la connaissance dans un secteur qui va transformer notre façon de vivre, et la seule chose que cela me permette de prévoir à propos de mon fils, c'est qu'il vivra dans un univers de techniques, de représentations, de concepts dont je ne puis strictement rien imaginer tant je sais déjà à quel point il sera différent du mien : je sais que je ne sais pas qui sera mon fils dans trente ans, ni comment il vivra, pensera, fonctionnera. » Il faut en dire tout autant à propos de ce que sera la sexualité lorsque notre société sera sur l'autre versant. L'important n'est pas de le prédire : on peut être assuré au contraire qu'en le faisant, on se tromperait et on nuirait au processus comme à ses acteurs. L'important est d'y travailler et de le vivre. Individuellement et socialement. Du mieux qu'on peut.

L'erreur qu'il y aurait à vouloir prévoir et préjuger serait aussi une erreur du point de vue chrétien. La tâche des croyants et des croyantes n'est pas de décider, pour le compte de l'ensemble des humains, ce que doit être la sexualité sur l'autre versant, comme si en tant que croyants, ils disposaient de lumières spéciales. Même si l'histoire ne prouvait pas qu'à travers vingt siècles, les croyants ont déduit de l'Évangile et de la Tradition à peu près tout et le contraire de tout, l'Évangile et la Tradition ne sont pas d'abord des instruments de prévision ou des théories dont on pourrait déduire *a priori* des modèles pour les sociétés à venir. Ils sont ce qui permet à des croyants et à des croyantes d'aider Dieu à se rendre présent à des hommes et à des femmes dans une situation donnée, d'aider l'Esprit de Jésus-Christ à effectuer avec eux le « Dieu-avec-nous », et de faire qu'une nouvelle figure de l'histoire des humains puisse devenir une nouvelle figure du Royaume de Dieu. Cela n'implique certes pas que les croyants aient à entériner systématiquement tout ce qui advient dans leur monde : la foi est aussi jugement, critique du monde. Cependant, même cette fonction de critique et de jugement ne procède pas par déduction *a priori* d'un modèle, mais au sein même du devenir et des processus où l'Évangile et la Tradition sont lumière et accompagnement, chaleur et force, joie et labeur, recherche et patience, adhésion et refus, courage des avancées mais aussi des détours et des reculs. C'est pourquoi les croyants et les croyantes, même lorsqu'ils sont théologiens ou théologiennes, n'ont pas d'abord pour fonction de prévoir ce que sera la sexualité sur l'autre versant, mais de passer, avec les hommes et les femmes qui vivent la société d'aujourd'hui et préparent celle de demain, sur l'autre versant, et de contribuer à façonner, à construire la sexualité de demain, en y apportant la contribution qui peut être la leur à partir du Dieu de Jésus-Christ et avec lui. Comme il nous a été dit : « N'ayez pas peur. »

III. La culpabilité *

Sans plus d'intermède.

Comment éviter de s'interroger sur l'intrication entre certaines représentations de Dieu, certaines pratiques de la foi et la culpabilité ? Comment éviter de se demander ce qu'il adviendrait de ces représentations et de ces pratiques si, en matière de culpabilité aussi, notre civilisation occidentale était en train de changer de versant ? Une fois qu'on s'est avisé du véritable esclavage que la culpabilité fait peser sur les humains et de la façon dont elle déforme et vicie tant de nos conduites et de nos conceptions, comment ne pas souhaiter avec toutes ses forces de croyant et d'être humain de « libérer » Dieu, de libérer en tout cas les représentations que nous nous en faisons, comment ne pas vouloir « lâcher » ce Dieu pétri de notre culpabilité au point qu'il est une idole dressée par elle, et comment ne pas chercher à retrouver le vrai visage de Dieu et notre vrai visage ?

Par rapport à la mort et à la sexualité, il y a toutefois une différence notable à propos de la culpabilité. Même si elles changent substantiellement, comme j'ai voulu le montrer, la mort et la sexualité ne sont pas à proprement parler – c'est le moins qu'on puisse dire – des nouveautés. De la culpabilité, il faut presque affirmer que c'est une découverte récente. Certes, depuis des millénaires, les institutions juridiques, les morales, les religions, et tout simplement le bon sens, connaissaient fort bien la faute morale et se sont employés à la mesurer le plus exactement possible pour la châtier le plus justement possible et pour la

* *Ce chapitre sur la culpabilité a été rédigé en août 1983 à Parc-Trihorn.*

combattre le plus efficacement possible. Mais deux hommes, au début du XXe siècle, ont fait que nous entendons, que nous sentons, que nous flairons autre chose dans la culpabilité : ce sont Nietzsche et Freud. L'importance considérable de la psychanalyse en cette matière ne doit pas faire oublier l'apport irremplaçable de Nietzsche. Désormais, qu'on ait ou non lu Nietzsche et Freud, qu'on ait ou non l'expérience de la psychanalyse, ce qu'ils nous ont fait découvrir est devenu plus ou moins consciemment le fait de tous.

Malgré mon expérience et ma connaissance de la psychanalyse, je ne sais pas très bien moi-même comment fonctionne la culpabilité. Mais, étrangement, je la sens, je la flaire. Oh! certes, de façon encore rudimentaire; elle doit m'échapper et agir sans que je puisse la saisir. Mais ce que j'en perçois, et ce qu'en perçoivent d'autres qui n'ont rien à voir avec la psychanalyse mais découvrent la culpabilité par des voies différentes, cela est déjà suffisant pour provoquer un changement considérable dans nos représentations de Dieu et dans nos pratiques de croyantes et de croyants. Ce sont ces transformations que je voudrais décrire ici. Je ne suis pas psychanalyste, je n'écris pas pour des psychanalystes, et je serais incapable d'écrire un traité sur la culpabilité : bien des psychanalystes s'en estimeraient d'ailleurs incapables. Je suis à la recherche de ce qui nous permettrait de libérer Dieu des représentations plus ou moins déformantes que nous nous en faisons, je cherche à favoriser la décomposition de nos entreprises idolâtriques, je veux déceler ces mutations de nos principales expériences humaines qui font que nous sommes en train de passer sur un autre versant : or, c'est sur cet autre versant que Dieu sera « Dieu-avec-nous » selon une figure historique concrète certainement nouvelle, comme l'ont toujours été depuis des siècles chacune des figures historiques concrètes de Dieu. Après des années d'un long travail qui n'a pas été moins difficile ni coûteux qu'à propos de la mort et de la sexualité, mais finalement ni moins fécond ni moins bienfaisant, j'ai la conviction que ce que nous avons découvert sur la culpabilité entraîne un changement de versant radical : certaines représentations de Dieu et certaines pratiques de la foi sont mêlées de manière tellement inextricable à un type d'expérience de la culpabilité qui nous devient étranger que ces représentations et ces pratiques vont devoir subir une mutation dont la radicalité est proportionnelle à celle du changement qu'entraîne cette nouvelle perception de la culpabilité.

J'ai bien dit : nouvelle perception. Car il ne s'agit pas, comme le disent certains zélateurs ou certains détracteurs de la psychanalyse la connaissant aussi mal les uns que les autres, de « déculpabiliser » radicalement l'être humain (encore que certaines déculpabilisations soient souvent nécessaires), il ne s'agit pas de supprimer la faute, le mal, le péché. Il s'agit de la nouvelle perception de la faute, du mal, du péché, résultant de notre nouvelle perception de la culpabilité. Il s'agit donc aussi de la nouvelle représentation du Dieu qui juge et qui punit, du Dieu qui sauve et qui fait miséricorde, du Dieu dont nous implorons la pitié et le pardon et dont nous chantons la bonté et la grâce, nouvelles représentations résultant nécessairement de notre nouvelle perception de la culpabilité. Quand on s'ouvre à cette nouvelle perception, on ne pense même pas le plus souvent à la culpabilité, on ne prononce même pas son nom, on ne l'identifie pas, mais on se met à entendre autrement ce qui se dit, ce que nous disons, on se met à ressentir autrement ce qui se fait – ou ne se fait pas –, ce que nous faisons et ne faisons pas. Pour le faire comprendre, je ne trouve pas d'autre manière que de raconter ici comment j'osai pour la première fois laisser se former en moi les premiers éléments de cette perception nouvelle et comment je m'aventurai à les formuler à autrui. On verra que le mot de culpabilité n'apparaît pas plus que quelque théorie la concernant : il s'agissait seulement d'avoir soudain « entendu » autrement des paroles ou des pratiques que j'avais pourtant cent fois, mille fois entendues déjà, mais jamais encore comme cela.

1. Une Semaine Sainte
ou « Est-ce ainsi que le péché est important ? »

Cela se passait il y a exactement dix ans. Notre faculté dominicaine de théologie du Saulchoir vivait ses derniers moments, mais le corps professoral avait encore belle allure et les professeurs se réunissaient régulièrement pour une semaine de travail, que nous appelions « semaine interne », pendant laquelle nous passions au moins une demi-journée tous les jours de la semaine à travailler ensemble un thème, et à laquelle nous invitions quelques autres dominicains théologiens ou philosophes pour enrichir notre réflexion. Quelques-uns des grands noms de la théologie ou des sciences religieuses françaises étaient présents, et les moins âgés ou moins connus n'étaient pas indignes d'eux. Le thème retenu cette fois-là (au printemps 1973) était précisément la culpabilité : on m'avait demandé de faire une communication théologique à la suite d'une communication psychanalytique faite par l'un d'entre nous, qui s'orientait alors vers la pratique de la psychanalyse à laquelle il se consacre depuis de façon plus exclusive. J'enseignais déjà depuis près de quinze ans, j'avais publié plusieurs articles et deux livres où je conjuguais la théorie théologique et la théorie psychanalytique pour étudier le problème du péché, de la culpabilité, etc. On attendait donc de moi une contribution théologique assez théorique, et c'est bien ce que je me proposais de faire. Or, une tout autre démarche s'imposa à moi de manière aussi inattendue qu'invincible. Je venais de passer la Semaine Sainte dans une bourgade du Sud-Finistère où je me rendais régulièrement depuis près de dix ans pour y travailler tranquillement, m'y reposer, accomplissant le dimanche ou en semaine les divers ministères que le recteur me demandait avec confiance et discrétion. Pour traiter mon sujet, je racontai tout bonnement à cet éminent aréopage trois « perceptions » nouvelles qui s'étaient imposées à moi lors de ces célébrations récentes et qui toutes m'avaient amené à me demander : « Le péché, est-ce que c'est si important que cela? », ou plutôt : « Le péché, est-ce comme cela que c'est important? », c'est-à-dire : « Est-ce comme cela, pour cela, que le péché importe à Dieu, que le péché importe à l'homme? »

Le Jeudi Saint.

Je suivis l'ordre liturgique des célébrations, et commençai par ce dont je m'étais avisé lors de celle du Jeudi Saint. J'avais à prêcher, et je m'étais préparé sur le thème d'un Dieu qui se donne en partage aux humains. En effet, le Jeudi Saint n'a jamais été tellement pour moi – comme il l'est dans une certaine mentalité catholique – la fête de l'Eucharistie et de ses ministres, les prêtres; il est la fête de ce dont l'Eucharistie et le sacerdoce ne sont que des instruments et des symboles, à savoir que Dieu veut se partager, aussi *réellement* (en ce sens d'abord la présence est *réelle*) et simplement que nous autres humains nous partageons le pain et le vin : la vie que Dieu vient inaugurer entre nous est une vie de partage et de service, comme le fut celle de Jésus, ainsi qu'en témoigne le récit du lavement des pieds de ses disciples par Jésus qu'inclut la liturgie de ce jour. Ce sont là des thèmes dont je ne me lasse pas de m'émerveiller : plusieurs jours durant, je m'en étais imprégné, tournant et retournant cela à longueur de journée, laissant « mijoter au coin du feu » comme j'avais coutume de le faire quand je préparais un sermon que je n'écrivais jamais d'avance (mon Dieu, ce que j'ai pu aimer cela !), et dans les secondes précédant cette célébration du Jeudi Saint, je me concentrai et me décontractai comme le font les athlètes avant la course. Commençant la célébration, je n'eus évidemment aucune peine à dire : « Voilà, nous avons de la chance, nous sommes réunis pour une belle fête, et ce que nous allons fêter, nous le fêterons *au nom du Père, et du Fils et du Saint-Esprit.* » C'est ainsi, en effet, que commence désormais la messe. Et eux de répondre avec entrain déjà : *« Amen.* » Je m'en tenais à la liturgie classique depuis Vatican II en poursuivant par le souhait qu'exprime alors le célébrant, parce qu'il est le souhait de toute la communauté mais aussi le souhait de Dieu lui-même, et que c'est la moindre des choses, lorsqu'on invite et reçoit des gens au nom de quelqu'un, de leur présenter ce quelqu'un et de leur dire les raisons de son invitation. C'est ce que je fis, commentant dans cet esprit puis prononçant la phrase prévue par le rituel : *« La grâce de Jésus, notre Seigneur, l'amour de Dieu le Père et la communion de l'Esprit-Saint soient toujours avec vous.* » Et eux de répondre très poliment, comme prévu : *« Et avec votre esprit.* » J'étais dans une paroisse bretonne vivante et calme, où la liturgie de Vatican II avait été bien accueillie et où elle était bien pratiquée, en grande partie parce qu'on avait pris la peine de l'expliquer à ces marins-pêcheurs, à ces cultivateurs, à ces artisans, à ces petits commerçants qui savaient maintenant prier aussi bien en français qu'en breton ou en latin. Il n'était donc pas question de faire des innovations improvisées, et je n'avais à l'époque aucune raison de vouloir innover à ce point de la liturgie. J'enchaînai donc immédiatement sur ce que la liturgie prévoit après ce que je viens de rappeler : *« Préparons-nous à la célébration de l'Eucharistie en reconnaissant que nous sommes pécheurs »*, et j'entonnai l'une des formules pénitentielles prévues.

C'est alors que j'eus soudain l'impression que quelque chose n'allait pas, qu'il ne convenait pas de faire ainsi, que ce n'était pas convenable. Quoi! je venais d'accueillir les participants au nom de Dieu, de leur dire le bonjour de Dieu, de leur présenter Dieu et son souhait. Et maintenant que nous tous nous présentions à notre tour, qu'est-ce que nous trouvions à dire à Dieu, qu'est-ce que nous pensions devoir lui dire avant toute autre chose, qu'est-ce que nous voulions lui présenter de nous, de quoi lui faisions-nous présent, qu'y avait-il de plus pressé et de plus important à lui dire? Notre péché, le fait que nous étions pécheurs! Sans doute le fait qu'il s'agissait du Jeudi Saint et les thèmes que je m'étais préparé à prêcher accentuaient-ils cette impression, mais en y réfléchissant plus tard dans la journée, je me dis que ce n'était pas normal : quand on est invité à une fête chez des amis, on ne se comporte pas ainsi; ce serait même impoli, déplacé, de se comporter de la sorte. Quand des amis vous invitent et vous accueillent, on leur dit : « Oh! quelle belle table! », ou bien : « J'ai faim », ou bien : « Ce que j'aime être chez vous! », ou on leur parle d'eux, on leur demande comment ça va, ou on leur parle de soi, du plaisir qu'on a d'être avec eux, du plaisir qu'on a à ce qu'ils nous aient invités, bref du plaisir qu'on prend à eux. Pourquoi, lorsque Dieu nous invite à sa table, éprouvons-nous le besoin et trouvons-nous normal de commencer par lui dire que nous sommes pécheurs? Pourquoi est-ce que la façon de « se préparer à la célébration de l'Eucharistie » est de se reconnaître pécheur, et non pas de dire d'abord à Dieu que nous sommes contents d'être là, que nous sommes heureux à cause de lui, parce qu'il est ce qu'il est? Pourquoi commencer par chanter le « Gloire à Dieu... *(Gloria)* » ne serait-il pas une meilleure façon de se préparer à l'Eucharistie, quitte à confesser plus tard notre péché? Car il n'est pas question d'évacuer le péché et sa confession, il est seulement question de la place, de l'importance, de l'enjeu de cette confession. Je me demandai donc : « Le péché, est-ce que c'est si important que cela? » ou plutôt : « Est-ce comme cela que c'est important? »

Je m'objectai immédiatement à moi-même que, selon la belle expression antique, l'Eucharistie est la table des pécheurs, et je me rappelai que Jésus avait été blâmé d'avoir fait table commune avec eux. Mais, précisément, jamais dans l'Évangile Jésus ne nous est dit avoir demandé aux pécheurs de se reconnaître tels d'abord et avant toute autre chose, pour qu'il puisse ensuite les écouter ou se faire inviter par eux. Par ailleurs, qu'est-ce que nous dit sur Dieu le fait que l'Eucharistie soit la table des pécheurs? Plusieurs des formules pénitentielles qui suivent ce « Préparons-nous à la célébration de l'Eucharistie en reconnaissant que nous sommes pécheurs » font répéter la formule « Seigneur, prends pitié ». Certes, notre vie d'humains est souvent assez malheureuse et pénible, voire insupportable, pour que nous méritions la pitié. Mais que disons-nous sur Dieu en estimant que telle doit être la première parole que nous lui adressons en célébrant l'Eucharistie? Dieu est-il quelqu'un dont la façon et la raison de s'intéresser à nous sont telles que la première chose à lui dire, la meilleure façon de le saluer, de répondre à son salut, la meilleure façon de l'intéresser à nous est de lui dire : « Nous sommes des pécheurs, prends pitié de nous »? Dieu va-t-il être le mieux et le plus Dieu parce que la première chose que nous l'aurons invité à faire aura été de nous pardonner nos péchés? Il suffit de transposer la situation avec n'importe qui d'autre qu'avec Dieu pour constater que nous ne nous comporterions ainsi avec personne nous invitant à sa table, même si cette personne a quelque offense à nous pardonner.

Je découvrais donc qu'il y avait quelque chose de déplacé à traiter Dieu ainsi, quelque chose de déplacé à privilégier cette façon de le rencontrer sur la base de notre condition de pécheur, quelque chose qui n'était en place ni à propos de Dieu, ni à propos de nous, ni à propos du péché : le péché était certes important, mais pas de cette façon-là. Le fait que Dieu nous pardonne était important, mais pas de cette façon-là. Qu'est-ce qui venait ainsi brouiller les cartes, déformer les visages, vicier les relations? Qu'est-ce qui trouvait son compte à ce déplacement des enjeux? Je n'en dis pas plus à mes collègues il y a dix ans, parce que je ne m'en disais pas plus à moi-même : la question venait seulement de naître en moi. Je soulignai seulement le mot de *déplacé*, que j'avais employé dans ses deux sens courants de changement de place et d'impolitesse, parce que mon collègue – qui avait parlé avant moi de la culpabilité au sens psychanalytique – avait employé le mot de déplacement en son sens psychanalytique. Mais je n'insistai pas davantage, faute d'y voir moi-même plus clair, et préférant raconter d'autres expériences qui s'étaient produites les jours suivants et qui renforçaient cette impression de déplacement quant à l'importance du péché.

Le Vendredi Saint.

Le lendemain du Jeudi Saint, c'est le Vendredi Saint. De tous les offices de la Semaine Sainte, le grand office d'adoration de la Croix le vendredi après-midi est celui qui m'a toujours paru le plus sobre et le plus grandiose : il est d'ailleurs un des monuments les plus antiques de la liturgie romaine, et certains de ses hymnes comptent parmi les chefs-d'œuvre du grégorien. J'avais eu la chance, dès la première année de ma vie dominicaine, que mon père maître des novices, homme évangélique auquel je dois beaucoup, plaçât d'emblée tous mes Vendredis Saints à venir sous une lumière singulièrement différente de celle qui avait assombri les Vendredis Saints de mon enfance chrétienne; bien que ce jour fût un jour de jeûne quasi intégral et de silence total (excepté les offices) marqué par les fatigues d'une adoration nocturne, il nous avait dit : « Mes frères, il ne faut pas confondre recueillement et tristesse : aujourd'hui, il ne faut pas être tristes, c'est la fête du salut des humains par Jésus-Christ, c'est la fête du Christ sauveur, la fête d'une mort victorieuse. » Je devais reprendre cela à ma façon bien plus tard en prêchant un Vendredi Saint : « C'est beau, un homme qui meurt pour Dieu; c'est beau, un Dieu qui meurt pour l'homme. » De fait, la liturgie n'était pas triste mais glorieuse, y compris la longue procession d'adoration de la Croix, d'inspiration orientale, où chacun d'entre nous s'approchait de la Croix en se prosternant à trois reprises avant de l'embrasser, pendant que nous chantions un hymne admirable, « *Crux fidelis...* », dont la mémoire me fait rarement défaut.

Après deux lectures bibliques d'introduction, le premier temps fort de cette liturgie est la lecture du texte de la Passion selon l'évangile de Jean. Chantre du couvent, j'ai chanté ou lu cette passion en latin ou en français près de vingt-cinq fois. N'étant ni une vraie basse ni un vrai ténor, mais pouvant monter plus haut que bien des basses et descendre plus bas que bien des ténors, je me suis vu confier tantôt l'une et tantôt l'autre des trois voix, celle du récitant qui convient mieux à un baryton, celle de la foule qui convient mieux à un ténor, et celle du Christ qui convient mieux à une basse. Soit en faisant les autres voix, soit en faisant celle du Christ, j'ai pu constater une chose qui n'apparaît peut-être pas si facilement quand on n'a pas eu à remplir ces tâches : le Christ ne dit pratiquement rien, il traverse sa Passion silencieux, quasi muet, le vacarme de la foule ou les longues hésitations de Pilate occupant bien plus de place. Je m'en étais avisé depuis longtemps, et à l'époque où nous lisions l'Évangile comme s'il nous donnait immédiatement accès à la personnalité de Jésus et à ses comportements, j'avais longuement médité sur cette attitude de Jésus pour m'en émerveiller. La lecture de la Passion est suivie d'une série de prières, les « grandes prières catholiques », adressées à Dieu pour toutes les catégories d'humains et pour tous leurs besoins (d'où leur nom de catholiques, au sens originel du mot : qui concerne tous, y compris ceux que cette liturgie appelait « les juifs perfides » jusqu'à ce que le pape Jean XXIII supprime cette appellation), chacune de ces prières étant précédée d'une longue monition du diacre qui la doublait presque. Venait alors la cérémonie centrale, celle de l'adoration de la Croix. Nous nous déchaussions tous pour faire pieds nus le chemin ponctué d'une triple prosternation qui nous conduirait vers la Croix, dont l'adoration commençait par une prière appelée les « impropères » (du latin : *improperia* = reproches). Deux officiants tenaient en main la Croix et nous la présentaient en chantant une longue imploration placée dans la bouche de Dieu et ponctuée d'un refrain : « Ô mon peuple, que t'ai-je fait? En quoi t'ai-je contristé? Réponds-moi! » Entre les reprises du refrain, chaque couplet faisait énumérer par Dieu l'un ou l'autre des bienfaits dont il avait comblé son peuple (c'est-à-dire nous tous, plus encore que les seuls juifs), rappel qui était chaque fois suivi de l'énoncé d'un traitement indigne ou d'une insulte que les humains avaient fait subir à Jésus de Nazareth : « Par amour pour toi, j'ai frappé les Égyptiens... et toi, tu m'as flagellé avant de me livrer... Moi, j'ai ouvert devant toi les flots de la mer. Et toi, d'un coup de lance, tu m'as ouvert le cœur... Moi, je t'ai fait boire l'eau vive jaillie du rocher. Et toi, tu m'as fait boire du fiel et du vinaigre... Moi, je t'ai élevé au-dessus des autres par ma toute-puissance. Et toi, tu m'as élevé sur le gibet de la Croix! » « Ô mon peuple, que t'ai-je fait... Ô mon peuple, que t'ai-je fait! » J'ai chanté, fait chanter ou entendu des dizaines de fois ce dialogue, qui n'était pas musicalement la plus belle partie de l'office mais qui en était la plus dramatique. Des dizaines de fois, j'ai prié ce dialogue où tout était fait pour provoquer à la fois la compassion à l'égard du Christ et la consternation de le traiter ainsi à longueur de vie par notre péché (car il était bien plus question de nous en prendre à nous-mêmes que de nous en prendre aux « juifs perfides » : c'est nous qui étions perfides, au sens étymologique du mot : qui trahit la foi).

Ce Vendredi Saint-là, comme subitement la veille, écoutant une fois de plus ces impropères, j'eus soudain l'impression très vive que quelque chose n'allait pas, que quelque chose n'était pas en place, était déplacé. Je découvris pour la première fois que ces reproches mis dans la bouche de Dieu ressemblaient fort peu à ce que, une demi-heure plus tôt, nous avions entendu des paroles si rares que l'évangéliste avait mises dans la bouche de Jésus, et encore moins au silence qu'il lui avait fait observer. Certes, je ne lis plus désormais les évangiles comme s'ils me donnaient un accès immédiat à la personne de Jésus, à son comportement et à sa psychologie. Reste que les premiers chrétiens, dont le culte et la foi sont à l'origine de la rédaction des évangiles, ont voulu célébrer le Christ de cette façon-là, parce que c'est ainsi qu'ils l'avaient perçu; reste que Jésus de Nazareth a existé et s'est comporté de telle sorte que ces premiers chrétiens ne pouvaient inventer n'importe quelle manière de le célébrer. Les récits de la Passion sont certainement ce qu'il y a de plus « historique » et en tout cas de plus ancien dans les évangiles : si Jésus avait souffert et était mort en répandant un flot de paroles et en interpellant constamment tous et chacun, les récits de la Passion ne seraient pas ceux que nous possédons.

Chaque lecture de la Passion avait confirmé en moi cette impression : Jésus s'était tu, il ne s'était pas plaint en disant constamment : « Ô mon peuple, que t'ai-je fait? », il n'avait pas fait le catalogue de ses bienfaits pour nous écraser de honte en faisant le catalogue de nos méfaits. Il ne nous avait pas humiliés, il s'était humilié, lui, et de façon bien plus discrète que celle que nous lui prêtions. Oui, il s'était plaint, mais comme un homme qui souffre, pas comme un homme qui fait la leçon ou qui dresse les comptes de ses débiteurs : « J'ai soif... pourquoi me frappes-tu... si c'est possible, qu'il en aille autrement... pourquoi m'as-tu abandonné, ô mon Dieu..., tout est consommé... » D'où sortaient donc les impropères? Poser la question m'obligeait à me retourner vers le reste de l'Évangile. Or, nulle part je ne voyais Jésus se comporter ainsi avec les pécheurs, nulle part je ne le voyais présenter Dieu comme se comportant ainsi parce que les humains sont des pécheurs. Jamais je ne voyais Jésus faussement complaisant avec le péché ou avec les pécheurs, ni présentant son Dieu comme s'il était complaisant avec le péché, mais jamais il ne geignait de la sorte, jamais (qu'on me pardonne cette familiarité, mais elle est nécessaire pour souligner ce que je veux dire), jamais il ne disait : « Pourquoi est-ce que vous me faites ça à moi, après tout ce que j'ai fait pour vous... Vous n'avez pas honte? » Si Jésus n'avait jamais tenu le langage que lui prêtaient les impropères, si jamais il n'avait présenté son Dieu comme tenant ce langage, qui parlait? Qui se permettait de prêter au Christ, à Dieu, un langage étranger à celui dont les évangiles faisaient mémoire? Qui déplaçait le langage de Dieu, qui était assez déplacé pour déplacer Dieu?

Réfléchissant à ce déplacement, je m'avisai – comme à propos du « Préparons-nous à la célébration de l'Eucharistie en reconnaissant que nous sommes pécheurs » – qu'en prêtant ce langage et cette attitude à Dieu et au Christ, ce chantage geignard pour obtenir un aveu consterné de culpabilité, nous traitions Dieu comme nous n'oserions pas traiter un être humain, et nous lui prêtions des attitudes que nous n'aimerions pas qu'on ait à notre égard ou que nous n'aimerions pas avoir, lorsque nous avons fait mal à quelqu'un ou lorsque quelqu'un nous a fait mal. Certes, il nous arrive de dire ou de nous faire dire : « Qu'est-ce que tu m'en as fait voir, comment as-tu pu me faire cela à moi après tout ce que j'ai fait pour toi, faut-il que je t'aime pour te pardonner après tout ce que tu m'as fait », ou bien au contraire : « Faut-il que je sois ignoble pour t'avoir traité ainsi après tout ce que tu as fait pour moi, faut-il que tu m'aimes et que tu sois extraordinaire pour me pardonner quand même alors que je suis si ignoble! » Oui, nous parlons parfois ainsi, et même avec sincérité : cela donne entre nous de belles « scènes », comme cela en donne dans les romans, au théâtre ou au cinéma. Mais nous savons bien que ce n'est pas le meilleur de nous-même qui parle ainsi, et nous espérons que le meilleur des autres nous parlera autrement. Nous pressentons que le vrai pardon, quand il nous est possible, est plus profond, plus silencieux, qu'il cherche ses mots, ses gestes, et qu'il lui suffit d'en avoir trouvé un – qui vient difficilement et à tâtons du plus intime de nous – pour que l'autre et nous-même sachions à quoi nous en tenir. Nous savons que, tout comme la charité d'après le chapitre XIII de la 1re épître aux Corinthiens, le vrai pardon ne tient pas compte du mal, qu'il ne fait pas des comptes du mal et du bien pour calculer le solde débiteur ou créditeur : le vrai pardon ne fait pas la leçon, il est trop occupé à se tenir, presque incrédule, sur le seuil de la rencontre retrouvée, de se réhabituer au fait que l'autre soit là, qu'on ne soit plus séparés, qu'on soit de nouveau ensemble, même meurtris. Alors, qui donc met Dieu en scène de tout autre façon, qui a intérêt à nous faire faire une telle scène de reproches par Dieu, une scène aussi déplacée par rapport à tout ce que nous savons de Dieu, une scène aussi déplacée par rapport au peu que nous savons de ce que le pardon a de plus vrai? Là non plus, je n'en dis pas davantage à mes collègues il y a dix ans, parce que je n'en savais pas davantage à propos de questions qui venaient seulement de naître en moi et qui n'étaient pas sans m'effarer quelque peu ni provoquer en moi-même de fortes résistances. Mais là encore, j'insistai sur le mot « déplacé », sur l'idée et le mécanisme de déplacement, puisque mon collègue avait parlé de déplacements en matière de culpabilité. Et là encore, je préférai passer à une expérience similaire qui avait éveillé en moi des questions analogues.

Le Samedi Saint.

Après le Vendredi Saint, ce fut le Samedi Saint. Les chrétiens de cette bourgade du Sud-Finistère étaient de bons chrétiens : ils se confessaient donc pour faire leurs pâques (c'était il y a dix ans; depuis, même en ces endroits, la pratique de la confession a beaucoup baissé). Nous étions quatre prêtres à confesser : j'étais le seul à ne pas parler breton, mais ce n'était guère gênant car les bretonnants préféraient se confesser à moi en français plutôt que de refaire longuement la queue à un autre confessionnal. J'aurai peut-être l'occasion de dire plus loin ce qu'il en est de ma pratique personnelle de la confession comme pénitent, mais comme « ministre » je n'ai aucune difficulté, bien au contraire, à entendre la confession de croyants qui semblent pleins de bonne foi, si cette bonne foi n'est pas trop contaminée par de la mauvaise conscience – auquel cas je m'efforce de les inviter à un autre genre de démarche. Je confessai donc ainsi plusieurs heures en ce Samedi Saint, comme je l'avais fait en bien d'autres circonstances, avec le mélange d'attention, de respect, de monotonie et de lassitude que comporte ce ministère.

Et soudain, comme la veille, comme l'avant-veille, je me mis à « entendre » autrement ce qui se passait. Ces hommes et ces femmes, ces vieillards, ces adultes et ces enfants se confessaient très bien, comme ils l'avaient appris et le pratiquaient de tout leur cœur. Ils commençaient, comme prévu, par : « Mon Père, bénissez-moi parce que j'ai péché. » Mais je remarquai pour la première fois – alors que c'était certainement le cas auparavant – qu'ils enchaînaient immédiatement avec la suite prévue, sans même attendre que je leur donne cette bénédiction qu'ils venaient de me demander. Commençant de m'en aviser, il m'arriva de varier une fois ou l'autre la formule de bénédiction ou de la présenter par un court commentaire. Or, mes interlocuteurs ne s'en apercevaient même pas, ou bien ils s'arrêtaient, interloqués, comme si je n'avais pas respecté les règles du jeu, comme si j'étais sorti de mon rôle : je n'étais pas là pour leur parler, en tout cas pas pour leur parler comme cela et à ce moment. Je ne souligne pas ce point pour les critiquer ou pour critiquer ceux qui les avaient formés, mais pour indiquer comment et pourquoi naquit mon étonnement. C'est précisément parce que ces chrétiens se confessaient bien et que leur clergé les avait bien formés, qu'apparaissait plus manifestement l'incongruité de mes interventions, et que j'étais amené à me demander ce qu'il y avait de déplacé à bénir les gens quand ils vous le demandent, ou plutôt ce qu'il y avait de déplacé à ce qu'ils me le demandent sans me le demander.

Les heures passaient. Mon malaise grandissait, au point que je m'interrompis quelques minutes, ce qui peut toujours passer pour être exigé par les besoins de la nature. En fait, je commençais à m'inquiéter, en me demandant ce qu'eux et moi faisions là. Une fois ou l'autre, me fiant – à tort ou à raison – à ce que j'entrevoyais d'eux à partir de ce qu'ils me disaient et de ce que je devinais de leur visage à travers la grille du confessionnal, je me hasardai, après qu'ils m'aient confessé leurs péchés et m'en aient demandé l'absolution « si je les en jugeais dignes », à leur parler. Non pas d'abord de leur péché, ni de la pénitence qu'ils s'attendaient à se voir attribuer. Mais de Pâques. Tout simplement de Pâques. Après tout, nous étions le Samedi Saint, ils venaient se confesser à cause de Pâques : leur parler de Pâques n'était pas indécent de ma part. Pourtant, ils étaient complètement déroutés. Quand ils avaient fini et accompli la part qui leur revenait, je leur disais parfois tout simplement : « Alors, demain, c'est Pâques? » Silence étonné. J'insistais : « Si vous venez vous confesser, c'est parce que demain c'est Pâques? » Réponse embarrassée et affirmative après quelques instants d'étonnement. J'enchaînais donc : « Alors, quelle impression cela vous fait, Pâques? » Silence. Embarras. Panique. J'insiste sur le fait que je n'impute nullement cette réaction à mes interlocuteurs ni à ceux qui les avaient formés. Par ailleurs, la plupart d'entre eux travaillaient durement et avaient bien du mérite à prendre sur leur journée le temps d'attendre si longuement pour se confesser : s'il fallait encore que le curé en rajoute... Mais j'insiste sur le fait que, précisément parce qu'ils étaient de bons chrétiens et se confessaient bien, le caractère déplacé de mes interventions n'en apparaissait que davantage, ou plutôt n'en apparaissait que mieux le fait qu'il était déplacé de leur parler d'autre chose que de ce qui concernait le plus immédiatement leur péché, son pardon et sa pénitence.

Une fois, ce que m'avait dit mon interlocutrice m'ayant paru pouvoir le permettre, après son silence embarrassé à ma question « Alors, demain c'est Pâques, quelle impression ça vous fait? », j'ajoutai – ce qui n'était évidemment pas de nature à la replacer sur la longueur d'onde prévue – : « Vous avez la télévision? » Un temps de silence, puis cette fois une réponse nette, claire et tranquille : « Oui, bien sûr. » Je lui dis : « Donc, vous avez déjà vu des reporters interviewer des gens dans la rue, leur demander leurs impressions. Supposons que dans un instant, quand vous sortirez de l'église, quelqu'un de la radio ou de la télévision vous accroche et vous demande, micro en main : Madame, demain c'est Pâques, qu'est-ce que vous en pensez? » Silence. J'étais effrayé de mon audace, je me trouvai injuste de mettre ainsi cette femme à la question, mais en même temps je cherchais désespérément le moyen qu'il soit un peu question de Pâques, un peu question du Dieu de Pâques. Alors, lentement, cette femme se mit à parler. Avec ses mots à elle. Non pas naturellement, parce qu'il n'est pas naturel de parler de tout cela. Mais en vérité, avec simplicité. De Dieu, d'elle, de Pâques. Brièvement : on n'est pas très bavard en ce pays-là. Mais pour de vrai. Je l'aurais embrassée. J'en aurais pleuré.

Je suis sorti quelques instants, j'ai marché sur la grande place derrière l'abside de l'église, pendant que mes trois confrères continuaient et avant de reprendre moi-même. Et je me disais : « Qu'est-ce que tout ce bruit qui monte aujourd'hui vers Dieu de toutes les églises du monde, quel est tout ce discours qui se tient, de quoi ça parle, est-ce de cela qu'il faut parler aujourd'hui? S'il y a du bruit qui doit monter aujourd'hui des églises, en ce silence du Samedi Saint, entre la mort du vendredi et l'aube du dimanche, est-ce que ce doit être ce bruit-là? Est-ce que le péché, c'est si important que cela? Ou plutôt : est-ce comme cela que le péché est important? Qu'est-ce qui déplace l'importance du péché, qui déplace Dieu, qui déplace l'homme, de telle sorte que même avec des gens de la meilleure volonté il faille se donner tant de mal et frôler le malentendu, l'incident ou la rupture, pour faire sa place à la bénédiction qu'on vous a pourtant demandée, pour faire sa place à Pâques, au Dieu de la Pâque qu'on vient pourtant célébrer? Est-ce qu'on ne pourrait pas un moment arrêter tout ce vacarme pour se préparer un instant, dans le silence du Samedi Saint, à l'aube de Pâques, au bruissement dans le jardin, à la course des femmes, au cœur de Pierre qui cogne et au bondissement du plus jeune, aux larmes, aux doutes fous, aux joies tremblantes... Qu'est-ce qui change Dieu et les humains de place, qu'est-ce qui les déplace au point de faire paraître déplacé ce qui est leur place même? »

Là non plus, je n'allais pas plus loin il y a dix ans auprès de mes collègues, pour la bonne raison que je n'étais pas allé plus loin moi-même durant les quelques semaines qui séparaient mon exposé de cette Semaine Sainte. J'étais encore trop embarrassé dans les résistances et les inquiétudes que faisait monter en moi l'affleurement de telles questions, qui semblaient prendre à contre-courant des forces dont j'ignorais encore toute la puissance. Je ne sais quel effet eut sur ces théologiens et ces philosophes dominicains mon exposé : aucun d'entre eux ne m'en a jamais reparlé, sauf un seul en une phrase à la sortie. Comme ils attendaient de moi un exposé théorique théologico-psychanalytique, je suppose que plusieurs auront pensé que je n'avais pas eu le temps de préparer un exposé « sérieux » – cela m'arrive, comme à beaucoup, et peut-être plus – et que je m'en étais tiré en leur faisant le coup de l'« expérience vécue », du « témoignage en première personne », ce qui devait leur sembler peut-être suffisant pour un auditoire moins huppé, mais pas pour eux. En ce qui me concerne, cet exposé, que j'avais sans doute eu le tort d'intituler sans explication préalable : « Le péché, est-ce que c'est si important que cela? », marque pour moi les premiers éléments d'une prise de conscience encore très embryonnaire des ravages qu'opèrent dans la foi, qu'opèrent dans les représentations de

Dieu et dans les pratiques de la foi, les déplacements de la culpabilité, et la façon monstrueusement parasitaire qu'ont les systèmes individuels et sociaux de la culpabilité de se nourrir du meilleur de la foi chrétienne en le pervertissant.

2. De quelques procédés où la culpabilité est à l'œuvre

Focalisation sur le statut de pécheur.

Des pensées de ce genre ne se développent pas tout uniment : elles refluent, disparaissent, reviennent. D'autres surgissent, dont on pressent qu'elles sont de la même famille mais sans que l'on puisse discerner lesquelles sont l'effet et lesquelles l'origine : les unes et les autres n'apparaissent pas dans un ensemble cohérent, mais plutôt comme les éléments diffus d'une nébuleuse. C'est d'ailleurs là la résultante de deux forces s'exerçant de manière antagoniste : quelque chose se dénoue qui permet la venue à la conscience, quelque chose se renoue pour repousser cette venue. Mais tout se passe comme si, lorsqu'une première pensée de cet ordre est venue, une sorte d'attention nouvelle s'éveille et fait que, malgré le jeu des angoisses et des résistances, on se met à entendre, à percevoir ce que l'on n'entendait pas auparavant.

C'est ainsi que je m'avisai, progressivement et par touches isolées, du nombre étonnant de prières qui s'adressent à Dieu en s'empressant de mettre au premier plan une situation de rupture entre Dieu et l'homme, une situation où Dieu serait par hypothèse défavorable aux humains, comme fâché avec eux et sur le point de les punir, parce que les humains, par hypothèse, auraient blessé ou contristé Dieu et qu'ils mériteraient, par hypothèse, son châtiment. Toutes ces prières commencent par : « Sois-nous favorable », « Épargne-nous », « Suspends ta colère », « Prends pitié », « Ne retiens pas nos fautes », etc. J'avais pendant des années et des années, à longueur d'heures (puisqu'on appelle « heures » les différents offices qui ponctuent la prière commune des ordres monastiques ou canoniaux), prononcé ou entendu de telles paroles et – une fois faite la part de la distraction – j'ai prié avec elles sérieusement et profondément. J'y voyais effectivement une des façons les plus normales et les plus nécessaires de s'adresser à Dieu, de nous situer l'un par rapport à l'autre et de renouer un dialogue dont tout me faisait craindre qu'il soit toujours interrompu de mon fait. Qu'on ne croie pas que ce type de prière était le résultat du choix arbitraire d'une époque trop déterminée ou d'une spiritualité trop marginale dans la tradition chrétienne : qu'il s'agisse des psaumes les plus antiques ou les plus récents que le christianisme a empruntés au judaïsme, qu'il s'agisse des prières liturgiques composées à l'époque patristique ou des prières médiévales, qu'il s'agisse des dévotions plus modernes ou même des premières liturgies en français élaborées à partir de 1965 à la suite de la réforme liturgique de Vatican II, c'était là un thème, non certes unique, mais dominant et surtout presque toujours énoncé avant les autres, comme si c'était par lui qu'il fallait absolument commencer, comme si c'était lui qui plantait le décor et posait les bases de tout ce qui pourrait advenir dans la prière entre Dieu et les humains.

Il ne s'agit pas davantage d'une problématique qui se limiterait à la piété et ne se retrouverait pas en dehors d'elle. Apprenti théologien, puis professeur de théologie ayant eu à enseigner le traité du péché (qui, dans la tradition thomiste, ne relevait pas de la dogmatique mais de la morale), formé en exégèse, en patristique et en histoire des doctrines classiques et modernes, et continuant de me cultiver comme je le pouvais dans ces divers domaines, je savais bien qu'il existait en christianisme (en simplifiant trop les choses) deux grandes familles d'esprits. L'une fait du péché de l'homme et du pardon salvateur de ce péché par Dieu en Jésus-Christ les deux pôles autour desquels se définissent aussi bien la condition humaine que le salut apporté par Dieu. Il s'agit donc là d'une conception très « dramatique » de l'existence humaine, de la condition chrétienne et du destin de Jésus-Christ comme Sauveur, où le statut de pécheur définit quasi substantiellement l'homme et celui de sauveur du péché quasi substantiellement Jésus-Christ. Une autre famille d'esprits voit de façon moins conflictuelle les rapports entre Dieu et l'homme : Dieu est le Vivant dont le salut consiste à donner aux humains un supplément de vie, un « supplément d'âme » par rapport à la vie qui leur est déjà possible de par leur condition humaine (laquelle est elle-même un don de Dieu) : Jésus-Christ est donc d'abord celui qui nous a révélé en l'incarnant parmi nous en quoi consiste ce supplément d'âme, ce mode plus riche de rapport avec Dieu et de rapports entre nous. Dans une telle perspective, le péché n'est certes pas éliminé, il a seulement (si je puis dire) le statut d'un accident qui peut survenir du fait de l'homme et dégrader, voire briser la vie que Dieu veut donner aux humains. A ce titre, le péché peut être « mortel » et mérite autant d'attention que tout ce qui risque de tuer la vie biologique, écologique, sociale, individuelle. Il nécessite donc une action correctrice et une action préventive, comme toute vie mérite qu'on prévienne ou qu'on guérisse tout ce qui peut l'abîmer. Mais c'est la vie et le don de la vie qui sont les pôles autour desquels tout s'organise et par quoi se définissent Dieu, les humains, et leurs relations, le péché y étant non pas sans importance ni secondaire mais second. Il s'agit là d'une conception moins dramatique, moins conflictuelle de l'existence humaine, de Dieu et de Jésus-Christ.

Après vingt ans déjà de théologie, je savais que ces deux familles d'esprit sont aussi anciennes et aussi chrétiennes l'une que l'autre : on les rencontre toutes deux dans le Nouveau Testament. Je savais que chacune des deux avait été illustrée par des formes vénérables de piété, de spiritualité, de théologie, de sainteté. Je savais aussi que c'est presque toujours, au moins dans notre monde occidental, la conception dramatique de l'existence chrétienne et la quasi-définition de l'homme par le péché qui l'ont emporté. Alors qu'on trouve dans les épîtres de Paul, par exemple, de quoi fonder les deux visions, ce sont les passages justifiant la conception dramatique et la définition par le péché qui suscitèrent le plus d'écho (peut-être sont-ils effectivement les plus caractéristiques de l'« évangile de Paul »). De la longue lignée de ceux et de celles qui se trouvèrent plus à l'aise dans cette conception, il suffit de citer les noms de saint Augustin et de Luther pour indiquer combien elle a façonné le christianisme occidental, le poids théologique de saint Thomas d'Aquin – qui a tenté l'une des rares synthèses entre les deux familles – n'étant pas arrivé à entamer ce primat. En France, on doit évoquer Pascal et le jansénisme, mais aussi les écrivains catholiques français du XXe siècle qui eurent une si grande influence : Mauriac et Bernanos par exemple. Quant à la théologie des quarante dernières années, elle est si fortement dominée – du moins en Europe – par les grands théologiens protestants : Karl Barth, Bultmann, Pannenberg, Moltmann, etc., à cause à la fois de la très grande qualité de ces théologiens et de la plus grande liberté intellectuelle dont ils jouissent dans leurs Églises, qu'on ne s'étonnera pas de voir cette conception plus vivante et prégnante que jamais, sans que la voix de quelques théologiens catholiques orientés un peu différemment puisse peser efficacement; ne parlons pas de l'absence quasi totale d'influence de la théologie des Églises orthodoxes, bien plus proches de l'autre vision des choses.

On comprendra donc qu'il fallut beaucoup de temps, et des remaniements intérieurs difficiles et profonds, conscients et inconscients, pour que, face au poids et à l'autorité de telles institutions, puissent apparaître timidement les premiers linéaments d'une question pour moi inédite et dont aucun écho ne me parvenait de l'extérieur (sinon de ceux qui la posaient de telle sorte qu'elle leur manifestait le caractère illusoire et aliénant du christianisme) : à quoi tient le privilège accordé au péché, qui en fait le pôle de définition de l'homme devant Dieu, du statut de Dieu lui-même et de celui de Jésus-Christ comme Sauveur? Pourquoi est-ce qu'il faut mettre le péché en avant, le poser comme pierre d'angle de toute prière, de toute spiritualité, de toute théologie? Le péché, est-ce si important que cela, ou plutôt : est-ce comme cela que c'est important?

Méconnaissance du péché et exagération de ses effets.

De plusieurs façons, donc, la même question se posait à moi avec une insistance croissante. Une attitude eût été possible, qu'avaient adoptée la plupart de mes amis incroyants ou devenus tels : se débarrasser, sinon de la culpabilité, en tout cas du péché. Je ne le pouvais pas, et pas seulement du fait des traditions dont j'étais profondément imprégné ou de la puissance – en moi comme en tout un chacun – des forces obscures qui assurent le succès des déplacements dont je m'avisais. En effet, selon une autre évolution qui n'est évidemment pas sans rapport avec celle dont je parle ici, j'en venais progressivement à considérer que notre vie ne connaît pas d'autre survie que les traces qu'elle laisse dans la mémoire des autres humains, dans la mémoire de notre terre elle-même mortelle, ou dans la mémoire de Dieu, si Dieu il y a. Tout ce qui concerne la vie est mortel. Ce qui signifie en outre – et cela n'est pas moins dur à admettre, loin s'en faut – qu'avant même de parvenir à son terme, toute forme de vie humaine est exposée à la mort et peut mourir, non seulement naturellement parce que sa fin est venue, mais accidentellement. Or, nous sommes, volontairement ou non, les principaux donneurs de mort, les premiers gâcheurs de vie : chaque jour, de par le monde, et de millions de façons, la vie est abîmée, l'amour, l'intelligence, la justice, la beauté, le travail, l'effort, le plaisir sont abîmés, des vivants bafoués et piétinés. Je ne souligne pas cela maintenant pour attester la réalité du péché, mais pour dire que si toute vie me paraît non seulement naturellement mortelle mais susceptible d'être « accidentellement » mise à mort, il en va nécessairement de même pour ce qu'il peut y avoir de vie entre Dieu et les humains. Ou bien il n'y a pas de Dieu ni de relations entre Dieu et les hommes ou bien, s'il y en a, elles sont nécessairement, elles aussi, mortelles et menacées de mort : cette vie-là aussi peut être gâchée, abîmée, brisée. C'est cela que j'appelle le péché, et comment pourrait-il éviter lui aussi d'être éventuellement mortifère? Non certes du fait de Dieu, qu'on me présentait pourtant comme susceptible de nous retirer cette faveur qu'il fallait donc si souvent implorer, mais du fait que nous sommes humains. Puisque – à tort ou à raison – je persistais à penser que Dieu il y avait et qu'il instaurait une certaine relation entre lui et nous, je ne pouvais que réclamer pour cette relation ce qui me semblait essentiel à toute forme de vie nous concernant, à savoir le fait qu'elle soit naturellement et accidentellement mortelle. L'inexistence du péché eût été pour moi un non-sens anthropologique avant même que d'être un non-sens théologique.

S'il m'était impossible de souscrire à cette inexistence, il m'était tout aussi impossible de conférer à cette existence l'importance que certaines formes de christianisme lui accordent si souvent. Oui, j'étais convaincu – même si on résiste toujours à le constater – que la vie était chaque jour et des millions de fois bafouée, gâchée, mise à mort par des humains. Mais il me semblait injuste – et inexact – de l'attribuer à leur péché. Saint Thomas d'Aquin, qui exalte la liberté au point d'y voir ce en quoi l'être humain est le plus à l'image de Dieu, m'avait appris aussi que les « actes libres » sont choses rares dans la vie des hommes, se comptant parfois sur les doigts d'une main dans toute une existence. Cette rareté, il ne la soulignait pas par élitisme ou par pessimisme, ni par référence au rôle dévastateur du péché (qui est lui-même un « acte libre »), mais au contraire par une conscience aiguë de la grandeur de la liberté et des exigences requises pour qu'il puisse être question d'elle. Je ne pouvais donc attribuer au péché, à cette chose si rare qu'est le vrai péché (puisque je répète avec saint Thomas que le péché ne peut être tel que s'il est un acte libre), cet innombrable gâchis de la vie à travers les siècles.

Mes autres études me faisaient progressivement découvrir tout ce qui préside au comportement des humains, tous leurs conditionnements (non au sens péjoratif du mot mais au sens à la fois de fondement et de mise en forme) économiques, sociaux, psychologiques, biologiques et même cosmologiques, tous ces fils dont nous sommes tissés par des forces qui nous précèdent, nous débordent et nous sont le plus souvent inconnues ou inconscientes. Je ne pouvais donc plus affecter de penser – comme le fait avec tant d'acharnement une certaine forme de catholicisme – que chacun d'entre nous et tous ensemble sommes par nos péchés continuels la source de tout le mal que nous faisons pourtant bel et bien mais sans que le péché puisse être désigné comme sa cause. Bref, là encore, il fallait se demander si le péché est si important que cela : le malheur, le mal, la mort sont quantitativement et qualitativement très importants, mais faut-il faire équivaloir à cette importance l'importance du péché ? Je commençai là à m'aviser de ce qu'a de mégalomaniaque l'affirmation par le sujet de sa culpabilité foncière, mais j'anticiperais trop en le développant davantage à ce stade de mon itinéraire : j'y reviendrai.

Méprise sur la relation de Jésus aux pécheurs et au péché.

Ma situation, à l'époque, n'était donc pas simple : d'une part, évacuer la réalité du péché, c'était évacuer l'existence d'une relation possible entre Dieu et nous, et donc pratiquement évacuer l'existence de Dieu; en même temps c'était là un non-sens anthropologique si une telle relation existait. Mais, d'autre part, c'était commettre aussi un non-sens anthropologique que d'attribuer à la liberté humaine tout le malheur du monde et des hommes, car l'attribuer au péché, c'est l'attribuer à la liberté humaine. La difficulté où je me trouvais était renforcée par une difficulté analogue lorsque je me tournais vers l'image de Jésus-Christ que nous présentent les évangiles et vers le Dieu que, selon ces évangiles, Jésus nous aurait annoncé. Jésus ne m'était nullement présenté comme ayant négligé le péché, l'ayant traité avec fausse indulgence ou complicité. On le présentait même comme ayant été plus exigeant encore sur bien des points que les scribes et les pharisiens de son temps : car le « On vous a dit que... moi je vous dis que... » ne porte pas que sur des bénédictions et des libérations, et les Béatitudes elles-mêmes ont pour envers des malédictions. Mais par ailleurs – et cet autre point semblait plus difficile à percevoir que le précédent, même s'il est tout aussi vigoureusement attesté –, tout se passait comme si Jésus avait cherché à faire comprendre à ses contemporains que le péché n'avait pas le type d'importance qu'ils lui attribuaient, et que lui-même et son Dieu lui en attribuaient un autre que celui qu'ils étaient censés lui attribuer. Oui, on pouvait être l'envoyé de Dieu et manger avec les pécheurs; oui, on pouvait être l'envoyé de Dieu et fréquenter les publicains, les prostituées, les Samaritains, ou ceux dont l'infirmité et le malheur étaient réputés avoir quelque chose à faire avec le péché : les lépreux, les sourds, les aveugles, les boiteux, les paralytiques, ou même ces membres de seconde zone du peuple de Dieu qu'étaient les femmes et les enfants.

Tout semblait donc s'être passé comme si Jésus avait voulu apprivoiser, calmer, dénouer ce qui se noue dans le pécheur et dans la représentation qu'il se fait de lui-même comme pécheur devant Dieu : non pas nier le péché ou le négliger, mais plus encore, ou mieux, avant même de le pardonner dénouer le lien avec lequel le pécheur s'étouffe dans son péché, ouvrir une brèche dans le mur que le pécheur croit devoir construire pour témoigner de son exclusion. Tout semblait s'être passé comme si Jésus avait dit : « Il ne faut pas avoir peur comme cela d'être pécheur, regardez-moi, je n'ai pas peur de vous parce que vous êtes pécheurs, on ne meurt pas d'être pécheur, ou plutôt on meurt si on croit qu'on va en mourir; laissez-moi venir, laissez-moi manger avec vous, on verra après, mais ce n'est pas le premier problème à résoudre, ce n'est pas par là qu'il faut commencer, nous avons autre chose à faire, vous et moi : à être ensemble, je veux dîner chez toi ce soir. » Après quoi, il fallait évidemment inventer une parabole pour expliquer aux autres ce qu'il en était car, bizarrement, ceux et celles qui étaient directement concernés (Zachée, la femme adultère, etc.) comprenaient tout de suite et ne demandaient pas d'explication. Ainsi, en ce qui concerne le Jésus que me présentaient les évangiles, ma situation n'était pas simple non plus : il n'était pas question d'évacuer l'importance du péché sans quitter Jésus et sa suite (au sens où l'on parle de *sequela Christi*, d'imitation de Jésus-Christ), mais il n'était pas question non plus – et c'était plus difficile mais plus décisif – de prêter au péché le type d'importance que le Jésus des évangiles avait constamment combattu parce qu'il déformait le visage de son Dieu et celui des hommes.

C'est d'ailleurs à propos du Christ et de la conception qu'on se fait de son rôle de Sauveur que m'étaient apparues plus rapidement et plus clairement qu'à d'autres sujets les stratégies des forces qui déplacent ainsi l'importance du péché et déforment du même coup le visage de Dieu et le nôtre. Il m'avait fallu, ici encore, plusieurs années de piétinements et de détours craintifs, mais la nébuleuse avait fini par s'organiser. Et s'il est des points ou des parties de *Quand je dis Dieu* que je nuancerais maintenant autrement ou avec lesquelles je ne suis plus d'accord, la partie consacrée à la mort de Jésus de Nazareth et à sa signification reste, par le fond et par la forme, ce que j'ai sans doute jamais écrit de plus juste. Bien entendu, mes censeurs romains trouvèrent le moyen d'y déceler des hérésies, ce qui leur fut d'autant plus facile qu'ils m'attribuèrent, pour les condamner, des opinions contraires à ce que j'y disais, procédé qui m'aurait valu de gagner contre eux un procès en diffamation devant n'importe quelle juridiction normale. Je dois leur accorder que ma conception de la mort de Jésus ne leur permet pas de s'assurer autant de pouvoir que la leur : d'où leur préférence bien explicable. Cette remarque est moins étrangère au sujet qu'on ne pourrait le croire, car, plus autoritaires ils sont, plus les pouvoirs trouvent un bénéfice, et même un de leurs plus solides fondements, à utiliser les forces que mobilise la culpabilité. Il n'y a donc pas à s'étonner que, pour assurer leur puissance, les scribes et les princes des prêtres aient toujours voulu favoriser une représentation du Christ et de sa mort qui leur confère un pouvoir absolu sur la gestion de cette culpabilité.

Quoi qu'il en soit, on sait quelle place tient, dans des formes très répandues de christianisme, l'idée que, pour réconcilier avec Dieu les humains pécheurs, il faut qu'un prix soit acquitté et qu'un sacrifice expiatoire soit offert, faute de quoi Dieu serait en quelque sorte ligoté par sa propre justice et ne pourrait pardonner à l'homme même s'il le voulait. Puisqu'il est hors de question que l'humanité puisse, pécheresse qu'elle est, offrir à Dieu un sacrifice proportionné à sa sainteté et à l'offense qu'elle a subie, il faut que Dieu y pourvoie. On considérera, par exemple, qu'en Jésus-Christ Dieu a fait don à l'humanité de quelqu'un qui, parce que vraiment homme quoique vraiment Dieu, va pouvoir offrir au nom de l'humanité et faire monter de son sein le sacrifice rédempteur qui apaisera la juste colère de Dieu et délivrera son amour des légitimes exigences que sa justice lui impose. On fait gloire à Jésus-Christ de s'être abîmé, lui qui était de condition divine, jusqu'à l'humilité de la condition humaine, de telle sorte que l'humanité pécheresse ait pu être représentée par celui qui n'a pas commis le péché mais qui pour nous s'est fait péché – puisqu'il s'est fait homme –, et que sa mort ait déchiré devant Dieu le libelle de notre condamnation et nous ait délivrés.

Les familiers du Nouveau Testament auront reconnu dans les phrases qui précèdent des formules que l'on y trouve maintes fois. Les recherches de ces trente dernières années, en nous faisant découvrir ou redécouvrir une quantité considérable de textes de la période qu'on a appelée intertestamentaire (du Ier siècle avant J.-C. et du Ier siècle après), nous ont permis de comprendre dans quel contexte et pour quelles raisons les auteurs des couches les plus tardives du Nouveau Testament ont ainsi littéralement engendré des formes de christianisme quelque peu différentes de celles dont témoignent les couches plus anciennes, et qui ont d'ailleurs eu plus de succès que ces dernières. Cette différence de succès s'explique en partie par la différence de type d'importance conférée au péché par les unes et par les autres. Je pense, avec Ernst Käsemann, qu'il n'y a aucune raison de déclarer *a priori* n'importe quel texte du Nouveau Testament comme nécessairement exempt d'hérésie (sauf une raison « politique », quand une autorité veut asseoir l'absolu de son pouvoir sur l'inerrance absolue du texte dont elle se réserve par ailleurs l'interprétation officielle). Je ne m'étendrai donc pas ici sur les raisons par lesquelles on peut s'expliquer qu'aient été édifiées certaines de ces constructions néotestamentaires, qui tiennent plus encore aux préoccupations de leur milieu d'apparition qu'à la personnalité individuelle de leurs auteurs, même si je dois signaler que les exégètes et les historiens du christianisme primitif (Käsemann est au moins autant ceci que cela) me furent d'un grand secours en m'apprenant ces raisons. Elles me permirent, en effet, à la fois de comprendre pourquoi ces grands génies religieux avaient pris de telles voies, et de comprendre que nous n'étions pas obligés aujourd'hui d'emprunter ces voies parce que notre situation d'humains et de croyants en exigeait d'autres.

Cela dit, il n'est pas besoin d'être grand clerc en exégèse, et encore moins en psychanalyse, pour s'aviser du caractère incroyablement infantile (je ne dis pas : enfantin) des représentations de Dieu et du péché qu'alimentent les formes vulgarisées de ces théologies vénérables : un Dieu fâché, auquel il faut offrir un sacrifice pour apaiser sa colère et libérer sa miséricorde ligotée par sa propre justice; un Fils dont le métier de Fils consiste à s'écraser jusqu'à la mort devant son Père, mais qui sera récompensé par ce Père qui le fera Seigneur en le faisant siéger à sa droite; des humains désormais rachetés, mais qui – comme par hasard – ne seront pas pour autant délivrés de leur culpabilité, puisque chacune de leur faute, jusqu'au dernier instant de leur vie (et comment ne pécheraient-ils pas?), les expose de nouveau au juste châtiment de Dieu, impose de nouveau l'intervention du Christ rédempteur et, pour faire bonne mesure, l'intervention de sa Mère – devenue la nôtre – et de toute la cohorte des saints, la faute de ces pécheurs s'aggravant du fait qu'elle représente désormais une insulte à ce Fils qui s'est offert à la mort pour nous et à ce Père qui nous a aimés au point de nous sacrifier son Fils. Là encore, pour qui commençait d'« entendre » ce qui parle à travers un tel système de représentations, il semblait n'y avoir rien d'autre à faire que d'appeler tout cela par son nom, qui n'est pas le nom de Dieu, et à considérer Dieu comme un avatar de ce qu'on connaît mieux maintenant sous un autre nom.

Je ne pouvais m'y résoudre, sans doute pour des raisons tenant à mon passé et à mon organisation psychique personnelle, mais aussi pour des raisons qui me semblaient en matière de foi d'un meilleur aloi. Outre que je comprenais mieux pourquoi avaient été élaborées ces formes de christianisme et en quoi elles ne s'imposaient pas nécessairement, je découvrais également que de tout autres façons d'être chrétien avaient existé, et je pouvais lire la majeure partie des évangiles sans y trouver trace d'une telle conception de la mort de Jésus-Christ, de la colère de Dieu et de la nécessité de lui offrir un tel sacrifice pour que sa justice laisse enfin son amour libre d'opérer. Le Jésus dont d'autres communautés chrétiennes avaient construit le visage en faisant mémoire de ce qu'il avait été et en célébrant ce qu'il est désormais pour les siècles des siècles, ce Jésus était effectivement mort, il avait été assassiné, il ne s'était pas dérobé à la mort et avait accepté qu'elle fût son destin lorsqu'elle s'avéra devoir l'être. Mais l'une des raisons majeures de sa mise à mort par les responsables religieux de l'époque, c'est précisément qu'en matière de péché, en matière de ce qu'est le pécheur et de ce qu'est Dieu en face du pécheur, il faisait et disait ce qui réduisait à néant les constructions religieuses des humains en matière de péché. C'est pourquoi il est notre Sauveur, le serviteur de Dieu et des hommes, le révélateur de ce qu'est Dieu et de ce que nous sommes. Il déplaçait le fondement de ces constructions comme il ruinait les fondements du Temple et de ses prêtres. C'est ce déplacement qu'il leur fallait à tout prix empêcher : il fallait que cet homme meure pour le bien de tous, pour le bien que tous croient trouver dans ce que Jésus déplaçait.

L'extraordinaire – je l'ai noté dans *Quand je dis Dieu* – est que de nombreuses formes de christianisme aient dès les origines annulé le déplacement qu'avait opéré Jésus et qui lui avait valu la mort, qu'elles aient dès les origines réussi ce tour de force de déplacer à son tour Jésus pour le réintégrer dans le système dont il avait voulu libérer les humains et pour faire de lui le garant et le grand-prêtre de ce qu'il avait refusé au point de préférer mourir que d'y souscrire et de nous y asservir. Beaucoup de représentations de la rédemption, de la satisfaction, de l'expiation, de la substitution, et tout le cortège de certaines représentations de Dieu le Père, du Fils et des hommes qui y sont liées, représentent le plus gigantesque « déplacement » qu'aient jamais réussi les forces que mobilise la culpabilité. Quand on en prend conscience, on est presque effrayé de la puissance infernale que suppose la réussite d'un tel déplacement : on en vient presque à ne plus oser se demander : « Le péché, est-ce si important que cela? », ou plutôt « Le péché, est-ce comme cela que c'est important? », car on hésite à affronter de telles puissances. Pourtant, on finit par ne plus avoir le choix, sinon, jusqu'où mutileront-elles les humains, jusqu'où nous asserviront-elles, jusqu'où déformeront-elles le visage de Dieu et celui de Jésus-Christ?

3. La haine de Dieu

Aux alentours de la haine.

Un autre thème mit bien plus longtemps à s'imposer à moi : il faut dire qu'il était plus déroutant encore que les précédents, au sens étymologique du mot, car il semblait, plus encore que les autres, me faire sortir de la route qui apparaissait la seule possible en christianisme; il avait même quelque chose d'odieux, au sens littéral du mot, puisqu'il s'agit de haine. Dès mes premiers contacts avec la psychologie et la psychanalyse, il y a plus de vingt-cinq ans – contacts alors purement livresques –, j'avais appris qu'il n'y a pas d'amour sans haine. La démonstration clinique et la mise en œuvre théorique qui m'en avaient été faites m'avaient convaincu, mais de façon quasi abstraite. J'admettais cette vérité, mais ne savais pas très bien quoi en faire, comme si elle ne me concernait guère.

J'étais d'ailleurs aidé dans cette résistance par ce que m'avait appris quelques années plus tôt en matière de haine saint Thomas d'Aquin. Parlant des passions de l'âme, et s'inspirant beaucoup d'Aristote, il distinguait – comme je l'ai mentionné – deux familles de passions : celles du domaine du concupiscible, et celles du domaine de l'irascible. L'amour était de la première famille, mais contrairement à ce qu'on aurait pu attendre, la haine n'était pas de la deuxième mais bien de la première, comme l'amour. En effet, la haine n'est rien d'autre, insistait saint Thomas, que le mouvement par lequel l'amour se dresse contre ce qui le prive de son objet, serait-ce cet objet lui-même s'il se dérobe à lui. C'est pourquoi, avec la tranquille assurance qui était la sienne en ces matières, saint Thomas considérait la haine comme aussi normale, saine et nécessaire à la vie psychique que l'amour, car que serait un amour qui ne se dresserait pas contre ce qui le prive de son objet? Saint Thomas trouvait donc que la haine n'était pas de soi immorale, et qu'elle pouvait être tantôt vertueuse et tantôt peccamineuse, comme tout autre comportement humain.

C'était déjà là une conception tout à fait différente de celle de la tradition morale chrétienne qu'aurait d'ailleurs suffi à m'imposer – comme à tout autre – mon angoisse personnelle devant le moindre de mes mouvements de haine. Sur ce point comme sur d'autres, la morale de saint Thomas n'eut aucun succès en christianisme, encore moins lorsqu'il allait jusqu'à maintenir cette conception de la haine à propos du commandement évangélique de l'amour des ennemis; selon lui, le fait que nous ayons à aimer nos ennemis de charité parce que Dieu les aime ne change rien au fait que nos ennemis restent nos ennemis, nos adversaires (*ad versus :* tourné contre) et qu'en tant que tels, ils ne peuvent pas ne pas susciter en nous des mouvements de haine qui sont tout naturels et ne s'évanouissent pas du fait que nous devons par ailleurs – c'est-à-dire de par Dieu – les aimer de charité. Je n'étais donc pas fermé à l'idée qu'il y ait une certaine parenté entre la haine et l'amour, et ceci m'aida peut-être à moins refuser ce que la psychanalyse m'apprenait de leurs rapports, mais favorisa sans doute une résistance à découvrir que leur proximité telle qu'elle est mise au jour par la psychanalyse est bien plus grande et autrement déroutante que celle dont saint Thomas m'avait convaincu.

Aussi bien cet enseignement de la psychanalyse resta-t-il un peu à l'écart de ce qui me préoccupait, comme une théorie vraie mais sans grand objet me concernant. Je suis bien incapable de dire comment ma propre analyse mit en œuvre la réalité psychique en cause, et comment s'y préparèrent les mouvements de terrain qui devaient plus tard aboutir à une modification de mon paysage intérieur et de mes horizons extérieurs : explicitement, en tout cas, il n'en fut guère question. Dans les années qui suivirent, je continuai, avec un intérêt réel mais quelque peu détaché, d'entendre des psychanalystes parler (à propos de patients, d'eux-mêmes, ou de façon plus théorique) d'ambivalence, d'amour, de haine. Maintenant que mon détachement est moindre, je me sens incapable de repérer après coup les signes avant-coureurs ou les événements qui provoquèrent ce changement. Je me souviens vaguement d'une conversation avec un ami psychanalyste, de famille et de tradition juives, que je vois trop rarement : il venait de lire *Quand je dis Dieu* et me parlait de la différence des sentiments que les juifs portent à leur Dieu, des paroles, des injonctions qu'ils lui adressent et auprès desquelles les prières des chrétiens lui paraissaient bien pâles. Est-ce alors, ou à un autre moment, que l'idée se formula avec cette évidence qu'ont les prises de conscience en matière d'inconscient : une idée, qui était l'instant d'avant à cent lieues du champ de conscience et surtout n'y avait pas sa place parce que tout y était organisé pour l'exclure, s'impose tout d'un coup avec une évidence plus tranquille et bienfaisante que bouleversante et déchirante (ah! les bêtises qu'on peut entendre sur le caractère « réducteur » ou « soupçonneux » de l'interprétation analytique...). En tout cas, à ce moment ou à un autre, je sus ce que je n'avais jamais su mais comme si je l'avais toujours su : il fallait que la haine de Dieu ait autant de place que l'amour de Dieu. L'emploi du génitif est ici ambigu; je me contenterai de celui des deux sens possibles qui me vint alors à l'esprit : il fallait que notre haine pour Dieu, notre haine contre Dieu ait autant de place que celle que nous faisons à notre amour de Dieu, à notre amour pour Dieu. Et de ce jour-là, je sus qu'une des tâches qui s'imposaient à moi à propos de Dieu, mais aussi à propos de moi, était de trouver quel était le statut de cette haine de Dieu.

Je me suis aperçu après coup que la venue au jour de cette pensée avait été retardée d'une manière particulièrement caractéristique des procédures de la résistance en ces matières : cette pensée était empêchée de venir au jour par la façon même dont elle était déjà explicitement présente dans le champ de ma conscience, dans ma pratique de la foi, dans mon savoir et mon enseignement théologiques. La notion de « haine de Dieu » y figurait, en effet, en toutes lettres et en bonne place. Elle n'est pas sans fondements bibliques, non seulement comme idée mais dans le vocabulaire même. C'est pourtant – en ce qui me concerne, en tout cas – à saint Augustin qu'elle devait son poids. On sait que saint Augustin fut ce qu'il faut oser appeler un maître en matière de péché. Je veux dire par cette tournure un peu provocante qu'il ne nous a pas seulement légué une théologie du péché qui devait peser – pour le meilleur et pour le pire – sur tout le destin ultérieur du christianisme occidental, il nous a également légué, dans ses *Confessions,* une des plus extraordinaires analyses psychologiques de ce qu'il ressentait à propos de ses péchés, à propos de sa condition de pécheur, à propos du Dieu qu'il découvrait se manifester à lui au sein même de cette condition. Les pages qui précèdent auront sans doute permis de deviner que je suis loin de me sentir à l'aise dans toutes les caractéristiques de la variante augustinienne du christianisme. Mais le génie – même quand il a des aspects mortifères – reste le génie, et les *Confessions* restent un chef-d'œuvre. Or, saint

Augustin avait défini le péché comme une haine de Dieu et avait mis tout son génie théologique, psychologique et littéraire à développer les implications de cette définition. J'avais lu, travaillé, médité tout cela.

Comme bien d'autres théologiens plus éminents que moi, à commencer par Thomas d'Aquin, j'éprouvais quelque difficulté à définir le péché par une haine de Dieu qui n'était pour ainsi dire jamais présente à la conscience du pécheur, et qu'en tout cas nous ne donnions presque jamais comme finalité à nos actes peccamineux : celui ou celle qui commet un meurtre, un vol ou un adultère ne se donne pas comme finalité de haïr Dieu et n'est pas motivé d'abord par la haine de Dieu. N'aurais-je pas lu Husserl et n'aurais-je pas su ce qu'était l'intentionnalité, que mon arrière-fond aristotélico-thomiste aurait suffi à m'empêcher de définir un acte humain par une finalité et une motivation qui en sont absentes. Mais la virtuosité rhétorique et l'efficacité dramatique d'Augustin parvenaient à réintroduire la haine de Dieu comme ce qui définissait le péché parce qu'en étant l'effet et l'aspect les plus décisifs (puisque concernant Dieu), même si elle n'en était pas la motivation ni la finalité les plus apparentes.

Ce concept de haine de Dieu était donc bel et bien présent à ma conscience, la haine de Dieu y avait bien sa place. Et laquelle! : celle même du péché. Pour tout arranger, ou pour tout occulter, bien que de facture augustinienne, elle s'y présentait d'une manière qui n'était pas incompatible avec ce que j'avais appris de saint Thomas sur la parenté entre la haine et l'amour. Certes, dans le péché, la haine de Dieu n'était pas le mouvement déclenché par un amour pour Dieu qui verrait son objet se dérober à lui et se dresserait contre qui l'en priverait. Mais il n'y avait pas que de la virtuosité à faire remarquer qu'il y avait bel et bien haine de Dieu dans la mesure où Dieu était ressenti comme privant le pécheur de l'objet d'amour qu'il se donne de façon coupable, à savoir lui-même. Quand il vole, quand il tue, quand il commet l'adultère, c'est lui-même que le pécheur aime de manière désordonnée. Et c'est de ce lui-même qu'il aime ainsi, que le pécheur risque de se voir privé par le Dieu qui veut le détourner de son péché : le pécheur hait donc Dieu d'une haine proportionnelle à (et résultant de) l'amour qu'il a de lui-même, amour qui risque de voir son objet, à savoir lui-même, lui être dérobé. La haine de Dieu avait donc une place, et même une place de choix, dans mon univers mental. Mais, comme c'est souvent le cas pour la résistance, cette place était précisément la plus apte à empêcher que vienne au jour une tout autre signification et un tout autre statut de la haine de Dieu. C'est bien pourquoi, quand finit par m'apparaître qu'il était absolument nécessaire de trouver quel était ce statut, j'eus le sentiment d'une radicale nouveauté. C'est que la parenté dans notre inconscient entre la haine et l'amour mise au jour par la psychanalyse est bien différente du statut de la haine que Thomas d'Aquin m'avait enseigné; la haine inconsciente dont il s'agit dans notre ambivalence à l'égard de Dieu est radicalement et redoutablement plus proche de l'amour pour Dieu que la haine de Dieu qu'a si bien décrite le docteur ès péché que fut saint Augustin.

Ce qu'elle est, je me sens bien incapable de le dire de manière très articulée, d'abord parce qu'il y a trop peu de temps que ces pensées ont trouvé leur chemin en moi, et aussi parce qu'il s'agit de ces réalités telluriques de l'inconscient dont les psychanalystes les plus chevronnés ne s'aventurent guère à parler autrement que par métaphores : beaucoup préfèrent d'ailleurs s'en tenir à quelque distance grâce à des élaborations théoriques qui sont loin d'être toujours sans intérêt. Pour ma part, je serai sans doute plus efficace – et plus près de mes possibilités et de mes expériences personnelles – en essayant de décrire quelques-uns des effets qu'eut en moi cette question si radicalement nouvelle à propos de la haine de Dieu. En un premier temps, je restai (et en un certain sens, je reste toujours) complètement démuni devant cette question. Non seulement je n'y avais pas le moindre élément de réponse, mais la question elle-même était trop déroutante, trop déplacée par rapport à mon univers religieux individuel et social, pour qu'elle n'y soit pas plantée là comme un monolithe tombé d'une autre planète, à la fois aussi massive, aussi incontestablement présente, mais aussi impénétrable dans son secret que les statues de l'île de Pâques. Pourtant, peu à peu, des relations m'apparurent entre cette question aberrante et d'autres questions ou éléments de réponses qui m'étaient plus familiers et plus intelligibles.

Le mécanisme du retournement sur soi.

Il y avait, par exemple, déjà plusieurs années que j'avais tiré grand profit d'un texte où Freud rend compte d'une des stratégies du surmoi à l'égard des pulsions. Je ne prends pas la peine d'expliquer ici les concepts qu'il y utilise, car ils sont désormais bien plus connus du grand public que les concepts de saint Augustin ou de saint Thomas auxquels j'ai fait précédemment référence. Je ne suis d'ailleurs pas persuadé que cette façon de représenter l'appareil psychique (ce qu'on appelle la deuxième topique) soit, surtout dans sa version vulgarisée et psychologisante, la meilleure manière de faire justice au caractère chaotique du monde de l'inconscient. Mais, outre qu'elle a les avantages – certes ambigus – de la simplicité, elle est loin d'être sans vérité. Freud explique donc que, lorsque le surmoi interdit aux pulsions – c'est-à-dire à la sexualité et à l'agressivité – de se fixer sur les objets extérieurs, il lui faut bien néanmoins tolérer un certain exercice des pulsions, ce qu'il fait sous mode de compromis en leur fournissant un objet sur lequel elles pourraient s'investir, tout en évitant qu'elles ne s'investissent ailleurs : cet objet « permis », ce sera le sujet lui-même. Ainsi, la sexualité se voit-elle interdire de se fixer sur un autre objet, mais elle est autorisée, par mode de retournement sur le sujet, à se fixer sur l'idéal de soi-même que le surmoi lui propose. Le sujet pourra d'autant plus facilement investir cet idéal qu'il est susceptible de satisfaire non seulement le surmoi mais toutes les personnes et institutions que celui-ci représente. Cet auto-investissement peut n'avoir pas de limite, et l'idéal de soi-même ainsi chéri peut l'être d'autant plus qu'il peut passer pour moins égocentrique qu'il ne l'est en réalité, puisque cet idéal renvoie aux personnes et aux institutions représentées par le surmoi. L'amour du sujet pour son idéal de soi-même peut donc passer, à ses propres yeux comme à ceux d'autrui, pour un amour de ces personnes et de ces institutions.

Ce mécanisme de retournement sur soi-même n'est pas vrai

que de la sexualité : Freud montre qu'il l'est également de l'agressivité. Si le surmoi n'autorise pas l'agressivité à s'en prendre à un objet extérieur, il lui faut bien, là encore, en tolérer un certain exercice, ce qu'il fait, à nouveau, par mode de compromis en offrant à cette agressivité un objet auquel elle pourra s'en prendre en toute impunité, à savoir ici encore le sujet lui-même, sous les espèces du mauvais moi que le surmoi dénonce en lui. Il y a donc détournement du mouvement de l'agressivité contre les objets extérieurs par retournement sur le sujet lui-même. Celui-ci peut s'en prendre avec d'autant plus d'agressivité à son mauvais moi que, ce faisant, il peut à bon droit penser qu'il exauce les vœux des personnes et des institutions que le surmoi représente et que, en s'en prenant ainsi à lui-même, il donne un témoignage d'amour et de respect à ces instances extérieures. Comme l'investissement libidinal de l'idéal du moi, la fixation de l'agressivité sur le mauvais moi peut donc être sans limite. On voit que, dans une telle configuration, la vie pulsionnelle du sujet est très intense, même s'il serait surpris et profondément indigné qu'on le lui fasse remarquer (ce qui serait aussi stupide qu'inefficace). Mais cette vie pulsionnelle intense est entièrement centrée sur le sujet lui-même et peut s'exercer avec d'autant plus d'intensité qu'elle respecte l'interdiction portant sur les objets extérieurs et se présente comme un hommage aux personnes et aux instances qui sont à l'origine tant de l'idéal du moi ainsi adulé que du mauvais moi ainsi exécré.

Dès ma première lecture de ce texte, il y a plus de vingt-cinq ans, et malgré le caractère alors très rudimentaire et exclusivement livresque de ma compréhension de la psychanalyse, j'avais été littéralement ébloui par la lumière qu'il projetait sur certaines attitudes de la vie religieuse (au sens de vie des religieux) que je connaissais fort bien en moi-même et dans le milieu religieux qui m'avait si profondément imprégné de ses idéaux, tant était habile et puissante la méthode de formation. Celle-ci n'aurait évidemment pas eu un tel succès si elle n'avait pas rencontré en moi-même et chez un certain nombre de mes frères d'actives complicités. Cette imprégnation était si profonde que je ne suis pas sûr que puissent en mesurer l'ampleur ceux ou celles qui ne l'ont pas subie, de même qu'ils ne peuvent peut-être pas comprendre à quel point le texte de Freud que je viens de résumer s'applique admirablement à ce qui nous était demandé et que nous nous efforcions de réaliser.

L'interdiction pour la sexualité de se poser sur des objets extérieurs allait de soi : il est même surprenant de constater à quel point elle allait sans dire. J'ai déjà mentionné qu'on n'en parlait guère, beaucoup moins que de l'obéissance, de la pauvreté ou de la vie commune. Pour beaucoup d'entre nous, comme pour l'institution (je ne parle ici que de la vie religieuse masculine, n'ayant pratiquement aucune expérience de la féminine), cela allait donc pratiquement de soi. Il est bien évident qu'une acceptation si facile – quoi qu'il en soit des vicissitudes, pas toutes déplaisantes, de la tentation – dépendait bien plus de notre histoire personnelle préalable que de la formation que nous allions recevoir. Mais je pense que cette acceptation – à première vue déroutante chez des hommes de vingt à trente ans dont beaucoup avaient déjà prouvé qu'ils étaient dotés de personnalités fortes et relativement normales – n'était si facile que parce que, précisément, nous avions déjà fortement investi cet idéal du moi à la fois individuel et collectif. En fait, pour détourner notre sexualité de se fixer sur d'autres objets, il était à la fois bien plus facile et bien plus efficace de renforcer cet investissement et de le porter à son paroxysme, en évoquant la pensée de Dieu et des humains, la figure du Christ, des apôtres, des prophètes, de saint Dominique, etc., et de le faire avec une telle intensité qu'il devenait effectivement presque inutile et quasi trivial de s'appesantir sur les tentations de la chair. Nous avions plus et mieux à faire, y compris en matière de sexualité : aller toujours plus loin et plus profond dans l'investissement de cet idéal.

Bien entendu, nous n'y arrivions pas suffisamment, et on nous le faisait remarquer d'une façon qui n'avait pas besoin d'être très lourde, tant nous en étions nous-même aussi conscients que navrés. Mais là encore, l'autre procédé de retournement sur soi-même pouvait jouer à fond, à savoir le détournement de notre agressivité contre notre mauvais moi. Oui, nous étions de mauvais religieux, oui, nous étions infidèles à l'esprit de notre Père saint Dominique, oui, nous trahissions notre vocation apostolique, notre appel à la *vita evangelica;* oui, tel le jeune homme riche de l'Évangile, nous répondions mal à l'appel du Christ, et comme lui nous le contristions, ainsi que son Père, qui était aussi notre Père, sa Mère, qui était aussi la protectrice de notre Ordre (tous les Ordres disent qu'elle est spécialement leur protectrice, mais n'étions-nous pas les inventeurs et les promoteurs du Rosaire?) et toute la cohorte des saintes et des saints dominicains. Nous en pleurions, nous nous en affligions, nous nous en fustigions : j'appartiens à la génération des religieux à qui l'on a appris à se fustiger au sens propre du mot, c'est-à-dire à se fouetter deux fois par semaine au moins avec une sorte de martinet, non de cuir mais de cordes nouées, qui portait le nom bien choisi de « discipline ». Et cela, comme tout le reste, nous en venions très vite à le trouver normal, non point d'abord par masochisme, perversité ou faiblesse de caractère (le caractère ne manquait pas à la plupart d'entre nous, c'est le moins qu'on puisse dire), mais parce qu'il nous paraissait aussi saint que sain de nous en prendre à notre mauvais moi.

Cette fixation de notre agressivité impliquait que soit exercé un contrôle très vigilant sur la tentation que nous aurions eue de nous en prendre à d'autres qu'à nous-mêmes, à nos compagnons de vie, à nos « frères ». Des siècles d'expérience ont permis à la vie religieuse de mettre au point des formes d'exercice et de contrôle de l'agressivité entre « frères » qui touchent au génie. L'agressivité y était à la fois bien plus pratiquée, bien mieux contrôlée et bien plus réprimée que la sexualité. Nous nous imprégnions progressivement de mœurs fraternelles dont la douceur a rendu célèbre la paix des cloîtres et l'affabilité de leurs habitants. Mais nous pouvions devenir d'une sauvagerie stupéfiante quand il s'agissait de s'en prendre au mauvais moi des autres et de lutter pour que soit mieux respecté cet idéal qui était le cœur à la fois de notre personnalité et de notre communauté. En ce cas, il ne s'agissait évidemment pas à nos yeux d'agressivité contre autrui, mais d'amour brûlant de cet idéal, et même d'amour brûlant pour nos frères dont nous voulions le bien, ce bien qu'était pour eux comme pour nous cet idéal commun. Après plus de trente ans de vie religieuse, je pourrais remplir plusieurs volumes avec des faits et des anecdotes illustrant ces comportements et leurs mécanismes. Tel n'est pas ici mon but. Il est moins encore de nous ridiculiser pour avoir eu de tels comportements : on les trouve partout ailleurs, sous des formes plus ou moins analogues, chez des hommes d'aussi grande qualité et dans des groupes de haute valeur. Mon but est seulement de souligner la formidable efficacité du système en question, et la variante assez poussée qu'en réalise la référence à Dieu.

En effet, chaque pas en avant, chaque progrès du groupe ou d'un individu renforçait le système. D'une part, il augmentait l'investissement dans l'idéal de soi en même temps qu'il diminuait les risques que la sexualité se fixe sur un autre objet que cet idéal. D'autre part, il permettait à l'agressivité de s'exercer plus sévèrement sur le mauvais moi (le sien ou celui des autres) car s'il y avait eu exhaussement de l'idéal du moi par un investissement plus grand encore, l'écart entre cet idéal et ce que l'on était en fait, individuellement ou collectivement, n'en apparaissait que plus large, le jugement à porter n'en devait être que plus sévère et le combat plus déterminé. Aurions-nous atteint la sainteté, rien n'en eût été changé mais au contraire tout s'en fût trouvé renforcé : car si on nous faisait admirer l'intensité extraordinaire de la manière dont les saints et les saintes avaient investi leur idéal, l'on nous répétait que seuls les saints savaient à quel point ils étaient pécheurs, et on nous faisait méditer des témoignages et des écrits où quelques-uns d'entre eux s'étaient exprimés là-dessus de façon stupéfiante. Ce que la référence à Dieu introduit dans un tel processus est capital : puisqu'il s'agit de Dieu, il n'y a pas de limite. N'importe quelle autre référence pourrait faire se heurter à une limite, aucun autre objet que Dieu ne méritant un investissement d'une telle intensité. Mais Dieu étant la référence en fonction de laquelle ce processus fonctionnait, non seulement aucune limite ne s'imposait, mais il s'imposait de n'en pas tracer. C'est bien pourquoi la tentation d'investir sa sexualité dans un autre objet que cet idéal, ou son agressivité ailleurs que sur le mauvais moi (le sien ou celui des autres), n'était pas si forte, car la référence à Dieu permettait que la sexualité et l'agressivité se voient attribuer un objet n'imposant aucune limite quantitative à leur exercice. La même référence à Dieu permettait plus que toute autre à cet exercice illimité de la sexualité et de l'agressivité de se faire avec la bénédiction – c'est le cas de le dire – du surmoi, puisque c'est pour Dieu, par amour de lui, en son nom et avec sa bénédiction qu'il se faisait. Que ne donnerait-on pas pour obtenir un tel patronage à une telle débauche d'investissements?

Nous voilà bien loin, semble-t-il, de la haine de Dieu. De fait, j'ai pu pendant des années déceler, explorer, puis expliquer, discuter et enseigner tout cela (à quoi je ne prétends évidemment pas réduire la vie religieuse), sans que m'y apparaisse le moindre rapport avec le concept de haine de Dieu, dont j'ai dit qu'il occupait pourtant par ailleurs une place non négligeable dans mon univers mental. Un des premiers effets qu'eut sur moi l'apparition incontournable de la nouvelle acception de ce concept fut précisément d'établir un rapport entre elle et ce dont je viens de parler, qui m'était bien plus familier et qui me fournit la première lueur d'intelligibilité sur cette indéchiffrable haine de Dieu, bien que m'ayant si longtemps semblé sans lien avec elle. En effet, s'il y avait haine de Dieu dans la mesure même où il y avait amour de Dieu et parce qu'il y avait amour de Dieu, il fallait bien que cette haine soit opérationnelle, qu'elle agisse. Elle ne pouvait évidemment le faire que de manière détournée, car c'est là un sentiment inacceptable pour chaque individu croyant comme pour la communauté croyante. Il était même à prévoir que ce qu'elle a d'abominable obligerait à des détours et des transformations suffisamment complexes pour masquer son vrai visage sous des apparences acceptables ou même très honorables, mais il était aussi à prévoir que sa puissance – je le répète identique à celle de l'amour pour Dieu – serait assez grande pour lui tailler une place de choix dans les comportements chrétiens individuels et collectifs. De cela au moins j'étais assuré, mais de rien d'autre.

C'est alors que vint se brancher sur ce questionnement ce que j'avais observé et compris quant au retournement de l'agressivité contre soi-même. Une première évidence s'imposa à moi, et de telle façon que – malgré la crainte que m'inspiraient des bouleversements dont je pressentais dès le début qu'ils seraient fort onéreux – sa vérité ne m'inspira aucun doute dès qu'elle m'apparut : la haine que le croyant éprouvait nécessairement pour

Dieu, faute de pouvoir l'exprimer contre Dieu, il la retournait contre lui en se proclamant pécheur, donc en se proclamant mauvais et haïssable par Dieu, par lui-même et par autrui, tout en proclamant bel et bien que, puisqu'il était pécheur et comme l'avait bien vu saint Augustin, il avait haï Dieu. Si la proclamation par les chrétiens de leur péché était si importante et si urgente que c'est par elle, par exemple, qu'il fallait préparer l'Eucharistie précisément aussitôt après qu'eut été rappelé l'amour de Dieu pour les humains, c'est parce qu'une des fonctions de cette proclamation (que je ne prétends pas réduire à cette fonction) était de fournir une issue à la haine de Dieu par son retournement en son contraire, par sa transformation en accusation de soi-même sous le chef de haine de Dieu, mécanisme dont l'inconscient nous fournit mille exemples en des matières tout aussi décisives. J'avais précédemment découvert d'autres fonctions de cette proclamation dont je parlerai plus tard, mais je dois maintenant souligner combien sont puissantes les raisons que nous avons de haïr Dieu et de quelle nature elles sont.

La haine du Père.

Certaines sont presque évidentes, autant que puissent l'être des pensées qui n'ont guère droit de cité. Il suffit d'évoquer le caractère conflictuel des relations entre Dieu et les humains qu'a mis dramatiquement en scène toute une tradition chrétienne que j'ai évoquée plus haut : amour jaloux du Père pour ses fils, amour envieux des fils pour le Père, privilèges paternels dont les fils veulent s'emparer, volonté des fils d'éliminer le Père moins en le tuant qu'en lui devenant identique (« faites ceci et vous serez comme des dieux »), juste colère du Père contre cette revendication, punition des fils, sacrifice offert par le Fils et réconciliation aboutissant à ce que ce soit le Père lui-même qui, dans sa miséricorde, donne aux fils les privilèges dont ceux-ci avaient voulu s'emparer par le péché (« Dieu s'est fait ce que nous sommes pour que nous devenions ce qu'il est »). Certains contempteurs chrétiens de la psychanalyse se moquent du caractère un peu primaire de la dramaturgie freudienne du complexe d'Œdipe : le résumé que je viens de faire d'une vision très classique en christianisme montre qu'en la matière Freud n'est pourtant pas allé aussi loin dans la divine simplicité de la mise en scène. Ce style de relations père-fils est pétri de sentiments dont l'ambivalence amour-haine n'a d'égale que la puissance.

Encore n'y apparaît-il pas suffisamment une des causes les plus radicales de l'amour-haine du fils à l'égard du père, qui n'a pas son exact symétrique dans l'amour-haine du père pour le fils, à savoir que le fils se représente le père comme étant détenteur d'un attribut dont la possession lui vaudrait l'accomplissement de la toute-puissance de son désir. Les psychanalystes parlent ici de pénis et surtout de phallus, mais certains ont bien compris que la parole, le verbe, pouvait être une des configurations de cet attribut. On devinera sans peine qu'en christianisme, cette configuration soit privilégiée : car si le Fils a été nommé du nom même de la parole (il est le Verbe de Dieu), c'est le Père qui est le sujet proférant cette parole. Le Fils n'est Fils que d'être proféré par le Père. L'amour-haine du Fils pour ce Père proférateur et son ambivalence apparaissent dans le fait que cette dénomination de Fils va parfois jusqu'à faire du Fils le détenteur de cette Parole dont il n'est pourtant que l'effet. Même si l'on ne partage pas l'avis de Freud selon lequel le christianisme aurait remplacé une religion du Père (le judaïsme) par une religion du Fils, on est bien obligé de constater qu'il penche parfois plus vers un christocentrisme que vers un théocentrisme, et à un point tel que les deux autres grandes religions monothéistes (judaïsme et islam) considèrent cette promotion du Fils et des fils comme idolâtrique et injurieuse pour la seigneurie de Dieu. Il est bien vrai qu'en christianisme, c'est le Fils qui est appelé Seigneur. Une certaine façon de se représenter Dieu comme le Père, Jésus comme le Fils et les humains comme des enfants de Dieu, n'est pas sans s'approcher de ce qui, dans l'inconscient, suscite les relations à la fois les plus ambivalentes et les plus puissantes, tout se passant comme si les imagos les plus archaïques et les mouvements d'amour et de haine qu'elles suscitent en nous s'étaient emparés, pour les annexer à leurs vicissitudes, des éléments les plus centraux de la foi chrétienne tout en profitant de leur prestige.

Ici encore, la référence à Dieu autorise à vivre ces vicissitudes sans limitation possible. S'il faut qu'il existe un attribut dont la possession assurerait l'accomplissement de la toute-puissance, quel support plus assuré lui trouver que Dieu lui-même? S'il faut pouvoir espérer participer à la possession de cet attribut par une appropriation coupable ou par une grâce miséricordieuse, de qui pouvons-nous plus espérer, redouter et recevoir que de Dieu? S'il faut aimer-haïr quelqu'un d'avoir ce que nous n'avons pas et surtout d'être ce que nous ne sommes pas, qui pourrions-nous plus aimer-haïr que Dieu? Et si nous nous devons de refouler notre haine parce qu'il serait trop dangereux, voire trop anéantissant, de l'exprimer à quelqu'un dont nous dépendons tellement et que nous aimons tant, quelle haine doit être plus refoulée que la haine de ce Dieu dont nous dépendons tellement et que nous aimons tant?

Pendant les années où je consacrai l'essentiel de mon travail à confronter un corpus théorique psychanalytique et un corpus théorique théologique à propos de thèmes comme la paternité de Dieu, le péché, etc., je m'étais bien avisé de la plupart des aspects de la relation conflictuelle père-fils, mais je n'avais pas laissé tellement de place à la haine de Dieu. Maintenant que j'avais laissé apparaître en moi cette réalité, j'étais après coup stupéfait de ne pas m'être avisé de tout ce qui en manifestait l'évidence et la nature dans ce que j'avais pourtant bel et bien perçu de la relation père-fils. Peut-être ne pouvais-je la laisser surgir que lorsque était toute proche pour moi la découverte de l'issue que devait se trouver cette haine et de la façon qu'elle avait de pouvoir s'exercer. C'est sans doute pourquoi, dès lors que je commençai à m'interroger à ce sujet, je ne fus pas long à m'aviser de la voie et de la procédure que lui fournissait la proclamation si massive par les chrétiens de leur péché.

L'extraordinaire efficacité du retournement de la haine de Dieu en haine de soi-même parce qu'on est pécheur lui vient de ce qu'elle permet d'avouer qu'on hait Dieu, mais en déplaçant cette haine et en déplaçant son enjeu. En appelant le péché une haine de Dieu, et en confessant le péché comme tel, on reconnaît donc bel et bien haïr Dieu, et il semble n'y avoir aucun déplacement ni retournement. Or il y en a, car on réduit alors cette haine à n'être que la caractéristique de certains de nos comportements, à savoir nos péchés, ce qui permet d'oblitérer et de nier son caractère radical et constitutif, inscrit dans la nature même de la relation de l'homme à Dieu telle que nous nous la représentons. Ce caractère radical et constitutif, lui, est inavouable et doit donc être refoulé, car il ne trouve pas d'issue dans la proclamation des péchés où la haine de Dieu n'est avouée que comme étant en quelque sorte occasionnelle. Il lui faut donc chercher une autre voie : son retournement en haine de soi-même tente d'y pourvoir, non sans une certaine efficacité – ce qui lui assure son succès en christianisme –, mais sans que jamais puisse être assouvie ni épuisée une haine dont la source est si radicale – ce qui oblige à recommencer indéfiniment le processus de mise en accusation de soi-même.

La haine de la Mère.

On aura remarqué qu'il n'a guère été question jusqu'ici de la figure de la mère. Elle occupe pourtant une place importante dans la dramaturgie freudienne du complexe d'Œdipe, ne serait-ce que comme l'objet sexuel réservé au père et qui devient – de ce fait – celui dont la possession permettrait au fils d'éliminer le père, plus encore en lui devenant identique qu'en le tuant. De plus doctes que moi en matière de psychanalyse ont fait remarquer depuis longtemps qu'effectivement, tout en jouant un rôle important dans sa représentation de la vie psychique, la figure de la mère avait suscité comme un recul et une dérobade de la part de Freud. La théorie psychanalytique ne s'est aventurée qu'assez récemment dans le gouffre de cette figure maternelle, autrement plus importante – et par conséquent bien plus masquée – que les personnages de la figuration œdipienne. Je laisse aux psychanalystes le soin d'en discuter. En ce qui me concerne, j'ai découvert après coup pourquoi je m'étais si bien accommodé, pour m'écarter moi-même de ce gouffre, du caractère exclusivement masculin de la dramaturgie chrétienne : Père-Fils-Esprit. Certes, la figure de Marie semble à certains introduire un principe féminin dans cet univers monosexuel. Jung a beaucoup insisté sur ce point, d'une manière d'autant moins convaincante que la douceur et la bénignité de la figure mariale s'avèrent être plus radicalement le renversement et la dénégation des caractéristiques les plus effrayantes de la figure maternelle. En tout cas, j'avais moi aussi, à ma façon et pour mes propres raisons, cantonné la mère dans un rôle somme toute secondaire, celui de symbole œdipien de l'accomplissement du désir et de la rivalité avec le père.

Lorsqu'un ami psychanalyste, dont je suis le travail depuis bientôt vingt ans, commença d'accorder une importance croissante à la figure maternelle et à développer les divers aspects de ce qu'un autre de mes amis psychanalystes en vint à appeler « le monstre maternel », je trouvai, comme plusieurs de ses auditeurs, qu'il exagérait un peu. Plusieurs années m'ont été nécessaires pour me laisser rejoindre – encore que très partiellement – par ce qu'il essayait de faire venir au jour. Je n'entreprendrai pas ici d'en esquisser les traits essentiels : ces psychanalystes eux-mêmes n'y parviennent que très difficilement, et leur œuvre écrite avance bien plus lentement ou se disperse bien plus fébrilement depuis qu'elle s'est donné cet objet. Je me contenterai de dire ce qui peut être ici de quelque importance pour la haine de Dieu. A mesure, en effet, qu'apparaissait le caractère vertigineux du gouffre que recouvre la figure maternelle, apparaissait en même temps, non seulement la crainte ou la répulsion devant le risque de se perdre dans ce gouffre, mais littéralement la haine de la mère. Cette haine ne porte pas seulement ni d'abord sur le risque que fait courir la mère, mais plus radicalement sur cela même qui fait que la mère est aimée, sur ce qui fait que la mère est mère. Ce qui fait qu'on lui est indéfectiblement attaché et qu'on dépend radicalement d'elle, cela même fait qu'on la hait d'une haine qui nous lie à elle de façon tout aussi indéfectible et nous rend tout aussi radicalement dépendant d'elle. Comme le disait, en n'en riant qu'à moitié, un de ces amis psychanalystes : « Tuer le père, ce n'est rien, c'est à la portée du premier venu, mais les mères, c'est increvable. » C'est donc bien parce que la mère a ce rôle unique d'origine, dans l'ordre biologique comme dans l'ordre du désir, qu'elle est l'objet à la fois le plus aimé et le plus haï, celui à propos duquel l'ambivalence radicale de l'amour et de la haine apparaît le plus fortement, même si cette apparition se heurte à des résistances considérables et proportionnées à leur objet. Il n'est pas inutile de préciser, surtout pour des lecteurs qui seraient peu familiers de la psychanalyse, que cette ambivalence radicale de l'amour et de la haine à l'égard de la mère n'a rien de pathologique en soi, même si certaines de ses configurations ou certains de ses dénis sont sans doute parmi les facteurs les plus pathogènes qui puissent être.

Lorsque ces amis psychanalystes commençaient à développer diverses facettes du monstre maternel, de la séductrice perverse et persécutrice, je commençais de mon côté – par de tout autres voies, on l'a vu – à me poser la question de la haine de Dieu. Comment leur recherche aurait-elle pu ne pas jeter quelque lumière sur ma question? Si quelqu'un est plus encore que notre mère notre origine, c'est bien Dieu tel qu'un certain type de christianisme nous le présente. Si quelqu'un est plus encore que notre mère le sein dans lequel nous retournerons pour y trouver l'éternelle félicité, c'est bien Dieu. Si quelqu'un est bien plus encore que notre mère censé nous aimer de manière indéfectible, s'il est quelqu'un de qui, bien plus encore que de notre mère, nous attendons tout même si nous n'en sommes pas dignes et de qui, par conséquent, bien plus encore que de notre mère, nous sommes radicalement dépendants, c'est bien de Dieu tel qu'un certain type de christianisme nous le présente. Si donc il est quelqu'un qui soit, précisément à cause de tout cela, bien plus redoutable et haïssable que notre mère, c'est bien Dieu.

J'avais mis longtemps à m'aviser de ce qu'engendrait et recouvrait de haine de Dieu sa représentation par les figures du Père et du Fils. Il me fallut plus d'efforts, accompagnés de plus de reculs et de dérobades, pour accepter d'entrevoir que la représentation de Dieu comme origine radicale et comme terme ultime et unique de notre existence engendrait et recouvrait une haine à son égard dont seule la haine de la mère pouvait donner une image relativement adéquate. J'en fus affolé, horrifié, parfois comme obnubilé, car, ainsi que j'avais pu l'observer chez mes amis analystes, la mise au jour de ce genre de sentiments bouleverse tant d'ordres établis à l'extérieur comme à l'intérieur de nous-mêmes que l'énergie requise par cette mise au jour vous laisse sans forces ou vous fait piétiner devant l'obstacle, vous fixant et vous rongeant dans un état qui confine à la fois à la paralysie et à la trémulation : n'est-ce pas là le *tremendum* dont on a parlé à propos du sacré? A quoi s'expose-t-on lorsqu'on doit en venir, comme je le dus, à transposer la semi-boutade de mon ami et à dire : « D'accord, les mères, c'est increvable, mais Dieu les bat de plusieurs longueurs : lui, il est increvable par définition. »

La haine de la mère (ici encore, je n'envisage qu'un seul des deux sens possibles du génitif : la haine contre la mère; l'autre sens possible, la haine de la mère pour moi, m'est encore une terre trop inconnue), la haine de la mère n'est pas de ces sentiments qui ont droit de cité : j'ai dit que, même en psychanalyse, elle avait eu du mal à se frayer un chemin. Tout s'y oppose, à commencer précisément par l'amour tout aussi radical que nous lui portons. C'est sans doute pourquoi les formes vulgarisées de la psychanalyse qui ont eu le plus de succès sont celles qui font silence sur cette figure-là de la mère et la cantonnent au rôle somme toute secondaire qui lui est donné dans la version dévaluée du complexe d'Œdipe où il ne s'agit jamais, après tout, que de désirer coucher avec elle. Mais c'est sans doute aussi pourquoi les formes de christianisme qui ont eu le plus de succès sont celles qui mettent au premier plan le conflit dramatique entre Dieu le Père et les humains ses enfants, conflit centré sur le péché de ceux-ci et sur le sacrifice rédempteur du Fils de Dieu. Il suffit, si je puis dire, de retourner contre soi la haine de Dieu qu'implique une telle situation par le procédé que j'ai décrit, à savoir la proclamation de son péché, et d'entretenir la haine de soi comme pécheur.

Insister jusqu'à l'obsession sur ces thèmes permet, en effet, de maintenir dans l'ombre et de museler tout ce qui viendrait au jour si l'on se permettait d'évoquer à propos de Dieu ce qui est plus radical que la version caricaturale du conflit père-fils, à savoir le rapport à la mère et le fait que celle-ci est *aussi* un monstre maternel qui suscite la plus inexpugnable de nos haines. Je comprends maintenant pourquoi j'avais été favorablement impressionné il y a plus de dix ans – mais sans en comprendre alors les raisons – par la lecture d'un article écrit par une psychanalyste française dont bien des choses me séparent pourtant : elle y montrait comment un de ses patients croyant avait progressivement perdu la foi au cours de son analyse à mesure que s'organisait autrement son rapport à la figure maternelle. Sa foi religieuse en un Dieu-Père n'était dans son cas qu'une protection défensive contre ce qu'avait d'effrayant et de mortifère cette figure, protection qui devenait inutile non parce qu'aurait disparu l'ambivalence de son rapport à celle-ci mais parce qu'apparaissait une façon moins onéreuse de vivre cette ambivalence. Je connais les positions de cette analyste à propos de la religion, et je suppose qu'elle était toute prête à généraliser cette constatation à toute attitude religieuse, comme elle l'a fait dans plusieurs autres de ses écrits. Je ne suis nullement disposé à la suivre dans cette généralisation, mais sa constatation a une portée plus large que celle du cas en question. Elle a le mérite de montrer comment et pourquoi le christianisme doit s'organiser pour mettre au premier plan des conflits et des sentiments moins insupportables, afin que soit occulté ce qui manifesterait la similitude entre des imagos maternelles et certaines représentations de Dieu qui ont tant de succès en christianisme. Ces représentations ne peuvent se maintenir qu'en refoulant la haine de Dieu que suscite inévitablement l'assimilation de Dieu à ces imagos maternelles. Certaines formes de christianisme insistent si fortement sur ces assimilations qu'elles ne peuvent que déclencher cette haine inexpugnable de Dieu, mais qu'elles ne peuvent en même temps que la refouler tant son expression serait intolérable : une seule issue reste possible, celle du retournement contre soi-même de cette haine qui ne veut pas s'avouer son objet. Il fallait donc que je sois bien naïf – mais qui ne l'est pas en ces domaines? – pour m'étonner que la plupart des formes de prières, à commencer par la liturgie eucharistique, mettent tant d'empressement à faire passer avant toute chose la proclamation par les humains de leur péché. Une haine comme celle de la mère peut d'autant moins supporter d'attendre qu'elle est plus refoulée, il faut bien vite la laisser apparaître sous le masque de son retournement et bien vite proclamer à quel point nous sommes haïssables parce que nous sommes pécheurs.

Un chemin difficile.

A mesure que je m'avisai de la façon dont la proclamation de leur péché par les croyants servait à écouler une haine contre un Dieu lié aux imagos paternelles et maternelles auxquelles le christianisme l'associait trop souvent, ma situation à la fois se simplifiait et se compliquait. Elle se simplifiait car j'avais ainsi des éléments de réponse à la double question que j'ai formulée au cours de ce chapitre. Il n'est pas question de nier l'existence du mal moral ni de la culpabilité des humains, mais de s'interroger sur la force qui les pousse à attribuer à leur faute des conséquences dont l'ampleur individuelle, collective et même cosmique dépasse de beaucoup le degré de liberté qu'il est anthropologiquement raisonnable de reconnaître à la condition humaine. Il n'est pas davantage question de nier l'existence du péché ni le fait que les humains sont pécheurs et que Dieu sauve le pécheur en Jésus-Christ, mais de s'interroger sur la force qui pousse les croyants à attribuer à leur péché des conséquences telles que s'en trouvent déformés et pervertis les actes et les paroles de Jésus quant au péché et sa révélation sur l'attitude de son Dieu – qui est notre Dieu – à l'égard du péché. D'où proviennent donc tous ses « déplacements », qu'est-ce qui les engendre et les impose avec une telle force qu'ils retournent en leur contraire ce que nous savons de plus assuré quant au Christ et quant à Dieu et finissent par faire régner ces contraires idolâtriques au cœur même des formes de christianisme qui ont le plus de succès? Si le retournement de la haine de Dieu en accusation contre soi joue un rôle analogue à celui que j'ai essayé d'esquisser, la puissance des ressorts de cette haine est largement suffisante pour expliquer l'ampleur et la puissance de ces déplacements. Ma situation était donc plus simple puisque mes questions trouvaient un début de réponse.

Mais elle se compliquait dans la mesure où ce début de réponse jetait sur certaines pratiques, représentations et affirmations chrétiennes une lumière qui me les rendait quasiment inhabitables : je ne pouvais plus me sentir à l'aise dans ces pratiques et ces représentations qui semblaient bien être ce à quoi beaucoup de croyants et de croyantes tenaient le plus et à quoi ils trouvaient le plus de bonheur et de bénéfice à être croyants. A mesure que je croyais mieux comprendre pourquoi l'enseignement et la pratique de Jésus en matière de péché avaient été déformés, à mesure que je me sentais de plus en plus à l'aise dans cet enseignement tel que je le recevais non d'abord de mes élucubrations personnelles mais du meilleur de l'exégèse et de la théologie contemporaines, je me sentais aussi de plus en plus étranger à tant de pratiques et de représentations où je ne me voyais plus de place possible parce que m'apparaissaient les déplacements qui y étaient à l'œuvre.

Je dirai tout à l'heure que je trouvai un secours en constatant que, quelle que soit l'originalité de mon itinéraire personnel, je n'étais pas le seul à me trouver dans une telle situation. Nombre d'autres croyants et croyantes y sont également, car si beaucoup d'entre eux sont en train de passer sur l'autre versant en matière de sexualité, beaucoup sont également en train de passer sur l'autre versant en matière de proclamation de leur péché : il n'est que de voir la chute quasi verticale de la pratique de la confession individuelle (y compris chez les catholiques les plus pratiquants) pour s'en aviser, même s'il faut aussitôt constater que la hiérarchie romaine se raidit tout autant contre ce changement que contre celui concernant la sexualité. Au moment où j'écris ces lignes, alors même que le pape Jean-Paul II est à Lourdes, se prépare pour octobre 1983 un synode sur la réconciliation et la pénitence, dont l'un des objectifs plus ou moins nettement avoués est de mettre au pas les groupes de catholiques qui s'efforcent non pas d'évacuer le péché et son aveu – comme on les en accuse faussement – mais d'élaborer des façons de le proclamer qui soient moins tributaires des divers mécanismes dont je n'ai évoqué que quelques-uns (car des itinéraires différents du mien en révèlent d'autres tout aussi puissants et non moins déformants du visage de Dieu et de celui des hommes).

Il n'en reste pas moins que je me sentais assez seul sur les chemins où m'avait emmené ma question : « Le péché, est-ce si important que cela? ou plutôt : « Le péché, est-ce comme cela que c'est important? » Je dois maintenant décrire quelques autres de ces chemins : ils auraient pu paraître moins escarpés, car il ne s'agit plus de haine de Dieu mais d'amour de Dieu. Ils ne le furent pourtant pas moins, car ils m'amenèrent à découvrir que certaines modalités de la proclamation par les croyants de leur péché, si elles étaient centrées sur l'amour de Dieu et non sur sa haine, aboutissaient en fait à se représenter cette relation d'amour avec Dieu ou cet amour de Dieu pour nous d'une façon, là encore, subtilement mais décisivement déplacée par rapport à ce qui nous en a été manifesté en Jésus-Christ.

4. La culpabilité comme stratégie de l'amour

La proclamation de culpabilité, demande d'amour.

Personne n'a mieux expliqué que Conrad Stein pourquoi, dans la situation analytique, le patient se donne tant de mal pour se faire reconnaître coupable par le psychanalyste : les pages qu'il a consacrées à ce sujet sont parmi les meilleures de son ouvrage que j'ai déjà mentionné, *l'Enfant imaginaire*. Une représentation très vulgarisée, et même vulgaire, de la psychanalyse se plaît à souligner qu'en matière de culpabilité la psychanalyse n'a pas d'autre souci que d'aboutir à sa liquidation. Rien de plus faux. Il est bien vrai que la cure, ou tout simplement l'interprétation, peut avoir des effets secondaires de déculpabilisation qui libèrent le sujet de culpabilités illusoires. Mais le vrai problème de la culpabilité en psychanalyse n'est pas là, et la nature de la culpabilité apparaît bien mieux dans la demande réitérée du patient à l'analyste de le juger défavorablement et de lui permettre ainsi de s'instaurer comme sujet à cause même de cette culpabilité dont il aurait obtenu de l'analyste la reconnaissance.

L'étonnant est qu'une telle procédure n'aboutit pas seulement à permettre au patient de s'instaurer comme sujet en tant qu'il est coupable. Elle lui permet aussi (mais l'un ne va pas sans l'autre) de s'assurer que l'analyste lui porte les sentiments que l'on attend d'un juge, à savoir un mélange de sévérité et de miséricorde, de justice et d'indulgence, mélange qui représente une forme d'amour que le patient demande à son analyste et qui instaure une relation indestructible, car à coupable il faut un juge, et à juge un coupable. Si dans la situation analytique l'instauration de cette relation est un passage obligé, l'évolution de la cure opérera un déplacement des positions respectives du patient et de l'analyste. En effet, se faire reconnaître coupable n'est pas la façon la plus constructive de se constituer comme sujet ou de s'assurer de l'amour d'autrui pour soi, ni le type d'amour dont on puisse le plus souhaiter être l'objet. Ce qui advient dans la situation analytique montre pourtant que tout se passe comme si nous tenions très profondément à cette modalité de constitution comme sujet, à cette forme de demande d'amour, à cette façon-là de nous assurer qu'on nous aime bel et bien et de demander qu'on nous porte ce type-là d'amour. Ce qui se passe dans la situation analytique permet de mieux comprendre les ravages que font dans nos vies individuelles, dans nos relations et dans nos sociétés, cette manière de s'instaurer comme sujet et de s'assurer de l'amour d'autrui.

Il y a maintenant plus de dix ans que j'ai pris conscience, d'abord de façon livresque, de ces découvertes, puis que j'ai commencé d'en expérimenter moins abstraitement la profonde vérité. A mesure qu'elles trouvaient leur chemin en moi, je ne pouvais manquer de constater quelle lumière elles jetaient sur certains des enjeux de la proclamation de leur péché par les croyants. Aux tout débuts de ma vie dominicaine, lorsque je venais régulièrement me plaindre auprès du père-maître des novices de ce que j'étais un mauvais religieux, un mauvais chrétien, de ce que je manquais de foi, de charité, d'espérance, d'obéissance, de chasteté, etc., cet homme ne me répondait-il pas : « Vous êtes un pécheur? Ne vous plaignez pas, c'est votre titre de gloire devant Dieu. » Le psaume que nous récitions le plus souvent, parfois plusieurs fois par jour, et dont la durée mesurait le temps pendant lequel nous devions nous donner la discipline, le psaume que la liturgie et les observances religieuses mettaient le plus souvent sur nos lèvres, ce qui impliquait que c'était là ce qu'il convenait le plus de dire à Dieu et qui lui était le plus agréable à entendre de notre part, n'était-il pas le « *Miserere...* » (Psaume 51/50) : « Pitié pour moi, Dieu, en ta bonté, en ta grande tendresse efface mon péché, lave-moi tout entier de mon mal et de ma faute purifie-moi. Car mon péché, moi, je le connais, mes fautes sont devant moi sans relâche; contre toi, toi seul, j'ai péché, ce qui est coupable à tes yeux je l'ai fait. Pour que tu montres ta justice quand tu parles et que paraisse ta victoire quand tu juges. Vois : mauvais je suis né, pécheur ma mère m'a conçu... etc., etc. » Oui, des centaines de fois, des milliers de fois, j'ai dit cela à Dieu du plus profond de mon cœur et convaincu que je m'adressais au plus profond du sien. Des centaines de millions de fois, des millions de chrétiens et de chrétiennes ont dit à Dieu : « Vois, mauvais je suis né, pécheur ma mère m'a conçu », et ils le lui ont dit « pour que tu montres ta justice quand tu parles et que paraisse ta victoire quand tu juges. »

Ici encore, la référence à Dieu permet de n'imposer aucune limite à ce qui trouve à s'accomplir dans un tel mécanisme. Si c'est en se faisant reconnaître coupable (le pardon lui-même est gros d'une telle reconnaissance) qu'on peut être assuré d'être instauré comme sujet, comment en être mieux assuré qu'en se faisant reconnaître tel par nul autre que par Dieu? Si c'est parce qu'il nous déclare coupable (serait-ce pour nous pardonner) qu'on peut être assuré de l'amour de celui qui nous déclare tel, quel amour est-il plus nécessaire de s'assurer que celui de Dieu et de qui est-il plus important d'obtenir qu'il nous déclare coupable, quel autre jugement assurerait d'un plus grand amour et instaurerait plus solidement l'objet de ce jugement tout en manifestant la grandeur qu'il y a à être ainsi jugé : « ... pour que paraisse ta victoire quand tu juges... ». (La *Bible de Jérusalem* commente ainsi ce verset 6 b dans une note : « Totalement pur et intègre, Dieu, en pardonnant, manifeste sa puissance sur le mal et sa victoire sur le péché. »)

Je pourrais multiplier à l'infini les exemples de l'importance et de l'efficacité de ce procédé en christianisme. Il me suffira de dire que chaque fois que j'en découvrais un nouveau, j'étais à la fois rassuré, puisqu'il apportait une confirmation à mon hypothèse, et presque incrédule tant j'étais surpris de voir partout répandu ce qu'auparavant je n'avais su percevoir nulle part. Mon étonnement ne venait pas de constater l'importance de ce mécanisme dans le fonctionnement concret du christianisme et même dans sa dogmatique, puisque j'en venais à découvrir sa place dans tout processus psychique. Mais je découvrais aussi – ce dont la situation analytique était le gage mais que confirmaient des expériences d'un tout autre type – qu'il ne fallait pas renoncer à espérer que des humains puissent trouver des formes moins onéreuses, moins asservissantes et moins illusoires de s'instaurer comme sujets, de s'assurer l'amour d'autrui, d'en permettre parfois la fragile victoire et de faire apparaître – serait-ce en un éclair – le reflet de sa gloire. J'espérais donc qu'en christianisme aussi, il devait être possible de recourir à d'autre procédures et que celles-ci ne méritaient pas d'y avoir tant de place, même s'il me devenait plus facile de comprendre pourquoi elles y en avaient tant.

Je l'espérais d'autant plus que, si je voyais bien pourquoi et comment Paul de Tarse avait donné, dans la variante du christianisme qu'il avait fondée, tant d'importance à ce type de constitution du pécheur comme sujet et d'instauration du Dieu-Amour comme juge et sauveur, je constatais par ailleurs dans les évangiles synoptiques qu'y prévalait une conception d'une nuance fort différente. Je découvrais ce qu'avaient de littéralement scandaleux (*scandalon* = le caillou qui fait tomber : Jésus en est mort) les comportements et les paroles que les communautés croyantes à l'origine des évangiles synoptiques avaient prêtés à Jésus, ou ceux qu'elles s'étaient au contraire soigneusement abstenu de lui attribuer alors qu'ils étaient si naturels et même si obligatoires dans la société de son temps. Il me faut une fois de plus, comme je l'ai tant fait en prêchant, en célébrant, en enseignant, en écrivant, il me faut une fois de plus convoquer la cohorte de ceux et de celles dont les évangiles ont fait mémoire et célébré la rencontre avec Jésus : Zachée, la Samaritaine, la Syro-phénicienne, Matthieu, Pierre, Marie-Madeleine, la femme adultère, le paralytique, les boiteux, les aveugles, etc. Certes, on nous raconte bien que certains d'entre eux, quand ils le voyaient, s'écriaient : « Fils de David, aie pitié de moi ! » Que dire d'autre à un envoyé de Dieu quand c'est ce qu'il est censé vouloir entendre de vous? Mais quand Jésus prend l'initiative de la rencontre, ou dans la plupart des rencontres dont ses divers partenaires prenaient l'initiative, jamais il ne demande à son interlocuteur de se reconnaître pécheur pour avoir droit à ce statut d'interlocuteur, pour être constitué comme objet de son attention. Jamais Jésus ne se présente lui-même comme occupant une position qui ne lui serait reconnue que dans la mesure où on lui confesserait son péché et lui en demanderait pardon. Jamais ce n'est ainsi, pour reprendre les termes du *Miserere*, qu'est apparue sa victoire ni la victoire qu'il voulait partager aux humains. Il avait plus et mieux à faire, il avait plus et mieux à faire naître chez autrui, il y avait plus pressé : « Zachée, je veux manger chez toi ce soir. » Après, et après seulement, et précisément parce que cela ne lui avait pas été imposé comme un préalable, Zachée comprenait. Et redistribuait la fortune qu'il avait crapuleusement acquise.

Ainsi, une fois de plus, il s'avérait qu'un déplacement s'était opéré, un déplacement d'une telle puissance qu'il avait perverti et retourné en son contraire la façon dont Jésus avait permis aux humains pécheurs de s'instaurer comme sujets et ce qu'il avait manifesté être l'enjeu de l'amour de Dieu pour les humains. Une fois de plus, il s'avérait que les mécanismes de la culpabilité s'étaient emparés du meilleur de la foi chrétienne pour l'annexer à leur service : pour oser garantir au nom du Christ lui-même et de son Dieu que se proclamer coupable était la façon la plus assurée de nous instaurer comme sujet, et que demander à Dieu de nous déclarer coupable et de nous pardonner était la meilleure façon de nous assurer son amour, parce que c'était en Dieu même ce qu'il y avait de plus assuré dans son amour : « pour que paraisse ta victoire quand tu juges ». Un des plus sûrs indices à mes yeux du fait que la mort n'a pas réduit Jésus à rien et que son Esprit est capable de le resusciter parmi nous, c'est que la puissance de ce déplacement ne l'ait pas emporté, que son extraordinaire succès ne soit pas parvenu à effacer ce que signifie la révélation de Jésus en la matière, et qu'il se soit trouvé (grâce à l'Esprit et – il faut le préciser – à travers la plupart des formes historiques du christianisme) des hommes et des femmes pour en faire mémoire, pour le resusciter et pour nous le transmettre.

Quand on s'avise de la force des mécanismes à l'œuvre dans ce genre de déplacements, on se dit qu'effectivement c'est à peine croyable.

La proclamation de culpabilité, assignation à résidence d'amour.

Une autre façon pour le sujet de se constituer comme tel et de s'assurer l'amour dont il a besoin en se déclarant coupable n'est pas moins puissante que celle dont je viens de parler. Il s'agit de la blessure qu'on inflige par sa faute à celui dont on revendique l'amour et du statut qu'on s'assure en obtenant son pardon. Faire défaut à qui nous aime met celui-ci ou celle-là en position, soit de nous abandonner (c'est pourquoi la manœuvre est risquée), soit au contraire de souffrir de notre défection et d'aspirer à nous retrouver (et c'est pourquoi la manœuvre mérite d'être tentée). Il n'est pas rare d'observer ce mécanisme dans certaines familles où l'enfant le plus chéri de la mère est précisément le mouton noir qui fait les quatre cents coups, assuré qu'il est non seulement de bénéficier de l'indulgence de sa mère mais d'être son objet privilégié d'amour, précisément dans la mesure où il la fait souffrir et où elle passe le plus clair de son temps, entre de brèves retrouvailles, à trembler pour ce fils. Les autres frères ou sœurs, ou le mari, ne sont pas les derniers à s'aviser de la force et de l'exclusivité du lien qui se crée ainsi. Chez certains, l'impossibilité de s'instaurer autrement comme sujets et de s'assurer autrement qu'ils sont l'objet d'un amour indéfectible est telle qu'elle les pousse à la délinquance, cette sorte de délinquants commettant répétitivement des délits et des crimes afin de satisfaire à ce besoin hors duquel il n'y a pas pour eux de salut.

Pour formuler en termes psychanalytiques un phénomène plus général, en se déclarant coupable – quitte à se rendre effectivement coupable pour mieux pouvoir se déclarer tel –, le sujet se constitue en objet manquant au désir de celui dont il réclame l'amour et dont il obtient effectivement un amour qui ne laissera pas de répit à celui qui aura été ainsi à la fois blessé et sollicité. Les retrouvailles par le pardon ne ramènent pas cet amour à son état précédent : il reste définitivement marqué par cette blessure et cette quête et sera donc bien plus grand du fait même de la faute et de son pardon. La déclaration de culpabilité est donc ici une véritable tentative de séduction, mais elle est aussi un coup de force en matière d'amour. Elle vise à obliger celui ou celle à qui elle est faite à instaurer le fautif comme objet privilégié parce que manquant et parce que pardonné. Cette procédure est si manifeste et si répandue qu'il n'est guère besoin de la psychanalyse pour en prendre conscience. Toutefois, en particulier grâce à ce qui vient au jour dans la situation analytique, la psychanalyse permet de découvrir l'ampleur et la virulence de ce procédé, combien il est présent dans les relations ou les sociétés humaines les plus diverses, combien aussi ce qu'il a de radical et d'archaïque fait que les humains y recourent si volontiers et y trouvent tant de délices à plus ou moins court terme, ou éprouvent tant de difficultés à dépasser cette façon somme toute assez primaire de s'assurer l'amour d'autrui.

Il n'est pas besoin d'être un grand familier des pratiques chrétiennes ou des textes bibliques pour constater la place que tient cette procédure dans la manière dont nombre de formes historiques diverses du christianisme invitent les humains à se présenter devant Dieu et à considérer que cette façon-là d'aimer est ce qui caractérise le mieux l'amour de Dieu pour eux. L'Ancien Testament et les évangiles sont si pleins de textes qui exaltent ce procédé à l'égard de Dieu ou ce procédé de Dieu à notre égard que je ne pouvais m'empêcher d'éprouver un sentiment de blasphème lorsque je commençai de les lire à cette lumière. Quel bonheur n'avais-je pas éprouvé à lire, à méditer, à prier, à prêcher des textes comme la parabole de la brebis perdue, celle de la drachme perdue, celle du fils prodigue, et tant d'autres! Dans l'Ancien Testament, particulièrement dans les prophètes, combien de textes merveilleux sur l'amour du Seigneur pour son peuple, sur les vicissitudes amoureuses de leur relation, quelles admirables descriptions de la honte de la fille de Jérusalem et de ses souillures, de la façon dont le Seigneur souffre de son infidélité et dont elle lui manque, de la manière dont il la conduira au désert pour la laver de ses souillures et se la fiancer de nouveau, quelles merveilleuses descriptions de la beauté de Sion pardonnée et de la royauté qu'elle exercera sur les nations... Qui ne sait qu'il y a plus de joie dans le ciel pour un pécheur repenti que pour quatre-vingt-dix-neuf justes qui pratiquent la loi? Qui ne sait qu'il vaut mieux être le fils prodigue que son frère aîné, car s'il est bien vrai que ce dernier est toujours avec son père et que tout ce qui est à son père est à lui, il est bien vrai aussi que son père ne lui a jamais offert le moindre chevreau pour faire la fête et que lui-même travaille durement aux champs pendant qu'on tue le veau gras et qu'on fait la fête pour le retour du prodigue. Il est bien vrai que, en se faisant l'objet manquant de son père, le fils prodigue met le père en position d'avoir à l'attendre et à courir l'embrasser avant même qu'il ait pu terminer sa déclaration de culpabilité. Il est bien vrai que le fils, se faisant prodigue, s'assure du même coup d'être le fils définitivement préféré.

Lorsque je commençai de m'aviser de l'importance dans les textes du procédé psychique que je souligne ici, j'en fus effrayé car j'eus le sentiment que, du coup, il n'en restait pas pierre sur pierre. Or, ils avaient été la chair de la chair de ma foi. Depuis, j'ai redécouvert que tel n'était pas leur sens principal, et je ne l'ai pas redécouvert grâce à une sous-estimation de la place qu'y tenait ce procédé ni grâce à un désaveu de ce que la psychanalyse met au jour quant à son importance, mais par des voies beaucoup plus classiques, à savoir celles de l'exégèse (même s'il s'agit de formes plus récentes de l'exégèse, la sémiotique par exemple). La question reste néanmoins entière et aussi dérangeante. Une partie du succès de ces textes tient précisément à la façon dont ils sont utilisés par cette procédure, sinon à la façon dont ils en sont plus ou moins partiellement le produit. Par ailleurs, tant de pratiques chrétiennes, tant de propositions ou de conduites promues par la spiritualité et la théologie mettent si crûment en œuvre cette procédure qu'ici encore je me trouvais dans une situation complexe. D'une part, je comprenais mieux pourquoi et comment la proclamation de la culpabilité avait une importance disproportionnée par rapport à ce qu'il est anthropologiquement raisonnable d'attribuer à la faute des humains et par rapport à l'attitude à l'égard du péché et des pécheurs que les évangiles disent avoir été celle de Jésus. D'autre part, là encore, il m'était de plus en plus difficile de me sentir chez moi dans des pratiques ou des conceptions qui croient devoir s'assurer de l'amour de Dieu par ce genre de procédures et qui croient faire à Dieu le plus immense hommage possible en nous instaurant comme l'objet qui lui manque au point de le laisser sans repos.

Il y a dans ce procédé l'affirmation d'une mégalomanie peu banale : l'être humain s'y confère une sorte de toute-puissance sur Dieu, puisqu'il est censé sceller par sa faute et par le besoin qu'a Dieu de le pardonner un attachement indéfectible que Dieu ne saurait rompre sans se renier lui-même et n'être plus le meilleur de ce qu'il est censé être. En proclamant son péché, on assigne Dieu à résidence d'amour. Je m'expliquai mieux ce qui pouvait pousser un des auteurs spirituels français les plus talentueux d'aujourd'hui à s'écrier : « On demande des pécheurs! »; je m'expliquai mieux aussi pourquoi cet auteur est un des plus efficaces de sa génération. Mais je persiste à constater que les évangélistes n'ont pas cru devoir placer ce genre d'interpellation dramatique dans la bouche de Jésus, alors même qu'ils ont pris tant de soin à souligner ce qu'avait de paradoxal et d'inouï son comportement avec les pécheurs. Faut-il désespérer que ce comportement puisse ne pas être effacé par le type de toute-puissance et d'amour que prétend garantir ce mode de proclamation de la faute? Il est un fait, en tout cas : au long de vingt siècles de processus de cet ordre, il s'est toujours trouvé des hommes et des femmes pour permettre, avec la grâce de Dieu, que témoignage et nouvelle vie puissent être rendus au comportement de Jésus, et que ce témoignage parvienne à se faufiler entre les rêts du filet très serré que tissent en nous et autour de nous les avatars de la culpabilité.

Dure écriture.

L'amour, la haine, les stratégies de l'amour, les stratégies de la haine... N'y avait-il pas là de quoi expliquer les divers déplacements dont je m'étais avisé lorsque j'avais commencé de me demander : « Le péché, est-ce si important que cela? », ou plutôt : « Est-ce comme cela que le péché est important? » En fait, il ne s'agissait pas, et il ne s'agit toujours pas, d'explication à proprement parler. Chacun des thèmes de ce chapitre sur la culpabilité ne m'est apparu que très lentement, de manière d'abord intermittente et vacillante, et la plupart sont loin de m'apparaître aujourd'hui encore de façon nette et assurée. Qu'il s'agisse d'amour et de haine, et plus particulièrement d'amour et de haine de Dieu, suffit à expliquer l'intensité des résistances que j'opposais à la venue au jour de ces idées. Il faut ajouter que ces idées semblaient ébranler des pans entiers de l'édifice chrétien, entraînant une véritable décomposition de mon être de croyant et me rendant de plus en plus difficile la cohabitation avec ceux et celles qui trouvaient leur bien dans ce que je ne pouvais plus faire mien. Certes, j'ai découvert depuis, en moi et autour de moi, qu'il existait d'autres façons d'interpréter et de vivre le christianisme, et entre autres la réalité de la faute et du péché. Mais cette découverte aussi est récente, vacillante, et semble bien fragile auprès du formidable édifice que la culpabilité a su construire à partir du christianisme.

De plus, le simple fait de fixer ces divers thèmes par écrit et dans un certain ordre donne l'impression trompeuse qu'il s'agit d'un ensemble cohérent d'expériences et de raisonnements : ce ne fut nullement le cas au début et ce n'est toujours pas le cas. Ces divers thèmes apparurent à ma conscience dans une absence d'ordre totale. Tout se passait comme si, au sein d'une vaste nébuleuse, se formait dans un coin un début de condensation, de cristallisation. Après bien des mouvements et des transformations au sein de moi-même qui m'étaient le plus souvent complètement inconscients (leurs seules manifestations conscientes étant l'angoisse et le désarroi), une idée, insoupçonnée jusqu'à l'instant même, surgissait. Certes, son noyau formait une sorte de lumière, d'évidence et de soulagement; mais il apparaissait tout aussitôt qu'elle allait progressivement entraîner une série de conséquences dont je ne savais rien encore mais dont je pressentais qu'elles seraient fort dérangeantes pour moi-même et pour ma relation à la communauté croyante. Des semaines ou des mois plus tard, apparaissait dans un tout autre coin de la nébuleuse un autre noyau, lui aussi source de lumière et de soulagement, mais gros lui aussi d'une aura de conséquences inquiétantes. Le rapport entre le premier et le deuxième noyau ne m'apparaissait souvent que beaucoup plus tard, parfois lorsque d'autres noyaux se constituaient ailleurs et qu'une constellation commençait de se dessiner. Mais à mesure qu'un peu d'intelligibilité, d'évidence et de soulagement se constituait, à mesure grandissait l'inquiétude devant ce qu'allaient exiger les éléments de vérité nouvellement acquis.

Je fus ainsi conduit à un rapport tout nouveau pour moi avec l'écriture. J'avais jadis beaucoup écrit, et avec une grande facilité, des thèses, des mémoires, des articles. L'écriture ne me servait guère qu'à fixer sur le papier des idées qui s'étaient clairement formées dans mon esprit, ou les commentaires que m'inspiraient les divers monuments de la théologie (puisque la théologie se pratiquait surtout par mode de commentaire de la pensée des autres : auteurs bibliques, Pères de l'Église, grands théologiens, documents du Magistère, etc.). Mon précédent livre *Quand je dis Dieu* (comme je l'annonçais dans la préface écrite – chose rare – avant le livre lui-même), je l'écrivis « pour mon plaisir et pour pouvoir continuer de vivre ». Mais, cette fois-ci, l'écriture était un supplice : il m'avait fallu des mois et des mois pour laisser surgir en moi le mot de décomposition, et presque un an pour me remettre de ce qui était ainsi venu au jour et qui constitue la première partie du présent livre. Quant à ce chapitre sur la culpabilité, je suis resté bloqué des mois durant avant de m'y affronter, incapable de faire autre chose mais incapable de l'écrire, tout entier figé dans une angoisse diffuse mais omniprésente. J'avais inventé, pour moi et pour mon entourage et afin de me rassurer, la comparaison avec la formation du pétrole. Je disais, en hésitant à sourire, que s'il fallait des milliers d'années de gigantesques pressions souterraines pour fabriquer le pétrole, il était bien normal que je doive subir et exercer des bouleversements internes importants pour que puisse se former ce que j'avais à écrire. Pourtant, ces derniers temps, je n'en pouvais plus : j'avais plutôt l'impression de porter en moi un enfant qui allait mourir avant même que d'être formé et me tuer à mon tour en pourrissant en moi.

J'en parle non pour étaler mes états d'âmes, mais pour que ceux et celles qui connaissent les mêmes difficultés ne se découragent point. On n'en meurt pas. Enfin, on n'en meurt pas toujours, ou on n'en meurt pas tout entier. Pourquoi la création, pourquoi la recherche et la découverte, lorsqu'il s'agit de Dieu, seraient-elles moins difficiles, moins laborieuses, moins crucifiantes qu'elles le sont dans tous les autres domaines? Pourquoi, lorsqu'il s'agit d'affronter en nous et autour de nous les grandes et basses œuvres de la culpabilité, ne serions-nous pas – sous prétexte qu'il s'agit de Dieu – habités et menacés par les figures les plus archaïques, les plus fascinantes et les plus effrayantes de notre panthéon psychique? J'ai un autre motif de faire état de ces conditions d'écriture : pour des raisons diverses mais convergentes, les croyants et les croyantes d'une part, les théologiens d'autre part, les autorités hiérarchiques enfin, ont besoin que leur soient proposées des œuvres claires, bien construites et parfaitement au point. Ils doivent savoir qu'en ces domaines cela est impossible : la culpabilité, ça ne se range pas tranquillement dans une armoire avec des casiers biens déterminés et des étiquettes sans équivoque, ça ne s'affronte pas du haut d'une chaire, académique ou ecclésiastique, ça ne se plie pas aux lois du bien penser : cela ne se conçoit pas bien, cela ne s'énonce pas clairement, et les mots pour le dire n'arrivent pas aisément.

C'est pourquoi je ne m'inquiète pas de l'imperfection formelle des pages qui précèdent. C'est également pourquoi je suis convaincu qu'elles auraient pu être meilleures, même écrites par moi mais en un autre moment. L'essentiel est que quelque chose ait pu en venir au jour. J'ai de bonnes raisons de penser que c'est le cas, ne serait-ce que parce qu'avaient répondu à l'appel tous les symptômes que déclenche la culpabilité quand elle est dérangée. D'autres feront mieux plus tard, moi-même peut-être, encore que je ne sache pas si j'aurai le courage de m'y affronter de nouveau. C'est aussi pourquoi, plus que par la perfection formelle, la justesse ou la cohérence de mes analyses, je suis rassuré par la convergence de ma démarche avec celle de croyants et de croyantes partant d'un autre horizon. Car je ne suis pas le seul à « changer de versant » en matière de culpabilité : d'autres le font aussi, et de façon d'autant plus significative et bienfaisante pour moi qu'ils le font de tout autre manière et pour de tout autres raisons.

3. Des croyants et des croyantes commencent à changer de versant

J'en ai déjà donné un des signes les plus manifestes en montrant comment des croyants et des croyantes « changent de versant » en matière de sexualité. En effet, la sexualité est le théâtre privilégié de la culpabilité : même si la psychanalyse ne nous permettait pas de comprendre pourquoi, il suffirait de rappeler l'extraordinaire attention, allant parfois jusqu'à l'obsession, que la tradition morale catholique, les prêtres et les fidèles ont à certaines époques portée aux fautes en matière de chasteté. Changer de versant en matière de sexualité, c'est donc nécessairement changer de versant en matière de culpabilité. Mais il est d'autres signes plus directement significatifs.

Les célébrations communautaires de la pénitence.

L'un d'entre eux est la faveur avec laquelle ont été accueillies par certaines communautés de croyants et de croyantes les diverses tentatives d'élaborer une célébration communautaire de la pénitence. J'ai dit dans quelle défaveur est très rapidement tombée la confession individuelle telle que ma génération l'avait encore connue et beaucoup pratiquée, et telle que les catholiques en avaient pris l'habitude depuis son invention au VIIe siècle et sa consolidation jusqu'au XIIe (car cette forme n'existait pas auparavant et fut longtemps mal reçue par bien des responsables pastoraux). On avance souvent, pour expliquer cette défaveur, des raisons très péjoratives : perte du sens du péché, perte du sens du pouvoir sacerdotal d'absoudre du péché, perte du sens de l'autorité morale des institutions familiales, civiles et religieuses, diminution du nombre des prêtres susceptibles de confesser, et enfin – j'allais l'oublier ! – influence pernicieuse et réductrice de la psychanalyse. On avance aussi que le caractère collectif de ces célébrations aurait un grand avantage : délivrer les fidèles de la démarche souvent embarrassante de devoir avouer explicitement ses fautes à un individu donné.

L'ennui est qu'aucune de ces objections ne résiste à l'expérience sur le terrain : aussi bien sont-elles émises le plus souvent par ceux qui n'y ont guère participé. Je ne prétends pas en avoir moi-même une grande pratique, mais je suis attentivement ce qui se publie à ce sujet, y compris dans les revues de pastorale et de liturgie. Je connais aussi, pour m'y rendre plusieurs fois par an depuis vingt ans, la forme que revêt le catholicisme dans une région de très forte tradition catholique et même cléricale, à savoir la Bretagne. Or il se trouve que, dans certaines régions de Bretagne, les célébrations communautaires de la pénitence rencontrent une grande faveur. Pourquoi? La Bretagne ne manque pas encore de prêtres pour entendre les confessions, elle n'a pas été particulièrement ravagée – que je sache – par les méfaits de la psychanalyse, enfin et surtout les chrétiens et les chrétiennes qui accueillent avec faveur ces célébrations continuent de pratiquer par ailleurs la confession individuelle, même si c'est plus rarement. Que se passe-t-il donc?

Divers facteurs sont en cause : le renouveau biblique et le renouveau liturgique ont permis à ces croyants de découvrir que l'écoute communautaire de la parole de Dieu, éventuellement l'échange et la recherche commune du sens de cette parole, la célébration communautaire du pardon et du salut de Dieu n'étaient pas des moyens moins efficaces – loin s'en faut – pour se mettre en présence de Dieu et se laisser juger par sa parole, lui demander son pardon, le recevoir et le célébrer, que l'examen de conscience fait individuellement et le tête-à-tête du confessionnal. Ils ont également découvert – comme à propos de l'Eucharistie – que le sacrement de pénitence, comme tout sacrement, est d'abord un acte d'Église, à vivre en Église, c'est-à-dire en communauté. Ils ont découvert que la communauté, comme pour tout sacrement, avait un rôle qui n'annulait certes pas celui du prêtre (au moins présider ces célébrations comme toutes les célébrations), mais qui ne se réduisait pas au rôle de témoin passif auquel elle avait été progressivement cantonnée et qui lui était même dénié dans le cas du sacrement de pénitence. Enfin, ils ont également découvert que Dieu n'était pas le seul interlocuteur en matière de péché, mais qu'ils avaient tout autant à s'en accuser près de la communauté à laquelle ils avaient éventuellement nui et à lui demander son pardon, ce qui était parfois plus difficile que de s'en accuser anonymement auprès d'un prêtre invisible. Tous ces changements sont essentiellement d'ordre ecclésiologique, parfaitement dans la ligne de ce qu'a voulu promouvoir le concile de Vatican II, et n'ont rien à voir à première vue avec un changement de versant en matière de culpabilité. Pourtant, ces changements d'ordre ecclésiologique n'auraient pu se produire s'ils s'étaient heurtés (et ne peuvent se produire là où ils se heurtent) à des formes trop rigides des divers mécanismes de déplacement dont j'ai parlé. En outre, là où ils peuvent se réaliser, ces changements provoquent ou favorisent à leur tour un assouplissement et un affaiblissement de ces mécanismes et une manière nouvelle de négocier les vicissitudes de la culpabilité.

Ceux dont le pouvoir reposait en grande partie sur la force de ces déplacements s'en avisent très bien et le proclament avec une franchise stupéfiante. Trois jours avant que j'écrive ces lignes, Jean-Paul II était à Lourdes : un des onze discours qu'il y a prononcés en moins de quarante-huit heures visait à préparer le prochain synode sur la pénitence et la réconciliation, synode dont l'un des buts avoués est de limiter, voire de supprimer les formes communautaires de célébration de la pénitence. Lisant la reproduction de ses propos alors même que je me préparais à rédiger ces pages, je fus stupéfait de voir comment ce que je m'apprêtais à y expliquer était formulé en une phrase avec une crudité presque incroyable : le pape dénonçait « les courants de pensée qui relativiseraient la nature du péché et, de ce fait, dévaluent le pouvoir conféré par l'ordination [aux prêtres] de le pardonner ». Ceux qui détiennent un pouvoir et le veulent absolu sont souvent particulièrement habiles à déceler ce qui menacerait ce pouvoir. Il est d'ailleurs significatif de rapprocher deux phénomènes de vocabulaire : le pape dit que le prêtre a le pouvoir de pardonner le péché, alors qu'en toute rigueur de termes, c'est Dieu et lui seul qui pardonne le péché, le prêtre n'étant que le ministre du pardon. Jean-Paul II ne nierait évidemment pas cela, mais il ne le souligne nullement car il veut surtout renforcer le pouvoir du prêtre. Un changement inverse et symétrique s'est produit à propos des célébrations communautaires de la pénitence : au début, on a parlé d'absolution collective, ce qui était encore définir ces célébrations par le pouvoir que le prêtre était le seul à y exercer, l'absolution; progressivement (et pour diverses raisons), on a remplacé l'expression d'absolution collective par celle de célébration communautaire de la pénitence. Un résultat sans doute involontaire mais néanmoins certain de ce changement est que c'est l'acte de la communauté (bien entendu présidée par le prêtre) qui sert à définir ce qui est en cause, et non plus l'acte du prêtre.

Ce n'est pas un hasard si ceux qui veulent empêcher ces évolutions et préserver leurs pouvoirs brandissent comme un épouvantail la perte du sens du péché et la perte du sens de Dieu. Si un tel constat s'applique peut-être à une bonne partie de notre monde occidental, il est en revanche diffamatoire et injurieux d'accuser de cette double perte les communautés croyantes qui cherchent à élaborer des formes plus satisfaisantes de célébration communautaire de la pénitence. Il faut n'avoir jamais participé à la vie de ces groupes, il faut n'avoir jamais cherché avec eux le sens que pouvait avoir pour leur vie la parole de Dieu, il faut n'avoir jamais participé à leur lutte contre le mal et le péché dans la société, dans l'Église et en eux-mêmes, pour oser les accuser d'avoir perdu le sens de Dieu et le sens du péché, et pour attribuer à cette double perte la recherche de formes de célébration dont le principal effet est de modifier le type de pouvoir que certaines stratégies de la culpabilité sont dans l'obligation d'attribuer au prêtre, et donc au prince des prêtres.

Les mutations de notre expérience de la conscience et de la loi.

Cela dit, il serait tout aussi fallacieux de méconnaître que, si ces croyants et ces croyantes n'ont nullement perdu le sens de Dieu ni le sens du péché, ils éprouvent en revanche une grande difficulté à repérer et à qualifier ledit péché. Cette grande difficulté ne tient nullement à l'affaiblissement de leur foi mais à des mutations culturelles dont ils subissent – tout comme les non-croyants – les effets. Depuis plusieurs siècles, le péché était repéré et défini grâce à la conjugaison de deux sortes de critères : le jugement individuel de la conscience d'une part, l'énoncé d'une loi morale ou religieuse par la société d'autre part. Ce n'est pas la faute de ces croyants et de ces croyantes si, depuis une centaine d'années, diverses démarches scientifiques, sociologiques, psychologiques, historiques, philosophiques et même politiques, ont amené à découvrir que la conscience et la loi étaient des instances fort complexes, où s'exprimait certes le meilleur d'une personnalité ou d'un groupe social, mais où s'exprimaient bien d'autres réalités dont le plus souvent nous n'étions pas conscients. Nous avons découvert que nos jugements de conscience étaient en grande partie le produit de forces psychiques ayant de tout autres objectifs et utilisant de tout autres moyens que la conscience morale. Nous avons découvert que les lois de nos sociétés sont en grande partie le produit de forces socio-économiques ayant elles aussi de tout autres objectifs et utilisant de tout autres moyens que les très nobles fonctions législatives civiles ou religieuses. Ces deux types de critères de repérage du péché qu'étaient la loi et la conscience n'ont donc plus le genre d'évidence qu'on leur attribuait. C'est là que gît la source du désarroi où se trouvent les croyants et les croyantes d'aujourd'hui, et non dans leur perte du sens de Dieu ou de celui du péché.

Lorsqu'il s'agit de réalités aussi fondamentales pour les individus et pour les sociétés que la conscience et la loi, les mutations qui les affectent sont nécessairement à la fois longues, difficiles et conflictuelles; leurs résultats sont impossibles à déduire *a priori* de la façon dont étaient auparavant conçues ces réalités. Je disais déjà, à propos de la mort et de la sexualité, que nous ne pouvions prévoir ce qu'elles seraient demain ou après-demain à partir de ce qu'elles étaient hier et sont encore parfois aujourd'hui. Il en va de même pour ce qui est de la conscience et de la loi : nous ne pouvons pas prévoir ce qu'elles devront être dans la société de demain. C'est pourquoi le rôle des théologiens, des pasteurs et de la hiérarchie n'est pas de répéter et de renforcer des conceptions du péché liées à des expériences et à des représentations de la loi et de la conscience qui ne sont plus les nôtres, encore moins de fulminer au nom de la perte du sens de Dieu et du sens du péché contre des croyants et des croyantes dont le seul défaut en la matière est d'être parties prenantes de nouvelles expériences et de nouvelles représentations. Le rôle des théologiens, des pasteurs et de la hiérarchie est d'accompagner les croyants et les croyantes engagés dans cette mutation, et de les y accompagner moins comme des guides qui connaîtraient d'avance le chemin et le terme que comme des compagnons de route, engagés eux aussi dans cette mutation, dans ce changement de versant, apprenant des autres ce que ceux-ci et celles-ci y découvrent et y inventent. La fonction des théologiens, des pasteurs et de la hiérarchie n'est pas de se comporter en propriétaires d'une vérité qu'ils auraient la bonté et le désir de partager aux croyants, mais de se mettre au service de cette recherche de la vérité qui est aussi la leur.

Il ne faut pourtant pas se bercer d'illusions mais avoir la foi chevillée au cœur : les forces qui trouvent à s'accomplir dans les mécanismes de déplacement dont j'ai parlé sont très jalouses de leur pouvoir et très décidées à le conserver. Il y a plus de dix ans, j'avais été invité à Rome par les services culturels de l'ambassade de France près du Saint-Siège pour donner une conférence. J'avais choisi pour thème ces mutations de notre expérience de la loi et de la conscience, et j'avais bien pris soin de préciser qu'il ne s'agissait nullement de remettre en cause la notion de péché ni sa gravité. Un minimum d'honnêteté intellectuelle m'avait cependant contraint à dire que ni les théologiens ni la hiérarchie ne pouvaient prévoir ce qui adviendrait de ces mutations, impossibilité qui n'était pas inquiétante puisque – je le soulignais en terminant – c'est du Saint-Esprit que dépendait l'essentiel. Il en résulta un véritable incident diplomatique : l'ambassadeur, qui assiste par principe à ces conférences, après m'avoir laissé répondre à plusieurs questions venues de la salle, prit la parole et se lança dans une longue réfutation de mes propos, ce qui ne s'était jamais vu jusqu'alors. Ce précédent et son contenu déclenchèrent dans le petit monde de la diplomatie romaine des remous dont on parla longtemps et qui me firent bien plus mal voir des autorités ecclésiastiques que certaines de mes options théologiques, pourtant plus discutables. La chose était d'ailleurs si grave que le lendemain, après le déjeuner rituel à l'ambassade, l'ambassadeur me prit à part et me garda en tête-à-tête un long moment dans les beaux jardins que Pauline Borghèse illustra de ses charmes, allant jusqu'à annuler un rendez-vous avec son collègue ambassadeur de France au Quirinal, qui participait à ce déjeuner. Je me demande aujourd'hui encore quels intérêts cet ambassadeur défendit ce jour-là, ceux de la France ou ceux du Saint-Siège; j'incline pour les seconds : ils étaient d'ailleurs les seuls en cause.

S'il est impossible de prévoir quel sera le visage exact du sens du péché tel qu'il sera remodelé par des expériences nouvelles de la conscience et de la loi, il n'est sans doute pas téméraire de prévoir que, sur un point au moins, ce visage sera différent de celui qu'il avait pour nous ainsi que pour de nombreuses formes historiques du christianisme. A la question : « Le péché, est-ce si important que cela? » ou plus exactement : « Le péché, est-ce comme cela que c'est important? », il sera sans doute donné une réponse quantitativement et qualitativement différente. En effet, les divers changements de versant dont j'ai parlé amènent à pondérer différemment certains éléments qui tenaient une si grande place dans la manière dont nous nous représentions l'importance du péché dans notre vie et notre importance devant Dieu *en tant que* pécheurs. J'ai raconté comment j'avais pris conscience d'un certain nombre de déplacements qui déforment notre perception de nous-même comme pécheur, du Christ comme sauveur du péché et de Dieu comme offensé par notre péché et le pardonnant. Ces déformations se traduisent par une hypertrophie et une boursouflure qui disparaîtront à mesure qu'on saura déceler leurs causes. Cette disparition donnera nécessairement l'impression d'une diminution du sens du péché, diminution qui sera réelle mais bienfaisante, parce qu'il s'agissait d'une surévaluation et non pas d'un sens plus aigu de ce qu'il est.

Quand Dieu n'est plus identifié de la même façon aux imagos paternelles et maternelles.

D'autres facteurs auront une importance plus grande encore dans cette transformation du sens du péché. Je n'en puis parler qu'à titre strictement personnel, car même si j'ai pu constater que des itinéraires fort différents du mien amènent certains croyants ou certaines croyantes à des opinions analogues, ces facteurs ne m'apparaissent encore que d'une manière mal définie, alors même que leurs effets sont importants et déjà à l'œuvre dans mon existence d'homme et de croyant. Par ailleurs, ils sont trop liés à ce que mon itinéraire a de plus personnel et de plus contingent pour que je sois déjà en situation de les généraliser; mais je ne puis pour autant éviter de constater qu'ils mettent en jeu des réalités et des questions qui débordent largement mon cas.

Il s'agit en effet, pour le dire en deux mots, de la haine et de l'amour, ou, en quatre mots, des imagos paternelles et des imagos maternelles. J'ai dit, bien que trop faiblement, quelle était la violence de la haine et de l'amour suscités par ces imagos, quelle était la radicalité de l'ambivalence provoquée par elles, et comment cette haine, cet amour et cette ambivalence pouvaient être à l'œuvre dans certaines conceptions chrétiennes du péché de l'homme et du pardon de Dieu, creusant ainsi un écart considérable, voire un gouffre infranchissable, entre ce que nous savons de Jésus-Christ et de son Dieu et les gigantesques monuments que nous construisons à leurs images déformées par les vicissitudes de la culpabilité. Certains psychanalystes, et davantage encore de psychologues, tout en reconnaissant l'importance archaïque de ces imagos et du type d'amour-haine qu'elles suscitent, pensent que ce sont là des modalités primitives qu'un sain développement de la personnalité permet de dépasser, la pathologie se définissant par le fait d'y retomber. D'autres pensent tout autrement et, bien que j'aie eu mes premiers contacts avec la psychanalyse sous l'égide des premiers, je pense maintenant comme les seconds, à savoir que ces imagos, cette haine, cet amour et cette ambivalence sont des paramètres et des paradigmes indépassables de la psyché humaine. Ce qui peut advenir, dans un développement « sain » ou dans les effets d'une cure, ce n'est pas l'évanescence ou le passage à l'arrière-plan de ces figures et de ces affects constitutifs, c'est un réaménagement de nos relations avec eux. Il est certain que nos rapports à ces imagos peuvent revêtir des formes plus ou moins mortifères et des formes plus ou moins fécondes, certain aussi qu'il y a des façons plus ou moins dévastatrices et des façons plus ou moins créatrices de vivre cet amour, cette haine et la radicalité de cette ambivalence. Mais les unes et les autres restent des pôles essentiels de l'aménagement du champ de forces de notre psychisme.

Puisque je pense ainsi, il n'est évidemment pas question de penser autrement lorsqu'il s'agit de notre rapport à Dieu. Les imagos paternelles et maternelles, l'amour, la haine et l'ambivalence radicale sont aussi, dans le cas de la relation à Dieu, des pôles essentiels de l'aménagement du champ de forces de notre foi. Il n'est pas plus question de vouloir instaurer la foi dans un espace qui échapperait à ce champ de forces qu'il n'était question, dans le débat qui m'opposa jadis à Paul Ricœur, de penser que la foi pouvait exister dans un espace échappant à l'inconscient et à sa structuration par l'Œdipe. Je ne souhaite donc nullement – car ce serait sortir de l'espace humain et de la condition humaine – que s'instaure un sens nouveau du péché qui échapperait aux imagos paternelles et maternelles et à l'amour-haine qu'elles suscitent. Je ne conçois pas de façon humaine de vivre un rapport quelconque – fût-ce à Dieu – ni un quelconque sens du péché qui ne mettraient pas en jeu ces figures et ces affects.

Mais il y a façon et façon. Pour m'en tenir à mon cas personnel, il m'est devenu évident que ma foi n'attend plus de Dieu exactement ce que j'en attendais quand l'image que je me faisais de lui était – me semble-t-il – presque un décalque ou une pure et simple surimpression de mes imagos paternelles et maternelles. Par exemple, à tort ou à raison, je n'attends plus de Dieu qu'il me fasse échapper à la mort, je n'attends plus de lui qu'il comble tous mes désirs, je n'attends plus de lui qu'il fasse de moi un dieu. C'est ce que je m'étais efforcé d'exposer dans *Quand je dis Dieu*, et je n'ai jamais nié qu'il y avait là de quoi surprendre nombre de croyants et de croyantes que je n'oblige nullement à penser comme moi. L'amour et la haine que l'on porte à un objet d'amour dépendent étroitement de ce qu'on attend de lui, ou plus exactement du degré d'identification de cet objet aux imagos maternelles et paternelles qui fait que nous attendons de lui ce que nous attendons d'elles. N'attendant plus de Dieu qu'il comble la toute-puissance de mon désir ni qu'il me fasse échapper à ce qui caractérise ma contingence : la mort, la faute, la sexualité, etc., il est normal que l'amour-haine que je lui porte ne soit plus du même type que lorsque j'attendais de lui tout ce qu'il est convenu d'en attendre. Du même coup, il est normal que ma représentation de moi comme pécheur et de Dieu face à mon péché soit-elle aussi d'un autre type. Je suis convaincu que les différents noyaux apparus progressivement dans la nébuleuse de mes pensées à propos du péché ne se seraient jamais regroupés dans l'embryon de constellation que j'ai tenté d'esquisser ici, si au préalable ne s'était esquissé cet autre déplacement à propos de ce que j'attends et n'attends pas de Dieu, ou à propos de ce que je crois qu'il veut ou non faire partager de lui.

Le changement qui en résulte est à la fois minime et considérable : un léger déplacement peut suffire à changer toute la perspective d'un visage, d'un corps ou d'un paysage. Il m'est devenu récemment très difficile d'utiliser le mot « amour » à propos de Dieu, qu'il s'agisse de l'amour qu'il me porterait ou de celui que je lui porterais. Non que je pense, comme Aristote, qu'il faudrait être fou pour imaginer que Dieu s'occupe des affaires des humains : mon Dieu reste celui que Jésus nous a manifesté. Pas davantage n'ai-je l'impression de me désintéresser de Dieu : l'itinéraire que je retrace ici n'est pas celui d'un homme à qui Dieu devient indifférent, c'est le moins qu'on puisse en dire. Mais, même si ne se posait pas la question d'une psychologisation excessive de nos relations avec un Dieu dont la « personnalité » serait conçue de façon trop humaine (or, cette question se pose, et je l'ai posée dans la première partie de ce livre à propos de la nécessaire décomposition d'une certaine idée de Dieu), même si cette question ne se posait pas, resterait celle que nous pose la manière dont, en christianisme, on use du mot d'amour pour désigner la relation entre Dieu et les humains. Bien souvent, l'emploi de ce mot et les effets attribués à cet amour me semblent trop immédiatement tributaires du type d'amour que suscitent en nous les imagos paternelles et maternelles en ce qu'elles ont de plus archaïque. Je l'ai dit : aucun amour ne peut exister sans référence à ces imagos, y compris notre amour de Dieu. Mais il y a façon et façon.

Parce que j'en suis venu à percevoir cette dépendance trop immédiate, j'éprouve le besoin, par une sorte d'hygiène épistémologique et ne serait-ce que provisoirement, d'être plus discret dans l'utilisation de ce mot amour. Il va de soi qu'il en est de même pour la haine. J'hésite à ajouter ce qui pourtant en découle, mais qui semble presque fou : la suite logique serait en effet de dire que mes « sentiments » à l'égard de Dieu sont moins ambivalents. Mieux vaudrait dire que leur ambivalence ne me semble pas être restée quasiment identique à l'ambivalence des affects que suscitent en moi les représentations et les représentants de mes imagos paternelles et maternelles. On comprendra que, pour les mêmes raisons, le retournement de ma haine de Dieu en haine de moi comme pécheur, ou le besoin de m'assurer l'amour de Dieu et de l'assigner à résidence d'amour en lui exhibant ma condition de pécheur, jouent un rôle beaucoup moins important qu'à l'époque où j'avais plaisir – le mot n'est pas impropre – à me confesser une fois par semaine comme le prévoyaient le droit canonique et nos constitutions religieuses. Je suis tout aussi incapable de prévoir ce qu'il en adviendra dans ma vie que de prévoir ce que sera sur l'autre versant le sens chrétien du péché. Je sais seulement que là encore, il nous faut tous commencer par changer de versant.

Mais, qu'il s'agisse de la mort, de la sexualité ou de la culpabilité, je sais aussi qu'une découverte a joué un rôle décisif dans la conscience que j'ai prise de cette nécessité de changer de versant et dans le constat que j'ai fait du changement de versant de notre société occidentale. C'est une découverte à propos de Dieu, une découverte sur Dieu, qui compte désormais beaucoup dans ce qu'est Dieu pour moi et dans ce que j'aimerais qu'il soit pour tant d'autres. C'est donc par là qu'il me faut terminer ce livre, en *confessant* ceci (au sens de proclamation de son objet par la foi) : Dieu est Dieu, donc Dieu n'est pas Tout.

III

DIEU EST DIEU
DONC DIEU N'EST PAS TOUT

Cette dernière partie a été rédigée
en décembre 1983-janvier 1984 à Parc-Trihorn
et en avril 1984 à Tréon

Autre intermède.

Malgré la hâte que je disais être mienne d'en venir à ce thème, quatre mois se sont écoulés depuis que j'ai fini de rédiger les pages précédentes. Certes, quelque repos s'imposait : j'avais écrit d'une traite la moitié de ce qui concerne la sexualité et la totalité de ce qui concerne la culpabilité; cette écriture avait été épuisante qualitativement plus encore que quantitativement. On n'écrit pas impunément sur la haine de Dieu, et c'était la toute première fois que je m'y aventurais. Comme après avoir écrit sur la décomposition, une partie seulement de moi-même avait pu s'aventurer jusque-là, et il me fallait attendre que le gros de la troupe rejoigne les éclaireurs à ces avant-postes périlleux.

J'espérais qu'il n'y faudrait pas trop de temps : déjà, au moment de commencer la deuxième partie que j'ai intitulée « Sur l'autre versant », j'indiquais, sans en dire plus, qu'une conviction s'était imposée à moi, en un certain jour de Noël, comme s'était imposée à moi lors de la Pâque précédente la conviction qu'il me fallait « lâcher Dieu ». J'ajoutais qu'il allait me falloir du temps pour que je me familiarise avec les diverses conséquences de cette conviction nouvelle, et qu'entre temps mieux valait aller explorer l'autre versant, puisqu'en toute hypothèse c'est là qu'avait lieu désormais la vie. Mais je savais qu'il me faudrait bien en venir à cette autre conviction aussi déroutante – au sens propre du mot – que le fait de devoir « lâcher Dieu ». Je pressentais qu'elle avait quelque chose à voir avec le thème théologique sur lequel je voulais conclure, à savoir que Dieu n'est pas Tout et ne veut pas l'être puisqu'il est Dieu. Mais j'ignorais à quel point cette conviction et ce thème étaient intriqués, et d'une manière qui continue pour l'essentiel à m'échapper.

L'étonnant est que la complexité et la profondeur de cette intrication m'apparurent à l'occasion de circonstances que je fus longtemps assez inconscient pour considérer comme étrangères à mon propos. Ces circonstances relèvent prosaïquement de la nécessité de gagner ma vie. Déjà, en 1974, lorsqu'il avait fallu fermer la faculté de théologie du Saulchoir et que toute embauche comme professeur de théologie par une autre institution théologique catholique était impossible du fait des positions que j'avais prises en diverses matières, particulièrement à propos de l'avortement, il m'avait fallu chercher de quoi gagner un peu d'argent pour contribuer à satisfaire aux besoins de mon couvent et assurer un minimum de dépenses personnelles. J'avais la chance que cette double nécessité n'exige pas des sommes considérables, et j'eus la chance supplémentaire qu'un ami me procure un travail à la fois fort intéressant, relativement bien rétribué, et me laissant beaucoup de temps libre pour travailler en théologie, prêcher, etc. : c'est sous ce régime que j'écrivis *Quand je dis Dieu*. Mais il s'avéra il y a près d'un an, soit fin 1982, que ce travail ne pouvait continuer et qu'il me fallait en trouver un autre. Rien ne pressait, et j'attendis donc, apparemment plus préoccupé par la poursuite du présent livre.

Pourtant, la situation devenait financièrement inquiétante : je n'avais plus de quoi aider mon couvent, ce que mes supérieurs acceptaient avec beaucoup de compréhension mais que je trouvais indigne et malhonnête, et il me fallait diminuer un train de vie bien modeste (même s'il l'est moins que celui de beaucoup d'autres dominicains). Or, trouver du travail à cinquante-sept ans, avec le « profil de carrière » qui est le mien et dans la conjoncture économique actuelle, est fort difficile. Certains de mes frères dominicains s'étonnaient avec une candeur admirable que je cherche du travail « profane », oubliant que toute activité théologique ou pastorale, comme celle dont ils vivent, m'est interdite. Des amis s'étonnaient que je ne devienne pas psychanalyste. Mais je ne suis pas de ceux qui pensent qu'il suffit d'une analyse et d'une relative familiarité avec la psychanalyse pour s'autoriser de soi-même à devenir psychanalyste; et surtout, il m'était évident que là n'était pas mon désir. Pourquoi? Je me contentai de leur dire ce que je me disais à moi-même : que « l'affaire Dieu » restait ma préoccupation essentielle.

Je devais donc trouver du travail. Bizarrement, je retardai si longtemps et avec une telle inertie les démarches nécessaires à cela que je dus bien finir par m'aviser qu'il s'agissait là d'une résistance (au sens psychanalytique du mot) à laquelle je me heurtais et dont la nature me restait impénétrable. Des mois se sont écoulés, avec l'entracte de cet été où j'ai donc rédigé la moitié de la partie sur la sexualité et la totalité de celle sur la culpabilité. Telles amies, tels amis me bousculaient ou me poussaient gentiment : pourquoi renâclais-je donc tant? Tel autre ami fit pour moi, avec la considérable autorité que lui confère sa fonction, d'efficaces interventions, que je faillis presque saboter tant j'étais empêtré dans des contradictions intérieures, dont je connaissais la force pour en éprouver les effets mais dont le contenu m'échappait. Et puis, il y avait ce livre qu'il fallait terminer; j'avais hâte d'en finir, et je me réjouissais de le faire sur un thème qui m'est cher et m'apparaît comme une bonne nouvelle sur Dieu et sur les humains, une bonne nouvelle de Dieu pour les humains : Dieu est Dieu, donc Dieu n'est pas Tout. Je n'écrivais pourtant pas, et j'avançais dans la recherche d'un travail aussi lentement et obliquement qu'un crabe. Ces derniers mois n'ont pas été drôles : j'enrageais de mon impuissance, je me sentais humilié d'en être là, d'en rester là. Je croyais avoir permis à la décomposition de faire son œuvre, j'avais consacré et dédié à cette décomposition la première partie de ce livre, et j'étais là, muet et bloqué comme la jument du psaume ou comme ces petits ânes qu'on trouvait encore dans les fermes du pays de Bray avant la guerre et qui se transformaient parfois en monuments vivants du sur-place le plus obstiné.

Peu à peu s'est esquissée puis confirmée une certitude dont l'apparition me rend possible de reprendre la plume aujourd'hui, 24 décembre 1983, deux ans après ce Noël qu'avait marqué le surgissement d'une conviction dont je dirai dans quelques instants le contenu. Cette certitude est la suivante : oui, je suis intellectuellement convaincu que Dieu n'est pas Tout puisqu'il est Dieu.

Oui, je suis intellectuellement convaincu que c'est là une bonne nouvelle pour les humains parce qu'ils s'imaginent que Dieu veut être Tout et qu'ainsi ils abîment ce qu'est Dieu et ce qu'ils sont. Oui, je suis intellectuellement tout heureux et tout prêt à terminer ce livre en développant ce thème. Mais ce qui s'opposait à ce que je cherche du travail – et à ce que je termine ce livre –, c'est qu'en fait j'ai conféré à Dieu dans ma vie un statut qui est bel et bien de l'ordre du Tout. Théologiquement, j'ai découvert que Dieu n'est pas Tout et ne veut pas être Tout. Pour l'avoir découvert théologiquement, il a bien fallu que je laisse un peu s'infiltrer en moi cette idée, il a bien fallu que les forces qui s'y opposaient en moi et autour de moi laissent un peu de jeu, qu'une brèche y soit possible. Mais l'essentiel en moi restait convaincu du contraire et devait continuer de vivre le contraire : si j'avais tant de mal à accepter l'idée de chercher du travail, c'est que travailler, avoir un travail « profane », faisait pièce à tout ce qui en moi trouvait à s'accomplir en faisant de « l'affaire Dieu » ce qui me définissait socialement et psychologiquement, ce qui était mon identité, ma spécificité, à mes yeux comme à ceux d'autrui. Chercher du travail, travailler, était la nécessaire mais impossible confirmation pratique que, *pour moi*, Dieu n'était pas Tout mais n'était, si je puis dire, que Dieu. Chercher du travail, travailler, était la nécessaire mais impossible mise en pratique d'une manière nouvelle de donner à « l'affaire Dieu » dans ma vie une place autre que celle où j'avais voulu construire mon identité personnelle et sociale.

Maintenant que je suis arrivé, après des semaines et des semaines de pétrification (ou de putréfaction?) intérieure, à tracer ces lignes, je découvre le lien qu'il y avait entre ce thème théologique : Dieu est Dieu, donc Dieu n'est pas Tout, et la conviction qui m'était apparue à Noël il y a exactement deux ans. Sortant de la messe du jour, là, tout d'un coup, marchant sur l'inégalité des pavés de granit, il m'était apparu – avec la même évidence stupéfiante et tranquille qu'à Pâques pour la nécessité de « lâcher Dieu » – que j'allais devoir « lâcher l'Ordre ». Car tel était le contenu que j'ai tu jusqu'ici de cette seconde conviction : moi, qui suis dominicain jusqu'à la moelle, j'allais devoir « lâcher l'Ordre ». De la même façon et pour les mêmes raisons que je devais « lâcher Dieu ». Il y a deux ans, je croyais qu'il s'agissait seulement – si je puis dire! – de lâcher l'Ordre dominicain. Il m'aura fallu tout ce temps pour découvrir qu'il s'agissait d'encore plus que cela : il s'agissait de lâcher l'ordonnancement de ma vie. Il s'agissait de le lâcher tout autant à cause de Dieu lui-même qu'à cause de moi : parce que cet ordonnancement inscrivait en fait dans ma vie que Dieu était Tout. Dieu dans ma vie n'était donc pas Dieu mais une idole. Pour devenir moi-même, pour devenir un humain, il allait falloir lâcher ce que je croyais être plus intime à moi-même que moi-même : cet ordre, dans tous les sens du mot. Quelle aventure! Faut-il donc tant mourir pour pouvoir vivre un peu?

Je me doute bien qu'en associant ainsi le thème théologique selon lequel Dieu n'est pas Tout puisqu'il est Dieu et la conviction personnelle que je dois « lâcher l'Ordre », je risque de détourner de ce thème celles et ceux qui seraient troublés par cette conviction. Je crois pouvoir leur dire que si grand qu'il puisse être, leur trouble ne l'emportera sans doute guère sur celui qui fut le mien tout au long des mois qui m'ont été nécessaires pour que cette conviction, qui m'était apparue il y a deux ans de façon en quelque sorte isolée et erratique, vienne s'articuler à ce thème. Je savais certes que ce thème n'était pas innocent, mais j'aurais préféré que le côté « bonne nouvelle » qu'il a pour moi ne soit pas altéré par les harmoniques apparemment purement négatives de la conviction qu'il allait falloir lâcher l'ordre (faudra-t-il que je répète à chaque fois qu'il ne s'agit pas d'abord ni surtout de lâcher l'Ordre dominicain?). Peut-être peut-on donc – au moins provisoirement – me faire confiance et accepter de découvrir, comme j'ai été amené à le faire, que le thème théologique a lui aussi des harmoniques positives qui rejaillissent sur cette conviction troublante.

Je n'oublie pas que d'autres, au contraire, se féliciteront qu'un thème théologique comme celui d'un Dieu qui n'est pas Tout puisqu'il est Dieu ne soit pas développé abstraitement mais en liaison avec une pratique, et même à partir d'une pratique, à savoir celle de l'ordonnancement que l'on fait de sa propre vie selon que Dieu est ceci plutôt que cela. Il y a quelques mois seulement, répondant à un ami théologien protestant qui me demandait sur quoi j'allais écrire prochainement, je lui dis : sur le fait que Dieu n'est pas Tout puisqu'il est Dieu. Cet ami me répliqua, comme s'il s'agissait d'une banalité : « Évidemment Dieu n'est pas Tout et ne veut pas être Tout puisqu'il est Créateur. » Il faut dire que cet ami a récemment écrit un livre de théologie sur la Création. Comme j'avais moi-même, dans la deuxième partie de *Quand je dis Dieu,* développé une conviction analogue à propos du Dieu Créateur (c'était à l'époque un thème théologique quelque peu délaissé), j'étais intellectuellement aussi convaincu que lui de cette quasi-évidence. Mais je fus presque choqué par ce que j'éprouvais comme de la légèreté dans la façon dont il considérait le problème comme réglé, alors que j'y étais moi-même complètement embourbé. Je m'avise seulement maintenant que l'ordonnancement de la vie de ce théologien réformé marié, père de famille, éditeur-commerçant tout autant que théologien universitaire, était fort différent de l'ordonnancement de ma propre vie et que la question de savoir si Dieu était ou non Tout puisqu'il était Dieu ne pouvait être posée par lui à partir du même lieu que par moi.

Il me faut insister ici sur un point qui restera d'importance capitale pour la suite de ces pages. Quand je parle de l'ordonnancement de ma propre vie, la précision « ma propre » est à prendre au sens le plus strict. Je suis dominicain, je suis religieux, je suis prêtre : lorsque je parlerai de l'ordonnancement de ma propre vie, ou de devoir « lâcher l'Ordre », « lâcher l'ordonnancement », je parlerai de la façon dont j'ai personnellement ordonnancé ma propre vie autour du fait d'être dominicain, religieux, prêtre. Je ne ferai donc pas une théorie générale de la vie dominicaine, de la vie religieuse, de la vie sacerdotale. Certes, il arrivera souvent que je puisse retrouver dans ceux qui m'entourent, ou dans le passé et le présent des institutions en cause, des traits analogues à ceux que je diagnostiquerai dans l'ordonnancement de ma propre vie : je ne suis pas assez original pour ne porter aucune trace de la formation extraordinairement efficace dont je fus l'objet consentant. Mais c'est de moi qu'il s'agira, de la façon dont j'ai personnellement interprété et intégré les règles et les objectifs du mode de vie auquel je voulais m'agréger. Je n'écarte nullement qu'il puisse en aller autrement pour d'autres hommes ou d'autres femmes (même si je sais qu'il en va de même pour beaucoup). Je ne m'intéresse pas à un examen critique général de la vie dominicaine, religieuse, sacerdotale, pour en faire la théorie. Je cherche seulement à confronter cette « bonne nouvelle » théologique selon laquelle Dieu n'est pas Tout puisqu'il est Dieu, à la manière dont, dans l'ordonnancement que j'avais fait de ma vie comme dominicain, comme religieux, comme prêtre, j'avais ou non prétendu faire de Dieu ce qu'il n'est pas et ne veut pas être, à savoir Tout.

I. Dieu ne veut pas être le Tout de l'amour

Thomas d'Aquin, Somme théologique, IIa IIae, *qq. 25-26.*

Je puis maintenant en venir à ce qui m'apparaît après coup comme la première rencontre que je fis avec le fait que Dieu, parce qu'il est Dieu, ne peut et ne veut être Tout. Il me faut une fois de plus remonter près de trente ans en arrière, une fois de plus remonter à saint Thomas d'Aquin et à ma découverte de ses écrits théologiques sur la charité. Avec l'éloignement du temps, je ne me rappelle plus si cette découverte se fit lors de mon premier contact avec ces textes quand j'étais étudiant en théologie, ou quelques années plus tard lorsque j'eus à les enseigner comme professeur. Je penche plutôt pour la seconde hypothèse, parce que cette découverte présupposait sans doute quelques perceptions que seules m'avaient rendu possibles les trois années d'études de Psychologie que j'avais faites entre-temps.

Sur ce point comme sur d'autres, Thomas d'Aquin eut à prendre parti dans des controverses très brûlantes de son temps, et ses positions furent aussi originales que peu suivies par la tradition catholique. La controverse en cause pourrait sembler très loin de mon sujet : or, elle est à son cœur même. Il s'agissait de savoir si l'amour de charité a ou non un autre objet que Dieu, autrement dit (dans mon langage cette fois-ci) si Dieu est Tout pour la charité parce qu'il en serait l'unique objet, ou si Dieu n'est pas Tout pour la charité. Tous les théologiens engagés dans cette controverse étaient d'excellents chrétiens (plusieurs, des deux bords, furent canonisés et même proclamés Docteurs de l'Église), tous savaient donc que Jésus a ramené toute la Loi à deux commandements : l'amour de Dieu et l'amour du prochain. Personne ne songeait donc à nier que l'amour de charité devait porter sur le prochain, et pas seulement sur Dieu. Le point controversé était le suivant : quel est l'objet de l'amour de charité pour le prochain? la personne du prochain lui-même, ou bien Dieu?

Les plus mystiques, les plus enthousiastes des théologiens en présence bondissaient tout de suite vers l'objet qui leur était le plus cher, qui était de toute façon le plus important, et répondaient : Dieu. Puisqu'il était la source de cet amour de charité, puisqu'il était lui-même cet amour de charité (la première épître de Jean ne dit-elle pas que Dieu est Amour, *agapè* = charité?), comment Dieu n'aurait-il pas été au terme de ce dont il était la source? Tout ne venait-il pas de Dieu et ne retournait-il pas à Dieu? Certes, la charité ne se limitait pas à aimer Dieu, et consistait à aimer le prochain à cause même de l'amour que Dieu lui porte, mais finalement c'est Dieu lui-même que la charité aime dans le prochain. Dieu qui est à la source de cet amour s'y retrouve lui-même à son terme, un peu comme dans la vie intra-trinitaire, ayant en quelque sorte traversé celui qui aime de charité en le rendant capable d'aimer ainsi, et celui qui est aimé de charité en faisant de lui une image de Dieu. L'amour issu de Dieu est donc parachevé par le mouvement qui nous fait passer du prochain que nous aimons à celui dont il est l'icône : Dieu lui-même.

On raconte que Thomas d'Aquin pesait plus de cent kilos et qu'il était parfois si peu loquace qu'on l'avait surnommé le bœuf muet. Il n'en fallait pas moins pour résister à d'aussi belles envolées et pour oser contre-attaquer en affirmant que, malgré leurs très mystiques apparences, elles méconnaissaient le plus original et le plus merveilleux de l'œuvre de Dieu. En effet, disait saint Thomas, si Dieu crée des êtres différents de lui, son mouvement créateur a bel et bien pour objet ces êtres eux-mêmes, dans la consistance que le mouvement créateur a précisément pour but de leur conférer. (J'ai insisté, dans la deuxième partie de *Quand je dis Dieu*, sur le fait que la foi en la création par Dieu n'est pas explication du monde mais instauration dans la différence.) Thomas d'Aquin ajoutait même qu'il y a plus de perfection à créer des êtres ayant consistance et autonomie que des êtres qui seraient simplement le pâle reflet ou la copie de leur créateur (ce que je traduisais en disant que la transparence n'est une qualité que pour les carreaux). Dieu, étant plus parfait que tout être humain, crée des êtres plus autonomes et plus consistants que nous ne pourrions jamais le faire. Thomas d'Aquin voyait donc dans l'autonomie et la consistance de la liberté humaine un des plus beaux signes de la puissance créatrice de Dieu et du caractère divin de cette puissance créatrice.

Ce qui lui semblait vrai de l'ordre de la création lui semblait encore plus vrai dans l'ordre de la charité, non parce qu'il aurait confondu ou mis à égalité ces deux ordres, mais précisément parce que l'ordre de la charité est encore plus éminent, digne et parfait que celui de la création. Le mouvement d'amour de charité de Dieu pour sa créature humaine confère donc encore plus de consistance et d'autonomie à son objet. Aussi les chrétiens méconnaîtraient-ils cette merveille s'ils pensaient que c'est Dieu qu'ils doivent aimer dans leur prochain, car c'est bel et bien le prochain qui est l'objet de l'amour de charité que Dieu lui porte, comme de son mouvement créateur. Thomas d'Aquin affirmait donc qu'on respectait moins Dieu en l'aimant dans le prochain qu'en aimant le prochain lui-même dans son autonomie et sa consistance à cause de l'amour que Dieu lui porte. Dieu est, en matière de charité, la raison d'aimer, il n'est pas l'unique objet d'amour.

Thomas d'Aquin allait même plus loin : cette raison d'aimer qu'est Dieu n'est pas notre seule raison d'aimer. Nous avons d'autres raisons d'aimer que Dieu : les liens du sang, l'amour, l'amitié, ce qu'est tel ou tel être, ce que nous sommes. Ces diverses raisons d'aimer ne sont pas annulées ni absorbées par cette autre raison que nous avons d'aimer, à savoir Dieu lui-même. C'est pourquoi – ah! les admirables questions 25 et 26 de la *IIa IIae* de la *Somme théologique* – il y a, disait saint Thomas, un ordre dans la charité, un ordre dans les objets *multiples* et *divers* de la charité : Dieu lui-même en premier, bien sûr, mais pas seulement Dieu : nous-mêmes, que Thomas d'Aquin n'hésitait pas à faire passer avant autrui (les cent kilos du bœuf muet furent balayés comme fétu de paille sur ce point comme sur tant d'autres par la tradition catholique, malgré la recommandation biblique : aime ton prochain *comme toi-même*), puis, après Dieu et nous-mêmes, les autres. Encore ces autres ne sont-ils pas tous mis sur le même pied, sous prétexte que Dieu les aimerait tous de la même façon. Car si ce dernier motif bouleverse le champ de nos amours en introduisant nos ennemis dans le champ de la charité, puisque Dieu aime nos ennemis autant qu'il nous aime, les raisons que nous avons d'aimer tel ou telle plus que tel autre n'ont pas à être anéanties ou méconnues sous prétexte de charité.

Découvrir cette doctrine de saint Thomas fut pour moi un vrai ravissement, une vraie libération, mais exigeait une vraie révolution. Beaucoup de choses se conjuguaient en effet dans ma tradition chrétienne familiale ou religieuse pour me faire éprouver quelque réticence à l'égard de tout mouvement d'amour se délectant dans l'objet même de son amour, y trouvant son plaisir et son bonheur. On y aimait certes, pas seulement par devoir mais surtout par devoir, y compris de charité. De plus – mais peut-être l'ai-je mal comprise – toute la formation apostolique et ascétique que je recevais dans la vie religieuse amenait à privilégier Dieu comme objet d'amour à un point tel que les autres objets étaient relégués au dernier plan, et parfois complètement écartés du champ auquel il convenait de se limiter. J'ai été formé par des dominicains dont je considère certains comme étant quasiment des saints : l'extraordinaire vigueur de leur zèle apostolique, leur souci sans relâche de Dieu, leur dévouement inouï pour les humains au nom de Dieu, leur attachement enflammé à la personne de saint Dominique (qui rêvait de mourir martyr en allant évangéliser les Cumans et qui passait ses nuits à pleurer en s'écriant : « Mon Dieu, ma miséricorde, que vont devenir les pécheurs? »), tout cela a été pour moi force, inspiration, idéal. Mais je ne suis pas certain d'être le seul et unique responsable du fait que cet extraordinaire investissement semblait supposer le désinvestissement de toute autre raison d'aimer, et même – ô horreur pour des frères de Thomas d'Aquin! – que c'était Dieu qui était l'objet d'amour de notre charité apostolique, plus encore que le prochain lui-même.

La découverte de la conception de saint Thomas fut à l'origine de remaniements qui ne pouvaient être négligeables : quoi, Dieu n'était pas et ne voulait pas être l'unique objet de l'amour de charité? Quoi, Dieu n'était pas et ne voulait pas être l'unique raison d'aimer? Redécouvrir autrui, soi-même, comme objets dignes de notre amour, et d'une dignité qui n'offense pas la façon dont Dieu est objet d'amour mais au contraire l'honore, redécouvrir la dignité des autres raisons d'aimer, des autres façons d'aimer, redécouvrir que leur dignité n'offense pas la dignité de cette raison d'aimer qu'est Dieu mais l'honore, tout cela ne pouvait manquer d'avoir de sérieuses conséquences. En un premier temps, ces conséquences étaient positives et libératrices : j'ai eu souvent le bonheur de voir des êtres s'ouvrir, comme s'ouvrent des fleurs, lorsque je leur enseignai avec enthousiasme cette conception de Thomas d'Aquin. A plus longue échéance, je devais découvrir – au moins en ce qui me concerne – que d'autres conséquences étaient plus périlleuses et pouvaient sembler catastrophiques. Dire que Dieu n'est pas et ne veut pas être le Tout de l'amour, qu'il y a plus de grandeur pour Dieu à ne pas vouloir l'être, et qu'il y a plus d'amour pour Dieu à n'en pas faire le Tout de l'amour qu'à l'en faire semblerait devoir être entièrement positif et uniquement libérateur.

Il m'a fallu bien du temps pour commencer d'entrevoir quelles forces résistaient à reconnaître qu'il en est ainsi; j'aurai maintes occasions d'y revenir, mais je dois l'énoncer maintenant une première fois : contrairement aux apparences, ce n'est pas au bénéfice de Dieu que l'on veut faire de lui le Tout de l'amour, c'est d'abord au bénéfice d'eux-mêmes que les humains font de Dieu ce Tout de l'amour qu'il ne veut pas être, car en instaurant ainsi Dieu, ils s'instaurent eux-mêmes comme sujet (ou croient s'instaurer eux-mêmes comme sujet) de telle sorte qu'ils seraient à l'abri de tout péril et de toute perte, et que l'amour lui-même serait à l'abri de tout péril. Or, où sommes-nous, humains, plus en péril qu'en matière d'amour? Et ce péril n'est-il pas si terrible, si radical, qu'il faille bien aller, pour le conjurer, jusqu'à faire de Dieu autre chose que ce qu'il est et veut être : le Tout de l'amour?

Genèse, *chapitre 2, versets 18 et suivants.*

Un autre thème mit davantage de temps à s'esquisser et eut plus de mal à se frayer un chemin en moi : il est vrai qu'il concernait des réalités moins innocentes que la vertu de charité. J'ai déjà fait allusion aux difficultés qu'ont rencontrées les religieux de ma génération dans les années cinquante – et plus encore dans les années soixante – à situer l'un par rapport à l'autre l'état de vie religieux et l'état de vie laïc. Toute la tradition religieuse dont nous héritions et que nous avions intégrée au plus profond de nous-mêmes nous présentait la vie religieuse comme la forme la plus parfaite de vie, aussi bien du point de vue de Dieu, dont elle honorait le mieux l'éminence en se consacrant entièrement à lui, que du point de vue anthropologique, puisque les plus nobles virtualités de l'être humain y étaient consacrées au plus bel objet qui puisse être leur; les moins nobles virtualités et les moins nobles objets étaient réduits à la portion la plus congrue possible, en attendant d'être définitivement éliminés dans cette vie bienheureuse à venir dont la vie religieuse était sur cette terre la meilleure anticipation possible, ce qui lui valait une raison de plus d'être la vie anthropologiquement la plus parfaite possible en ce bas monde. Nous nous appliquions donc de notre mieux à ce que Dieu soit – le moins mal possible – Tout dans notre vie et nous aspirions à ce qu'il puisse l'être aussi pour autrui, en attendant qu'un jour enfin (le jour du Seigneur!) il soit Tout pour tous.

Mais, comme je l'ai déjà noté à un autre propos, il nous fallait aussi, dans ces années cinquante et soixante, accompagner les différents mouvements laïcs qui s'appliquaient à faire des divers aspects de la vie : professionnels, familiaux, politiques, etc., l'objet de ce qu'on finit par appeler aussi une « vocation ». La vie laïque devenait un champ qui était aussi un champ du royaume de Dieu, les hommes et les femmes qui cultivaient ces champs recevaient aussi de Dieu une « mission » qui ne contribuait pas moins que la vie religieuse – mais autrement – à réaliser les desseins de Dieu. Autrement dit, dans notre ministère auprès des laïcs, nous mettions en œuvre une conception de Dieu qui ne voulait pas être le Tout de la vie de ces hommes et de ces femmes, et nous leur chantions les louanges de la vie professionnelle, familiale, politique, etc., dans des termes souvent lyriques et qui parfois faisaient un peu sourire ou laissaient rêveurs nos auditeurs. Mais dans la représentation que nous avions de notre propre vie religieuse, nous mettions en œuvre une conception de Dieu qui nous faisait penser qu'il voulait être Tout dans notre vie, et désirer qu'effectivement nous en fassions le plus possible le Tout de notre vie.

Ces deux types de discours et de pratiques auraient été compatibles si nous avions fait de notre choix de la vie religieuse un choix tenant uniquement à ce qu'était notre personnalité : étant ce que nous nous trouvions être, il nous convenait *à nous* de vivre ainsi notre relation à Dieu. Du coup, d'autres, parce qu'ils étaient différents, pouvaient fort bien vivre un autre type de relation à Dieu d'une qualité égale à la nôtre et convenant tout aussi bien que la nôtre à ce qu'est Dieu et à ce qu'il attend des humains. Mais telle n'était pas notre tradition, et telle n'était pas ce qu'on pourrait appeler notre ambition, individuelle et collective. Jusqu'à nos jours, la vie religieuse s'est toujours pensée et voulue comme convenant mieux à ce qu'est Dieu et à ce qu'il attend des humains, et comme annonçant mieux ce que sera la « vraie » vie des humains avec Dieu quand enfin Dieu sera Tout en tous. Comment concilier cette conviction avec le discours que nous pensions devoir tenir aux laïcs sur la vie laïque et sur la manière dont Dieu y est aussi radicalement en cause? Je ne suis pas loin de penser que cette contradiction, qui traversait beaucoup d'entre nous mais aussi le corps ecclésial toût entier, a joué un grand rôle dans le « départ » de nombre de religieux et de religieuses, et dans ce qu'on a appelé la perte d'identité de bien d'autres.

Les très récentes demandes de redéfinition de l'identité chrétienne, de redéfinition de l'identité religieuse et sacerdotale, qui émanent de l'aile dure de l'appareil ecclésiastique, s'accompagnent de tous les signes d'un retour à l'ancienne conception de la supériorité de la vie religieuse et sacerdotale. Vont-elles ou non se heurter à ce que les hommes et les femmes laïcs ont su découvrir de la densité de leur existence devant Dieu? A la place de ces laïcs, je me méfierais : ils risquent de se faire faire les poches, quitte à ce qu'on leur concède des bribes de participation liturgique, catéchétique ou théologique à l'éminente condition sacerdotale ou religieuse. Mais je ne suis pas devin ni prophète. Et plutôt que de dégager les leçons d'un avenir dont j'ignore tout, je préfère tirer ici la leçon d'une découverte personnelle à première vue fort anodine, le qualificatif de personnel signifiant seulement que personne ne me l'avait jamais dit et qu'elle m'apparut un beau jour, disponible depuis toujours mais jamais pensée par moi ni explicitée par ceux qui m'avaient formé.

Il s'agit des premiers chapitres de la Genèse, et des deux récits de la création du monde par Dieu que l'on y trouve. Comme la plupart des catholiques de ma génération, j'avais été formé dans une mentalité plus ou moins fondamentaliste. Comme tous les théologiens de ma génération, j'ai appris au fil des années à lire ces récits comme de magnifiques poèmes dont la vérité religieuse et humaine n'est pas à chercher dans leur littéralité mais dans les originalités que manifeste leur comparaison avec d'autres récits cosmogoniques d'époques et de cultures avoisinantes, et plus encore dans la parenté de leurs thèmes religieux avec d'autres thèmes non moins essentiels de l'expérience de foi d'Israël. J'aimais bien ces deux récits de la création : celui des six jours (le premier dans l'ordre littéraire actuel du texte mais le deuxième dans l'ordre chronologique des rédactions) m'était même spécialement familier, car on le lisait chaque année à la Vigile pascale. Chantre du couvent, et ne manquant pas d'une certaine expérience de la lecture publique des textes, je l'ai fait répéter des heures durant et l'ai parfois lu moi-même : ce texte est très beau. Mais c'est à propos de l'autre récit, celui d'Adam et d'Ève tirée de la côte d'Adam durant son sommeil, que je fus tout surpris d'y découvrir un jour ce qui y était évident depuis toujours mais que je m'étais dissimulé pour des raisons aussi puissantes et aussi automatiquement opérationnelles que celles pour lesquelles on ne m'en avait jamais rien dit.

On se rappelle le texte : le Seigneur crée la terre et le ciel, puis Adam qu'il forme avec de la poussière prise du sol et auquel il insuffle dans ses narines l'haleine de vie : « Et l'homme devint un être vivant. » Puis le Seigneur plante un jardin, prend l'homme et l'établit dans le jardin d'Éden pour le cultiver et le garder. Il lui donne tout arbre mais lui interdit de manger de l'arbre de la connaissance du bonheur et du malheur. Et le texte continue : « Le Seigneur Dieu dit : Il n'est pas bon pour l'homme d'être seul. Je veux lui faire une aide qui lui soit accordée. » Le Seigneur crée donc tous les animaux que l'homme désigne par leur nom, « ...mais pour lui-même, l'homme ne trouva pas l'aide qui lui soit accordée ». Le Seigneur endort alors Adam, prélève une de ses côtes, en façonne une femme et l'amène à l'homme : « Alors celui-ci s'écria : Voici cette fois l'os de mes os et la chair de ma chair, celle-ci on l'appellera femme car c'est de l'homme qu'elle a été prise. Aussi l'homme laisse-t-il son père et sa mère pour s'attacher à sa femme et ils deviennent une seule chair. Tous deux étaient nus, l'homme et sa femme, sans se faire mutuellement honte. »

J'ai lu, relu, étudié, prêché ce texte, dont on m'avait appris en exégèse les arrière-fonds et les perspectives. Mais il m'a fallu bien des années pour m'aviser du fait qu'à un certain moment, le texte prenait une direction qu'il n'aurait pas prise s'il avait été écrit par des auteurs partageant ma conception d'alors de la vie religieuse et la conception de Dieu qu'elle implique. Que dit donc Dieu après avoir créé Adam? « Il n'est pas bon pour l'homme d'être seul. » Mais Adam n'était pas seul! Il était avec Dieu. Il était radicalement avec Dieu, pas même séparé de lui par le péché, pas même distrait de lui par toutes ces autres créatures animales et humaines qui n'existaient pas encore. C'était le face à face avec Dieu, celui que je cherchais, celui qu'on m'avait appris à chercher, celui qu'on nous annonçait comme la béatitude éternelle. Qu'est-ce qui prenait à Dieu de trouver qu'Adam ne pouvait pas rester ainsi? Écrit par nous, le texte aurait été quelque chose de ce genre : « Et Adam s'ennuyait sur la terre bien qu'y étant avec Dieu. Et Dieu dit à Adam : puisque tu n'es pas encore assez parfait pour t'apercevoir que je suis Tout pour toi et que tu devrais être intégralement comblé du simple fait d'être avec moi, et puisque je suis un Dieu qui a pitié de ta faiblesse de pauvre humain et qui ne t'en veux pas de ne pas avoir déjà compris que je devrais te suffire puisque je suis Tout, je vais te donner provisoirement une aide qui te rende la vie moins ennuyeuse. Vous ferez votre chemin ensemble. Évidemment, c'est un détour; mais je suis bon, je fais de ce détour un instrument pédagogique, non démuni de charmes même si dangereux. Quand tu auras parcouru ce chemin, tu seras enfin prêt pour la vraie vie, le vrai face à face : tu auras compris que je te suffis et que je suis Tout pour toi. Quand vous en serez là, les humains, alors vous ne prendrez plus ni mari ni femme car vous serez comme des anges. » Eh bien non! tel n'était pas le texte écrit. Pourtant, c'est ce qui aurait dû être écrit si Dieu voulait être Tout pour l'homme, ou si la vie religieuse – avec son vœu de chasteté – était ce qui convenait le mieux à la nature de Dieu et à la nature des humains, si le rêve de Dieu avait été de suffire aux humains, si la vie des humains devait être que Dieu leur suffise.

La fréquentation de l'autre récit de la création, celui des six jours suivis du septième, confirmait à la fois l'orientation du premier et les interrogations en résultant. Le sixième jour, après que tout le reste eut été mis en place, la création recevait son couronnement par la création de l'homme : « Faisons l'homme à notre image, selon notre ressemblance... Dieu créa l'homme à son image, à l'image de Dieu il le créa; mâle et femelle il les créa. Dieu les bénit et leur dit : Soyez féconds et prolifiques, remplissez la terre et dominez-la... Dieu vit tout ce qu'il avait fait. Voilà, c'était très bon. » Les exégètes m'avaient appris qu'une des originalités de ce texte, par rapport à la plupart des cosmogonies antiques avec lesquelles il a des points communs, était que la création de deux sexes différents soit le fait d'un vouloir positif de Dieu et non pas – comme dans tant d'autres cosmogonies ou mythes d'origine – un accident survenu à une créature primitivement unique, monosexuée ou asexuée. Les historiens des doctrines, eux, m'avaient appris que beaucoup de grands théologiens chrétiens avaient été fort embarrassés par un tel vouloir de Dieu, et que plusieurs n'étaient pas parvenus à y croire. Pour Origène, un des piliers de la pensée chrétienne d'Orient et d'Occident, il y avait eu une première création, parfaitement réussie; l'être humain ayant voulu par orgueil se faire l'égal de Dieu, son péché avait abîmé la création; Dieu avait eu la bonté d'en refaire une autre, nécessairement « de seconde main » et moins parfaite : dans cette seconde création, et dans celle-ci seulement, il y avait de la sexualité. C'était le péché de l'homme qui l'avait introduite dans une création où elle n'avait pas primitivement sa place et d'où d'ailleurs elle serait exclue quand, dans la vie éternelle, les choses auraient repris leur vrai visage : les humains y seraient comme des anges, lesquels, comme chacun sait, n'ont pas de sexe. La tradition religieuse, et avec elle certains de mes formateurs, n'appelait-elle pas la vie religieuse la vie « angélique », *vita angelica,* jouant sur l'homophonie de l'expression avec celle de *vita evangelica,* la vie « évangélique », elle aussi souvent utilisée pour désigner la vie religieuse comme la plus accordée à l'Évangile?

Dans *Quand je dis Dieu,* j'ai longuement insisté sur le fait que la création est instauration par Dieu de la créature dans la différence. Je pourrais reprendre ici le même thème en montrant qu'il y a instauration dans la différence des sexes. Mais, même s'il n'est pas complètement étranger à cette perspective, mon propos actuel est autre : c'est à propos de la sexualité, à propos de la femme (puisque je suis un homme) que ces récits me disaient que Dieu ne veut pas être Tout, que la sexualité, la femme étaient des réalités que Dieu me donnait, dont il n'était pas jaloux, qui n'avaient pas à être abolies pour que Dieu puisse être Dieu, mais qu'au contraire être Dieu consistait entre autres à instaurer la sexualité et à me la donner. Dans plusieurs autres écrits antérieurs, à partir de considérations théoriques théologiques et psychanalytiques, je me suis efforcé de montrer pourquoi c'était la sexualité – elle-même absolutisée de façon fallacieuse – qui semblait à diverses formes de christianisme comme faisant le plus pièce à un Dieu lui-même représenté de façon fallacieuse. Avec quelques années de recul, je m'aperçois que plusieurs facteurs ont opéré en moi de manière dispersée mais avec des résultats finalement convergents : la réflexion théorique que je viens de mentionner, les transformations résultant de l'analyse, l'évolution de mon existence personnelle, mais aussi les militances et les pratiques dont j'ai parlé dans la précédente partie de ce livre consacrée à la sexualité. Il n'en fallait pas moins pour que l'antinomie entre Dieu et la sexualité que j'avais héritée de ma tradition familiale et religieuse et que j'avais longtemps pratiquée et théorisée se trouve entamée de telle sorte qu'un beau jour, lisant les textes de la Genèse, je m'avise qu'ils disaient tout autre chose. Découvrir à propos de l'amour de charité que Dieu n'est pas Tout et ne veut pas l'être est une chose; le découvrir à propos de la sexualité en est une autre. A tous ceux et à toutes celles qui ne sentiraient pas combien grande est la différence, je me contenterai de conter l'anecdote suivante.

Un dominicain de mon couvent, qui ne manque pas d'une certaine expérience ni d'une certaine connaissance théorique de la psychologie clinique, a écrit un article où il traite, entre autres ouvrages, de mon livre *Quand je dis Dieu.* Développant le thème – incontestable – que la motivation réelle de nos actes nous échappe souvent parce qu'elle est inconsciente, il décèle la motivation secrète qui m'a poussé à écrire ce livre dans le besoin de justifier qu'on puisse faire l'amour. Il trouve la trace de cette motivation inconsciente dans la comparaison que je fais (une demi-page sur deux cent cinquante, mais on sait combien peut être à la fois bref et violent le retour du refoulé!) entre l'amour de l'homme et de la femme, ou plus précisément entre leur rencontre sexuelle et la manière dont Dieu est présent par mode de Schekinah. On aurait tort de représenter à ce collègue qu'un tel rapprochement est classique depuis plus de vingt-cinq siècles, que depuis des siècles les juifs lisent le *Cantique des Cantiques* lors de leurs grandes fêtes, que la liturgie catholique fait de même pour les fêtes de la Vierge Marie ou des saintes vierges chrétiennes, et que des auteurs mystiques de toutes les grandes religions ont eu recours de façon souvent plus précise et plus développée à cette comparaison. Il sait tout cela fort bien, mais il ne se trompe pas sur l'objectif qu'il veut défendre parce qu'il le sent menacé. Lorsqu'une certaine théorie et une certaine pratique de la vie religieuse proclament que l'on fait plus honneur à Dieu en n'ayant pas de vie sexuelle (soyons plus précis : en n'ayant pas la vie sexuelle d'un adulte) et que cette abstention convient mieux à la nature de Dieu et à la « véritable » nature humaine telle qu'elle apparaîtra dans toute sa pureté dans la vie éternelle, on peut certes concéder à d'autres la pratique de la vie sexuelle, on peut certes utiliser la sexualité comme thème lyrique et mystique pour parler de Dieu, mais il ne faut pas, il ne faut surtout pas donner dans sa propre vie à la sexualité un autre statut que celui d'une absence plus ou moins réussie ou d'un manque plus ou moins ressenti. Ce collègue avait bien perçu que telle n'était pas ma façon de penser ni de vivre.

Non que je considère comme dénuée de sens la volonté qui meut certains hommes et certaines femmes à donner à Dieu dans leur propre vie une place de telle nature qu'ils et elles préfèrent n'avoir pas de vie sexuelle explicite. Mais je considère que c'est là leur affaire, qui tient à leur conception personnelle de Dieu et à la place que la sexualité tient dans leur propre personnalité. Je conçois également fort bien que de tels hommes ou de telles femmes se regroupent pour vivre ensemble selon leurs conceptions de Dieu et de la sexualité. Mais je pense qu'une telle façon de vivre ne tient nullement à la nature même de Dieu et à la nature même de la sexualité, et qu'elle ne s'impose donc pas comme étant – ni dans ce monde ni dans l'autre – la meilleure manière d'honorer la réalité de Dieu. Or, on trouve dans la conception traditionnelle de la vie religieuse, et dans les conceptions traditionnelles de Dieu et de la sexualité que met en œuvre la vie religieuse, une conviction tout à fait différente et selon laquelle ce serait la nature même de Dieu et la nature même de la sexualité qui rendraient préférable un tel mode de vie, et non pas des représentations de Dieu et de la sexualité tenant – pour le meilleur et pour le pire – à la personnalité des hommes et des femmes qui préfèrent très légitimement vivre ainsi. Mon collègue ne se trompait donc pas en m'attribuant le besoin de justifier qu'on puisse faire l'amour. Ne pouvant être juge et partie, je ne me prononcerai pas sur la justesse de son diagnostic selon lequel l'écriture de mon livre aurait été dictée par ce besoin, ni sur la validité de son jugement selon lequel un tel besoin serait de nature à vicier ce qu'il inspirerait. Je préfère évoquer de nouveau le thème qui s'était imposé à la fin des pages précédentes sur le fait que Dieu ne veut pas être le Tout de l'amour de charité ni le Tout de nos raisons d'aimer.

Je notais que ce n'était pas d'abord au bénéfice de Dieu que les humains se le représentaient comme étant et voulant être le Tout de l'amour, mais pour garantir en eux-mêmes ce qu'ils croyaient ne pouvoir garantir qu'ainsi. Ce n'est pas non plus au bénéfice de Dieu que certains se le représentent comme le Tout qu'honorerait leur renoncement à toute vie sexuelle. C'est bien plutôt à leur propre bénéfice : car, en magnifiant de façon fallacieuse la sexualité pour en faire une réalité si suréminente que son sacrifice est le plus bel hommage que l'on puisse faire à Dieu, on se préserve de la découvrir limitée, contingente et affectée de vicissitudes qui doivent être niées pour échapper plus encore à leur obscure puissance qu'à leur séduction. On se préserve aussi des dépendances à l'égard d'autrui et de soi-même qu'implique son exercice (comme d'ailleurs celui de toute dimension de la condition humaine). La vie nous bâtit parfois de telle sorte qu'on ne considère pas comme trop cher payé de se préserver de tout cela en renonçant purement et simplement à l'exercice explicite de la sexualité. La vie nous bâtit parfois de telle sorte qu'on ne considère pas comme trop cher payé de transformer Dieu en quelqu'un à qui cette opération serait particulièrement agréable, même si c'est là transformer en son contraire ce que nous croyons de lui (au sens de *Credo*) comme Créateur. Encore une fois – et je le répète même si je sais parfaitement que cette répétition n'aura aucun effet sur qui ne veut pas entendre; mais peut-être n'est-ce pas le cas de tous? – encore une fois, je n'ai rien contre le fait que des hommes ou des femmes préfèrent vivre leur relation à Dieu de telle sorte qu'ils préfèrent ne pas avoir de vie sexuelle. En outre, j'ai une grande admiration pour des êtres capables de tout quitter, de tout brûler pour une grande passion, et je sais que Dieu peut être une grande passion. Je m'oppose seulement – et je m'y oppose de toute ma force d'homme et de toute ma force de croyant – à ce que ces hommes et ces femmes transforment leur choix en théorie sur Dieu et sur la sexualité, et présentent ce choix comme ce qu'imposeraient la nature de Dieu et la nature de la sexualité.

II. Les difficultés de la détotalitarisation

Même si découvrir que Dieu ne voulait pas être Tout m'avait été plus long et plus difficile à propos de la sexualité qu'à propos de la charité, il y avait déjà un certain temps que je m'en étais avisé lorsque j'avais commencé d'écrire *Quand je dis Dieu.* Aussi avais-je pu consacrer la seconde partie – celle sur la création – au thème qui me paraissait alors le plus essentiel, à savoir que la contingence n'est pas pour l'être humain blessure mais nature, et à l'identification des nombreux mécanismes par lesquels certaines formes de christianisme me semblent pervertir la foi chrétienne en assignant la contingence au péché et en attendant du salut en Jésus-Christ qu'il nous délivre de la contingence. Plus récemment, prévoyant que je finirais le présent livre par une partie intitulée « Dieu est Dieu, donc Dieu n'est pas Tout », je me réjouissais d'avance de conclure avec ce qui me paraissait pouvoir être un hymne de louange à Dieu et aux créatures. Si Dieu ne veut pas être Tout mais être lui, Dieu, s'il veut que nous soyons, nous, des humains, et s'il veut bien être un Dieu-avec-nous, voilà, me semble-t-il, qui donne matière à louer Dieu. Que nous voulions, nous, qu'il soit Dieu, que nous voulions être nous, et que nous voulions l'être avec lui, voilà qui me semblait et me semble toujours une bonne nouvelle sur laquelle il est agréable de clore un livre. Or, je l'ai dit, des circonstances n'ayant apparemment aucun rapport avec ce qui me semblait en cause sont venues me montrer que, en ce qui me concerne en tout cas, on n'en a jamais fini avec ce qui nous pousse à faire de Dieu le Tout, donc à transformer Dieu en idole.

Il s'agissait en effet pour moi – j'y ai fait une brève allusion

– de chercher du travail pour quelques années seulement (vu mon âge actuel et la situation du marché du travail) afin de gagner un peu ma vie et de n'être pas complètement un parasite. Ma conviction que c'était nécessaire ne me posait intellectuellement aucun problème et se trouvait renforcée par des nécessités pratiques de plus en plus pressantes. Or, je l'ai dit, je résistais de toutes mes forces. Que voulais-je donc protéger? Qu'allais-je perdre en trouvant du travail? Pour mieux faire comprendre ce qui était en cause et m'a si longtemps complètement échappé, je dois dire quel chemin avait fait en moi depuis deux ans la conviction surgie à la sortie de la messe de Noël et selon laquelle il me fallait « lâcher l'Ordre ».

La conjonction apparemment favorable d'une situation et d'une conviction.

Il y a maintenant quatre ans et demi que le Vatican m'a interdit de prêcher, de présider l'Eucharistie et d'enseigner publiquement la théologie. J'ai décrit dans la première partie de ce livre, rédigée depuis déjà deux ans et demi, le processus de décomposition qui s'en était suivi : décomposition qui, malgré ce qu'elle avait de presque terrible, me paraissait finalement une chance dont il me faudrait savoir profiter. Il me fallait « lâcher Dieu », pour lui rendre sa liberté et qu'il puisse devenir ce qu'il est, quitte à ce que je perde tout ce que je croyais savoir de lui, quitte à ce que je meure avant le retour du printemps. Encore sait-on ce que sera le printemps qui reviendra après l'hiver, alors que je ne savais rien de la saison à venir. Pendant ces dures années, je me suis cantonné dans un silence qui m'a fait oublier, sauf de mes supérieurs – aux échelons local et national – qui se sont plusieurs fois efforcés d'obtenir du Saint-Office un allègement des sanctions prises contre moi. Leur insuccès fut total. Je me suis progressivement habitué à l'idée qu'il en irait ainsi jusqu'à ma mort. On m'objectait que d'autres théologiens avaient été réhabilités après avoir été condamnés. Je faisais remarquer sans grand succès ce qui était pourtant la vérité, à savoir que jamais les sanctions n'avaient été si lourdes et que jamais les accusations d'hérésie n'avaient été si graves ni si nombreuses. Par ailleurs, les conditions dans lesquelles j'ai été condamné font que j'ai perdu le peu de confiance que j'aie jamais eu dans le genre de gens qui font carrière au Saint-Office. Comme l'avait dit lord Acton avant la discussion sur l'infaillibilité pontificale en 1870, « le pouvoir corrompt, le pouvoir absolu corrompt absolument ». Ces derniers mois, lorsqu'il a été question de revenir sur la condamnation de Galilée, ils n'ont pas craint de rappeler qu'après tout, ce n'était pas si simple et que leurs prédécesseurs n'avaient pas été si malavisés qu'on le prétendait. Or, je ne suis pas, comme Galilée, un génie, et s'il est certain que la terre tourne autour du soleil, ce que j'avais écrit n'est pas si sûr : j'ai d'ailleurs moi-même déjà reconnu m'être trompé sur tel ou tel point. Il me fallait donc me rendre à l'évidence que je ne prêcherais plus jamais, que je ne présiderais jamais plus l'Eucharistie, que je n'enseignerais jamais plus la théologie.

Théoriquement, plusieurs solutions étaient possibles : je pouvais m'enfoncer dans la dévotion silencieuse, me plonger dans l'érudition profane ou sacrée, rejoindre Mère Teresa à Calcutta ou tel de mes frères dominicains auprès des paysans affamés du Brésil, faire à Paris des colis pour le Secours catholique, ou tout simplement me mettre au service de mes frères comme le font admirablement plusieurs frères – prêtres ou non – de mon couvent. En fait, bien des raisons d'ordre divers s'y opposaient, mais la plus puissante était précisément celle qui m'avait amené chez les dominicains : je voulais pouvoir parler de Dieu, de la foi, je voulais pouvoir vivre avec des gens et dans des conditions qui me permettraient de chercher Dieu et d'en parler. Pendant des mois et des mois, je suis resté complètement bloqué entre ces deux évidences dont je ne voulais lâcher aucune, sans trouver le moyen de dépasser leur contradiction : d'une part je ne pouvais définitivement plus prêcher, célébrer, faire de la théologie, d'autre part je ne pouvais définitivement pas vivre sans parler de Dieu. Donc je ne vivais pas, je me décomposais à petit feu, lentement mais sûrement : mes journées étaient vides, incroyablement vides. Je ne manque pas de dons assez divers, or je menais une vie (si l'on peut dire!) de bon à rien. Les seuls moments plus vivables étaient les périodes de vacances scolaires où j'écrivais ce livre :

entre-temps, en dehors des quelques semaines de travail « profane » épisodique, rien, rien, rien. Au moins pour ce dont je parle ici, et qui est essentiel dans ma vie.

Je me demandais quel sens pouvait bien avoir la vie d'un frère prêcheur qui ne prêche plus, d'un prêtre qui ne préside plus l'Eucharistie, d'un théologien qui ne fait plus publiquement de théologie : et je répondais que cela n'avait aucun sens. Mais d'une part j'étais attaché à l'Ordre dominicain par tant de fibres tissées depuis plus de trente ans que je n'envisageais pas une seconde – je l'ai dit au début de ce livre – de quitter l'Ordre. D'autre part, je ne voyais aucune autre façon de vivre qui puisse me permettre de parler de Dieu. Une chose n'était plus possible, mais rien d'autre n'était possible, sinon pourrir sur place, en essayant de ne pas trop puer. Mais à l'intérieur de moi, cela puait, cela pourrissait carrément. Parfois, je me disais qu'après tout j'avais eu de la chance : jusqu'à la cinquantaine, j'avais eu une très belle vie, passionnante, dont je ne regrettais rien que telles erreurs ou telles fautes : beaucoup n'avaient pas eu cette chance. Et à cinquante-trois ans, j'avais été transformé en mort-vivant, comme d'autres le sont par une maladie incurable, par un deuil qui les casse, par un échec professionnel sans rémission.

Bien sûr, on a toujours l'air d'exagérer quand on dit des choses pareilles. De fait, d'ailleurs, on exagère presque toujours quand on pense des choses pareilles. Mais la souffrance, la décomposition ont le mauvais goût de ne pas faire dans la nuance. Ou plutôt, la nuance est un luxe qui leur est impossible : on est sorti d'affaire, on est sauvé, quand la nuance redevient possible. Mais quand on pleure, on pleure. Quand on sanglote, on sanglote. Pourtant, je n'étais pas complètement fichu puisque, quelque part, du travail se faisait, des choses bougeaient, de temps en temps des lambeaux de brouillard se formaient. Un lambeau de brouillard, cela a une forme, cela ressemble à quelque chose, cela fait penser à quelque chose.

Plusieurs de ces lambeaux me faisaient penser à ce qui, dans la vie religieuse, semble si souvent inspiré par la conviction que Dieu est Tout, semble si souvent organisé, pensé, voulu pour signifier, pour symboliser que Dieu est Tout. Je ne prétends pas réduire la théorie et la pratique de la vie religieuse à une proclamation du fait que Dieu est Tout et que l'être humain n'est vraiment lui-même qu'à faire de Dieu son Tout. Je suis bien obligé cependant de constater, en moi-même et autour de moi, que telle est la proclamation autour de laquelle elle s'organise bien souvent et autour de laquelle beaucoup de ses adeptes organisent leur existence. De ce point de vue, malgré leur caractère moins abrupt que les plus anciennes, la plupart des considérations théologiques actuelles sur la signification de la vie religieuse impliquent – de manière à peine moins explicite – que la vie religieuse tient sa valeur du fait qu'elle signifie autrement et mieux que la vie laïque ce qu'est Dieu et ce qu'est la « véritable » finalité de l'existence humaine. Ce que je viens de dire à propos de la sexualité et du sacrifice que l'on pense devoir en faire à Dieu, parce que l'exercer serait moins digne de lui que la sacrifier, est tout aussi vrai, le plus souvent, des vœux de pauvreté et d'obéissance. J'ai dit dans la première partie de ce livre comment les changements de signification, dans notre culture, des différentes réalités anthropologiques concernées par les vœux entraînaient nécessairement une transformation de ce que ces vœux peuvent signifier au sujet de Dieu et de l'être humain. Dès lors qu'ils se veulent système signifiant de ce qu'est Dieu et de ce qu'est l'homme, au lieu de se présenter plus modestement comme la manière dont des hommes et des femmes ont envie de vivre leur relation à Dieu pour des raisons qui leur sont propres et qui sont parfaitement respectables, les vœux religieux ne peuvent éviter de donner à penser qu'ils proclament Dieu comme le Tout dont l'éminence et l'unicité ne sont véritablement honorées que lorsque les humains ne se donnent pas d'autre objet que lui.

Certains diront peut-être qu'on n'en vient jamais jusque-là. Je répondrai d'abord que c'est faire vraiment trop bon marché des propos qu'ont au contraire très explicitement tenus pendant des siècles – et jusqu'à nos jours – des centaines et des milliers de religieux et de religieuses, d'évêques et de théologiens, de prédicateurs et de directeurs de conscience, ou parfois certains laïcs comme l'ineffable Jean Guitton (de l'Académie française) qui déclarait à propos du vœu de chasteté des religieux : « Pour goûter nos joies les plus profondes et les plus légitimes, nous avons besoin que certains y renoncent. » J'ajouterai ensuite qu'il faut distinguer la théorie de la pratique et qu'ici, contrairement à ce qui se passe en tant d'autres domaines, la pratique est souvent plus sévère que la théorie. Je veux dire que je connais nombre de religieux qui, dans leur prédication et leurs écrits, ne présentent pas de manière aussi totalisante, pour ne pas dire totalitaire, le Dieu auquel ils invitent les religieux et les religieuses à se consacrer, et qui font largement droit aux valeurs chrétiennes de la vie laïque. Mais dans leur vie personnelle, ils continuent de se comporter comme si Dieu était tel qu'il convenait de ne se donner aucun autre objet d'amour, d'intérêt ou d'activité; lorsqu'ils se donnent un autre objet – ce qu'ils considèrent comme une faiblesse ou un accident –, ils se sentent gravement coupables, non pas tant par rapport à un projet personnel somme toute parfaitement concevable, mais par rapport à Dieu lui-même, dont ils auraient ainsi contristé l'amour parce que cet amour exigerait que tout lui soit consacré et sacrifié.

Je dois cependant signaler que je connais des religieux (il y a certainement des religieuses dans ce cas, et sans doute davantage, mais j'ai trop peu de relations dans ce milieu pour en parler), je connais donc des religieux qui en ce domaine – où c'est bien plus difficile qu'il n'y paraît – conforment leur pratique à leur théorie. Ils ne croient pas que Dieu se veuille totalisant et totalitaire, ils ne croient pas que Dieu se veuille l'unique objet d'amour, l'unique raison d'aimer, ils ne croient pas que Dieu se sente menacé ou blessé par le fait que des humains vivent leur sexualité, leur autonomie, leur possession de biens. Ils en sont venus là non par faiblesse ou par laxisme, mais au contraire au prix d'un dur labeur de la foi, d'une attention plus constante à Dieu et d'une lutte courageuse contre tout ce qui en nous et autour de nous se conjugue pour faire de Dieu le Tout grâce auquel s'accomplit en l'homme ce qui trouve son bien à construire cette idole. Ils veulent continuer de mener une vie où « l'affaire Dieu » a une place prépondérante, ils veulent continuer de donner dans leur vie à la prière, à la célébration, à la prédication, à la théologie, au partage de la foi et de la recherche de Dieu une place essentielle. Ils cherchent tenacement, modestement, comment ceci est possible sans faire de Dieu le Tout qu'il n'est pas, sans penser qu'il faut lui sacrifier en s'en amputant ce qui est don de Dieu, don sans repentance comme tous les dons de Dieu. Ils se heurtent à bien des difficultés : en eux d'abord, car ils ont le plus souvent été formés, conformés selon cette conception totalisante et totalitaire de Dieu qu'ils récusent maintenant de toute la force de leur foi; cette formation les a souvent marqués si profondément qu'il leur faut parfois se faire violence, voire se blesser et se mutiler, pour s'arracher à ce qui leur était devenu si intime à eux-mêmes. Mais ils se heurtent aussi à bien des difficultés hors d'eux-mêmes, tant sont puissantes les forces qui se conjuguent pour faire croire à l'homme qu'il s'accomplit en faisant de Dieu le Tout, tant sont puissantes les institutions engendrées par ces forces ou qui s'en nourrissent.

J'admire beaucoup ces hommes : pendant plusieurs années je me suis efforcé d'être des leurs. Mais la situation où je me trouve de par ma condamnation fait que rester des leurs n'a pour moi personnellement plus aucun sens. Déjà sous sa forme classique, la vie religieuse n'était pas pour moi – du moins le pensais-je consciemment – une fin mais un moyen. Les vœux, l'appartenance à un Ordre, les observances, l'organisation de la prière individuelle et collective, etc., tout cela n'était pour moi – consciemment du moins – qu'un moyen au service d'une fin, fin que les constitutions de notre Ordre définissent depuis saint Dominique comme étant le salut des âmes par la prédication, ce qui englobe bien plus que l'acte même de prédication qui en reste néanmoins l'épicentre. A partir du moment où il s'avérait que je ne pourrais définitivement plus prêcher, la fin disparaissait. La fin disparaissant, quel sens gardaient les moyens?

Qu'on me comprenne bien. Je ne prétends pas que ces moyens n'ont aucun sens en eux-mêmes et ne pourraient être poursuivis indépendamment de leur fin qu'est la prédication : nombre d'autres Ordres religieux, nombre de religieux montrent que tel peut bien être le cas. Mais personnellement – et j'insiste sur l'adverbe « personnellement », car mon propos ne se veut pas général –, en ce qui me concerne donc personnellement, ces moyens n'avaient de sens que par rapport à cette fin. Je n'ai pas la vocation d'un bénédictin, d'un trappiste ou d'un frère des écoles chrétiennes, mais celle d'un dominicain, et d'un dominicain pour qui la vie dominicaine n'a de sens qu'en fonction de la prédication. Celle-ci ne m'étant plus possible, l'ensemble des moyens devenait pour moi un corps sans âme, un cadavre. Je mis des mois et des mois à me rendre à cette évidence, et peut-être ne m'y serais-je jamais résolu si, comme je l'ai dit, le cadavre n'avait pas commencé à puer carrément. La difficulté d'en prendre conscience et de m'y résoudre révéla la nature du vrai problème qui était le mien.

Théoriquement, les choses étaient fort simples : la fin n'étant plus possible et les moyens perdant ainsi leur sens, il convenait de chercher d'autres moyens au service de la même fin. Faute de quoi, la fin elle-même disparaîtrait de ma vie : le service de la parole de Dieu, le salut des âmes par la prédication disparaîtrait de mon existence, et ce cadavre qu'était devenu pour moi l'ensemble des moyens deviendrait mon propre cadavre. Comme je l'expliquai un jour à mes vieux parents que je voulais préparer avec ménagement à cette éventualité : « Après tout, si je sors de l'Ordre, ce sera à cause de la raison pour laquelle j'y suis entré : le service de la parole de Dieu par la prédication qui m'y avait amené ne m'y étant plus possible, ce même service doit me faire en sortir pour trouver autre chose. » En théorie, c'était fort simple. Certes, cela représentait un bouleversement radical de mon existence, et plus on vieillit plus c'est difficile. Mais j'ai déjà subi ou opéré plusieurs bouleversements de ce genre, et je sais bien que tant que je serai vivant, il me faudra savoir mourir pour vivre, et que plus l'enjeu sera important, plus il me faudra savoir mourir pour arriver à vivre un peu. Il n'y avait donc pas en théorie de problème insurmontable, et ce d'autant plus que le *statu quo* s'avérait de plus en plus stérile et mortifère.

Oui. Mais j'étais comme pétrifié sur place. Je ne pouvais pas bouger, je me dégradais, et j'étais incapable d'aller vers la seule issue possible, issue dont j'étais pourtant capable de faire la théorie et d'expliquer la nécessité. Je m'empêtrais dans un réseau dont la nature m'échappait : on aurait cru que j'avais les deux pieds pris dans un bloc de béton. J'enrageais, je me sentais humilié d'en être là. Que se passait-il donc? Pourquoi ne pouvais-je faire ce qui était si clair, si évident, ce qui était ma seule chance de survie?

Une paralysie croissante.

Certes, des éléments de diagnostic sur ma paralysie étaient possibles. D'une part, les liens de toutes sortes tissés depuis plus de trente ans avec des institutions et surtout avec des hommes, l'amitié et la confiance de plusieurs, le compagnonnage d'un plus grand nombre... Comment parvenir à me séparer de tout cela qui avait été ma vie, d'autant que nombre d'entre eux ne me pressaient nullement de partir, tout au contraire, et que je savais que j'en blesserais profondément plusieurs en les quittant : j'ai suffisamment subi cette blessure moi-même pour savoir ce qu'elle représente, non seulement comme perte d'un compagnon, mais comme ébranlement de sa propre façon d'exister. Pourquoi leur infliger cette souffrance, pourquoi me l'infliger à moi-même, alors que je ne savais même pas si quoi que ce soit d'autre était possible? C'était plus que lâcher la proie pour l'ombre, c'était lâcher ce qu'avait été la vie pour ce qui ne serait sans doute que mort en moi et autour de moi.

Par ailleurs, on me faisait valoir que j'étais certes réduit au silence, mais pas complètement : je pouvais encore participer à des réunions de groupes informels, accepter de rares invitations en France ou à l'étranger pour parler, sinon en public, en tout cas en privé. Si je quittais l'Ordre, je serais socialement plus exclu encore que je ne l'étais déjà, je perdrais le peu qui m'était encore possible, je serais plus disqualifié encore auprès de beaucoup de croyants et pas plus qualifié pour autant auprès d'autres croyants ou auprès des incroyants, bien au contraire. J'avais encore au moins un statut social : je le perdrais, sans gagner pour autant le droit à la parole ni des circuits pour cette parole; or, me représentait-on, c'était bien cette parole que je voulais continuer de servir.

Un jour, une amie à qui je m'en ouvrais m'a parlé de fidélité. Elle m'a demandé : « Mais la fidélité, qu'en fais-tu? » J'ai essayé de lui montrer que je restais fidèle à la finalité de ma vie, que j'y étais même plus fidèle que jamais puisque, pour pouvoir continuer de la servir, il allait falloir m'arracher à tout ce corps de moyens qui était pratiquement devenu mon propre corps. J'ajoutai que depuis plus de quinze ans, je plaidais pour que l'Église catholique ne fasse pas peser sur les divorcés remariés le poids de leurs unions mortes. Ce n'était pas mon union à l'Ordre qui était morte, c'était la vie dominicaine que l'on avait tuée en moi en me rendant sa finalité impossible. Fallait-il que je laisse son cadavre m'empoisonner? D'autant que je ne quittais pas l'Ordre pour abandonner l'affaire Dieu, mais pour essayer de trouver un autre service de la parole puisque celui qui m'était cher et habituel ne m'était plus possible. Reste que l'on n'évoque jamais en vain le mot de fidélité, et que je ne pouvais éviter de me sentir coupable. Alors, pourquoi partir, si partir c'était aussi plus ou moins trahir?

Et puis, si prosaïque ou indécent que cela puisse paraître, il y avait le côté matériel de l'opération. A cinquante-sept ans, mes biens se résument – ce qui est peut-être déjà trop, voire scandaleux, pour un religieux – à huit mille francs sur un compte en banque et un compte chèque postal, à quelques livres, quelques vêtements, un bon poste de radio et quelques cassettes, à une petite voiture qui a plus de cinq ans et de cent mille kilomètres et dont je n'ai pas les moyens de changer les amortisseurs défaillants ni l'embrayage fatigué. C'est tout. C'est un peu maigre pour refaire sa vie! Dans trois ans et demi, trente-sept ans et demi de vie religieuse me donneraient droit à une retraite d'environ onze cents francs par mois (valeur fin 1983). Ma famille n'est pas une famille à gros héritages. Si je quitte l'Ordre, n'ayant que très peu travaillé « profanement », je n'aurai droit à aucun système de protection sociale contre la maladie et n'aurai pas les moyens d'y souscrire volontairement. Je ne me retrouverais certes pas à la rue, mais je serais un parasite intégral pour qui me recueillerait. Trouver un peu de travail pour quelques années améliorerait la situation pendant le peu de temps que cela durerait. Mais ensuite? Tel dominicain plus excentrique et bien plus connu que moi ou tel grand théologien moins hérétique et lui aussi bien plus connu que moi ont su se trouver de riches mécènes en Suisse : ils sont toujours dans l'Ordre ou incardiné dans un diocèse. Comble de l'ironie, ce serait un Ordre dit « mendiant » que je quitterais...

« Quoi, me disait un jour une autre amie, vous osez faire intervenir ce genre de facteurs dans vos raisons de rester dans l'Ordre? » Oui, j'ose. Non par trivialité, mais parce que j'appartiens à la condition humaine. Combien d'hommes et de femmes (combien de femmes surtout, car elles sont économiquement plus dépendantes et plus démunies), bien avant la soixantaine, n'ont aucun choix possible dans la vie parce que leur situation matérielle ne leur laisse aucune latitude de changer! Il faut rester dans un métier ingrat et mal payé, avec une femme ou un mari avec qui tout ou presque est mort, dans un logement qu'on n'aime pas, dans une ville insipide, dans un pays où l'on s'ennuie ou qui est invivable faute de liberté, de travail ou même de pain... Il faut supporter tout cela, simplement parce qu'on n'a pas les moyens matériels de faire autrement. Un peu d'argent, et tout changerait. Pourquoi tant de millions de gens jouent-ils au Loto? A moins de vouloir mépriser tous ces hommes et toutes ces femmes, il n'y a rien de méprisable à constater que l'on n'a pas les moyens matériels de changer de vie, il n'y a rien de méprisable à continuer de vivre d'une certaine façon tout simplement parce que l'on n'a pas les moyens matériels de vivre moins mal. Pourquoi cela deviendrait-il faux et scandaleux quand il s'agit de la vie « religieuse » alors que c'est vrai et respectable de la vie « professionnelle », « familiale », « culturelle », etc.? On n'a jamais vu un dominicain mourir dans la misère ni être laissé à la rue. Même si beaucoup de religieux ne se rendent pas compte du souci que les finances causent aux supérieurs, un plus grand nombre encore ne se rendent pas compte que l'appartenance à un Ordre est le plus extraordinaire système de sécurité sociale et d'assurance vieillesse que l'on puisse imaginer. En tout cas, en ce qui me concerne, l'avenir s'annonce si sombre que – trop prosaïque ou non – j'y pouvais trouver une raison de résister à un changement dont la nécessité m'apparaissait très clairement d'un point de vue intellectuel, mais dont les conséquences seraient si catastrophiques.

Ces raisons, et plusieurs autres, pesaient certes d'un poids considérable dans mon impossibilité à changer de mode de vie. Il devait cependant y avoir d'autres obstacles plus considérables encore, car j'avais par ailleurs des raisons de changer qui me mobilisaient fort lorsque j'y réfléchissais, au point qu'il me semblait clair qu'elles l'emporteraient facilement sur les raisons de mon immobilisme. C'est ici que se conjuguent les circonstances résultant de ma condamnation et les réflexions que m'inspirait la fonction de Tout que la vie religieuse est souvent trop encline à conférer à Dieu. Puisque ma condamnation me privait de l'essentiel de la vie dominicaine et rendait inutile l'ensemble de moyens n'ayant pour moi de sens qu'en fonction de cet essentiel, pourquoi ne pas en profiter pour essayer de voir comment vivre une vie où je m'efforcerais de ne pas ordonnancer mon existence autour d'un Dieu idolâtriquement transformé en Tout? Il ne s'agissait donc, ni de continuer à me désagréger dans une vie devenue insensée parce que privée de sa fin, ni de laisser tomber l'affaire Dieu, mais au contraire d'échapper à cette dégradation et de rester fidèle à ce sans quoi ma vie me paraissait inconcevable : un certain service de la parole de Dieu, ne serait-ce que dans et par le silence.

Certes, je devrais quitter des compagnons et des institutions qui m'étaient chers, mais il m'était possible de les quitter sans les désavouer ni les condamner; je sais bien que plusieurs d'entre eux donnent à la vie religieuse la fonction d'instauration de Dieu comme Tout, mais je sais aussi que d'autres ne le font pas et vivent cette vie de manière féconde pour eux-mêmes, pour autrui et pour Dieu. Je sais également que l'âge assez avancé de la plupart d'entre eux et la qualité de leurs entreprises passées leur donnent le droit de vieillir paisiblement sans avoir à bouleverser leurs existences. Mon départ n'aurait donc pas à leur égard l'aspect d'une condamnation que je n'aurais pas supportée. Ils n'étaient pour rien dans le fait que cela n'avait plus de sens pour moi d'essayer de vivre comme eux. Ils ne pouvaient raisonnablement pas m'imposer de pourrir sur place uniquement pour rester avec eux. Les meilleurs d'entre eux comprendraient que j'entreprenais une aventure qui restait parente de celle que nous avions partagée.

D'autre part, je les quittais, certes, mais je rejoignais le nombre bien plus grand de ceux et celles qui ont compris que si Dieu est Tout, il n'est qu'une illusion, mais qui ne savent pas que Dieu n'est pas Tout, et qui le savent d'autant moins que tant de choses se conjuguent dans les institutions chrétiennes pour continuer de présenter Dieu comme étant Tout. Je rejoignais aussi le nombre, moins important mais non négligeable, de ceux dont j'étais moins loin puisqu'ils avaient « lâché Dieu », un Dieu réduit – oui, réduit, car c'est une réduction – réduit au Tout, et qu'ils cherchaient à créer dans leur vie un espace où ce Dieu qui est Dieu pourrait prendre place. J'allais essayer d'apprendre à vivre avec eux et comme eux, j'allais chercher avec eux, un peu comme eux me tromper, et comme eux trouver un peu.

Une vie nouvelle se présentait donc, dont les contours étaient certes moins assurés ou prestigieux que ceux de la vie précédente, mais dont les enjeux n'étaient pas négligeables. De toute manière, je n'avais pas le choix : c'était cela ou la mort, et non pas la mort qui prépare et engendre la vie, mais la mort qui ravage, qui tue et n'engendre que le néant. Chercher Dieu, chercher à vivre Dieu en ne l'inscrivant pas dans la vie comme le Tout, en n'inscrivant pas dans les différents secteurs de la vie qu'il est le Tout, chercher la valeur de ces différents aspects de la vie, valeur qu'ils ont en eux-mêmes et par eux-mêmes et que détruit le fait de les absorber en un Dieu qui serait Tout, n'y avait-il pas là de quoi passer une fin de vie intéressante? Je me disais même à certains jours qu'à quelque chose malheur était bon, et que si je n'avais pas été comme décapité par ma condamnation, je n'aurais pas été amené à essayer de vivre ainsi d'une manière qui pourrait même être aussi utile à d'autres que l'avait parfois été la forme précédente de ma vie. Il y avait donc pour moi, pour autrui, et même pour Dieu, tout avantage à ce que je me résolve à ce changement.

Je ne bougeais pas d'un millimètre pour autant, bien que la décomposition entraînée par le fait de rester sur place ait été chaque jour un peu plus dégradante. J'enrageais donc, d'une rage impuissante et humiliée. Je continuais, mais de manière très ambivalente, à chercher du travail. J'avais déclaré que je préférerais un travail à mi-temps, car je souhaitais garder du temps pour travailler, écrire, lire, car je voulais garder du temps pour « l'affaire Dieu » : un mi-temps suffirait d'ailleurs à mes besoins financiers qui sont modestes et serait peut-être plus facile à trouver dans la conjoncture actuelle de l'emploi. Mais je trouvais aussi que mon besoin matériel d'argent et mon besoin psychologique d'être sorti de mon trou par une discipline qui me serait extérieure étaient tels que si seul un plein-temps était possible, je prendrais le plein-temps : ainsi l'avais-je déclaré à mes interlocuteurs sans leur en donner toutes les raisons.

Plusieurs semaines se passèrent sans qu'aucune démarche n'aboutisse. J'étais fort bien reçu, l'autorité et le prestige de l'ami qui me recommandait n'y étant pas pour rien. Le plus souvent, malgré leur très bonne volonté et leur désir d'honorer la demande de cet ami, mes interlocuteurs n'avaient rien à me proposer : mon âge et mon profil de carrière me rendent difficile à caser, et le monde est plein de demandeurs d'emploi à la fois plus jeunes, plus expérimentés, plus compétents et plus entreprenants. Souvent, bien plus souvent que je ne m'y serais attendu, mes interlocuteurs, après l'entretien « professionnel » qui se terminait plus ou moins explicitement de façon négative, ajoutaient : « Je savais que je n'aurais rien pour vous, mais je voulais vous connaître personnellement car tel ou tel de vos livres, telle ou telle de vos actions, etc. » Suivait un éloge parfois très vif de ce que j'avais été comme prédicateur, comme théologien, voire comme célébrant. Ces hommes souvent éminents et toujours surchargés m'avaient consacré du temps, moins pour essayer de m'aider (puisque malgré leur désir ils ne le pouvaient pas) que pour me rencontrer. L'un d'eux m'a dit, en me raccompagnant à la porte de son bureau : « Sous une forme ou sous une autre, continuez, continuez, c'est trop important. Nous avons trop besoin de gens comme vous, et il y en a si peu. » J'étais abasourdi, j'ignorais être connu et estimé de tels hommes. Ravi en un premier temps, mais ensuite rejeté vers un passé par la demande que m'imposait l'impossibilité de continuer ce passé et la recherche désespérée d'un avenir encore possible. C'était le comble. Et les jours passaient.

Il arrive souvent dans la vie psychique un phénomène analogue à ce qui assurait l'efficacité de certains films comiques muets américains ou français : on passe devant quelqu'un, on a un comportement, un geste, une parole; c'est seulement après coup (quelques fragments de seconde pour les gags des films, quelques heures, quelques jours ou quelques mois dans la vie psychique)

que l'on découvre l'insolite de la situation : jamais l'on n'avait fait ce geste, jamais l'on n'avait eu ce comportement. Ou encore, une autre signification d'une parole ou d'un geste familiers n'apparaît qu'après coup, et l'on se demande comment on a bien pu parler ou agir si longtemps sans même s'apercevoir de la signification pourtant énorme, et devenue évidente, de ce qu'on disait ou faisait. Quelque chose d'analogue m'est arrivé il y a quelques semaines. Après qu'on m'eut proposé une place du genre secrétariat administratif à trente-cinq heures par semaine pour six mille cinq cents francs par mois (valeur fin 1983) dans un organisme qui travaille pour une cause fort intéressante, je m'écriai en moi-même : « Mais enfin, je ne vais quand même pas pointer au bureau tous les matins!... » C'est bien après, et particulièrement grâce à des rencontres amicales avec deux couples dont les maris furent dominicains et vont au bureau tous les matins, que je m'avisai de l'énormité du propos, énormité qui prend tout son sens ou qui manifeste toute son absurdité si on la rapproche des objectifs que je prétendais être les miens dans cette recherche d'un travail et d'une nouvelle façon de vivre.

Toutefois, avant d'en venir à ce qui m'apparut alors, et qui constituera sans doute la conclusion de ce livre, je dois m'attarder sur les raisons qui poussent si fortement à faire de Dieu le Tout qu'il ne veut pas être. En effet, si j'insistais trop unilatéralement sur les difficultés personnelles que j'éprouvais à changer l'ordonnancement que j'avais fait de ma propre vie autour du fait que Dieu serait Tout, je donnerais l'impression que cette totalitarisation de Dieu relève essentiellement de mon histoire personnelle. Or, s'il est bien vrai qu'elle en relève partiellement, il est encore plus vrai que je ne suis en la matière qu'un cas particulier d'un problème beaucoup plus général. Je ne saurais donc le laisser au second plan, même si je ne l'avais pas mis au premier plan dans l'ordonnancement de ma vie. De même que la difficulté de trouver du travail à cinquante-sept ans, dans la conjoncture actuelle du marché du travail et avec le profil de carrière qui est le mien, ne relève pas uniquement ni même d'abord de mon ambivalence à l'égard de ce que représenterait pour moi le fait de travailler (les hommes de mon âge s'apprêtent à prendre leur retraite, ou sont conduits plus ou moins élégamment vers la préretraite, ou restent de gré ou de force au chômage – auquel je ne puis pas même m'inscrire), de même les difficultés à ne pas se laisser piéger par tout ce qui pousse à la totalitarisation de Dieu sont liées à la puissance de tous les mécanismes psychiques et sociaux qui œuvrent en ce sens. Sans doute m'en suis-je fait le complice, mais leur force ne me doit pas grand-chose et doit être décrite indépendamment de ce qui me concerne.

III. Les forces qui poussent à la totalitarisation

Dieu, totalité du Sens?

L'un des domaines où trouve le mieux à s'accomplir la totalitarisation de Dieu est celui du sens. La question du sens n'est pas seulement une question philosophique, ou plutôt elle n'est une question philosophique fondamentale que dans la mesure où elle occupe dans la vie de chacun une place fondamentale. L'existence de chacun d'entre nous est trop le résultat de mille éléments aléatoires et inexplicables, elle est trop exposée sans défense à mille événements tout aussi aléatoires et inexplicables, pour que la question du sens ne se pose pas, non comme une question abstraite ou oiseuse mais pour faire face, pour rendre parfois au moins tolérable ce qui nous déroute ou nous écrase. Pourquoi? Pourquoi? A la différence d'autres langues, le français ne dispose que de ce mot pour désigner deux types différents mais complémentaires de question : à cause de quoi? à quelle fin? L'amont de nos vies, et leur aval. L'amont des événements, et leur aval. J'ai déjà dit que je n'ai guère la tête philosophique. Je me contenterai donc de souligner la façon dont pèsent dans nos vies ces questions, et la manière dont elles pèsent sur la représentation que l'on peut se faire de Dieu comme Tout : le Tout du sens. Totalitarisation qui, encore une fois, n'est pas d'abord le fait des philosophes, mais surtout de l'ordre de la pratique la plus élémentaire : entendons par là qu'elle nous sert à nous tenir dans un certain rapport à notre vie.

Nous ne comprenons rien à nos vies, à ce qui nous arrive? Nous ne supportons pas que nos vies soient insensées ou le deviennent? Une certaine façon de se représenter Dieu permet de penser que quelque part cela a un sens, même s'il nous échappe, que quelqu'un sait ce que cela signifie. Quelqu'un comprend ce que nous ne comprenons pas, quelqu'un est le garant d'un sens qui nous échappe. Nos vies ne sont pas absurdes pour tout le monde, les événements ne sont pas insensés pour tout le monde. L'absurdité de l'existence, l'incohérence de ce monde de fous, quelqu'un quelque part les comprend. Il ne faut pas tout de suite passer à la question qui se pose aussitôt : mais en ce cas, pourquoi laisse-t-il faire, que fait-il, que ne fait-il pas? Certes, la question est capitale, et je vais y revenir. Mais si on s'y laisse entraîner trop vite, on risque de ne pas voir ce qu'apporte déjà la conviction qu'il y a un Tout du sens et que Dieu est ce Tout.

En cette matière, le monothéisme strict se révèle à la fois plus efficace et plus risqué. En effet, dans les religions polythéistes, le sens pouvait être en quelque sorte à la fois fragmentaire et conflictuel. Tel secteur de la réalité relevait de tel esprit ou de tel dieu, tel autre de tel autre esprit ou de tel autre dieu. Aucun ne représentait la totalité du sens, il fallait s'adresser à plusieurs autorités différentes dont la compétence était limitée, mais on pouvait s'expliquer l'incohérence ou l'échec aussi bien par les limites de cette compétence que par sa pluralité et les conflits pouvant en résulter. Le monothéisme strict concentre en un seul dieu la totalité du sens : en théorie, il est donc plus efficace. Mais il est plus risqué, l'insensé et l'absurde devenant plus difficilement explicables, car toute tentative d'explication ramène à ce Dieu origine unique du sens. L'explication devient dès lors si difficile que le manichéisme reste une solution toujours actuelle, quitte à ne pas poser face au Dieu du Bien un Dieu du Mal, mais à se contenter de poser en face de Dieu une force du mal, le péché, dont il faut bien admettre que Dieu l'ait permis mais auquel on pourra assigner une origine dépassant chaque individu : Lucifer, Satan, ou un péché originel pesant sur l'être humain avant même qu'il ait eu la possibilité de faire le bien ou le mal. Mais le sens du péché lui-même n'échappe pas à Dieu. En lui, tout a un sens, y compris la faute et le mal.

De là à faire de Dieu le Tout du sens, il n'y a qu'un pas

d'autant plus facilement franchi que l'on ne perçoit pas la différence et que le problème à résoudre est trop brûlant pour qu'on s'y embarrasse de nuances épistémologiques. J'ai déjà dit, à propos du réflexe qui pousse les croyants à penser que sans résurrection plus rien n'a de sens, combien l'apologétique catholique aimait exploiter les trous, pour ne pas dire les gouffres, qu'affronte la quête humaine du sens et combien elle aime présenter Dieu comme ce qui comble ces trous et ces gouffres. Dieu est alors non seulement celui qui donne le vrai sens ultime à ce qui n'a qu'un sens partiel, mais celui qui donne le sens de l'insensé, de l'absurde. Devant cette conception, j'éprouve deux difficultés, d'ordre différent. L'une tient à l'évolution de l'esprit dans la culture occidentale en cette seconde moitié du XXe siècle. L'autre tient à ce que me semble être la manifestation de Dieu en Jésus-Christ.

Pour la première, il convient de noter que l'idée même d'un sens qui serait la totalité du sens est une idée qui devient de plus en plus étrangère à notre mentalité actuelle, et qui lui devient même de plus en plus suspecte. Même les sciences les plus exactes ont renoncé à l'ambition qui était encore celle d'Einstein ou d'Heisenberg il y a moins de cinquante ans. On ne cherche plus l'équation unitaire ou la théorie unique, non par reflux ou lassitude de la raison, mais au contraire par une compréhension plus profonde de ce qu'est la raison et de ce que peut être son rapport à ce que nous appelons le réel. Ce qui est vrai des sciences exactes l'est plus encore de toutes les autres démarches de l'esprit. Nous cherchons davantage à découvrir le sens – fondé mais partiel – de chaque entreprise humaine ou de chaque aspect du réel, qu'à rattacher un sens partiel à un sens globalisant ou à une instance qui en serait la garante. Même si la critique de l'idéologie s'est faite moins pressante et moins totalitaire qu'elle ne l'était elle aussi devenue, elle n'en a pas moins obligé à poser un point de non-retour en montrant à la fois les ressorts de l'instauration de telles instances et leur inefficacité par rapport à la question même du sens à laquelle cette instauration prétendait apporter une réponse. L'instauration d'un sens qui serait la totalité du sens apparaît plus mutilatrice que révélatrice et garante de ce qui du sens pourrait nous apparaître. On dira que dans ces conditions c'est l'idée même de Dieu, l'idée même d'un Dieu qui devient insensée. Oui, si l'on définit Dieu par le fait d'être la totalité du sens, et d'une manière qui nous rendrait cette totalité plus ou moins accessible à nous-mêmes dans la mesure où Dieu se rendrait accessible à nous. C'est ici que, même si je sais tout ce qui pousse à se représenter ainsi Dieu et ce que nous apporterait son salut, j'éprouve une autre difficulté qui me vient de ce que me semble être la manifestation de Dieu en Jésus-Christ.

Il y a déjà longtemps que des amis et collègues théologiens catholiques m'ont accusé d'être barthien. Je n'ose pas leur avouer le nombre exact de volumes de Karl Barth que j'ai lus et travaillés de près : aussi bien n'est-ce pas cela qui compte, mais plutôt le fait qu'effectivement je me sente bien plus chez moi dans une conception qui cherche le sens de Dieu dans ce que fut et ce que demeure à travers les siècles sa manifestation en Jésus-Christ, que dans la réponse que Dieu apporterait aux grandes questions de l'être humain. Ce que Dieu nous manifeste apparaît davantage dans la question que Dieu nous pose en Jésus-Christ et dans la réponse que Jésus-Christ apporte à cette question (bref ce que l'on appelle en jargon théologique l'auto-manifestation de Dieu en Jésus-Christ), que dans la façon dont Dieu serait censé répondre à nos questions sur le sens. Les évangiles ne nous présentent pas Jésus comme répondant aux grandes questions que les êtres humains se posaient à son époque. Même aux questions religieuses de ses coreligionnaires, Jésus ne répond guère. On sait au contraire à quel point il n'y a pas répondu, comment il a détourné et renversé ces questions, au point de devoir être mis à mort par les systèmes religieux et politiques qui prétendaient que telles étaient les questions à poser à Dieu et qu'eux-mêmes étaient les garants des réponses à y apporter.

La résurrection de Jésus-Christ et la Pentecôte de son Esprit ne signifient pas que Jésus-Christ est désormais la réponse à tout (« Jésus-Christ ou rien ») et qu'en lui les chrétiens ont désormais réponse à tout. Elles signifient que Dieu atteste que la question posée par Jésus-Christ est ce par quoi Dieu se manifeste, que la réponse apportée par Dieu en Jésus-Christ est celle que les humains peuvent attendre de Dieu. Il est inutile d'attendre autre chose de Dieu, de lui demander autre chose. Dieu n'a pas d'autre sens, ne donne pas d'autre sens que celui manifesté par la vie, par la mort, par la résurrection de Jésus-Christ et par la manière qu'a la Pentecôte de son Esprit de le rendre vivant parmi nous aujourd'hui. Dieu ne se manifeste pas en Jésus-Christ comme étant la totalité du sens, Jésus-Christ ne se manifeste pas comme étant la totalité du sens. Lorsqu'ils croient pourtant que tel serait le cas, les chrétiens s'empêchent d'entendre le sens qu'a la manifestation de Dieu en Jésus-Christ, qui n'est pas une manifestation de toute-puissance en matière de signification. Comme on pourrait le dire en paraphrasant à peine saint Paul, nous ne disposons pas de la toute-puissance du sens, nous ne vous annonçons pas la totalité du sens, nous n'avons rien d'autre à annoncer que Jésus mort et ressuscité, nous ne disposons que de cette nouvelle qui n'a pas valeur en ce qu'elle serait la réponse à tout ni la totalisation du sens, mais a valeur en elle-même, bien qu'elle risque de paraître peu de choses par rapport à la toute-puissance que nous exigeons de la totalité du sens.

Car ce qui s'affole en nous devant le caractère radicalement partiel des significations que nous découvrons à nos entreprises humaines, ce qu'écrase en nous l'absurdité de tant d'événements insensés, est trop chargé de souffrances et d'espoirs meurtris pour ne pas exiger que le sens soit total ou ne soit pas. C'est pourquoi Jésus-Christ mort et ressuscité, Dieu tel qu'il s'est manifesté en Jésus-Christ, ne se voient le plus souvent reconnaître un statut de Dieu que s'il est possible de leur attribuer d'être la totalité du sens. Qu'en son temps Jésus soit mort de la plus absurde des morts, qu'il soit mort de la main de ceux qui se voulaient les garants d'un Dieu qui serait la totalité du sens, que de son vivant il ait approché l'absurde et l'insensé, qu'il se soit approché de ceux et de celles dont la vie était la plus dépourvue de signification ou dont la vie se voyait refuser d'avoir un sens par la société religieuse et civile de son temps, et qu'il s'en soit approché non point pour en éliminer miraculeusement l'absurde et l'insensé mais pour leur montrer que Dieu se faisait leur prochain, que Dieu soit plus Dieu à partager l'absurde et l'insensé qu'à l'évacuer, que la résurrection de Jésus-Christ ne se traduise pas par un cataclysme triomphal où sombreraient l'absurde et l'insensé mais par la possibilité que l'Esprit de Dieu donne à des hommes et à des femmes croyant en lui de se faire, comme Dieu, les partenaires de cet absurde et de cet insensé, voilà ce qu'est la Bonne Nouvelle. Mais n'est-ce pas déjà presque un luxe de pouvoir s'en apercevoir et de pouvoir, si je puis dire, s'en contenter? Ne faut-il pas déjà avoir été quelque peu soulagé du poids dont l'absurde et l'insensé nous écrasent pour pouvoir l'entendre? Ne sommes-nous pas souvent tellement emmurés en eux que personne ne peut nous approcher, se faire notre prochain, nous rejoindre? Qui pourrait nous en vouloir de n'attendre qu'une seule chose, de n'entendre qu'une seule voix : celle qui viendrait triomphalement renverser les murailles qui nous enferment pour faire de nous des êtres triomphants? Quelle possibilité Dieu a-t-il de se faire entendre, quelle possibilité l'Esprit a-t-il de nous faire entendre ce qu'est Jésus-Christ s'ils n'ont pas d'autre puissance, pas d'autre force de signification, pas d'autre sens à nous offrir que celui attesté par la vie, la mort et la résurrection de Jésus-Christ? N'est-il pas bien explicable que nous nous empressions de prêter à Dieu, à Jésus-Christ et à l'Esprit une autre puissance que celle-là, un autre sens que celui-là, quitte à en faire des idoles? N'avons-nous pas bien des raisons de préférer ces idoles et les pouvoirs que nous leur prêtons?

Dieu, Tout-Puissant?

J'ai dit qu'il ne fallait pas s'empresser de passer de la question du sens à la question de l'action de Dieu, faute de quoi l'on risquait de méconnaître tout ce que recouvre le besoin que le sens soit totalisable en un être, en une réalité que nous nommons Dieu. Mais je ne puis surseoir davantage. Car un des bénéfices essentiels de la totalisation du sens en Dieu est qu'elle fonde la totalisation en Dieu de toute la puissance, de la toute-puissance. Si Dieu peut donner du sens à tout, s'il est le Tout du sens, alors il peut agir sur tout, il est le Tout-Puissant. Rien n'échappe à son pouvoir, ni dans les cieux ni sur la terre, ni dans les hauteurs ni dans les profondeurs, ni dans le passé ni dans l'avenir, ni dans nos vies ni dans les vies des autres. Il peut tout. Quelqu'un existe qui peut tout, à qui rien ne peut résister. Bien sûr, nous espérons qu'il veuille bien mettre un peu de sa toute-puissance à notre service. Nous l'espérons d'autant plus que nous croyons que ce Dieu est bon et qu'il nous aime. Mais à la limite, même s'il ne le fait pas, là n'est point pour nous le bénéfice essentiel mais dans le fait de savoir qu'il existe bien quelqu'un qui dispose de la toute-puissance.

Certes, nous faisons cruellement et à longueur de vie l'expérience que cette toute-puissance ne semble guère s'exercer. Là aussi, la grande question est : pourquoi? pourquoi? Pourquoi laisse-t-il faire cela? Comme le dit l'adage populaire : « S'il y avait un Bon Dieu, tout cela n'arriverait pas... » Heureusement (si l'on peut ainsi parler quand il s'agit du malheur du monde, de notre malheur), heureusement il n'est pas trop difficile d'élaborer des « explications » qui prennent en compte l'existence du mal tout en laissant intacte la toute-puissance que nous prêtons à Dieu. L'explication par le péché est la plus simple et la plus efficace. Elle ajoute à sa simplicité les bénéfices non négligeables dont j'ai parlé à propos du retournement de la haine de Dieu (ce Dieu qui permet tout cela sans bouger) en accusation de soi-même. Si la toute-puissance de Dieu ne peut pas s'exercer immédiatement et sans limite en notre faveur comme elle brûle de pouvoir le faire puisque Dieu est bon, c'est tout simplement que le péché des humains y fait obstacle : nous brouillons les cartes, nous gâchons la création et nous-mêmes, nous gâchons la bonté de Dieu. Celle-ci est pourtant tellement grande que Dieu veut bien nous pardonner notre péché. Mais il ne peut miraculeusement effacer tous ses effets, toute l'opacité, toute l'inertie, toute l'entropie que notre péché introduit dans le monde, en nous-mêmes et dans les autres. La bonté de Dieu va parfois jusqu'à utiliser tout ce qu'il y a de négatif en nous et autour de nous pour en faire des épreuves, des instruments pédagogiques qui nous permettent de nous approcher de lui et de la vérité la plus profonde de notre être. La bonté de Dieu retourne le mal en bien, non pas en supprimant le mal mais en le faisant servir au bien : *« Etiam peccata... », « Felix culpa! »*.

J'ai déjà dit, dans le présent livre et plus encore dans *Quand je dis Dieu*, vers quelle conception finalement absurde de Dieu et des êtres humains conduit une telle représentation du mal et des rapports de Dieu avec le mal. J'ai insisté sur la gravité de l'équivoque consistant à assimiler au péché les caractéristiques de la contingence et de la finitude, ainsi qu'à assimiler les effets du salut à l'abolition de la finitude et de la contingence. Je ne me fais guère d'illusions sur la possibilité de faire entendre de telles mises en garde, car elles se heurtent à la force extrême de ce sur quoi je veux précisément insister ici, à savoir tout ce qui pousse à prêter à Dieu un certain type de toute-puissance et à faire de lui le Tout de la puissance comme on fait de lui le Tout du sens.

Mais si Dieu n'est pas tout-puissant, est-il Dieu? Si Dieu n'est pas tout-puissant, y a-t-il même un Dieu? N'y a-t-il pas mille et une prières qui s'adressent à lui en le qualifiant de tout-puissant? Le *Credo* ne le proclame-t-il pas le Père tout-puissant, créateur du ciel et de la terre? Je crois pourtant, ici encore et comme à propos du Dieu totalisation du sens, que les croyantes et les croyants auraient avantage à réfléchir sur la façon dont Dieu s'est manifesté en Jésus-Christ, sur ce que la vie, la mort et la résurrection de Jésus-Christ et la vie dans l'Esprit inaugurée à la Pentecôte nous apprennent sur ce qu'est, ce que n'est pas et ce que ne veut pas être la puissance de Dieu. Il y aurait également avantage à s'interroger sur le sens différent que prennent certaines expressions dans un contexte culturel et religieux différent, différence de sens qui peut aller jusqu'au contresens par rapport au sens originel.

Quand les chrétiens des premiers siècles prennent le soin d'inscrire dans les formules de confession de leur foi l'expression de « Dieu tout-puissant », que veulent-ils proclamer ainsi à propos de leur Dieu? A vingt siècles d'écart, nous avons peine à imaginer ce que pouvait être l'univers religieux au sein duquel ces chrétiens et ces chrétiennes avaient à se formuler leur foi. Dès qu'ils sortirent du strict cadre des communautés juives dont ils étaient issus, ils se trouvèrent dans un monde où le divin fleurissait à foison : non seulement les divers dieux ou héros divinisés des anthéons grec et romain, mais toutes les instances plus ou moins divines que les divers systèmes de pensée – et particulièrement les gnoses – avaient installées entre le sommet le plus élevé de la hiérarchie divine et l'humble condition humaine. La création de l'univers et des humains, par exemple, était une tâche trop sordide pour être dévolue au dieu le plus élevé : il fallait donc qu'un être inférieur à lui mais néanmoins assez divin pour pouvoir être créateur s'en voie chargé, voire une pluralité d'êtres de ce genre, un ou des démiurges. La tendance à instaurer des hiérarchies d'êtres intermédiaires entre la transcendance de Dieu et l'humilité de la condition humaine était si forte à l'époque que le judaïsme lui-même y fit droit et instaura aussi de telles hiérarchies. Son monothéisme très strict en était moins altéré qu'on pourrait aujourd'hui le supposer, car c'est précisément dans le souci de préserver la transcendance du principe divin suprême qu'étaient instaurées toutes ces hiérarchies et que leur étaient dévolues des tâches, certes divines ou quasi divines, mais qui étaient considérées comme trop triviales pour le mode le plus élevé de la divinité. Il n'en reste pas moins que ce processus aboutissait à la multiplication d'instances plus ou moins divines dont chacune avait son pouvoir et dont la puissance dominait tel ou tel secteur du monde et de la vie des humains.

Dans un tel univers religieux, quand des croyantes et des croyants affirment que leur Dieu est créateur du ciel et de la terre, ils ne se contentent pas de répéter la foi de leur judaïsme originel, ils prennent par rapport au monde religieux gréco-romain une position militante et tranchée. Ils récusent l'existence de tous ces êtres intermédiaires entre Dieu et les humains, ils récusent que la création du monde soit le fait d'un démiurge et proclament qu'elle est le fait de Dieu lui-même, ils proclament que la transcendance de leur Dieu n'est pas altérée par le rapport instaurateur et salvateur qu'ils confessent être celui de leur Dieu avec les humains et avec l'univers. Leur proclamation de Dieu comme « tout-puissant » est tout aussi polémique et tout aussi conditionnée par leur environnement religieux. Elle n'a pas d'abord pour fonction d'attester que leur Dieu est capable de tous les miracles et bouleversements imaginables : chacun à l'époque croyait cela sans difficulté ou presque à propos de ses dieux et des diverses instances divines. Elle a d'abord pour fonction d'attester que Dieu est le seul à jouir d'une puissance divine, elle veut dénier leur puissance et leur existence à toutes les instances intermédiaires et dire que le destin des humains n'est pas en d'autres mains qu'en celles de Dieu et en leurs propres mains. Si tant de Pères de l'Église ont durant les premiers siècles du christianisme consacré tant d'écrits et tant d'enseignements oraux au thème de la Providence, ce n'était pas d'abord pour dire que le destin des humains dépendait des dieux : tout le monde le croyait à l'époque. C'était pour nier qu'il dépendait également de toutes ces instances plus ou moins divinisées : le Destin, Fatum, Moïra, Bonne Fortune, etc., auxquels les Grecs et les Romains portaient au moins autant d'attention, sinon plus, qu'à leurs dieux. Proclamer que Dieu est tout-puissant, c'est d'abord dénier la puissance accordée à Moïra, à Bonne Fortune, etc.

Le *Credo* que nous récitons comme s'il était une prière liturgique n'est pas une prière liturgique : c'est un recueil de formules dogmatiques qui, comme toutes les formules dogmatiques, sont moins élaborées pour énoncer positivement des vérités que pour écarter des significations que la communauté croyante ressent comme contraires à sa foi. Les formules dogmatiques ne disent pas ce qu'est le mystère de Dieu, elles ne définissent pas ce qu'est Dieu, elles écartent des formulations de ce mystère qui leur apparaissent irrecevables par la foi. Quand Charlemagne imposa à la chrétienté occidentale la récitation du *Credo* à l'Eucharistie dominicale, il se heurta à de vives résistances de la part des autorités pastorales : son obstination et sa victoire illustrent moins ce qu'est une formulation dogmatique ou une prière liturgique que l'usage politique qui peut effectivement être fait de l'affirmation dogmatique, lorsqu'elle est davantage conçue comme le slogan unificateur d'un groupe social que comme l'espace ouvert par une communauté célébrante pour confesser son Dieu.

Si les pouvoirs qui veulent fonder leur puissance sur celle de Dieu ont tout avantage à ce que soit perçue d'une certaine manière la toute-puissance de Dieu, quel avantage non moins puissant chacun d'entre nous n'a-t-il pas à entendre cette toute-puissance de Dieu comme s'il s'agissait de la toute-puissance que nous voudrions voir se dresser contre tout ce qui en nous et autour de nous témoigne de notre propre impuissance devant la vie, le destin, autrui et nous-mêmes? Il n'est pas besoin d'insister sur le mécanisme, tant collectif qu'individuel, qui consiste à projeter sur une figure réelle ou mythique une puissance dont la force est inversement proportionnelle à notre faiblesse : l'enfant le fait sur son père et sa mère, le pauvre sur le riche, l'ignorant sur le savant. Et s'il est bien vrai qu'il vaut mieux être riche, savant et bien portant que pauvre, ignare et malade, il n'en reste pas moins que ce que l'enfant projette sur l'adulte, le pauvre sur le riche, l'ignare sur le savant en dit beaucoup moins sur ce qu'est effectivement l'adulte que sur ce qu'est effectivement l'enfant. La projection dit d'abord qui est celui qui projette, et beaucoup moins qui est celui sur qui l'on projette. D'ailleurs, lorsque l'enfant devient adulte et découvre ce qu'il en est, il est si souvent déçu qu'il ne lui reste plus à son tour qu'à se projeter dans un enfant mythique et merveilleux, lequel en dit bien plus sur ce qu'est l'adulte qui l'instaure que sur l'enfant qu'il fut ou sur ce qu'est l'enfance. Comme l'ont signalé à satiété diverses critiques anciennes ou modernes de la religion, la toute-puissance prêtée à Dieu en dit bien plus sur ce qu'est la misère et l'impuissance des humains que sur ce que serait le Dieu à qui l'on prête cette toute-puissance.

Revient alors la question : si Dieu n'est pas tout-puissant de cette toute-puissance-là, est-il encore Dieu? Si telle n'est pas sa toute-puissance, y a-t-il même un Dieu? La question n'est pas abstraite ou byzantine. Elle est posée par toute l'impuissance, toute la misère qui appellent l'existence d'une telle toute-puissance, d'un tel Dieu tout-puissant. Ici encore, comme à propos d'un Dieu qui serait la totalité du sens, les chrétiens et les chrétiennes devraient s'interroger sur la manière très déconcertante dont Dieu s'est manifesté en Jésus-Christ. Lorsque nous nous demandons si Dieu est tout-puissant et comment il l'est, nous ne devons pas scruter la toute-puissance que notre impuissance projette sur Dieu : nous n'y retrouverions que nos propres traits. Nous devons scruter la manifestation de Dieu en Jésus-Christ et nous demander quel type de puissance s'y donne cours. Qu'est-ce que la vie, la mort et la résurrection de Jésus-Christ, qu'est-ce que l'action de l'Esprit depuis la Pentecôte nous manifestent sur la puissance de Dieu? Quel type de puissance y est à l'œuvre?

C'est ici que l'interprétation de la résurrection de Jésus-Christ prête à de graves équivoques, équivoques dont la gravité est telle qu'elle m'avait masqué dans *Quand je dis Dieu* la vérité à laquelle la résurrection de Jésus-Christ ouvre un espace. Oui, Dieu a ressuscité Jésus et l'a fait Seigneur. C'est là une manifestation de puissance. Mais ce n'est pas là, comme je l'ai dit plus longuement dans la partie précédente du présent livre consacrée à la mort, ce n'est pas là la preuve que Dieu possède la toute-puissance que nous lui prêtons. La résurrection de Jésus-Christ n'a pas pour enjeu de prouver que Dieu est plus puissant que la mort, et que le problème de la mort est désormais résolu. Elle a pour enjeu de manifester que Dieu est bien tel qu'il s'est manifesté en Jésus-Christ, que Dieu est vivant aujourd'hui et qu'il le sera demain comme il l'a été hier en se manifestant en Jésus-Christ, que l'Esprit de Dieu peut faire advenir aujourd'hui parmi les humains le type de rapport à Dieu et le type de rapports entre humains que Jésus a inaugurés. Là est la puissance que Dieu a manifestée en Jésus-Christ. Comme l'ont montré la vie, la mort et la résurrection de Jésus-Christ, comme le montre l'économie de sa manifestation par l'Esprit depuis la Pentecôte, le Dieu de Jésus-Christ ne manifeste pas d'autre puissance que celle-là, Jésus-Christ n'a pas usé d'une autre puissance que de celle-là, l'Esprit ne met pas en œuvre d'autre puissance que celle-là.

Il est fascinant de voir à quel point nous nous en contentons peu, nous croyants. Nous nous emparons de ces œuvres de puissance de Dieu pour en faire les œuvres d'une puissance tout autre : celle que nous avons tant de raisons (certes excusables) de prêter à Dieu. La mort de Jésus est une manifestation de la puissance de Dieu, mais pas d'abord une manifestation de la toute-puissance de Dieu sur la souffrance, la trahison et la mort, comme si cette mort de Jésus récapitulait en elle et abolissait de ce fait toute souffrance, toute trahison, toute mort passée et à venir. Elle est manifestation de la puissance avec laquelle Dieu veut se manifester comme il le fait en Jésus-Christ, et pas autrement, pas comme on le lui demande, pas comme on l'exige de lui. Elle est manifestation de la puissance avec laquelle Jésus s'engage dans cette manifestation-là de Dieu. Le fait que son engagement aille jusqu'à la mort, jusqu'à la mort dans la trahison, l'échec, l'abandon et l'infamie n'est d'ailleurs pas pour autant la canonisation de la souffrance, de l'échec, de la trahison, ni même de la mort. Oui, il n'y a pas de plus grand signe d'amour pour les siens (à savoir son Père et nous) que de donner sa vie pour eux. Mais QUAND IL N'Y A PAS D'AUTRE SOLUTION. Telle est la puissance qui se manifeste dans la mort de Jésus-Christ. Puissance de cette façon-là d'aimer.

Et nous de nous en emparer fébrilement pour faire de cette mort le signe d'une toute-puissance sur la souffrance, l'échec et la mort. Ah! comme nous avons des excuses! C'est bien pourquoi il convenait que Jésus prît tant de soins à refuser toute autre puissance. La tentation au désert continue. Satan lui avait dit : « Jette-toi du haut du Temple et tu ne te tueras pas car les anges te porteront. » Nous disons : « Meurs, tu ressusciteras, et la mort sera vaincue. » Oui, la résurrection de Jésus-Christ est une œuvre de puissance. Oui, l'effusion de l'Esprit à la Pentecôte est une œuvre de puissance. J'ai dit laquelle. Mais comme nous nous hâtons de nous en emparer pour faire de cette résurrection et de cette Pentecôte les preuves tangibles et manipulables de la puissance que nous voulons prêter à Dieu. J'ai déjà dit dans ce livre, à propos de la mort, tout ce qui nous fait déformer la résurrection de Jésus-Christ pour en faire le garant des pouvoirs que nous voudrions posséder sur la vie et sur la mort. J'avais déjà dit, dans *Quand je dis Dieu*, comment les pouvoirs religieux s'emparent, pour augmenter et garantir leur propre pouvoir, de Jésus-Christ ressuscité et des réalités où l'Esprit peut le rendre présent : Eucharistie, Écriture, Église. J'avais déjà dit quelle mainmise sur Jésus-Christ et sur les humains des pouvoirs aussi insensés s'arrogeaient au prix d'un contresens radical sur la manière dont Jésus-Christ peut nous être présent. Je n'ai pas un mot à retirer à ces lignes écrites il y a dix ans. Mais tout cela est finalement peu de choses auprès des forces qui nous poussent tous à nous emparer des manifestations de puissance de Dieu que sont la vie, la mort, la résurrection de Jésus et l'effusion de son Esprit, et à les déformer, les malmener, les triturer, les pervertir afin de les rendre conformes à ce que devrait être la manifestation de la toute-puissance que nous avons tant de raisons de prêter à Dieu. Oui, la tentation continue. « Adore-moi, disait Satan, et le monde t'appartient. » Nous sommes plus subtils : « Laisse-nous t'adorer comme le tout-puissant dont nous avons besoin, et le monde t'appartiendra. » Quelle force, quelle puissance a-t-il fallu à cet homme pour résister à cette tentation... Quelle force, quelle puissance est celle de Dieu pour que tous nos efforts n'arrivent pas à étouffer la voix si différente, la puissance tout autre qui est la sienne. Comment ne tremblerait-on pas, pourtant, de la voir balayée, si fort est en nous le besoin qu'il en aille autrement.

Mieux, parce que autre et parce que lui.

Dieu totalité du sens, Dieu dont le sens totaliserait toutes les significations, accomplirait les sens partiels et donnerait du sens à l'absurde. Dieu tout-puissant, dont la puissance accomplirait toutes les puissances limitées et abolirait toutes nos impuissances. Il conviendrait de parler aussi de Dieu Tout-Bon, dont la bonté abolirait tous nos malheurs et dont la miséricorde effacerait tous nos péchés. J'en ai déjà souvent parlé ici (pour ne pas renvoyer à ce que j'en ai dit dans *Quand je dis Dieu*), que ce soit à propos de la mort ou à propos de la culpabilité. De toute façon, la démarche à suivre serait la même qu'à propos du Dieu totalité du sens ou du Dieu tout-puissant : commencer par écouter en nous tout ce qui pousse à poser cette question de manière totalisante, puis essayer d'écouter ce que Dieu a manifesté de sa bonté en Jésus-Christ et dans la vie que l'Esprit rend possible à partir de lui, et découvrir ici encore que la bonté de Dieu est à la fois plus et moins que celle que nous voudrions lui assigner. Moins, parce qu'elle n'est pas le Tout de la bonté : le fait que toute bonté vienne de Dieu n'empêche pas que les bontés autres que la sienne ne sont pas les siennes, de même que l'être des créatures ne se réduit pas à l'être de Dieu et n'est pas l'être de Dieu même s'il procède de l'être de Dieu. A moins de méconnaître une fois de plus que la création instaure la créature dans la différence, tout comme l'amour de charité instaure ses objets dans la similitude, certes, mais aussi dans la différence. Si Dieu n'est pas le tout de la bonté (même s'il est toute bonté), la bonté qu'il manifeste en Jésus-Christ est donc en un certain sens moindre que celle que nous souhaiterions être sienne. Mais en un autre sens, elle est plus que celle que nous lui assignons. C'est sur ce plus, parce qu'il est autre, que je voudrais plutôt m'interroger ici, car il y a là un point décisif en matière de totalitarisation, tout aussi important pour la bonté de Dieu ou pour sa puissance que pour l'un quelconque des attributs que nous lui assignons sur un mode totalisant et totalitaire.

J'ai dit ce qui de nous se projetait dans l'instauration d'un certain type de toute-puissance de Dieu, de totalité du sens, etc. J'ai déjà fait remarquer au début de cette dernière partie, à propos de l'amour de charité comme à propos de la sexualité, que c'était finalement à leur bénéfice bien plus qu'à celui de Dieu que les humains prêtaient à Dieu de vouloir être le Tout de l'amour. C'est pour s'assurer à eux-mêmes que sera exhaustivement comblée leur infinie demande d'amour et que leur sera définitivement épargnée toute perte même partielle que les humains prêtent à Dieu d'être le Tout de l'amour. Certes, il faut dès lors tout lui sacrifier à plus ou moins brève échéance, mais si onéreux soit-il, ce sacrifice est un bon placement s'il leur assure d'être abouché à celui qui serait le Tout. Les paroles et les actes de certains mystiques peuvent se prêter – quoi qu'il en soit du sens qu'ils avaient pour eux ou pour elles – à illustrer ce mécanisme. Il vaut la peine d'être rien, rien, rien, de ne vouloir avoir rien, rien, rien, si c'est pour se retrouver possédant les cieux, le monde et tout ce qui l'habite, la Vierge Marie et le Christ lui-même. Il vaut la peine de prendre pour emblème ce que l'on considère comme les deux plus grandes humiliations du Christ, à savoir l'enfance et l'agonie (« de l'Enfant-Jésus et de la Sainte Face »), et de répéter indéfiniment qu'on est la plus petite et qu'on suit la voie la plus petite, si c'est pour pouvoir annoncer sa profession religieuse sous forme d'un faire-part de mariage avec le Roi lui-même, et donc pour devenir une Reine. Mais – et une fois encore indépendamment de ce que ces paroles ou ces comportements ont pu signifier consciemment pour leurs auteurs, car c'est l'usage qui en est fait qui m'intéresse ici – ce mécanisme instaure des figures certes fascinantes et comblantes, mais ces figures ne sont jamais que le vis-à-vis inversé des besoins qui les érigent. Plus l'anéantissement qu'on pratique de soi-même est intégral, plus est totalisant (mais aussi totalitaire) le vis-à-vis instauré. L'extrémité du degré où l'on porte le processus ne change rien à la nature du procédé en cause, sinon que cette extrémité révèle l'extrémité des besoins et des forces qui trouvent à s'y accomplir.

Il n'est pas question de s'étonner de l'extrémité de ces forces ni de leur reprocher d'être telles ou de reprocher aux êtres humains d'en être le jouet. Je ne voudrais pas commettre à leur égard une erreur analogue à celle que j'avais commise dans *Quand je dis Dieu* à propos du désir d'éternité et du besoin d'infini. Le vœu de toute-puissance, la toute-puissance des vœux est aussi constitutive du psychisme humain que le désir d'éternité et le besoin d'infini. Mais, ici encore, il y a façon et façon. La toute-puissance reste définitivement un des plans qui circonscrivent l'espace du psychisme humain, comme le besoin d'infini ou le désir d'éternité. Mais tout porte, semble-t-il, à ce que ces plans ne soient plus des plans définissant un espace où peuvent être situés nos différents objets possibles, mais deviennent des objets qui comblent et obturent cet espace. Bien loin d'instaurer un rapport véritable avec un objet et de fonder le sujet, ces mécanismes, contrairement à leurs prétentions, n'aboutissent qu'à interdire tout vrai rapport avec un autre objet et à ne donner au sujet aucun autre fondement que l'accomplissement supposé de sa toute-puissance. En effet, l'autre n'y peut pas être présent en tant qu'autre et que différent. Seul peut y être présent l'autre instauré dans la toute-puissance, la toute-bonté, la totalité du sens que lui prête notre impuissance. L'autre n'y est ni autre ni différent : il n'est que notre même inversé, il n'est que le Tout inversé de notre infirmité. L'accomplissement de la toute-puissance, ce n'est pas la vie, c'est la mort, ou plus exactement l'impensable, l'irreprésentable éclatement du sujet. Ce Tout n'est que notre même, et c'est pourquoi il est notre mort.

L'autre ne peut être l'autre, il ne peut éventuellement être notre vie et non plus notre mort, que si nous ne faisons pas de lui ce Tout qui est notre même. Il n'en va pas autrement pour Dieu, à la différence près – différence capitale, il est vrai, et souvent désastreuse – que tout se prête à ce que nous fassions de Dieu ce Tout et que nous le réduisions donc à être notre même, lui interdisant par conséquent d'être lui, d'être Dieu, d'être Autre, et d'être pour nous ce qu'il veut être de vie. C'est pourquoi j'estime si périlleuses les prédications, les apologétiques et les théologies qui nous invitent à chercher Dieu et à le trouver dans le droit fil des questions que nous pose le caractère partiel du sens, de la puissance, de la bonté dont nous faisons l'expérience, ou dans le droit fil des questions que nous posent l'absurdité, la souffrance, le mal. Je préfère de beaucoup les prédications, les théologies et les célébrations qui s'efforcent d'exprimer comment Dieu s'est manifesté en Jésus-Christ, comment cette manifestation rend présent un Autre qui n'est pas le Tout parce qu'il n'est pas notre même, comment par conséquent cette manifestation nous rend possible d'être plus et mieux nous-mêmes, non pas en accomplissant notre même mais en nous rendant présent un Autre.

Et le cri de notre souffrance ? Et le malheur de nos impuissances? Qu'ont-ils à faire de cette manifestation-là? Au-delà d'un certain degré, rien. Comme le disait saint Vincent de Paul, à des gens qui ont faim, il ne faut pas faire le catéchisme, il faut donner à manger. Mais peut-on espérer se faire entendre au-dessus du vacarme que fait la voix en laquelle il n'y a pas de salut? Car il n'y a aucun salut possible dans l'instauration de ce Tout qui est notre même. Il n'y a de salut possible, si salut il y a, que dans la possibilité de la rencontre – par définition partielle – avec un autre qui est différent parce qu'il est lui, et dans l'instauration – par définition partielle – de nous-mêmes que rend possible cette rencontre. Peut-être même faudrait-il éviter ici le vocabulaire trop personnaliste de la « rencontre », pour laisser advenir l'altérité en ce que précisément elle a d'autre, et pour laisser advenir le mystère de notre propre existence dans une certaine altérité par rapport à la « personne », par rapport à l'identité, par rapport au masque que nous arborons. Oui, notre souffrance, oui, notre impuissance, oui, notre malheur ne nous laissent parfois aucun répit. C'est là notre plus grand malheur, car cette impossibilité de répit nous précipite dans l'instauration de ce Tout qui est notre même et nous fait croire que là est notre salut, que tel est Dieu.

Un chrétien qui a longuement médité les *acta et passa Christi*, ce que Jésus a fait et souffert, qui a longuement médité aussi sur ce que Jésus n'a pas fait et n'a pas souffert, ne peut manquer ici de faire mémoire de la façon dont Jésus s'est fait proche de l'impuissance, de la souffrance, du malheur des hommes et des femmes qu'il a rencontrés, et de la façon dont il leur a rendu proche son Dieu. Certes, il a fait des miracles. Qui n'en faisait pas à son époque? D'autres thaumaturges du monde juif et du monde hellénistique en firent bien davantage que lui. Mais, comme on l'a fait remarquer dès les débuts du christianisme, le petit nombre et la nature même de ces miracles montrent qu'ils n'avaient pas pour enjeu de supprimer le malheur, la souffrance, l'infirmité et l'impuissance des humains, mais de « signifier » que Dieu se faisait proche du malheur, de la souffrance, de l'infirmité, de l'impuissance des humains. Car c'est là ce qui est incroyable, c'est là ce qu'il fallait manifester. Jésus n'avait rien d'autre à manifester. On lui demandait ce qu'on demande aux thaumaturges, ce qu'on demande au tout-puissant, ce qu'on demande aux dieux. Et lui n'avait que cela à donner : ce Royaume qui se fait proche des pauvres, des boiteux, des aveugles, des lépreux, des publicains, des prostituées, des pécheurs. « Es-tu celui qui doit venir, ou devons-nous en attendre un autre? » Oui, nous devons en attendre un autre si nous attendons un thaumaturge, un tout-puissant, un Dieu-Tout. A moins – et c'est malheureusement ainsi qu'a souvent voulu triompher le christianisme – de transformer Jésus en ce qu'il n'a pas été, pour n'avoir plus à en attendre un autre puisque le vrai ne convenait visiblement pas à combler les vœux que nous lui présentions. Grâce à l'Esprit, pouvons-nous aujourd'hui et demain, comme d'autres hommes et d'autres femmes y sont un peu parvenus, redonner âme et corps à cette extraordinaire proximité de Jésus à la souffrance, à la misère, à l'impuissance? A cette irréalisable conjonction d'une humilité, d'un dépouillement, d'une impuissance devant la souffrance et le malheur, et d'un respect, d'une attention, d'une bénédiction pour les hommes et les femmes empêtrés dans leurs impuissances, emmurés dans leurs péchés, écrasés par leurs souffrances. Est-il possible, vingt siècles après, grâce à l'Esprit, de savoir un peu à notre tour apporter tant à la misère des humains, alors même qu'on leur apporte tout autre chose que ce que leur misère leur fait demander? Est-il possible de soulager au moins un peu, alors qu'on soulage tellement différemment? Est-il possible d'aimer efficacement, alors qu'on apporte si peu de ce que nous demande qui l'on aime, et qu'on l'apporte tout autrement?

C'est précisément parce que le don de Dieu en Jésus-Christ est d'un ordre si différent de ce que notre misère lui demande qu'aucune des questions montant de notre misère, de notre impuissance, de notre souffrance, n'est invalidée pour autant. Le fait que ce ne soit pas à ces questions que Dieu réponde ne rend pas ces questions vaines. Elles ne sont insensées ou trompeuses que dans la mesure où nous penserions que ce sont les questions qu'il faut poser à Dieu, ou plus exactement les questions auxquelles il est en mesure de répondre. Poser les questions que nous posent l'absurdité, la souffrance, le mal, appartient à la grandeur de l'être humain. Certes, les humains progressent bien plus par la manière dont ils apprennent à les poser que par la manière qu'ils auraient d'y répondre. Mais n'est-ce pas là une des grandeurs de la condition humaine? Il est aussi de sa grandeur de pouvoir résoudre des problèmes, de pouvoir éliminer certains malheurs, certaines souffrances, certaines impuissances, de pouvoir conquérir certains pouvoirs, de pouvoir individuellement et collectivement instaurer des fragments de vérité, de bonheur, de justice. Mais les questions radicales demeurent. Le meilleur de la modernité occidentale depuis quelques décennies semble rejoindre certaines perceptions orientales et extrême-orientales en suggérant que le propre de l'homme consiste davantage à se laisser pénétrer et creuser par ces questions qu'à prétendre leur apporter une réponse et à les clore.

Il en va de même pour les questions des philosophes. Je n'ai jamais beaucoup aimé l'adage pascalien qui conduisait plus ou moins implicitement à mépriser le Dieu des philosophes au nom du Dieu d'Abraham, d'Isaac et de Jacob. Mon peu d'enthousiasme venait jadis de ce que je les croyais, sinon identiques, du moins apparentés. Je ne les pense plus tels, mais je ne pense pas que leur différence autorise à disqualifier l'un au nom de l'autre. J'ai fait, entendu faire, et lu assez de philosophie pour savoir que ce que j'ai écrit dans les pages précédentes pose de redoutables questions philosophiques. Quel sens peut bien avoir un Dieu qui ne serait pas la totalité du sens, qui ne serait pas tout-puissant? Que signifie que Dieu soit l'Être et la source de l'être sans être tout l'Être, la Bonté et la source de toute bonté sans être toute la Bonté? Je ne dis pas que philosophiquement cela a du sens ou n'en a aucun. Je ne dis pas que ces questions sont insensées ou absurdes sous prétexte que telles ne sont pas (me semble-t-il) les questions essentielles que la foi amène à poser, ou plus exactement les questions que nous pose la manifestation de Dieu en Jésus-Christ. Aux philosophes de les poser, si elles sont leurs. La foi n'a pas à prétendre y répondre, pas plus qu'elle n'est autorisée à les disqualifier sous prétexte que ce ne sont pas les siennes. Une des conséquences – aussi logique que difficile à accepter – du fait que Dieu n'est pas Tout est que la foi n'a pas réponse à tout ni pouvoir sur tout. D'autres questions que les siennes ont droit de cité, d'autres nécessités que les siennes sont nécessitantes. Si Dieu n'est pas Tout, la foi n'est pas le Tout de l'homme. Les humains ont, si j'ose dire, autre chose à faire qu'à avoir la foi, même quand ils l'ont. La foi ne peut donc avoir aucune visée totalisante et totalitaire sur leur vie, la raison principale et suffisante en étant que Dieu ne veut pas être Tout.

Conclusion pratique

Que Dieu ne soit pas Tout mais qu'il soit Dieu, voilà ce qui, depuis des mois et des années, m'apparaissait comme une Bonne Nouvelle sur Dieu et sur les humains. Voilà ce sur quoi, depuis des mois, je voulais clore le présent livre. Car si une telle façon de voir entraîne bien des fractures, brise bien des idées et des institutions de notre foi, brise nombre de nos représentations de Dieu, il me semble que ce sont là des fractures qui brisent surtout le carcan dans lequel nous étouffons, et nous permettent de nous tenir debout, vivants. Aussi aurais-je dû pouvoir écrire ces pages sans grande difficulté et en finir avec cette écriture. Or, je l'ai dit, la détotalitarisation s'avérait pleine d'obstacles, et ces obstacles s'avéraient d'un autre ordre et plus efficaces encore que ceux suscités par ces forces que j'étais depuis un certain temps déjà intellectuellement en mesure de décrire comme poussant à la totalitarisation. Il m'a pourtant fallu un nouvel intervalle de trois mois entre la description des difficultés de la détotalitarisation et celle des forces poussant en sens contraire.

Trois mois. Il n'en fallait pas moins pour laisser apparaître en moi ce que signifiait l'énormité de ma réaction à l'offre qui m'avait été faite d'un travail à plein temps assez intéressant et rétribué six mille cinq cents francs par mois (valeur fin 1983) pour trente-cinq heures par semaine. J'ai dit ce qu'avait été ma réaction : « Mais enfin, je ne vais quand même pas aller pointer au bureau tous les matins! » et que, comme il arrive souvent dans la vie psychique, on ne s'avise que des semaines ou des mois plus tard de la signification de propos ou de comportements aussi soudains qu'irréfléchis. Maintenant que je commence à m'aviser de ce qu'impliquait cette phrase, je ne m'étonne point qu'il m'ait fallu trois mois pour que je laisse s'esquisser en moi ses implications. Je suis même étonné que trois mois aient suffi. Il est vrai que l'esquisse est encore bien sommaire, mais ses grandes lignes sont aujourd'hui assez précises pour que je puisse et doive m'aventurer à les formuler.

Oui, c'était une belle façon de terminer ce livre que de le terminer sur la Bonne Nouvelle que Dieu est Dieu et que donc il n'est pas Tout. Mais si je n'arrivais ni à écrire ces lignes ni à accepter un travail, c'est qu'en fait, même si intellectuellement j'étais convaincu que Dieu n'est pas Tout, même si dans ma façon de vivre j'avais déjà pris d'autres objets d'amour et d'autres centres d'intérêts que Dieu, quelque chose de plus profond continuait en moi à l'instaurer comme Tout, ou plus exactement (car j'ai déjà noté que c'est à leur bénéfice et non à celui de Dieu que les humains l'instaurent tel) quelque chose de moi continuait à chercher sa propre identité et son statut grâce au fait d'instaurer Dieu comme le Tout de ma vie.

« Ne pas pointer au bureau tous les matins pour six mille cinq cents francs par mois! » Je connais assez le marché du travail et l'état des salaires en France pour savoir qu'un tel salaire n'avait rien de déshonorant : plus de la moitié des salariés français gagnent moins que cela pour plus de trente-cinq heures par semaine. Un tel salaire me plaçait donc au-dessus de la moyenne des Français. En outre, il était loin d'être négligeable par rapport à des besoins financiers que ma situation rend assez modestes. Enfin, j'avais la chance que le travail en question soit intéressant et serve une cause qui m'est chère. Aussi bien n'ai-je pas réagi en m'écriant en moi-même : « Je ne vais quand même pas gagner si peu », ou « Je ne vais quand même pas faire un travail aussi peu intéressant. » Non. Il s'agissait de « ne pas pointer au bureau tous les matins ».

Quand je suis entré dans l'Ordre il y a trente-cinq ans (c'était en 1949), le mouvement des prêtres-ouvriers était en plein essor, ce qui ne l'empêchait pas de connaître déjà bien des difficultés. Quelques dominicains avaient été de la génération des pionniers et, à chaque nouvelle « promotion », quelques nouveaux allaient rejoindre les équipes déjà existantes ou en fonder d'autres. Il s'agissait à l'époque d'aller pointer à l'usine plutôt qu'au bureau.

Pointer était un des actes symboliques de l'appartenance à la classe ouvrière. « Aller pointer » était donc significatif de la démarche missionnaire et apostolique (c'était encore le vocabulaire de l'époque) qui poussait certains d'entre nous à vouloir rejoindre le monde ouvrier. Pointer était donc un acte missionnaire et apostolique directement raccordable au Dieu auquel nous avions consacré nos vies, et même directement raccordable – malgré les réticences ou les fureurs de certains – à la finalité de l'Ordre dominicain, à savoir le salut des âmes par la prédication. Ai-je eu envie ou non à l'époque d'être prêtre-ouvrier? En tout cas, j'étais devenu l'ami de plusieurs d'entre eux et de leurs équipes. Lorsqu'en 1956 il fut question de m'assigner à une tâche, l'arrêt par Rome en 1954 de ce que le Vatican appelait « l'expérience » des prêtres-ouvriers, l'interdiction qui leur fut faite de rester en usine, le choix odieux auquel on les contraignit (rester en usine mais n'être plus prêtre, rester prêtre mais quitter le travail), la discrétion des compromis que certains – les moins nombreux – parvinrent à aménager, tout cela avait beaucoup modifié la situation; je fus donc assigné à d'autres tâches où il n'y avait à « pointer » que de deux façons. Elles m'étaient toutes deux familières et étaient immédiatement rattachables au Dieu auquel j'avais consacré ma vie : répondre à l'appel de la grande cloche qui nous conviait aux offices où nous le célébrions, et à celui de la petite cloche qui annonçait l'heure des cours de théologie et des temps de travail, théologie et travail qui lui étaient directement dédiés.

Plus tard, dans les années 1965-1975, chez les dominicains comme dans bien d'autres Ordres et comme dans le clergé séculier, un certain nombre de religieux éprouvèrent le besoin d'exercer un travail « profane ». Il ne s'agissait plus cette fois-ci directement d'une finalité apostolique, missionnaire et d'évangélisation. Il s'agissait plutôt de la conviction que le travail professionnel était un point de passage obligé, et même un lieu et un mode d'existence nécessaires pour devenir un être humain à part entière plus encore que pour partager la condition la plus commune. Il ne s'agissait donc plus d'aller vers le monde ouvrier pour lui apporter les valeurs de l'Évangile et permettre du même coup aux valeurs du monde ouvrier de pénétrer dans l'Église, il s'agissait d'aller vers le monde du travail (de quelque nature que soit le travail) pour en recevoir un indispensable complément d'humanité.

L'intention missionnaire, apostolique, évangélique (mais ce vocabulaire commençait déjà à dater un peu) n'était pas absente de cette démarche; elle y était même parfois explicitement présente, mais de tout autre façon que chez les prêtres-ouvriers. Il ne s'agissait plus de partager la condition ouvrière pour apprendre comment lui annoncer l'Évangile ou pour lui témoigner par ce partage de ce qu'était l'Évangile; il s'agissait plutôt en un premier temps de devenir soi-même, grâce au travail professionnel, un être humain digne de ce nom, cette démarche étant un préalable nécessaire pour pouvoir entendre, comprendre et partager l'Évangile à partir d'un point d'insertion dans une dimension essentielle de la condition humaine. Travailler n'était donc pas seulement vouloir devenir l'homme véritable qu'on n'aurait pas été sans cela (motivation à laquelle les détracteurs de cette tendance réduisaient trop facilement ce qui animait ses tenants), travailler était une condition préalable à l'instauration d'un véritable lieu théologique, d'un statut et d'une condition de vie où l'on serait mieux placé pour percevoir et construire ce que pouvait être le Royaume de Dieu parmi les humains.

Bien qu'ayant eu à connaître d'assez près des dominicains qui pensaient ainsi (j'étais à l'époque un de leurs formateurs), je n'ai moi-même jamais été très sensible à cette problématique. A tort ou à raison, je considérais que les diverses tâches auxquelles je m'adonnais étaient tout aussi valorisantes et humanisantes qu'un travail professionnel. Elles étaient d'ailleurs assez analogues aux tâches professionnelles d'un certain nombre d'universitaires ou de chercheurs qui étaient mes amis : enseignement, avec toute la préparation qu'il implique, recherche, conférences, articles, livres, congrès, rencontres, etc. Je payais même mon écot aux exigences plus besogneuses de la vie intellectuelle, puisque je me suis occupé pendant presque huit ans, à titre principal ou à titre auxiliaire, de notre très importante bibliothèque du Saulchoir. Je participais aussi aux tâches administratives de la vie intellectuelle, puisque j'appartenais à l'équipe de formation des dominicains et à l'équipe de direction des facultés de théologie et de philosophie du Saulchoir : et chacun sait que ce fut une période surchargée de commissions de réforme, de commissions administratives, de commissions de contrôle, etc. Je ne voyais pas en quoi ce type d'activités m'aurait moins qualifié humainement que les différentes activités professionnelles de mes divers amis laïcs. Je trouvais normal, constructif, et parfois harassant, de « pointer » à tout cela et n'éprouvais pas le besoin de pointer ailleurs.

Quant aux activités plus spécifiquement religieuses : prière, célébration, prédication, je savais assez tout ce qu'elles m'apportaient (mal? trop? soit!) comme enrichissement humain, comme bonheur humain, pour ici encore avoir besoin d'aller chercher autre chose. J'avais eu, avant d'entrer dans l'Ordre, des activités « profanes » passionnantes et enrichissantes. Les points de comparaison ne me manquaient donc pas : ce que je faisais maintenant n'avait rien à envier à ce que j'avais fait. « Pointer » à l'office, à la célébration, à la prédication valait bien (pour rester modeste, ce que je n'étais pas) pointer au bureau, au ministère, à l'hôpital, à l'usine, au théâtre, au récital, au magasin. Je n'avais donc aucun complexe en la matière (sauf peut-être précisément un complexe de supériorité). Je n'ai jamais combattu les tenants de la tendance que je viens de décrire, car je n'étais pas certain qu'ils avaient tort. Mais je ne les ai jamais très bien compris, et je n'ai jamais été tenté – comme je le fus à bon droit pour les prêtres-ouvriers – de les rejoindre. J'estimais avoir largement ce qu'il me fallait, en matière de tâches, pour me considérer et pour être considéré comme un être humain à part entière.

Les circonstances résultant de ma condamnation firent que les diverses activités qui ne me faisaient rien envier à ceux qui ont une profession me sont devenues définitivement impraticables. J'ai dit qu'à la longue, et puisque de toute façon je n'avais pas le choix, j'envisageais de profiter de ce que cette situation pouvait avoir d'avantageux. Plutôt que de pourrir sur place faute de pouvoir pratiquer ce qui était l'essentiel de ma vie, pourquoi ne pas utiliser cette conjoncture pour chercher ailleurs et autrement une façon de vivre et un lieu de vie qui me permettraient d'explorer d'autres manières de m'adonner à l'affaire Dieu? Puisque aussi bien m'était par ailleurs apparu combien une certaine pratique et une certaine théorie de la vie religieuse me semblaient trop liées à une totalitarisation indue de Dieu, pourquoi ne pas profiter, de ce point de vue également, des circonstances qui tuaient en moi la finalité de la vie dominicaine et rendaient pour moi ses moyens dénués de sens, et ne pas essayer d'explorer d'autres chemins vers Dieu moins totalitarisants? Il m'allait falloir gagner ma vie? Et après! Cela ne faisait-il pas partie de ce qu'on pourrait appeler les préalables épistémologiques et pratiques (au sens de praxis) de cette nouvelle recherche?

J'ai dit à quelles inhibitions se heurtait en moi l'exécution de ces idées apparemment aussi claires que généreuses. J'ai dit que les explications, d'ailleurs pertinentes, que je m'étais données de ces inhibitions ne les avaient aucunement levées. C'est alors que s'imposa avec brutalité – même si ce fut avec plusieurs semaines de délai – la signification de ma réaction intérieure : « Mais enfin, je ne vais quand même pas aller pointer au bureau tous les jours! » Si telle était ma réaction à cette offre d'un travail dont je savais les avantages limités mais réels (à vrai dire, ils devaient s'avérer par comparaison considérables, puisque je n'ai rien trouvé d'autre depuis lors), c'est tout simplement que ce nouveau statut allait me faire perdre le statut exceptionnel que me valait aux yeux d'autrui comme à mes propres yeux le fait d'être prêcheur, célébrant, théologien, homme se définissant socialement et à ses propres yeux comme consacré à l'affaire Dieu. Dans la première partie de ce livre, j'ai décrit la décomposition dont j'avais été l'objet. J'ai dit que s'était progressivement introduite dans la souffrance d'être privé de ces fonctions, comme entre à force un coin dans une bûche, une question sur la façon dont je m'étais investi dans ces fonctions. Presque trois ans après avoir écrit cette première partie, après les tours et les détours de cet itinéraire, après ses approfondissements et ses découvertes, je me trouve ramené devant ces mêmes questions, mais de manière plus contraignante et plus embarrassante encore.

Il s'agissait alors seulement de la conception que je me faisais de ces fonctions : aussi en étais-je venu tout naturellement à poser des problèmes qui dépassent largement mon cas personnel et concernent la manière dont ces fonctions sont conçues et pratiquées dans la communauté ecclésiale. Cette fois-ci, il s'agit des modalités les plus personnelles et les plus profondes de mon propre investissement dans ces fonctions, ou plutôt dans cet état d'exception. Certes, j'étais parvenu à articuler théologiquement comment Dieu n'est pas Tout et ne veut pas être Tout puisqu'il est Dieu et veut être Dieu pour nous. Certes, j'étais parvenu à articuler théologiquement comment la vie religieuse est si souvent utilisée et déformée par les forces psychiques et sociales qui trouvent à s'accomplir dans la totalitarisation de Dieu. Mais voilà que la détotalitarisation se heurtait en moi à une sorte de roc, heurtait en moi le roc sur lequel il s'avérait que j'avais bâti mon identité sociale et personnelle : faire de moi un être d'exception parce que consacré de façon exceptionnelle à l'affaire Dieu. Il s'avérait que j'étais le bénéficiaire et le destinataire principal de ce processus de consécration à Dieu. Il s'avérait que, malgré ce que j'avais déjà su mener à bien en matière de détotalitarisation, l'ordonnancement que j'avais donné à ma vie avait une fonction totalisante et totalitaire dans la constitution de mon identité sociale et personnelle.

Il n'y a pas trente-six conséquences possibles à une telle constatation. Si je veux aller plus avant dans la découverte de cette Bonne Nouvelle qu'est le fait que Dieu est Dieu et qu'il n'est donc pas Tout, si je veux aller plus avant dans ce mystère et pouvoir le mieux partager, une condition s'impose comme un préalable à la fois épistémologique et pratique : rompre l'ordonnancement de ma vie, briser ce qui de moi trouvait à s'accomplir dans cette totalitarisation et se protégeait grâce à son totalitarisme. Briser ce roc.

Je vais essayer. Je ne sais pas si j'y parviendrai. Je ne sais pas si j'y survivrai. Je n'ai pas le choix. Je comprends fort bien que d'autres hommes et d'autres femmes, se trouvant dans d'autres circontances, puissent et doivent faire autrement. Je sais fort bien, pour connaître plusieurs d'entre eux, que la radicalité de la solution à laquelle je suis acculé ne signifie pas que leur quête à eux soit moins radicale et moins authentique parce qu'elle ne les accule pas à des solutions aussi radicales. Il y a d'autres façons de vivre pour l'affaire Dieu, et d'être le moins mal possible un homme ou une femme, que d'être contraint à de telles fractures. J'ai dit et redit qu'il avait fallu la conjonction imprévisible d'éléments très divers et aléatoires pour que j'en sois personnellement amené là. Mais lorsque après tout le chemin que j'ai fait, on se heurte encore à des réflexes aussi élémentaires et ahurissants que « Mais enfin, je ne vais quand même pas pointer au bureau tous les matins! », la situation est grave et il faut employer les grands moyens. Je vais briser l'ordonnancement de ma vie. Si je n'en suis pas brisé du haut en bas, que sortira-t-il de cette gangue, que va-t-il naître de cette mort, quelle vie cette mort va-t-elle susciter, resusciter? Des énergies nouvelles vont-elles surgir, d'autant plus nombreuses et fortes qu'étaient nombreuses et fortes les énergies qui étaient mobilisées dans l'instauration et le maintien de cette gangue?

Quand on met presque trois ans à écrire un livre, on ne sait pas d'avance où il vous emmènera. Un des signes que la fin approche est qu'un jour on commence à chercher des titres, à esquisser des conclusions. Il est facile de deviner que le présent livre a souvent changé de titre et que son titre actuel ne m'est apparu que très récemment. Quant à la conclusion, j'en avais successivement imaginé plusieurs, sauf la seule qui s'impose : si je veux aller plus avant dans l'exploration de cette Bonne Nouvelle que Dieu n'est pas Tout mais qu'il est Dieu, il me faut fermer mon stylo, le poser sur ma table pour assez longtemps sans doute, et rompre l'ordonnancement de ma vie.

Je vais essayer.

NOTES

1. C'est pourquoi un seul prêtre suffit à une célébration eucharistique. Dès lors qu'elle dispose d'un prêtre pour la présider, d'autres prêtres sont inutiles à la communauté, et le fait que d'autres membres de la communauté célébrante soient prêtres ne mérite pas d'être signalé : on pourrait presque dire que les autres prêtres ne sont alors plus prêtres, ou qu'en tout cas leur aptitude à être ministres n'est alors d'aucune utilité. D'où ma réticence à m'afficher comme prêtre aux côtés du président dans des concélébrations. Cela n'exclut pas que, pour des raisons qui ne sont pas directement liées au ministère presbytéral, il puisse être bénéfique pour une communauté de pouvoir percevoir visuellement qu'un grand nombre de prêtres sont rassemblés à l'occasion de telle ou telle célébration (dans un couvent, un monastère, dans un congrès, le Jeudi Saint, etc.). Mais que l'occasion devienne habitude ou, pire encore, système, et l'Eucharistie comme les ministères s'en trouvent faussés. Il ne faut pas dire : « Le Christ seul est prêtre, tous sont prêtres, quelques-uns sont prêtres », mais « Le Christ seul est prêtre, tous sont prêtres, quelques-uns sont ministres ordonnés ».

2. En fait, je suis ici un peu injuste à l'égard de ce que m'apporte aujourd'hui encore, et de ce qu'apportera sans doute toujours (mais son existence est, somme toute, récente) la théologie « scientifique ». Les études d'exégèse, par exemple, d'histoire des doctrines, ou d'histoire des institutions, des rites, des conduites, des pratiques, etc., sont passionnantes quand elles sont bien faites, et j'en lis toujours avec profit. Ce serait une catastrophe pour la foi et pour l'intelligence de la foi que de telles études disparaissent, car elles sont indispensables à la compréhension du passé de la foi, laquelle est elle-même nécessaire – mais non suffisante, loin s'en faut – au présent de la foi et à son avenir. Ma critique contre ce type de théologie scientifique vise plutôt le monopole qu'elle prétend exercer sur l'ensemble de la théologie, ignorant souvent avec superbe le type d'intelligence de la foi qui naît de l'expérience de la foi que font les croyants et les croyantes. Par ailleurs, ce type de théologie facilite

une certaine réticence des théologiens à engager leur propre foi et leur propre personne dans leur exercice de la théologie : il est inadmissible que des auteurs se prétendent théologiens sous prétexte qu'ils commentent les écrits théologiques des autres, qu'il s'agisse de ceux des auteurs du Nouveau Testament, de ceux des conciles ou des papes, de ceux d'Augustin, de Thomas d'Aquin, de Bultmann ou de Rahner. Ce genre de commentaires est un auxilliaire très important de la théologie, mais il n'en est qu'un prolégomène et ne saurait la remplacer, pas plus que l'histoire de la peinture ne saurait remplacer la peinture. Il est vrai que les théologiens catholiques romains ont parfois tout intérêt à s'y restreindre, car s'il est souvent difficile de penser par soi-même, il est presque toujours dangereux de le faire. Enfin, ce type de théologie scientifique, qui est nécessairement plus tourné vers le passé que vers le présent ou l'avenir, favorise la tendance déjà très forte en catholicisme à confondre tradition et répétition du passé. De ce point de vue, les « renouveaux » biblique, patristique, liturgique, etc., s'ils ont été extrêmement féconds par certains côtés, nous ont joué par d'autres de mauvais tours, car ils nous ont fait croire qu'il suffisait de regarder vers le passé et de le traduire ou de le transposer pour construire le présent et ouvrir l'avenir. Le renouveau liturgique, par exemple, s'il doit une partie de son succès à l'éminente pléiade de paléographes, archivistes et historiens qui l'ont animé, leur doit aussi une partie de son échec : pour créer une liturgie, il peut être utile de connaître parfaitement les sacramentaires léonin et gélasien, mais il est indispensable de savoir (et d'aimer!) se servir de son corps et de sa voix, de savoir et d'aimer organiser un espace et rythmer une durée, d'avoir envie que la célébration et la parole donnent du plaisir et du bonheur et d'abord d'y en trouver soi-même. Connaître parfaitement l'histoire des sacrements aux siècles passés est une chose, savoir donner à des chrétiens et des chrétiennes l'envie de les pratiquer par la façon dont on sait (et dont on a envie soi-même de) « *faire* signe » en est une tout autre. Il est dommage qu'à Rome ou dans divers bureaux, la première chose compte plus que la seconde. Je reviendrai sur le cas de la théologie systématique, dont le projet et les réalisations posent un autre type de problème.

3. Si je parle ici de la génération qui m'a précédé, ce n'est point pour battre ma coulpe sur la poitrine des autres, c'est parce que c'est elle qui, dans la période de 1950 à 1968 où s'est amorcée puis accélérée la décomposition, remplissait la plupart des fonctions de supérieurs et de formateurs, animait avec succès toutes les entreprises qui assuraient la vitalité de l'Ordre en France et aurait pu donner à

des jeunes le goût de la rejoindre, ou de rester avec elle quand ils l'avaient rejointe.

4. Je note au passage que c'est là ce qui explique le succès que continuent de rencontrer ces formes périmées de signification dans les milieux intégristes, analogue au succès dans ces mêmes milieux de toutes les formes anciennes de liturgie, de théologie, de morale, etc. S'il s'agit de refuser comme sataniques toutes les transformations qui ont rendu ces formes périmées et de revenir à l'état antérieur des choses auquel ces formes étaient parfaitement adaptées, alors effectivement le maintien *intégral* et le respect scrupuleux de ces formes deviennent les conditions indispensables de la survie. On sait que tout changement fait peur, et les changements que nous subissons sont assez profonds pour faire particulièrement peur. On sait aussi que la régression à des stades antérieurs est un mécanisme de défense couramment utilisé par les sociétés et les individus affrontés à la nécessité d'une mutation. Il faut donc revendiquer pour les individus et pour les groupes le droit à la régression car, outre que le mécanisme est parfois utile ou indispensable, on n'a pas toujours les moyens personnels ou collectifs de se défendre d'une façon plus constructive. Je suis donc partisan que, par exemple, on laisse tranquille Monseigneur Lefebvre et ses fidèles, à condition bien entendu qu'eux-mêmes laissent une liberté analogue à d'autres groupes de chrétiens ayant d'autres conceptions que les leurs, et qu'ils ne prétendent pas imposer cette forme de régression – parfaitement compréhensible et nullement déshonorante – comme le comble de la maturité chrétienne. Dois-je ajouter que, dans mon esprit, le succès de certains ordres contemplatifs tient à de tout autres raisons ?

5. Même si elle est loin d'être satisfaisante sous tous rapports, la meilleure conception théologique actuelle de la continuité et de la discontinuité entre les diverses phases de la révélation et les figures historiques contingentes du Dieu-avec-nous est de loin celle d'Ernst Käsemann. On en trouvera une étude fouillée, particulièrement sur la question du « canon dans le canon » et sur la question du rapport de chaque figure historique du christianisme avec Jésus-Christ, dans la savante présentation de l'œuvre de Käsemann par P. Gisel, *Vérité et Histoire, la théologie dans la modernité, Ernst Käsemann*, Paris, Beauchesne, 1977.

6. Je devine qu'on me reprochera cette formulation de la résurrection comme faisant basculer le Christ dans la transcendance de Dieu. Je ne la trouve pas non plus très adéquate. Mais si je me souviens qu'à chaque

fois que nous récitons le *Credo* nous disons : « Il est monté aux cieux, il est assis à la droite du Père », je demande ce que les expressions : « monter aux cieux », « être assis à la droite du Père » ont de tellement plus subtil et précis que les expressions « basculer » et « transcendance de Dieu ».

7. Si, comme les historiens ont actuellement tendance à le penser, Jésus de Nazareth est né en 7 ou 6 avant notre ère et mort l'année 30 de notre ère, il serait donc mort à trente-six ou trente-sept ans, à un âge par conséquent relativement avancé pour son époque et qu'en tout cas n'atteignaient pas la moitié des jeunes ayant dépassé l'âge de quinze ans.

8. Il est évident que ce phénomène du vieillissement se présente de façon aussi spectaculaire surtout dans les pays occidentaux, et que nombre des considérations précédentes ne s'appliquent pas aux pays du Tiers-Monde, l'espérance de vie étant encore assez basse dans les plus pauvres d'entre eux. Toutefois, les progrès de la médecine, de l'hygiène et de l'alimentation font que l'accroissement de la longévité ne tardera pas d'exercer ses effets sur l'ensemble de la planète. Au moment où j'écris ces lignes, s'ouvre à Vienne (Autriche) sous l'égide de l'ONU une assemblée mondiale sur le vieillissement : on y prévoit qu'en 2025, soit dans moins d'un demi-siècle, alors que la population du monde aura triplé, le nombre des êtres humains âgés de plus de soixante ans se trouvera multiplié par cinq, l'évolution étant particulièrement sensible dans les pays en voie de développement où le nombre des personnes âgées sera multiplié par sept, voire par quinze pour le Mexique, le Brésil et le Nigeria.

9. Encore vaudrait-il mieux dire : de *celles* qu'ils aiment plutôt que de *ceux* qu'ils aiment. La longévité des femmes est en effet supérieure à celle des hommes dans la plupart des pays occidentaux. En France, cet écart, qui n'est nulle part aussi grand, est de presque dix ans. A partir de soixante-cinq ans, le pourcentage des femmes augmente à mesure que l'on considère des tranches d'âge plus élevé : à quatre-vingt-cinq ans, il atteint soixante-quinze pour cent et ne fait qu'augmenter ensuite. La très grande vieillesse est un problème presque exclusivement féminin.

10. On assiste actuellement dans divers pays d'Occident, notamment aux États-Unis et en Grande-Bretagne, mais aussi en France (et particulièrement dans les milieux de la « nouvelle droite »), à un retour en force du créationnisme. Plus d'un siècle après Darwin, presque un demi-siècle après les débuts de l'essor foudroyant de la biologie moléculaire,

on tente de réimplanter une conception de la création de l'homme par Dieu, qui n'aurait rien à voir avec l'évolution de la matière vivante. Des secteurs non négligeables de l'opinion publique aux États-Unis ont cherché à obtenir que soit imposé, pour compenser les méfaits de l'évolutionnisme, l'enseignement dans les écoles d'une forme de créationnisme qui rejoint le fondamentalisme biblique le plus strict. L'écheveau des forces se conjuguant dans ces mouvements est fort complexe. Je pense que les résistances provoquées par la transformation des rapports entre la mort et la vie que j'évoque ici y sont pour beaucoup.

11. Plusieurs études récentes ont montré les arrière-fonds politiques et ecclésiastiques (ou plus exactement de politique ecclésiastique) du mouvement intellectuel qui, depuis le milieu du XIXe siècle, a promu la néo-scolastique et le néothomisme. Ce mouvement est apparenté à celui qui devait promouvoir le renforcement du pouvoir du pape jusqu'à la proclamation dogmatique de l'infaillibilité en 1870. L'idée qu'il existerait une philosophie unique, définitive et parfaite est la version intellectuelle de l'idée qu'il y aurait un pouvoir absolu et infaillible : dans les deux cas, il s'agit de se situer au-dessus de la contingence des figures historiques. Il a bien dû effleurer l'esprit de quelques partisans de la philosophie pérenne qu'elle était d'origine quasi révélée. Les thomistes appelaient d'ailleurs saint Thomas d'Aquin le *divus Thomas*, le divin Thomas. Effectivement, être divin reste, juqu'à nouvel ordre, le plus sûr moyen d'être éternel.

12. D'où l'impopularité de la scandaleuse parabole des ouvriers de la onzième heure, qui se voient attribuer le même salaire que ceux de la première. D'où peut-être aussi l'indication qu'avec Jésus-Christ, il s'agissait d'autre chose que de garantir une telle maîtrise. Mais allez donc faire croire *(credere)* ceci à des humains : il vous en coûtera chaud. C'est une maîtrise du même genre qu'il s'agit de garantir lorsque l'on s'interdit d'intervenir de façon « artificielle » dans les processus de fécondation ou dans ceux de la mort. Si l'on en venait à considérer que les humains peuvent intervenir, avec tous les aléas propres à l'exercice de leur liberté d'êtres contingents, dans les processus biologiques présidant à la fécondation ou à la mort, il faudrait renoncer à professer que la naissance et la mort sont des événements directement et personnellement dépendants de Dieu lui-même; il faudrait donc renoncer à la toute-puissance et à la maîtrise que ce transfert sur Dieu permet à l'être humain de fantasmer comme étant la sienne. Quand je me suis aperçu que tel était l'un des ressorts de la résistance de la doctrine officielle catholique aux méthodes de contraception qu'elle qualifie d'artificielles, j'ai compris qu'il ne suffirait pas pour que cela change, comme je l'avais

longtemps cru avec d'autres (y compris des évêques!), d'attendre un nouveau pape un peu moins angoissé par les questions de sexualité ou un peu moins soucieux d'asseoir son autorité par le contrôle de la vie sexuelle des croyants (comme tous les pouvoirs de toutes sortes ont toujours cherché à le faire). Il y faudrait bien plus que cela, à quoi les autorités officielles de l'Église ne seraient pas les seules forces à s'opposer.

13. A vrai dire, les Pères de l'Église ont eu des façons très diverses de nier l'existence de la sexualité avant la faute originelle. Certaines sont fort subtiles mais n'en sont pas moins très claires. Saint Augustin, par exemple, ne niait pas qu'il existât une sexualité au Paradis. Mais cette sexualité y aurait été une faculté exclusivement consacrée à la reproduction, entièrement soumise à la volonté qui n'en userait que pour les besoins de la reproduction, et surtout ignorant toute *libido*, laquelle *libido* est une véritable maladie résultant du péché. Aussi bien, n'est-ce pas la multiplication de l'espèce par la reproduction mais le plaisir sexuel qui transmet le péché originel, preuve de leur relation intrinsèque. Cette réduction de la sexualité « paradisiaque » à la simple fonction de reproduction et cette assimilation de la *libido* au péché représentent bel et bien une dénégation de l'existence de la sexualité humaine avant la faute. Quant à Grégoire de Nysse, lui aussi saint et docteur de l'Église, il était plus radical encore : Dieu n'avait doté l'homme (= le mâle) d'organes sexuels et n'avait créé la femme qu'en prévision de ce qui arriverait à l'être humain après la faute d'Adam. Sinon, « une nature immortelle n'a nul besoin d'un sexe féminin » (*Quaest. in Genesim*, c. 3, q. 37, PG 80, 135). On trouvera une anthologie pratique de ce genre de textes, et d'autres d'une pensée toute différente, dans J.-E. Kerns, *Les Chrétiens, le Mariage et la Sexualité, Évolution historique des attitudes chrétiennes envers la vie sexuelle et la sainteté dans le mariage*, Paris, Le Cerf, 1966 (l'original américain date de 1964).

14. On aura grand avantage à lire : Pierre de Locht, *Les Couples et l'Église, chronique d'un témoin*, Paris, Le Centurion, 1979. Ayant participé pratiquement depuis le tout début aux travaux de ces commissions, l'auteur dispose d'une documentation de première main : la deuxième moitié de son livre décrit et analyse en détail les travaux consacrés à la contraception en marge du concile. On comprend que sa discrétion lui ait fait omettre certains noms propres, mais il faut espérer qu'il aidera les historiens à n'en rien ignorer.

15. Le texte de ces deux rapports, qui auraient dû rester confidentiels, a rapidement filtré. En France, il fut publié par Jean-Marie Paupert : *Contrôle des naissances et Théologie, Le dossier de Rome*, traduction,

présentation et notes par Jean-Marie Paupert, Paris, Le Seuil, 1967. L'évolution personnelle de Jean-Marie Paupert par rapport à la conjoncture ecclésiale fait qu'il semble regretter maintenant d'avoir publié ces textes. Ce regret ne change rien à l'authenticité ni à l'intérêt des textes en cause.

16. Sur l'énorme distorsion entre les souhaits exprimés par les prêtres de nombreux pays et relayés par leurs évêques et le résultat final du synode, ainsi que sur la capitulation des évêques devant les pressions du Saint-Siège et sur la déception de nombreuses Églises locales, on pourra consulter : René Laurentin, *Réorientation de l'Église après le troisième synode,* Paris, Le Seuil, 1972.

TABLE

CET OUVRAGE A ÉTÉ COMPOSÉ ET ACHEVÉ D'IMPRIMER
PAR L'IMPRIMERIE FLOCH À MAYENNE
DÉPÔT LÉGAL FÉVRIER 1985. N° 8641 (22417)